国家治理研究论纲

GUOJIA ZHILI YANJIU LUNGANG

国务院参事室国家治理研究中心
山东大学国家治理研究院 组织编写

人民出版社

序

王仲伟

党的十九届四中全会作出了《中共中央关于坚持和完善中国特色社会主义制度、推进国家治理体系和治理能力现代化若干重大问题的决定》，深刻总结了我们党治国理政的宝贵经验，系统阐述了中国特色社会主义的制度优势，全面部署了推进国家治理体系和治理能力现代化的各项重大任务，具有重要的历史意义和深远的指导意义。

贯彻落实党的十九届四中全会精神，既需要坚定不移地坚持和完善行之有效的中国特色社会主义基本制度和各项重要制度，又需要不断改革创新，丰富和完善现有的国家治理体系，促进国家治理能力的现代化。这就需要切实加强有关国家治理问题的理论研究。应当说这方面我们需要做的事很多。今天，我们欣喜地看到由国务院参事室国家治理研究中心和山东大学国家治理研究院共同合作出版的《国家治理研究论纲》一书，在这一领域的理论探索上迈出了重要的一步。

理论逻辑与实践逻辑具有内在统一性。一个国家的治理取何种制度和方式，归根到底和一个国家所拥有的历史传统、地理环境、人口规模与结构、生产力发展水平及所具有的社会性质等诸多客观条件有关，它们既是国家治理全部实践的基础，因此，理所当然的也是国家治理理论研究的逻辑起点。本书从弄清楚国家治理的基础这一点入手，把它作为国家治理研究的起点，随后依次对国家治理的目标设置、制度安排、工具选择、手段创新以及国家治理能力建设、国家治理绩效评估等逐一展开讨论，最后把国家治理放在全球治理的格局中去观察，进一步研究国家治理与全球治理的互动关系，并从全球视角对世界范围内国家治理思想和实践的演进及其相互竞争的关系作阐述，从而为我们提供一个对国家治理全方位进行理论思考的框架，这无疑对学习贯彻好党的十九届四中全会决定，扎实推进国家治理体系和治理能力现代化，不断提升中国特色社会主义制度的治理效能是积极有益的。

值得一提的是，此书不仅为国家治理的理论研究勾勒出了一个总体框架，更是在不少章节中提出了许多新颖或独创的观点。比如，在对国家治理工具的论述中，不仅梳理了当下国家治理中的常用工具，而且着重阐述了治理工具所具有的价值导向功能、权责界定功能、资源配置功能、利益调节功能、行为引导功能、矛盾化解功能、文明塑造功能等，这在国内尚属首见，特别是这一论述和分析在实践中具有重要意义，因为在国家治理体系和能力建设这一宏大的系统工程中，假如基本制度和重要制度是整个国家治理大厦的"四梁八柱"的话，它们在风雨袭来、地动山摇时，能起到坚如磐石的稳定强基作用，那么众多的治理工具它的创新与运用就犹如"精装修"，它们在日常生活中则直接关乎千百万人民群众的幸福感与获得感。在当下和未来的实践中，提升治理工具的创新能力，提高治理工具的合理运用本领，实是推进国家治理体系和能力现代化的重要着力点。同样，当今的世界是一个巨大的地球村，全球治理与每个国家治理的状况是相互影响、高频互动的，通过对全球治理与国家治理关系的理论分析，为深入研究国家治理的规律提供了一个重要方向，这是该书的又一个亮点。此外，该书还对国家能力的构建作了较充分的探讨，它告诉我们，经济的增长、总量和规模的扩大并不能自然地构成国家能力的提升，必须通过有意识、有组织的自觉努力，才能使国家众多能力伴随着经济实力的增长而得以成长。这些论述对我们更好地理解国家治理体系和能力现代化都是有启发的。

但愿此书的出版能引起广大读者对国家治理理论问题的兴趣和关注，并促进理论界按照党的十九届四中全会的决议精神，在国家治理的理论研究和探索上不断取得新成果。

目　录

第八章 国家治理技术论 //168

第一章　国家治理基础论 *

　　国家是一定领土范围内的人群组成的政治共同体。领土范围内一定的自然、社会、经济条件是一个国家形成和发展的基础，是国家治理的"素材"，塑造着一个国家的格局和状态。地理、气候、地缘、自然资源、民族、宗教、人口、生产力等基础因素不同，形成了不同的治理优势和短板，影响着国家治理结构的形成和国家治理体系的发展，也决定了一个国家的治理重心和治理策略。这也是马克思主义"物质决定意识""社会存在决定社会意识"的历史唯物主义原理所揭示的现实逻辑。这就要求我们全面梳理国家治理的自然禀赋基础、人文历史基础、经济基础、社会基础和政治基础，并分析其对国家治理的影响。

第一节　自然禀赋

　　一个国家的自然禀赋包括地理、气候、地缘和自然资源等。作为国家的基本特征和国家发展的"家底"，自然禀赋在很大程度上决定着一个国家或大或小的治理空间、或内向或外向的发展战略，并使各个国家的治理重心各有侧重，造就当今世界丰富多样的国家治理形态。

---

　　* 本章作者为山东大学政治学与公共管理学院副院长李济时教授。

一、地理

地理环境是人类生存和发展必不可少的客观物质条件。各个国家地理环境各不相同，规模也有大小之别。不同国家的地理环境必然使其社会经济结构、观念形态也各不相同，从而决定了各个国家的治理形式。这种影响起始于国家形成初期，持续延伸到现代社会。

在古希腊时期，希腊半岛群山交错、丘陵起伏，土地比较贫瘠，不适宜农业耕作，但濒临海洋，有诸多优良港湾，利于海上通商。这种地理环境导致古希腊境内多工商业城邦，商品经济比较发达。雅典等城邦形成的共和制就与此相关。而对于古代中国而言，主要活动区域为黄河中下游区域，气候适宜、土地肥沃，十分适合农业生产，农业经济比较发达。农业经济重在稳定，特别是需要一种统一集权的力量来管理、协调跨区域的水资源调配以及应对旱涝灾害等问题，这就在某种程度上催生了古代中国的治理形式——大一统制。当然，自然环境虽能够影响社会的发展，但起决定作用的只能是生产方式[1]。

当代世界，国家大小差异巨大。大则有上千万平方公里，小则仅有几百平方公里，差距达到万倍之巨。比方说，安道尔只有 468 平方公里，可谓"弹丸之地"，这就决定了安道尔国家治理的小规模性。而我国国土陆地面积达 960 多万平方公里，居于世界第三，这就决定了我国国家治理具有超大规模性。新加坡是一个世界公认的治理良好的国家，我国有不少人士主张学习新加坡经验。尽管这种借鉴吸收是必要的和有益的，但由于新加坡是一个面积仅有几百平方公里的微型国家，所以其经验对中国而言在很多方面是不能适用的。即使是对于大国而言，自然条件对国家发展的深刻影响依然明晰可见，尤其是对于交通运输体系的规划建设而言。俄罗斯横跨欧亚，主要铁路干线随国土东西延伸而呈相同走向。美国中部密西西比河纵贯南北，航运价

---

① 《社会学概论》编写组编：《社会学概论》，新华出版社 1993 年版，第 60 页。

值大，极大地满足了南北向交通运输需求，而铁路则以东西走向为主。同样，即使是对于同等国土面积的国家，地理条件也差距巨大。美国国土比我国更为平坦，可耕地面积居于世界首位，是粮食出口大国；而我国人均可耕地面积有限，甚至不及人口大国印度，这就决定了我国要把粮食生产和粮食安全放在极为重要的地位。

二、气候

人类生存需要适宜的气候条件，反过来，一定区域内的气候条件影响着生活在该区域的民众的性格，从而影响民众的政治态度。孟德斯鸠在《论法的精神》中论述了气候对个人乃至不同民族性格的影响，法律应当和这些感情的差别以及这些气质的差别有一定的关系①。

气候变化，尤其是重大的气候事件，造成一个国家或地区社会经济发展波动，影响着国家治理，甚至影响到国家生存。同时，气候变化带来的影响，包括冷热交替、干湿变化、生物多样性降低以及极端恶劣天气的增加，都要求国家治理因之而变。全球变暖是人类进入 21 世纪面临的最重要的地球环境问题。这表面看是一个气候问题，但是由于自然地理环境的整体性，它将会引发一系列多米诺骨牌效应。以图瓦卢为例，它虽努力对抗海平面上升，但均告失败，可能成为世界上第一个被大海淹没的国家。因此该国居民将逐步撤离，举国搬迁至新西兰。此外，全球变暖导致的北极融冰，使得挪威、加拿大等国家位于北极圈附近的领土有被淹没的危险，这也成为这些国家注重开展关于北极问题的各种国际性论坛和环保活动的重要原因。

伴随着全球化进程，气候问题逐渐演变为全球治理问题，并成为大国政治博弈的热点之一。正因为认识到气候治理问题的全球性，2016 年 170

---

① [法]孟德斯鸠：《论法的精神（上）》，商务印书馆 1959 年版，第 270—286 页。

多个国家共同签署了《巴黎协定》，此协定被认为是使人类居住的这颗行星避免发生灾难性气候变化的最后的希望。与此同时，气候问题也逐渐政治化，成为大国政治博弈的热点。2017年，美国总统特朗普宣布退出《巴黎协定》，引起了轩然大波，成为美国虚伪性的典型表现；而我国在减少二氧化碳排放量上的优良"成绩单"，例证了我国的负责任大国形象。

治水是数千年来各国国家治理的永恒话题，尤其是最大限度地降低因降雨而带来的洪涝灾害风险，成为兴建阿斯旺大坝、三峡大坝、胡佛大坝等世界著名治水工程的重要原因。应对现代社会治水需要，为明确地方治水的责任定位，2016年我国开始推行"河长制"，这是我国水治理机制的一项重大改革。

三、地缘

人们很早就认识到地缘对国家形成和发展的影响，并由此逐渐形成了一个学科——地缘政治学。这一名词由瑞典学者契伦创立，他认为政治过程是由空间决定的。地缘政治学被认为是理解国家的五个主要学科之一，而且是重中之重。英国地理学家麦金德以提倡"陆权论"而著称，他认为"地理现实性就在于位置的中心性的优势以及观念、物品和人员的有效移动"，认为控制"心脏地带"是统治世界的基础。这一理论成为后来战略决策的基石。美国海军历史学家A.T.马汉基于对陆上运动和海上运动比较结果的不同判断，提出截然相反的"海权论"，认为谁能控制海洋，谁就能成为世界强国。其理论促进了美国孤立主义的终结。① 总之，地缘政治已经成为各国制定国防和外交等政策的一项重要依据，战略要地成为世界大国抢占的对象。

---

① [美]索尔·科恩：《地缘政治学：国际关系的地理学》，上海社会科学院出版社2011年版，第15—23页。

俄罗斯作为世界上最大的国家，尽管其国土大部分在亚洲，却因为经济和人口重心在欧洲部分，一直被认为是欧洲国家，这就决定了其国家治理的重心所在。因此俄罗斯对于北约东扩行为非常敏感，也一直采取强烈的对抗策略。国土面积与中国相当的美国，东西方向为大洋，只有两个相较其较弱的陆地邻国，地缘战略形势相当优越。事实也证明，在两次世界大战中，美国本土都避免了战火侵扰，从而顺利地走向了大国崛起之路。我国身处世界上最大的大陆东端，面临世界上最大的大洋，陆上与 14 个国家相邻，海上与 6 个国家相邻，边境线十分漫长。在这 20 个邻国中，包括俄罗斯、印度、日本、韩国等强国。这种地缘政治局面对我国国家安全提出了严峻挑战，要求我国在坚持独立自主的和平外交方针的同时，最大限度地消弭分歧、寻求共识，为我国谋求和平稳定的发展环境。

四、自然资源

自然资源是在一定的时间和技术条件下，能够产生经济价值、提高人类当前和未来福利的自然环境因素的总称。作为事关国家生存与发展最重要的禀赋，自然资源丰富与否在很大程度上决定了一个国家"底气"是否充足。新加坡人均 GDP 达 6 万多美元，长期居于世界前列，但满足人类最基本生存需求的淡水资源都需要进口，具有高度的外部依赖性。而作为对比的俄罗斯，尽管近几年经济发展并不好，但地域广阔，自然资源种类比较丰富，总量也大，就有了即使面对经济封锁也不怕的底气。

一些自然资源，特别是某些矿物资源具有极其重要的战略价值和意义，成为世界上一些国家经济治理的重心所在。比如，石油是沙特阿拉伯、科威特等国家经济的命脉，也是这些国家对外贸易最为倚重的战略性物质资源。因此，这些国家对内建立国家石油公司统筹勘测、开采、运输、销售等业务，对外则联合成立石油输出国组织（OPEC）来获得更大的议价权和话语权，以石油这一战略物资为工具，维护自身国家利益。

对于我国来说，一方面，水资源、矿物资源、森林资源等在内的自然资源种类多样，总量丰富，决定了我国有相对充足的自然资源可以调动，保障了我国国家建设的顺利开展；另一方面，各种资源地域分配极其不均（比如水资源南多北少，煤炭资源西多东少），决定了我国国家治理必须具有相当的资源调配与协调能力。同时，我国人均资源不足，而且一些资源（比如石油）储量满足不了社会经济发展需求，这就决定了我国既需要对自然资源进行战略性管理，又需要更加融入国际市场，保证资源交通运输线，稳定地获取能源和生产原料，保障自然资源的供应与国家发展需求相匹配。

第二节　人文历史

国家的形成和发展离不开一定的人文历史条件，这包括人口、民族、宗教、语言等人口学要素，也包括一个民族的历史积淀。因为一个国家的人口、民族、宗教和语言结构正是历史形成的。人文历史条件也具有相当的反作用，影响着国家治理主体采用何种思维方式、制度载体、政策框架去治理国家。所以，一个国家需要高度重视国家治理与人文历史环境的"兼容"，从而推动国家治理的良性发展。

一、人口

人口是一个内容复杂、综合多种社会关系的社会实体。人口作为特定时间和地域内的人的集合，对社会运行和发展产生基础性影响[1]。可见，人口是国家治理面临的首要社会因素，其数量、性别分布、年龄分布、地域分布和受教育程度等情况都对国家治理产生直接影响。

---

[1]　郑杭生主编：《社会学概论新修（第4版）》，中国人民大学出版社2013年版，第28页。

人口数量多少影响着国家治理的规模程度。人口少，国家治理规模小，易于管理，但也带来了国内市场狭小，严重依赖国际市场等缺陷。人口数量多，具有人多力量大、国内市场大等优势，但也有任何小问题都会呈几何级扩大的弊端。世界上人口最少的国家梵蒂冈不足千人，而我国人口总量达14亿多，两者的国家治理规模自然不可同日而语。

人口的性别分布、年龄分布、地域分布等情况同样影响着一国政府的治理决策，政府要根据不同的人口状况采取不同的婚姻、生育、劳动政策，保证人口的动态平衡，促使人口结构不断优化。比如说，我国实行了30多年的计划生育政策导致了现在家庭的"4—2—1"结构，老龄化、空巢化趋势明显，人口红利逐渐消失。因此，我国于2016年宣布实行全面二孩政策，以促进人口长期均衡发展。在国外，为应对老龄化趋势，日本政府提出"退而不休"计划，意大利政府采取弹性延迟退休年龄的办法。

人口的受教育程度对于国家治理来说是至关重要的变量。拥有大批受教育程度高、技能素质高的国民，对于国家发展无疑是大有裨益的。因此，一个国家要不断调整教育政策，提升国民的技能素质水平，为经济社会发展奠定良好的人才基础。

二、民族

民族是国家的构成主体，国家是民族的政治屋顶，民族与国家的结合，形成了民族国家这一当前主权国家最基本形式。在理论上，民族国家的最完备形式是"一个民族、一个国家"，这是民族国家的理想状态。但是，在现实世界中，世界上绝大多数国家都是多民族国家，而且在多民族国家中存在主体民族与非主体民族之分，这就相当考验一个国家的族际协调平衡能力。

相对而言，诸如日本、韩国等国家民族结构比较单一。又如瑞士、法国、德国等国尽管存在多个民族，但民族间同质性较高，族际关系相对比较好处理。而南斯拉夫等国民族结构比较复杂，自然资源和社会资源的分配情况极易引起各民族间的攀比，甚至产生各族对资源的争夺行为。事实也证明，在民族政策方面的失误是导致南斯拉夫解体的重要原因。此外，民族主义进入主权要求层面进而激起的民族自决运动或民族分裂主义行动，是英国、加拿大、西班牙、泰国、印度等世界上众多国家面临的共同难题，考验着这些国家的民族问题治理能力。

我国自古以来就是一个统一的多民族国家，56 个民族共同构成中华民族一体，平等团结互助和谐的民族关系逐步确立并发展，各民族共同团结奋斗、共同繁荣发展，一道投身于中国特色社会主义事业建设。但是，也要看到，各民族间社会经济发展不平衡，大民族主义、地方民族主义、民族分裂主义等在我国仍然存在，这就要求我国国家治理采取正确的民族政策，坚持民族区域自治政策，加强民族交流交往交融，铸牢中华民族共同体意识。

三、宗教

据不完全统计，在全球 70 多亿人口中，广义基督教（天主教＋东正教＋新教＋其他）信徒在 24 亿左右，伊斯兰教（逊尼派＋什叶派＋其他）信徒在 18 亿左右，印度教教徒在 11 亿左右，佛教教徒在 5 亿左右。由此可见，信教徒占据世界人口大多数，许多国家、民族甚至全国家、全民族信教，甚至产生了梵蒂冈这样因教会而诞生的主权国家。在美国，尽管宪法中并没有突出基督教的作用，但是基督教却起到了"公民宗教"的作用。总统宣誓就职时使用圣经，是美国文化的一个传统。宗教对国家治理的影响可见一斑。

据介绍，我国主要有佛教、道教、伊斯兰教、天主教和基督教等宗教，宗教团体约 5500 个，其中全国性宗教团体 7 个，信教公民近 2 亿人[①]。我国

---

① 国务院新闻办公室：《中国保障宗教信仰自由的政策和实践》，见 http://www.scio.gov.cn/ztk/dtzt/37868/38146/38148/Document/1626659/1626659.htm。

坚持宗教信仰自由政策，充分保障了公民的宗教信仰自由，但是，也要看到，非法教会依然存在，境外宗教团体不时干涉我国宗教事务，一些宗教教义需要与社会主义社会相调适。这就要在坚持宗教信仰自由政策的基础上，依法管理宗教事务，确保各宗教的教法教规要服从国法政令、宗教活动在法律法规允许的范围内开展；坚持独立自主自办原则，反对外国势力对我国宗教团体和宗教事务的干预；引导信教群众积极践行社会主义核心价值观，弘扬中华文化，努力把宗教教义同中华文化相融合，引导宗教与社会主义社会相适应。

四、语言

《圣经·旧约·创世纪》第 11 章讲述了巴别塔的故事，根据篇章记载，当时人类联合起来兴建希望能通往天堂的高塔，为了阻止人类的计划，上帝让人类说不同的语言，使人类相互之间不能沟通，计划因此失败，人类自此各散东西。尽管这只是一则寓言，却能反映出语言对于人类彼此之间交流合作的影响之大。

目前世界上有 5000 多种语言。语言的多样性是人类的精神财富，但是同时给国家治理带来一定的影响。以比利时为例，北部靠近荷兰的弗拉芒地区，官方语言是弗拉芒语（可认作荷兰语的一种方言）；南部挨着法国的瓦隆地区，通用瓦隆语（与法语差别极小）；还有一小块从德国获得的领土，民众说德语。以弗拉芒语、法语和德语为母语的人口分别约占总人口的 58%、41%、1% [1]。这样，行政区划以语言划分，没有统一的比利时语言，呈现语言割据状态。

我国是一个统一的多民族国家，民族多、语言多、文字多。55 个少数民

---

[1]　中国社会科学院民族研究所"少数民族语言政策比较研究"课题组等编：《国家、民族与语言——语言政策国别研究》，语文出版社 2003 年版，第 141 页。

族中，除回族、满族已全部转用汉语外，其他53个民族都有自己的语言。有些民族内部不同支系还使用着不同的语言（不包括转用或者兼用汉语的情况）：景颇族、裕固族和门巴族各有2个语言支系，瑶族、怒族各有3个语言支系，高山族的语言支系达到13个。因此，全国55个少数民族，共使用72种语言。这些语言分别属于五个语系：汉藏语系、阿尔泰语系、南岛语系、南亚语系和印欧语系[①]。这种多语言的国情，要求我国在充分保障少数民族语言自由行使权利的基础上，大力推广国家通用语言汉字，以适应国家的政治、经济、文化发展需要，形成与国家治理水平相适应的良好语言文字环境。

五、历史

国家治理面临的历史条件从来都不是白纸一张，而是在传统基础上根据现代化发展需求而进行的或渐进或激烈的调适与变革。正如马克思所说："人们自己创造自己的历史，但是他们并不是随心所欲地创造，并不是在他们自己所选定的条件下创造，而是在直接碰到的、既定的、从过去继承下来的条件下创造。"[②]任何一个国家治理都要继往开来，罔顾本国历史而对其他外来经验不加以适应性、创造性改变的做法，只会产生"南橘北枳"的后果。

历史对国家治理的影响，可以从积极和消极这两个辩证的角度去看。从积极的角度看，历史过程中形成的优秀传统、文化、习俗等历史积淀，氤氲着一国国民的性格、价值观念等。比如，英国政治传统具有自发、自治和渐进的特点，体现在"王在法下"、治安推事制度、习惯法和宪政改革当中[③]。不能不说，英国成为世界上第一个近代意义上的君主立宪国家，与这些独特且重要的历史资源密切相关。"和合""大一统"观念是中华文化的首要价值，得益于对夷夏之辩的文化认同，夷夏族群共同塑造了"五方之民"

---

① 马锦卫：《中国少数民族文化概说》，电子科技大学出版社2010年版，第376页。
② 《马克思恩格斯选集》第1卷，人民出版社2012年版，第669页。
③ 杨光斌：《政治变迁中的国家与制度》，中央编译出版社2011年版，第188—189页。

共天下的大一统格局，成为近代中国得以避免像奥斯曼帝国四分五裂结局的历史前提。另外，爱好和平、勤劳等历史观念持续延伸到今天，成为今天中国人的性格底色。

从消极的角度看，沉重的历史包袱可能成为改革的某种阻力，使国家治理发展进程缓慢。比如说，印度历史上形成的种姓制度到现在仍是印度国家现代化的沉重历史包袱，美国自建国以来形成的种族歧视仍是美国社会难以回避的一大问题。而对我国而言，历史上形成的某些思想糟粕（男尊女卑、血亲观念等）至今制约着中国人现代独立人格的形成。

因此，如何萃取历史精华、除去历史糟粕，做到"古为今用"，如何正确认识本国历史，对待本国历史，推动历史与现代相结合，考验着每个国家的治理水平，也是当代国家治理的难题和必修课。

第三节　经济基础

经济基础的夯实和筑牢对于国家治理具有根基性作用，能为国家治理提供必要的财政保障和资金支持，决定着一个国家能否充分有效运用国内外各种资源为国家治理和国家发展服务。经济基础有历史继承的一面，但更是动态的、发展的。一国国家治理水平的高低也鲜明地体现在产业规划、市场调节、基础设施配套等经济发展能力的强弱上。

一、生产力和财政水平

马克思认为，生产力决定生产关系，经济基础决定上层建筑[1]。马克思

---

[1] 科学社会主义概论编写组：《科学社会主义概论》，人民出版社、高等教育出版社 2011 年版，第 2 页。

的论述科学解释了人类社会如何从刀耕火种的原始社会发展为智能化、信息化的现代社会。正是生产力水平的不断提升，生产关系得以不断改变，人类社会得以不断向前发展。换言之，生产力水平决定了国家治理的基础条件，尤其决定了国家财政水平。

国家治理的根本目的在于提升国家能力，破除一切阻碍生产力发展的因素，实现国家治理水平与生产力发展水平的动态平衡。每个国家都在致力于提高生产力和财政水平，欧美国家长期居于前列，有充足的经济资源用于军事、教育、公共卫生等方面支出。当然，因为国家治理失败，导致生产力发展缓慢乃至停滞的案例也提醒我们要不断提升国家治理能力。

当前，我国稳居世界第二大经济体，国内生产总值首次超过 100 万亿元人民币，人均 GDP 超过 1 万美元。统计局报告显示，1949—2019 年，中国财政收入巨幅增长，实力由弱变强。新中国成立初期，我国财政十分困难。1950 年全国财政收入仅为 62 亿元，改革开放开始时的 1978 年为 1132 亿元，2019 年全国一般公共预算收入达 190382 亿元。这样的生产力和财政水平为我国国家治理现代化奠定了比较充足的物质基础。就拿港珠澳大桥来说，如果没有一定的经济力量支撑，这样的世纪工程在很多国家是不可能完成的。但是，同样也要看到，在中等收入国家向发达国家的迈进中，只有日本、韩国等极少数国家迈过了"中等国家收入陷阱"，更多国家（比如墨西哥、阿根廷、菲律宾等）深陷其中，经济发展徘徊不前。无疑，带领 14 亿多人口跨越"中等国家收入陷阱"、迈入发达国家，是一个彪炳千古的伟大工程，同时也是对我国国家治理的巨大考验。因此，国家治理仍需做好顶层设计，以全面深化改革破解难题，进一步释放改革红利，加强改革的整体性、系统性和协同性，以促进生产力的进一步解放和发展。

二、设施

作为国家治理的"硬件"系统，基础设施是指为社会生产和居民生活提供公共服务的物质工程设施，是国民经济各项事业发展的基础。在现代社会中，经济社会越发展，对基础设施的要求越高；完善的基础设施对促进经济活动、促进人类社会的发展演变起着巨大的推动作用。

世界各国多通过加强基础设施建设来促进经济增长。这是因为，基础设施建设具有"乘数效应"（即能带来几倍于投资额的社会总需求和国民收入）。一个典型的案例是 20 世纪 30 年代，为了应对空前的经济大萧条，美国总统罗斯福推行了著名的"罗斯福新政"，其中很重要的一项政策就是政府主导的大规模基础设施建设。这些基建项目，不仅增加了就业，提高了民众收入，还为后期美国经济的大发展打下了坚实的基础。[1]

改革开放以来，我国的基础设施建设取得了长足进步，尤其是交通建设成就世界瞩目。以铁路为例，到 2020 年底，全国铁路营业里程达到 14.6 万公里以上，其中高铁 3.8 万公里。高铁总里程占全世界的 2/3 以上。城市的基础设施建设已经日臻完善，农村的基础设施建设也在加速完善中。目前，我国已有 99.24％的乡镇和 98.34％的建制村通上了沥青路、水泥路，90％以上的村通了宽带互联网。这些建设有力推动了城乡社会经济的发展。同时，不可忽视的是，交通拥堵、路面排水等问题依然困扰城市发展。在农村，农业机械化总体水平有待提升，农产品物流设施相对落后等问题依然存在。因此，我国依然要在加强基础设施建设方面下大功夫。同时，还要提高基础设施建设的科技含量，尤其是将人工智能融入基础设施建设，推动城乡基础设施智能化发展，为我国社会经济的高质量发展打下坚实的基础。

三、产业

产业是社会分工的产物，是社会生产力发展的必然结果[2]。经济发展就

---

① 邱欣：《中国基础设施建设与发展实践》，辽宁教育出版社 2016 年版，第 2—3 页。

② 张小梅、王进主编：《产业经济学》，电子科技大学出版社 2017 年版，第 1—2 页。

是一部产业内容不断丰富、产业结构不断优化、产业链条不断延伸的历史。产业结构合理与否是衡量一国经济是否健康的重要指标，也是一个国家或地区治理水平高低的体现。

通常所说一个国家宏观经济的三大产业，是基于联合国推荐使用的分类方法：第一产业包括农业、林业、牧业和渔业；第二产业包括制造业、采掘业、建筑业和公共工程、水电油气、医药制造；第三产业包括商业、金融、交通运输、通信、教育、服务业及其他非物质生产部门。现代国家经济发展的一个趋势是：包括第一、第二产业的物质生产部门的比重不同程度下降，第三产业的比重持续上升。当然，第一、第二产业比重下降不代表产业能力下降，而是反映了在产业结构不断优化的同时，三个产业的产业能力不断提升，以最少的投入获得最大的产出。以世界第一强国美国来说，第一、第二、第三产业分别占比1%、19%和80%左右。人们常常关注到美国的第三产业输出，比如好莱坞电影、美剧等风靡全球，却忽略了一个事实，美国是世界第一农业大国（按农业投入产出比计算），对某些农业产品（大豆等）拥有定价权。因此，一国经济治理就要在不断调整产业结构的同时，促进每个产业都能获得充分发展。

改革开放以来，我国第一产业比重大幅下降、第二产业比重不断下降、第三产业持续向好发展。但是，就产业结构而言，如今发达国家第三产业增加值占国民生产总值的比重和第三产业就业人员占全社会劳动者的比重，平均达到65%左右，而在我国第三产业产值占比刚超过50%，就业占比还不到50%，产业结构仍需优化。就每个产业的投入产出而言，我国是农业生产大国，却很难说是农业强国；工业增值方式仍是高能耗低效率的增长方式；传统第三产业（餐饮等）较强，新兴第三产业（文化等）较弱。这就要求我国继续实施新旧动能转换战略，"腾笼换鸟"，以智能制造为主攻方向推动产业技术变革和优化升级，以"鼎新"带动"革故"，以增量带动存量，促进我国产业迈向全球价值链的中高端。2019年我国产业数字化增加值规模达28.8万亿元，同比名义增长16.8%。这说明产业数字化探索向更深层次、更广领域迈进，数字技术带动传统产业产出增长、效率提升的作用进一步强化。① 同时，这也说明了我国经济治理的现代化水平不断提升。

四、市场

在经济领域，国家治理要在保持国家宏观调控作用的同时，充分发挥市场在资源调配中的作用，让一切生产要素（科技、材料、人才等）的活力竞相迸发。英国经济学家亚当·斯密在其名著《国富论》中将市场比作"看不见的手"，能够自发调节市场上无数寻求自利的经济个体和经济组织的行为，而国家只需做好"守夜人"的角色，保障"看不见的手"充分发挥作用，就能实现民富国强。虽然在之后的发展中，人们发现市场在某些情况下也会失灵，以凯恩斯为代表的国家干预主义强调了政府宏观调控的作用，但是市场在资源调配中的基础性和决定性作用已是共识。欧美国家近现代以来取得巨大的经济成就，至今仍然居于世界前列，在很大程度上是因为市场经济发展得好。冷战后期，很多发展中国家也兴起经济改革之风，其主要导向也是市场化。当然，在这个过程中，也不能唯市场是从。

新中国成立初期，我国学习苏联的经济模式，形成了僵化的计划经济体制，以行政命令取代市场职能，尽管也取得了一定经济发展成就，尤其是重工业的发展，但是也导致了与人民生活密切相关的产业的落后，人民收入长期停滞不前，经济缺乏活力，企业效率低下。虽有各种票据但仍吃不饱饭，是那个时代人们深刻的记忆。改革开放以来，我国逐步确立了社会主义市场经济体制，在确保公有制主体地位的同时，鼓励支持非公有制经济的发展，产业得以繁荣，人民得以富足，国家得以富强。当前，我国全面深化改革的一个重要方面，就是要充分激发市场蕴藏的活力，要把该放的权放到位，该营造的商业环境营造好，该制定的市场规则制定好，让企业家有用武

---

① 韩鑫：《去年我国产业数字化增加值规模达 28.8 万亿元》，《人民日报》2020 年 7 月 13 日。

之地；要更好发挥政府作用，更多从管理者转向服务者的角色，为企业服好务，推动经济社会长期健康有序发展。

第四节 社会基础

国家治理体系的构建和国家治理能力现代化是一个综合性、系统性工程，但人和社会始终是最关键的因素。国家治理的社会基础涉及社会组织发展、社会资源配置优化、良好社会服务的提供等社会基础工作。在这一过程中，需要社会力量的全方位参与，并要求形成相应的社会激励与社会协同机制。

一、社会组织与社会动员

社会组织是社会经济发展到一定阶段的产物，其形成是特定社会分工的结果。广义的社会组织包括一切群体，狭义的社会组织可称之为正式社会组织，指人们为实现共同目标彼此协调与联合起来所形成的社会团体。[1] 社会组织是人们自我服务、自我管理的体现，能在比较短的时间内聚合人们参与社会事务的能量。比如，一些诸如国际红十字会的国际性社会组织，在协调各国公益行动、提供人道主义援助、促进国家间合作等方面起到了独特的作用。

随着公共治理理论的发展和社会协同治理的实践需求，社会组织日益成为我国重要的多元社会治理主体之一，成为国家治理现代化的重要参与力量。截至2019年底，我国共有社会组织86.6万个，其中社会团体37.2万个，

---

[1] 郑杭生主编：《社会学概论新修（第4版）》，中国人民大学出版社2013年版，第207—208页。

基金会 7585 个，民办非企业单位 48.7 万个，吸纳社会各类人员就业 1037.1 多万人 [1]。无疑，随着我国社会主义市场经济日益成熟和社会建设的推进，社会组织已经发展成为重要的国家治理支撑力量，出现了党建引领和社会组织建设同步发展的良好局面。社会组织的发展也要求我国进一步加强和创新社会治理，实现治理方式从自上而下的单向管理转向政府和多元主体良性互动的转变，努力打造共建共治共享的社会治理格局。

国家要充分发挥社会组织在社会治理中的作用，同时也要保持自身强大的社会动员能力。尤其是在国家面临紧急事态的情况下，比如重大自然灾害、重大疫情、重大社会事态、重大对外关系事件，需要动员全社会的力量予以应对。当然，社会动员不仅需要依靠从上而下的各级政府组织，也要调动各种各类社会组织的积极性，发挥好它们的优势。

二、社会资源配置

社会资源是为满足个体和社会生存与发展需要而产生和配置的各类资源。与自然资源不同，社会资源主要是人类生产出来满足社会需要的。在国家治理中需要实现社会资源的有效配置和合理化安排，进而实现社会产出的最大化，不断满足人们日益增长的物质文化需求。世界各国在社会经济发展过程中不断调整社会资源配置，以取得最佳的配置效果，促进资源配置的公平性。为此，各国采取措施推动地区间的发展平衡，如意大利推动南北两大区域之间的发展平衡；采取措施推动城乡间的发展平衡，如韩国 20 世纪 70 年代推行的"新乡村运动"。

对于我国国家治理而言，一方面，要实现社会资源配置的平等和均衡。受自然、历史、区位、政策等各种因素的影响，我国的社会资源配置在不同

---

[1]　中华人民共和国民政部：《2019 年民政事业发展统计公报》，2020 年 9 月 8 日，见 http://images3.mca.gov.cn/www2017/file/202009/1601261242921.pdf。

地区、不同群体之间表现出一定的不均衡性。这就要合理调节城乡、区域、不同群体间分配关系，将这种不均衡保持在合理的限度之内。当然，这种调节要与发展结合起来，"在发展中需要增强协调能力，不断协调不平衡问题，形成各方面优势互补的合力，使发展趋向平衡"①。另一方面，社会资源的相对稀缺性，决定了国家治理要通过一定的方式把有限的资源合理分配到社会的各个领域中，以保证社会资源的充分有效利用。这就要营造各种所有制主体依法平等使用资源要素、公开公平公正参与竞争的市场环境，完善科技创新体制机制，完善文化产品创作生产传播的引导激励机制，健全现代文化产业体系和市场体系。总之，有效配置社会资源，实现社会资源利用的社会效益与市场效益的统一，是我国国家治理现代化的重要目标。

三、社会服务

社会服务是以提供劳务形式来满足社会需求的社会活动②。通常人们所指的社会服务，主要是指教育、医疗、卫生等方面的生活福利服务。在很大程度上，国家治理所提供的社会服务水平决定了人们的幸福感指数高低，换言之，人们的幸福感指数是对一国社会服务水平的直观感受和量化体现。长期以来，北欧诸国推出的"从摇篮到坟墓"社会保障极大地提升了居民的幸福感，北欧居民的幸福感指数也长期高居世界前列。

提升社会服务水平、增进人民福祉是我国国家治理的本质要求。面对人民群众日益增长的多层次多样化需求，我国国家治理要在教育、医疗、卫生等方面做好布局，形成多样化、精准化的公共服务供给格局；要完善覆盖全民的社会保障体系，健全基本医疗卫生制度，完善城乡公共文化服务体系，促进区域间基本公共服务均等化，构建区域协调发展新机制。加强社会

---

① 杨承训：《努力实现更平衡更充分的发展》，《人民日报》2019年9月5日。
② 初青松、杨光：《略论美国社会服务经验与启示》，《人民论坛》2014年第29期。

保障体系建设，就要按照兜底线、织密网、建机制的要求，全面建成覆盖全民、城乡统筹、权责清晰、保障适度、可持续的多层次社会保障体系。强化提高人民健康水平的制度保障，就要深化医药卫生体制改革，提高公共卫生服务、医疗服务、医疗保障、药品供应保障水平，聚焦增强人民体质，健全促进全民健身的制度性举措。总之，通过健全幼有所育、学有所教、劳有所得、病有所医、老有所养、住有所居、弱有所扶等方面国家基本公共服务制度体系，注重加强普惠性、基础性、兜底性民生建设，保障群众基本生活，使改革发展成果更多更公平惠及全体人民，不断提高人民群众的获得感和幸福感。

四、激励与社会协同机制

国家治理不仅需要党政机构自上而下推进，也需要社会各个层面、各个群体、各个个体的共同参与和努力，去实现最好的治理效能，达成最优的治理结果。因此，国家治理不仅要保障社会资源的有效利用，还要建立健全合理的激励与社会协同机制。这就需要激发社会和个体的活力，同时促成社会各种群体、各种组织的团结协同，形成汇聚国家治理的强大合力。

纵观古今中外，国家治理都有相应的激励与社会协同机制。比如我国古代就有奖励农耕和军功的政策措施。实践证明，合理的激励机制会激发全社会创造活力，合理的协同机制可使这种活力长久地保持下去，促进国家治理现代化进程的不断加快。党的十八大以来，我国国家治理在各个领域加强了激励机制建设。在经济领域，推进要素市场制度建设，完善科技人才发现、培养、激励机制等；在政治领域，完善干部考核评价机制，源源不断培养选拔使用经过实践考验的年轻干部；在文化领域，完善文化产品创作生产传播的引导激励机制，推出更多群众喜爱的文化精品；在精神领域，通过改革开放40周年人物评选、感动中国人物评选等活动，塑造价值标杆和模范人物形象。通过一系列激励机制的建设，新时代人民群众更有干劲、更有闯劲。

与此同时，国家治理还需要十分重视各个领域的协同发展，以协同发展统揽社会全局。在区域发展方面，重视区域间资源共享、协同发展；在生态治理上，注重协同推进大治理；在科技成果转换方面，强调完善产学研协同创新机制；在社会治理上，强调健全平安建设社会协同机制等。我国在较短时间内有效防控新型冠状病毒的传播，就是社会协同机制的典型体现。无论是宏观层面上的"全国一盘棋"，火神山医院、雷神山医院以"中国速度"交付使用，还是微观层面上的社区网格化治理和联防联控，都体现了我国社会协同机制的有效性。当前，推进国家治理现代化仍需进一步完善社会激励与协同机制建设，处理好激励与协同的关系，使各种生产要素充分发挥化学反应，使社会各种群体团结协同起来，共同推进新时代中国特色社会主义的伟大事业。

第五节　政治基础

政治基础是国家治理最为直接相关的部分，直接决定着国家治理的质量与水平。这首先需要明确国家治理体系中的治理主体和客体，国家权力机关是代表作为国家治理主体的人民行使"公意"、实行国家治理的核心政治机构。因此，在国家治理体系中，最关键的是国家权力配置和运行的规范化、制度化、法治化，同时要通过适宜的治理机制和治理策略推动国家和社会的发展。

一、治理主体与客体

治理主体就是国家治理体系中的掌舵者和执行者。在当代，几乎所有的国家都宣称实行"人民主权"，人民自然应当是治理的主体。但是，人民是否能够真正当家作主，还需要有一套体现人民意志的制度去保证。由于在现代大型民族国家中人民实行直接统治并不现实，所以在现实中，人民的"公意"往往通过选举代议制机构和国家领导人去体现，通过政党这一人民与国家之间的桥梁来实现。

中华人民共和国一切权力属于人民，人民是国家的主人，自然也是国家治理的主体。在我国，作为一个带领中华民族走向伟大复兴的使命型政党，中国共产党是中国人民和中华民族的先锋队，代表着最广大人民群众的根本利益，是国家的领导力量。各级人民政府，在党的领导下，作为国家权力机关的执行机关，是人民意志的执行者和捍卫者，是真正为人民服务的。党和政府除了通过自身的规范化、制度化建设，使公权力的行使有序有效外，还通过健全民主制度、丰富民主形式、拓宽民主渠道，培育人民群众的国家治理主体意识，充分调动人民群众的积极性、主动性、创造性。毫无疑问，无论是国家治理体系还是治理能力现代化，都需要一个不断发展、不断优化的现代化主体。我国的国家治理现代化需全面加强党的领导，深化党政机构改革，提升社会自治水平，推进公共治理，把人民群众充分组织动员起来，发挥人民群众在国家治理中的主体作用。因此，"培育人民群众的国家治理主体意识，应成为推进国家治理体系和治理能力现代化的关键一环。"[1]

国家治理的客体是一个国家面临的所有的自然生态、产业经济和人员社会等构成环境、资源和组织系统。这里面有人本身的因素，有自然物质的因素，也有人造物质世界的因素。具体而言，包括治国（国家机关）、治党（特别是执政党）、治市场（商品、贸易、投资、金融等）、治社会（广义的社会，包括国家、政党、公民和市场）、治生态环境(陆地、海洋、天空等)；不仅指治现实世界，还指治虚拟世界（互联网）等，构成了一个立体化的国家治理客体结构[2]。可见，治理主体与客体有一定的重合性，作为治理主体

---

① 桑玉成：《培育人民群众的国家治理主体意识》，《人民日报》2018年1月15日。
② 姜明安：《现代国家治理有五大特征》，《经济参考报》2014年11月4日。

的人民和社会同时在一定背景下也是治理的客体，尤其是从人力资源和社会组织的角度来讲。这正是现代国家治理的特征，是现代政治所禀奉的"人民主权"原则的体现。从社会的角度看，也是如此。因为社会是人组成的，社会是人员的载体。"作为主体，社会是共同参与国家治理的重要依托力量；作为客体，社会是国家治理的重要领域。"① 社会治理也因此构成国家治理的重要内容。

二、国家权力配置与运行机制

国家权力作为一种可配置性政治资源，是国家治理体系的基本要素，国家权力运行是国家治理体系的基本表现形态。一定时期的国家权力配置与运行机制是具体政治社会经济环境的产物，又必须随着具体政治社会经济环境的变化而变化。构建合理有效的国家权力配置与运行机制，有效发挥权力系统的整体功能，实现权力运行的宗旨和正效应是国家治理现代化的重要内容。

如何有效配置和运行国家权力，是一个自国家诞生之日起就存在并持续到现在的古老又崭新的命题。在传统农业社会，帝王拥有独断之权，尚须配置三公九卿、六部、内阁等官员和部门来分担政务，保证权力中枢的正常运行，并因王朝国家治理需要的变化，调整这些官员和部门的权限、职责及分工。在现代社会，国家事务的复杂化程度越来越高，国家权力的配置和运行也日渐精密化，也更需规制化、科学化。各个国家因国情不同，国家权力配置和运行方式各有不同。比方说，同为君主制政体，英国王室就处于虚位状态，而沙特阿拉伯王室却是权力的中心。

对于我国国家治理而言，我们党很早就开始了对国家权力配置和运行机制的探索。建党伊始运作并保持至今的民主集中制有效地将发扬党内民主

---

① 夏锦文：《国家治理体系和治理能力现代化的中国探索》，《光明日报》2020年11月19日。

和正确实施集中结合起来。在中央苏区、延安时期，我们探索了一套苏维埃政府、边区政府和革命根据地人民政权组织权力运行体系。新中国成立后，我们对加强国家权力有效运行进行了不懈探索。党的十一届三中全会后，党和国家各种制度逐步得到恢复和完善。分事行权、分岗设权、强调决策前的调研、注重协商等内容逐步进入我国国家权力运行体制，通过合理分解权力，科学配置权力，不同性质的权力由不同部门、单位、个人行使，形成了较为科学的权力结构和运行机制。党的十八大以来，我国不断完善权力配置和运行机制，完善坚定维护党中央权威和集中统一领导的各项制度，健全党中央对重大工作的领导体制，强化党中央决策议事协调机构职能作用，把党的领导贯彻到党和国家所有机构履行职责全过程，建立了一套结构合理、程序严密的权力配置和运行机制。

国家治理机制正是建立在国家权力配置与运行机制的基础上的，是国家治理体系的表现形式，是"规范社会权力运行和维护公共秩序的一系列制度和程序"[1]。当前需要通过不断深化党和国家机构改革，优化职能配置，形成科学治理机制，以清除和解决当前的机构设置和职能配置存在的障碍和弊端，为国家未来的发展和建设提供坚强的制度保障。

三、权力制约和监督机制

由于权力本身易于导致滥用和腐败，需要特别注重权力制约和监督体系的构建。这不仅关系到国家治理的目标能否有效实现，也关系到政府和政治家的威信问题。促进国家权力的规范化运作，对国家权力进行制约监督，每个国家都高度重视，并产生自己的实践经验。权力制衡、权责相符等原则在不同的国家有不同的表现形式。西方不少国家实行"三权分立"的政治制度，尽管有助于权力制衡，但是也容易导致相互推诿、效率低下。美国在过

---

[1]　俞可平：《推进国家治理体系和治理能力现代化》，《前线》2014 年第 1 期。

去一些年中屡屡爆发总统与国会之间的矛盾，国会拒不通过财政拨款法案导致"政府关门"就是明显例证。除了权力机构之间的相互制衡，世界各国无不重视对行政机构的监督监查。比如瑞典在世界上最早建立议会监察专员制度，取得了良好的成效，许多国家学习瑞典设立了议会监察专员制度。这被认为是瑞典对世界各国宪法制度发展作出的最重要贡献[①]。

对我国而言，在中国共产党的领导下，国家治理体系逐步完善的过程，同时也是国家权力制约和监督机制逐步完善的过程。党的十八大报告提出："确保决策权、执行权、监督权既相互制约又相互协调，确保国家机关按照法定权限和程序行使权力。"党的十八届三中全会通过《中共中央关于全面深化改革若干重大问题的决定》，把"强化权力运行制约和监督体系"单列一章，强调必须构建决策科学、执行坚决、监督有力的权力运行体系。党的十八届四中全会第一次在党的决定中提出"公权力"概念，要求"必须以规范和约束公权力为重点，加大监督力度"。党的十九大报告要求，"让权力在阳光下运行，把权力关进制度的笼子"。

国家的行政管理承担着按照党和国家决策部署推动经济社会发展、管理社会事务、服务人民群众的重大职责。因此，推动国家治理现代化，需要加强行政监督管理，建设对人民负责、受人民监督的服务型政府；要求坚持用制度管权、管事、管人，建立健全决策权、执行权、监督权既相互制约又相互协调的权力结构，从决策和执行等环节加强对权力的监督，保证把人民赋予的权力真正用来为人民谋利益。

四、治理策略

国家治理策略就是为实现国家治理的长远或近期目标而采取的一系列方案、方针和方法，旨在谋划先后、分清主次，科学处理轻重缓急。只有具

[①]　王雅琴：《瑞典的议会监察专员》，《学习时报》2014 年 11 月 17 日。

有优良的治理机制，采取合理得当的治理策略，才能实现优良的国家治理。每个国家都有自己的治理策略体系，很多国家也都会对国家的长远发展发布战略报告，进行战略规划。

国家治理的制度、方式和目标选择都不能脱离国情，治理策略的构建更不能脱离国情。一个国家治理的基础不一样，治理优势和短板也存在巨大差异，这就决定了一个国家的治理方式、优选事项的排列都不一样。有些国家面积不大，地势低洼、水患频发，比如孟加拉国 1987 年大水灾导致 2.5 万头牲畜淹死，200 多万吨粮食被毁，2 万公里道路被冲毁，受灾人数达 2000 万人。水灾可能导致整个国家陷入瘫痪和危机，使得治水成为该国国家治理的要务。但有些国家严重缺水，获取和保护水资源成为国家安全的重中之重，也往往引起与邻国的纷争，这在中东地区尤其明显。有些国家边界线长，邻国众多，历史上可能也存在边界纠纷，这样如何保卫陆上边界就成为国家领土安全的重要课题。而有些国家是岛国，保护海洋国土和领海权益至关重要。这些不同的治理基础就需要根据本国的国情构建和实施不同的治理策略，充分调动国家的各种资源，以解决国家面临的最大挑战，克服国家治理的短板，赢得国家发展的有利环境。

当然，这些治理优势和短板也不是一成不变的。一方面，通过国家治理策略的实施，一些挑战可能被消解，一些短板可能被克服。这样，国家治理的重心就会转移，治理策略就会进行调整。另一方面，国家治理基础有的是不可变的，如地理条件和地缘环境，但是又有可变的部分，如人力资源。即使是相同的资源在不同的时代也有不同的价值。在农耕社会，沙漠是没有用处的荒芜之地。但是在工业社会，沙漠下面往往储藏有石油，被称为"黑色黄金"。对不少土地贫瘠的富油国家而言，国家治理的优先选项，就是把石油资源保护好，尽可能把石油卖出好价钱，获得充足的财政来源。而现在的数字经济时代，数据才是最重要的资源，所以如何建设好大数据系统、运用好大数据，就成为国家治理的新重点。因此，对国家治理基础的认知和分析是十分重要的。以此为前提构建和实施行之有效的治理策略并不断调整、优化，才能充分发挥治理优势，有效克服治理短板，取得国家治理的最佳效果。

在我国国家治理体系和治理能力现代化推进过程中，治理策略的运用需要强调长远、统筹、协调。讲长远就需要立足当前，通过改革科学解决事关长远发展的体制机制问题，通过顶层设计和科学部署形成先进的制度性安排；讲统筹就需要通过理顺各个权力部门的职责关系进一步加强党对各领域各方面工作的领导；讲协调就需要进一步理顺中央和地方职责关系，进一步提高中央宏观决策的科学性和地方的具体执行的有效性[①]。

总之，要通过推动党和国家机构改革，运用现代管理制度和方法治理国家，实现国家治理机制的制度化、规范化，实现国家治理策略的科学化、实效化，从而把中国特色社会主义各方面的制度优势转化为国家治理的效能。

[①] 《打造国家治理体系和治理能力的现代化引擎》，2018 年 3 月 13 日，见 http://opinion. people.com.cn/n1/2018/0313/c1003-29865389.html。

第二章　国家治理目标论 *

国家治理目标是国家治理活动的蓝图、路标和指南。国家治理目标不仅反映着国家治理现代化的客观要求和科学规律，而且反映着一个国家和民族的人民的主观价值取向和公共选择，因而规定了国家治理的基本性质和基本方向。国家治理目标是共同意志和整体利益的体现，是对分化的个体意志和短期的局部利益进行政治与社会整合的重要工具，是社会动员的重要旗帜。国家治理目标明确了国家治理活动的基本路线和运行轨迹，为管理、约束和评价国家治理行为提供了依据和标准。国家治理目标具有鲜明的多元性、阶段性和路径约束特征。这些特征既反映着不同国家的特性和治理基础，也往往会引发国家治理对路径突破的需求。从国家治理目标的追求上看，发展、安全、幸福、可持续、法治和文化繁荣是其重要的构成。当然这些目标并非是完全线性递进的，在国家治理进程中通常具有不同的优先次序，且会适时地动态调整。

第一节　国家治理目标的内涵、层次和特征

一、国家治理目标的内涵

国家治理是人类重要的政治实践活动。国家治理目标是国家治理活动

---

* 本章作者为山东大学青岛校区副校长、政治学与公共管理学院常务副院长曹现强教授。

中人的主观能动性的集中体现，它展现了国家政权的集体意志，规定了国家治理的价值导向，明确了国家治理的发展路线，设定了国家治理的绩效检验标准。

国家作为覆盖了宽广时空范围，包含了政治、经济、社会、文化等诸多领域且不断发展变化的复杂系统，其治理实践是在历史中不断展开的。因此，国家治理目标往往在具体的历史条件下表现为由一系列具体目标构成的目标体系，这一目标体系既具有内在的逻辑层次性，又具有多元性、阶段性、路径约束等特征，并在其内部张力的推动下不断发展演变。

二、国家治理目标的层次

国家治理通常包含三个相互联系、相互制约的层次，这三个层次的国家治理目标分别表现为政权维系、有效政府、社会统合。

（一）国家治理要以政权维系为目标

任何意义上的国家总意味着一定的疆域边界，且存在一个政治权威实现疆域内的统治。政治权威和疆域边界是统一的，权威意味着边界内的权威，边界意味着权威的控制边界。这一层次的国家治理目标表现为通过和平或战争的方式维系疆域完整，同时通过合法性再生产或运用国家强制力量维系政治权力的权威性。国家治理在这一层次的两个子目标是内在相关的，无法维系疆域完整的政权会逐渐丧失其权威性，而政权的权威性也是其调动力量维系疆域完整的前提。

在全球化的浪潮下，虽然一些国际组织、跨国资本集团等超国家力量总是在试图通过政治经济手段、推广某种"国际秩序"或宣传某种特定的价值观，以实现对其他国家的干涉，国与国之间的角力也突破了一般意义上的"物理边疆"，渗透到政治、经济、社会、文化等各个领域，但在这些超国家力量的背后，总存在着某些特定的国家主体；国家间的互动也总以疆域为基础。全球化或许对国家政权维系带来了全新的挑战，但维系疆域完整与政治权威仍然是国家治理的基础目标。

（二）国家治理要以有效政府为目标

政权维系并非一蹴而就，而是一个长期的历史过程。不论是通过强有力的资源保障维系疆域完整，还是通过国内人民的普遍认同实现政治权威的合法性再生产，都必须以社会生产的不断发展和人民生活水平的不断提高为基础。一个有效的政府是奠定这一基础的前提。如果说国家治理第一层面的目标着重解决国家"政权"问题，那么在这一层面，国家治理的目标则以建立一个有效政府并实现政府的有效运行、落实政治权威的"治权"为旨归。具体而言，政府需要不断优化内部组织结构与运行方式，提高职能履行能力；需要通过对市场的有效调控推动社会生产；需要通过社会管理维护社会秩序并回应人民需求。

虽然政府及其行为总是饱受诟病，人们似乎总把一切社会问题的最终责任归结到政府头上。近三四十年来，西方发达国家流行的"治理"理论也总是强调政府以外治理主体的重要性以及对政府规模和能力的限制，甚至会出现"从政府到治理""没有政府的治理"等理论主张[1][2]，仿佛政府成了治理的累赘。但这些观点与思潮都无法抹杀政府的实际重要性及其在国家治理中的核心地位。在理论层面，越来越多的学者意识到了政府在"元治理"（对治理的治理）[3] 中不断增强的重要性，政府不仅是诸多治理主体之一，更是治理基本规则的制定者、各方利益的协调者及治理争端的处置者[4]；同时，政府是否有效，甚至比国家政权是否符合某种特定标准（如：西方代议制民

---

① 王绍光：《治理研究：正本清源》，《开放时代》2018 年第 2 期。

② 王浦劬：《国家治理、政府治理和社会治理的含义及其相互关系》，《国家行政学院学报》2014 年第 3 期。

③ Bob Jessop，"Metagovernance"，Bevir M.，*The SAGE Handbook of Governance*，London，UK: SAGE Publications Ltd，2011，pp.106–123.

④ Bob Jessop，"The State: Government and Governance"，Pike A，Rodríguez-Pose A & Tomaney J.，*Handbook of Local and Regional Development*，London: Routledge，2011，pp.239–248.

主）更能决定国家治理的成败[1][2][3]。在实践层面，人们对政府的批评，与其说是希望否定政府或把政府"踢出局"，不如说是在表达对"更有效"的政府的期盼——人们希望限制的是政府"胡作非为"的能力，而非政府的所有能力；同时，即便是在号称市场"最自由"与社会"最自主"的某些西方发达国家，政府也从来没有停止对所谓"自由市场"与"公民社会"的干预与操控。[4][5]

（三）国家治理要以社会统合为目标

以上两个层面的国家治理分别着眼于国家政权维系及政权通过有效政府实施治权，推动社会生产不断发展及人民生活水平不断提高，并反过来不断增强国家政权维系能力。如果国家治理在这两个层面是成功的，则必然引出第三个层面的国家治理追求，即国家治理必须实现社会统合，以防止社会矛盾撕裂国家并最终导致治理失败。这一目标源自国家治理面临的挑战：首先，人民相对一致的基本生存需求不断得到满足，必然催生更加多元化的发展需求，各领域活力的不断被激发，也必然催生一个多样性更加丰富的社会；其次，地区间、人群间、阶层间的不均衡发展在任何国家都无法避免，强势集团又常常通过政治影响力巩固其经济优势，不断固化甚至扩大这种不均衡；最后，政府在国家治理中的核心地位不可否认，但随着社会发展，各领域内能与政府"同台竞技"并对国家治理产生重大影响的"选手"（治理主体）也将越来越多，即便这些治理主体不具备合法调动国家强制力量的能力，但其某些行为仍然有可能引发广泛而深远的社会矛盾，严重妨碍国家治理第一、第二层次目标的实现。

---

① 王绍光：《有效的政府与民主》，《战略与管理》2002 年第 6 期。

② 王绍光：《国家治理与国家能力——中国的治国理念与制度选择（上）》，《经济导刊》2014 年第 6 期。

③ 王绍光：《中国的治国理念与制度选择（下）》，《经济导刊》2014 年第 7 期。

④ 贾康：《新供给：经济学理论的中国创新》，《中国证券报》2013 年 12 月 16 日。

⑤ 王绍光："公民社会"vs."人民社会""公民社会"：新自由主义编造的粗糙神话》，《人民论坛》2013 年第 22 期。

因此，国家治理必须通过一定方式实现社会统合。社会统合意味着在不同治理主体间塑造共同的国家认同、价值认同和文化认同；意味着协调多方利益、调动多方资源，实现共同目标；意味着"软硬兼施"化解矛盾，将矛盾的范围和程度控制在可接受的范围之内……不仅如此，随着国与国之间的互动日益深化，国家治理需要实现的社会统合的范围甚至会扩大到疆域之外。实践中，社会统合的方式既包括拓宽国家治理参与途径，让不同治理主体的诉求得以通过制度化渠道有序表达，也包括通过保障机会平等及再分配手段促进社会均衡发展，更包括全面调动各领域力量实现国家文化及价值观的对内整合和对外输出。

国家治理三个层次的目标，既是历史的递进，也在现实中统一：一方面，国家政权无法凭空产生，必然经过建立、存续、发展的过程，并在不断发展中应对挑战、维持存续；另一方面，在国家发展的任何阶段，国家治理三个层面的目标都是一个统一的整体，三者之间互相依存、相互制约、彼此强化。在不同的发展阶段，国家治理三个层次的目标可能有所侧重，但任何一个层面目标的缺失都会导致国家治理的其他目标受挫、导致国家治理失败并危及国家政权。

从西方资本主义国家的发展历史来看，资产阶级通过和平或暴力手段牢牢掌握政权后，不断通过暴力或和平的方式控制与工人阶级之间的矛盾并将部分矛盾转移至国外，不断实施政府改革并建立了相对完善的公共服务体系和国家治理参与渠道，不断宣传推广"自由民主"政治制度及所谓的"普世价值"，本质上都是围绕国家治理三个层次的目标进行的治理实践。王绍光认为，过去二百年，中国的国家治理实际上也经历了这三个历史阶段，1800 年至 1956 年，重点解决了国家治理第一个层面的问题，中国共产党在新中国全面确立了政治权威；1956 年至 20 世纪 80 年代中期，重点解决了国家治理第二个层面的问题，即通过一个权力高度集中的政府，"集中力量办大事"，为新中国的发展打下了牢固的工业、基础设施和人力资源基础；而80 年代中期至今则是要重点解决国家治理第三个层面的问题，即不断实现社会统合以维持国家长治久安。当然，对于现阶段的中国来说，国家治理第一、第二层面的目标依然存在，只是其具体表现已经演化为如何在新形势下维护国家政权安全、如何实现政府职能转变以更好发挥政府效能的问题。

三、国家治理目标的特征

国家治理目标体系具有多元性、阶段性、路径约束等特征，其多元性、阶段性特征中潜藏的目标冲突引发了国家治理对目标协同的需求，其路径约束特征引发了国家治理对路径突破的需求。目标冲突—协同、路径约束—突破的内在张力，推动着国家治理目标体系不断发展。国家治理目标体系在发展过程中，既展现出其"国家特色"，又不断探索着人类社会的"共同价值"。

（一）国家治理目标的多元性与阶段性

国家治理囊括了政府、市场、社会等不同具体治理领域，涉及纷繁复杂的具体事务。因此，国家治理目标体系中的具体目标必然是多元的。同时，由于国家治理是一个现实的历史过程，国家的内外部环境处于不断变化之中，国家治理目标体系也必然具有发展的阶段性。

国家治理具体目标间并非完全"和谐一致"，而总是存在着冲突。这种冲突一方面蕴含在国家治理目标的多元性之中，如"公平"和"效率"往往是一对矛盾又并存的目标，"经济发展"与"生态保护"之间也存在同样的问题；另一方面蕴含在国家治理目标的阶段性之中，如"发展"在一定历史时期可能意味着"让一部分人先富起来"，在另一历史时期可能意味着"实现共同富裕"。人民在一定历史阶段的"基本需求"可能体现为"吃饱穿暖"，另一历史阶段则体现为"对美好生活的向往"。

国家治理目标体系不仅囊括了不同领域、不同阶段的具体治理目标，更在"整体大于部分之和"的意义上超越了这些具体的治理目标，成为一种基础性的权力结构、制度安排和实践方式。因此，国家治理必须在"元治理"的意义上处理具体治理目标之间的冲突，以实现目标协同——不仅要妥善调整国家治理具体目标之间的价值次序和相互关系，还要及时实现新旧目标之间的更替。

（二）国家治理目标的路径约束

国家治理目标体系总是产生于具体的历史情境，不论是长久的历史沉淀形成的相对稳定的文化特质，还是当下存有的体制类型，都会对国家治理目标的选择形成强有力的路径约束。在此意义上，国家治理目标体系可以被视为对国家"历史遗产"的继承和对现存体制的维护。

但是，过分强调"历史继承性"和"体制决定性"往往会使国家治理目标体系陷入一种"被动决定论"的状态，遮蔽了"目标"之中蕴含的人的主观能动性。"历史遗产"中往往既有"财富"也有"包袱"，任何现存体制也一定包含了无法适应社会发展需求的不合理之处。因此，国家治理目标体系必须实现对路径"约束"的主动"突破"，在继承—变革中实现对"路径"的扬弃——既要从"历史遗产"中汲取养分，又要主动反思历史教训并寻求创新；既要维护现有体制以防止国家政权倾覆，又要主动变革体制中的不合理因素以回应发展需求。

目标冲突—协同、路径约束—突破之间的矛盾构成了国家治理目标体系发展演变的内在动力。值得注意的是，无法妥善处理这两对矛盾，往往意味着国家治理目标体系无法正确引导国家治理实践，引发一系列社会矛盾，导致国家治理水平倒退甚至治理失败。如何妥善处理这两对矛盾，不仅考验执政者的政治智慧，更考验其勇气与决心。

（三）国家治理目标对人类"共同价值"的探索

国家治理以国家为逻辑起点，而国家疆域之间的刚性边界往往使人们更容易注意到国家治理及其目标体系之间的差异。同时，在历史文化积淀和体制差异的约束下，国家治理目标体系总是以一种"个性化"的形象展现出来，在一定程度上甚至成为国家特色的标志。但是，随着人类整体文明程度的不断进步，世界各部分之间的联系日趋紧密，对贫困和不平等现象的关注、对和平的追求、对危机的担忧等越来越成为人类社会共同面对的议题。

对如何解决这些问题的探索不仅停留在思想家的笔下，更越来越多地落实于全人类的共同实践中。

不论在荀子的"明分使群"、霍布斯的"自然状态"，还是在马克思主义经典作家对国家起源的探讨中，国家本质上都是一种服务于人类社会的"人造工具"。这种"人造工具"在多大程度上能够追求人类社会的"共同价值"，或者说，国家治理在多大程度上能够将人类社会的"共同价值"纳入其目标体系，不仅是国家文明发展程度的重要标志，更展现了一个国家及其人民对全人类的道义和担当。当然，全人类"共同价值"的具体内容或许仍待探索，但一个国家对构建"人类命运共同体"的情怀与责任，则构成了完成这一探索的必要前提。

第二节　国家治理目标的一般构成

从人类社会发展趋势来看，国家治理目标总体上呈现出一定的层次递进特征，国家政权稳定构成国家存在的基础和前提，也是实现国家治理多元化目标的根本性保障。在保证内外部环境稳定后，国家治理目标逐渐转向国内经济社会发展方面，不断夯实国家竞争力的物质基础，改善人民的生活水平。随着人类文明整体向前推进，国家作为暴力机器在维持国家运行方面作用趋向淡化，健全、规范的法治体系成为实现国家治理目标的重要依托，并且二者更为紧密地结合起来。随着国家治理目标在物质层面的逐步实现，国家治理目标在精神层面的需求会不断显现。由此，对价值、文化的重视自然地进入到国家治理目标的范畴，文化与意识形态、文化与价值的结合，成为国家国际影响力和国家民族凝聚力的重要载体。在既有研究基础上，本部分将从发展、安全、可持续、法治、文化和幸福六个方面具体探讨国家治理目标的一般性构成，需要注意的是，这六个方面并非完全线性递进关系，而是在国家治理进程的不同阶段分别处于不同的优先次序，并呈现一定的动态调整性特征。

一、发展

发展是人类社会永恒的主题，同时也是解决国家、地区和全球问题的基础和总钥匙。近代以来，发展观念以 18 世纪的启蒙运动为基础，以进步作为核心思想，包含了人类社会追求自由、光明等价值理念。进入工业化时代后，"发展"进一步成为一个国家"走出传统、步入现代"的基本路径，演变为现代国家治理的基本目标之一，上升为国家治理合法性的重要基石。与此同时，人类对发展的理解和讨论不断深化，发展的内涵不断丰富和完善，经历了由单一到全面、由片面到完整的演进过程。发展所包含的内容呈现出多维度和立体化特征，体现在经济发展、社会发展、政治发展、生态保护发展等方面。从人类文明进步的角度看，发展内涵的这种全面性应该体现为物质文明、精神文明、政治文明、生态文明、社会文明等在内的整体发展。站在人类文明的高度，发展具有层次性，应当包括地方层面、国家层面、地区层面以及全球层面的人类发展。

作为国家治理的基本目标，发展首先应该是和平的发展。和平是发展的条件，也应当是发展的特点和方式。然而回顾世界近现代史，西方资本主义国家兴起和发展是以帝国主义和殖民主义为底色，利用坚船利炮对第三世界国家和地区进行资源掠夺、商品倾销和资本输出，其过程伴随着动荡与战争，充斥着暴力与血腥。进入现代以来，西方国家利用规则、科技和产业优势，塑造"中心—外围"的世界政治经济格局，牢牢把控全球经济产业链上端，以实现对外围国家原材料、劳动力和初级产品的剥削。与西方国家治理的逻辑不同，和平是中国发展的最大特点。不靠侵略与掠夺，中国实现了一个超大规模国家的和平发展。同时，中国在积极融入全球化过程中，建立了完整的产业体系和产业集群，在嵌入全球经济体系的同时保持了产业的自主性，本着自由平等、合作共赢的原则，为全球经济主体提供了广阔的市场和无限的合作机遇，在维护自由贸易、缩小南北差距、实现共同发展上作出了重要贡献。

发展应当是协调的、均衡的和全面的发展。20 世纪 50 年代，西方国家强调经济增长论，将国民生产总值与人民收入提升作为发展的第一要务，是当代"发展"理念的最初状态。20 世纪 70 年代后，在传统"增长主义"模式下，世界各国社会经济发展虽然短期内取得显著成效，但由此导致的贫富差距、资源短缺、生态恶化等问题却严重制约着经济社会的可持续性，造成"无发展的增长"，由此开始考虑将社会因素与政治因素纳入发展理念，充分考虑城市化与环境污染、应对人口快速增长等问题，注重解决贫困、失业、收入不均等问题。20 世纪 80 年代后，西方学者提出"综合发展观"，反对单纯追求经济增长的传统"增长主义"，强调注重人类的基本发展需求，"新发展观"不断走向成熟与完善。"发展"的内涵包含了经济增长、人民生活水平提升、减少贫困与追求发展机会均等、推进社会公平正义等方面内容，是世界各国国家治理所追求的重要目标。就我国现实发展而言，亟须通过推动国家治理现代化建设，打破束缚我国经济社会发展中的体制机制障碍，推进发展理念、发展模式转型，实现公平、正义、可持续的发展。我国国家治理现代化语境下的新发展理念不同于传统的"增长主义"，而是在经济、政治、文化、社会、生态文明建设"五位一体"基础之上的高质量的、以人民为中心的全面发展。其基本内涵是经济、政治、文化、社会、生态各个领域的协调发展，是物质文明、精神文明、政治文明、社会文明和生态文明的均衡发展，是现在和未来的永续发展，更是人民参与、人民创造、人民享有的共享发展。

发展的根本是推进人类文明的进步。人类发展不仅要极大地提高经济社会领域的人类物质文明建设，而且要推进制度、政治、科技、文化领域的人类精神文明进步。16 世纪以来，人类社会进入前所未有的科技创新活跃期。尤其是 18 世纪以来，世界已经发生了几次重大科技革命，并推动了全球经济的产业革命。每次科技革命和产业革命都深刻改变了人类的命运轨迹，推动了人类文明的前进，特别是对于乘上了科技文明快车的国家而言，其经济社会发展能够进入快车道，国家实力和治理能力迅速增强，成为世界的领航者和获益者。因而现代国家治理追求的发展应当是创新驱动的发展，应更多依靠科技创新，同时发展应包含和助推科技文明的创新与进步。

发展的高级阶段是对人类文明进行制度的创新、规则的供给、思想的贡献。当前的国际竞争日益体现为制度竞争，人类文明的多样性日益要求制度文明的多元性。"条条大路通罗马"。或者说，大路通向的不只是"罗马"，而是其他更多、更美好的目的地。人类文明的历史经验反复证明，通往现代化的道路具有多样性，现代化的模式也具有差异性，因而发展的模式以及发展所依赖的制度、体系和规则是多元的，发展所根植的思想土壤和理论体系是多元的。例如，作为资本主义的先发国家，英国在自身历史和国情基础上贡献了议会制度、政党制度等制度文明成果；作为资本主义的集大成者，美国创新性发扬了共和制度、联邦制度等。与此同时资本主义国家还在文明实践基础上形成了一整套系统性的资本主义政治、经济、社会和文化思想，对世界各国发展产生了深远的影响。人类文明的多样性表明，不能要求有着不同文化传统、历史遭遇、现实国情的国家都采用同一种发展和治理模式，而是应当尊重各国人民自由选择的权利。同时在各国自主选择的治理和发展模式下，推进国家治理现代化意味着不仅给人类社会贡献物质文明，而且要贡献政治文明，特别是制度文明，为人类文明的多样化作出开创性的贡献。

中国特色社会主义不仅为世界创造了巨大的物质文明，使得十几亿人口摆脱贫困。改革开放40多年来，中国的发展创造了无数个纪录：我国的高铁里程数全世界最长；我国的许多产业，如：汽车产业、互联网产业、钢铁产业等，产值都居世界前列；"天眼""天问""蛟龙"等科技成就层出不穷。同时中国的成功和成就贡献了灿烂的政治文明，特别是制度文明。中国特色社会主义道路、理论、制度、文化不断发展，为全世界那些想要加快发展又想维护自身独立性的国家和民族开拓了前所未有的新路径。

可以看出，更深远、更长久的发展需要在创造丰富的物质文明基础上，创新制度模式，丰富思想体系，为人类文明进步提供更多可参考、可借鉴的制度成果和理论方案。

二、安全

国家安全是国家治理的基础。《左传》有言："居安思危，思则有备，有备无患。"随着世界力量对比加剧演化，大国之间的博弈日趋激烈，国家治理安全目标日益严峻。西方国家围绕国家安全先后产生了现实主义、理想主义、建构主义等国家安全观，成为其国家安全的重要理论指引。随着国家安全理论的发展和国内外安全环境的变化，国家安全观也经历了一个不断发展和完善的过程。传统国家安全以政治安全和军事安全为主要内容，以确保国家生存为基本目标。[1] 在传统国家安全观看来，国家安全问题主要是军事问题，国家安全就是因外部国家强权控制和侵略而引发的主权安全。但随着人们对国家安全认识的不断深入，"军事安全—政治安全"二元认识论逐渐被突破，国家安全观的发展也呈现出"上移"和"下沉"两种趋势。一是国家安全"上移"至世界安全。随着信息技术的迅猛发展和经济全球化趋势的不断强化，世界各国的相互联系不断加深，在众多全球问题上有着共同的利益。因此，在多极化的时代，国家安全观的外延扩展至世界安全。[2] 二是国家安全"下沉"至公共安全，即国家安全超出了传统的政治与军事领域，扩展至公共安全领域。与传统国家安全观不同，公共安全不仅强调国家主权实体的安全，而且强调了"人的安全"在国家安全中的重要性。

中国特色社会主义新时代，习近平总书记以史为鉴，立足于中国国情

---

① 任卫东：《传统国家安全观：界限、设定及其体系》，《中央社会主义学院学报》2004 年第 4 期。

② 李瑛：《多极化时代的安全观：从国家安全到世界安全》，《世界经济与政治》1998 年第 5 期。

和新的历史方位，提出了内涵与外延更为丰富的总体国家安全观，创造了关于国家安全的相互联系、与时俱进、动态发展的科学思想体系。总体国家安全观既重视发展问题，又重视安全问题；既重视内部安全，又重视外部安全；既重视国土安全，又重视民生安全；既重视传统安全，又重视非传统安全；既重视自身安全，又重视共同安全，是新时期国家安全的重要思想指引。

实现国家安全稳定和长治久安，首先政治安全是根本。政治安全就是国家领土主权、政治制度、意识形态等免受各种侵袭、干扰、威胁和危害的状态。政治的核心是政权，而政权直接关系到国家的稳固。因此，要保证国家安全稳固，最根本的就是要确保政治安全，在我国就是要确保中国共产党在国家中的领导地位和执政地位绝对稳固，确保国家主权和领土完整，确保马克思主义意识形态指导地位的不动摇，确保中国人民民主专政和社会主义制度的不动摇。

其次，经济安全是基础。当前国家间的竞争已经成为以经济实力和高新科技实力为核心的综合国力的较量，经济因素在国际关系中的作用越来越重要。经济基础决定上层建筑，要确保国家安全，需要保证国家经济不受侵害，保障国家经济健康、稳定、持续的发展，为国家安全提供坚实的物质基础。

再次，军事、文化、社会安全是保障。军事安全是国家领土和主权完整最重要的保障，关系到国家的生死存亡。军事手段是抵御外来入侵和颠覆活动的核心手段。文化安全是确保国家和民族独立及尊严的重要精神支撑，也是增强国家国际影响力的重要方面。社会安全则直接关系到国家的安全稳定与人民的生活质量和生活水平。

第四，国际安全是依托。随着全球化向纵深发展，世界日益成为一个"地球村"，国家之间的联系也日益紧密。国家安全不再是孤立的、零和的、绝对的，任何国家的安全都必须置身于国际大环境中，良好的国际环境是国家安全的重要依托。因此，我国在坚持走和平发展之路、维护本国安全利益的同时，也需要维护国际安全，推动世界和平稳定。

最后，内外统筹是根本方式。内外统筹就是既要保证国内的安全稳定又要确保国际安全稳定。一方面，需要致力于打造安全稳定的国内环境，需要有效回应人民对安全的期待，特别是民族团结、社会安定、生态环境安全、生活生产安全等。另一方面，需要树立合作共赢的安全理念，共同构建普遍安全的人类命运共同体。任何国家的安全都是建立在世界总体安全的基础上，当今世界，国家安全的跨国性、联动性和多样性更为突出，必须坚持自身安全与共同安全的统一，树立合作应对安全挑战的意识，深化和平合作、开放包容和共享共赢的安全伙伴关系，以合作谋安全，共同建设人类命运共同体。

三、可持续

国家治理谋求的是长治久安，而非暂时的安稳；国家治理追求的是可持续发展，而非一时的增长。国家治理不仅是当下的经济社会治理和政治发展，而且着眼于 10 年、30 年、50 年甚至 100 年的长期治理目标；国家治理关注的不仅是当代人的命运，而且包括子孙后代的未来及其前途；国家治理现代化是全面的、协调的、可持续的现代化，而非不均衡的、不协调的、不可持续的现代化，甚至如同一些拉美国家出现的停滞的、倒退的"现代化"；国家治理尽管是以国家为主要政治单元的治理，重点观照国家领土内部的人口和族群的福祉与发展，但是任何国家都不是一座封闭孤岛，而是全球体系的一部分和"人类命运共同体"中的一员，理应服务于全人类的发展目标。因而，"可持续"作为世界各国普遍认可和接受的人类发展理念和目标，应当成为现代化国家治理所追求的重要目标。特别是随着世界各国经济增长、生活物质水平提升，能源短缺、资源枯竭、环境污染、生态退化、贫富差距等不平衡、不协调问题出现，给全球各国的环境与社会经济带来挑战，由此引发全球发展观"由生存到发展再到可持续"的转变。

早在 1962 年，蕾切尔·卡逊在其著作《寂静的春天》中，就指出经济增长不再是人类追求的唯一目标，呼吁人们重视环境问题。1972 年，世界人类环境大会告诫人类"只有一个地球"，并通过全球首个与环境保护相关的《人类环境宣言》。1980 年，《世界自然保护大纲》初步提出可持续发展思想。1987 年 2 月，世界环境与发展委员会（WCED）在日本东京发布《我们共同的未来》（也称"布伦特兰报告"），指出全球可持续发展本质上体现了人与人之间、人与自然之间的协调发展，自此，"可持续"成为各国国家治理的实际关切。

1992 年，联合国环境与发展大会（地球高峰会议）通过"里约宣言"，102 个国家共同签署《21 世纪议程》，普遍接受了可持续发展的理念与行动指南，即世界各国应对环境保护问题"共同但有区别的责任"，成为全球可持续发展议题的重要里程碑。此后，"可持续"发展在国际社会得到广泛推动。2002 年可持续发展世界首脑会议通过《可持续发展世界首脑会议执行计划》和《约翰内斯堡可持续发展承诺》，为推动国际合作、深化可持续议程作出贡献。2012 年，联合国可持续发展大会通过《我们憧憬的未来》，从绿色经济发展与政策创新、自然资源开发与生态补偿机制、可持续发展的全球责任、科技创新与投融资机制改革、多元利益主体有效参与等方面给世界各国带来深刻启示。2015 年 9 月，联合国全体成员国通过了 2030 可持续发展目标（Sustainable Development Goals，简称 SDGs），希望到 2030 年全球实现经济发展、社会包容与环境可持续。

我国政府积极落实可持续发展理念，并将其推动进入国家发展规划中，着力解决环境保护、人口贫困、粮食短缺、区域和领域资源分配不均等问题，为推动全球可持续发展进程作出重要贡献。1994 年发布《中国 21 世纪议程——中国 21 世纪人口、环境与发展白皮书》，系统论述我国环境资源与经济、社会发展战略框架。在 2009 年哥本哈根气候变化会议中，我国提出高于发达国家标准的减排承诺，即"到 2020 年，单位国内生产总值二氧化碳排放比 2005 年降低 40%—50%"。

我国围绕气候变化、生物多样性保护、清洁能源开发等领域，制定详细的可持续应对策略，如 2007 年以来先后出台《中国应对气候变化国家方案》《中国生物多样性保护战略与行动计划》《中国应对气候变化的政策与行动》白皮书等，细化落实可持续发展目标。

2015 年党的十八届五中全会确立"创新、协调、绿色、开放、共享"新发展理念，是涵盖资源开发与利用以及社会经济与发展的全方位战略，进一步明确了可持续发展的追求。强调统筹人与自然、社会经济与生态文明协调发展；加大环境治理与投资力度，保护"绿水青山"；提升资源配置效率，走向可持续发展新常态；通过环境资源利用与发展机会共享，推动可持续发展成果深入人心。

从国内外可持续理念的演进历程与具体实践来看，世界各国关于可持续发展议题的讨论虽缘起于环境保护议题，但其内涵已扩展至社会、经济与生态环境等方面。首先，生态可持续。环境保护效果与资源开发情况不仅直接关系到当代人类的生存环境，同时也影响子孙后代的发展。全球各国应在坚持人与自然和谐共生的基础上，强调发展质量，提升资源利用效率，强化城市应对气候变化的能力。其次，经济可持续。优化经济结构，追求发展质量，将经济增长模式由粗放型向集约型转变，追求经济的可融资性与投资能力。最后，社会可持续。高效匹配人口发展需求与自然资源，凸显以人为本的发展理念，通过加强教育、提升就业水平等途径消灭贫困，提升社会发展包容性。

"可持续"所强调的环境、经济与社会协同发展，与社会公众的基本生活和发展需求相一致，也与各国谋求环境资源集约利用的发展道路不谋而合，是全球各国所追求的发展目标，是国家治理目标不可或缺的关键要素之一。

四、法治

不同于法律和法制常常被视为实现特定目标的治理手段和工具，法治是依照法律进行治理的社会状态和文明秩序。① 法治是人类社会所追求的和谐稳定的社会秩序，是国家治理所追寻的善治良政的理想状态。因此，法治本身就是国家治理的目标，而不仅仅是维持社会秩序稳定、保障社会有序运转和推进国家有效治理的手段和方式。国家治理所依赖的"法治"和所追求的"法治"之间的关系应该是工具价值与目标价值的统一、形式合理性与实质合理性的统一。从法治的内容及其实现形式看，一方面，法治具有理想性特点，内含了理想社会和文明社会所应彰显的平等、公平、正义等价值内核；另一方面，法治兼具现实性特征，其蕴含的价值受到地域性差异的影响，遵循和彰显了不同国家制度、社会和文化的特质。从历史唯物主义的角度看，由于受到特定国家制度和发展模式以及特定民族的经济、政治、文化状况及历史传统的影响和制约，法治的理想形态表现出差异化和多元化的愿景，法治的现实状况表现出各个国家特定的状态。因此，法治从根本上来说，还应是理想性与现实性、普遍性与特殊性的统一。②

西方法治进程开始于古希腊时期。柏拉图在《法律篇》中首次系统论述法治思想，亚里士多德在其著作《政治学》中进一步坚持与完善法治思想，认为法是人类理性的体现，同时也是人类社会发展的基本规范与秩序。此后伴随着"重商主义"的兴起，人们对于自由、平等、财产、安全等追求日益高涨，由此衍生出"法律面前人人平等""私有财产神圣不可侵犯""契约自由"等法治原则，构成西方近代法律体系的基础。进入现代以来，西方法治逐步从以个人权利为核心的"形式法治"向以社会福利为中心的"实质法治"转换，推动法治不断发展。

与西方的"法治"理念不同，我国古代传统法治理念围绕扎根于"以民为本""以法治国""礼法并重"等思想展开，构成我国法治理念重要的本土化资源。战国时期，法家主张"治民无常，唯法为治"，以"法"治民；"法治"

---

① 王利明：《法治具有目的性》，《领导科学》2016年第12期。
② 沈瑞英、杨彦璟：《古希腊罗马公民社会与法治理念》，中国政法大学出版社2017年版，第9页。

包括严明的法律规范与严峻的惩戒措施,是巩固君主集权政体的重要手段。秦始皇进一步将"法治"上升为集权君主的统治工具,实施严刑峻法。汉初统治者奉行"与民休息",强调社会稳定与社会秩序维护。汉武帝时,董仲舒提出"礼法结合,德主刑辅","法治"变更为从属地位。唐代统治者把法律作为治理国家的有效工具,强调人治与法治并重;《唐律疏议》进一步将"礼法结合"、以"法"治国的基本理念以法典的形式固定下来。此后,随着宋、元、明、清等朝代的更迭,中华法则与君主专制均日益健全。

鸦片战争以后,中国沦为半殖民地半封建国家。有志之士希望通过学习借鉴西方国家的经验探索富民强国之路。梁启超以"法治主义"为路径,希望摆脱贫困落后的封建专制主义。此后,以孙中山为代表的资产阶级革命派以西方"三权分立"为基础提出"五权宪法"理论,表明法治观念不仅要融合西方法治要素,同时也应充分发挥自身优势。

新中国成立后,我国关于法治的探索不断深入。1954年宪法、1982年宪法的颁布表明我国民主法制建设不断深入,彰显我国坚定不移走社会主义法治国家道路的力度与决心。党的十四大提出"市场经济就是法治经济",明确法治建设离不开"完善社会主义市场经济法律体系"。党的十五大首次提出"依法治国,建设社会主义法治国家"。党的十六大则将"依法治国,建设社会主义法治国家"上升至政治文明范畴。

党的十八大以来,习近平关于全面推进依法治国的重要思想对进一步深化中国特色社会主义法治产生重要影响。党的十八大提出,建设社会主义法治国家必须"全面推进依法治国",坚持"科学立法、严格执法、公正司法、全民守法"。2013年党的十八届三中全会通过的《中共中央关于全面深化改革若干重大问题的决定》指出,建设法治中国必须实现法治国家、法治政府、法治社会一体化建设。2014年党的十八届四中全会首次以"法治"为主题,通过《中共中央关于全面推进依法治国若干重大问题的决定》,明确中国特色社会主义法治体系应当在党的领导下,以"加快形成完备的法律规范体系、高效的法治实施体系、严密的法律监督体系、有力的法治保障体系、完善的党内法规体系"为目标。2019 年党的十九届四中全会提出必须坚定不移走中国特色社会主义法治道路，全面推进依法治国，坚持依法治国、依法执政、依法行政共同推进，坚持法治国家、法治政府、法治社会一体建设。

"法治"是现代国家治理目标的重要构成，各国在追求法治目标的过程中普遍关注以下内容：首先是健全的法律体系。法律是治国之重器，良法是善治之前提，健全的法律体系是实现良治善政的关键。健全的法律体系应是科学立法与民主立法的统一，应是稳定性与发展性的统一，应是法治与德治的统一。其次是执法严明。法治的生命力在于实施。有法不依、执法不严、以权谋私、徇私枉法现象不仅会严重损害司法尊严，而且还会极大破坏社会秩序。对于法治国家而言，只有通过严格执法、依法行政，才能创造出适应人民生活需要和稳定发展的社会环境，才能维护最广大社会成员的根本利益。再次是司法公正。司法公正是政治民主、社会进步的重要标志，也是现代国家社会稳定和经济发展的重要保障。司法公正一旦被弱化与虚化，则会降低人民群众对于社会公平正义与法律和法治的信心与期待。最后是法治监督。加强对公权力的监督是法治监督的核心内涵，它以法治共识为基础，努力寻求国家监督机制与社会组织牵制、公民权利参与三者之间的合力，实现国家公权力有效运行和公民权利的有力保障。

五、文化

文化是一个民族的血脉，是人民的精神家园。一个国家、一个民族的强盛，总是以文化兴盛为支撑的，并以繁荣而自信的文化彰显于世界。文化不仅是国家治理的重要组成部分和主要场域，而且是推动国家治理现代化的强大精神力量。先进、繁荣、包容的文化既是国家治理现代化的重要标志，又是国家治理的重要目标之一。文化在人类历史进程中始终扮演着重要角色，不同文化孕育不同的文明、制度和民族性格，也深深影响着一个国家的社会结构和改革路径。战后美国通过不断强化"文化输出"战略，牢牢把控文化话语权。日韩通过确立"文化立国"战略，在国家发展过程中，不仅保留了民族特色，而且推动文化产业的繁荣发展；新加坡坚持"文化整合"战略，倡导建立"亚洲价值观"，通过不断融合东西方文化，兼收并蓄，不仅为国家发展提供了总体性思想指引，而且进一步增强了全社会的凝聚力。因而，在国家治理现代化过程中，需要确立鲜明的文化建设目标，并在目标引领下，形成文化建设纲领和策略，从而实现文化的工具性价值和目标性价值的统一。国家治理的文化目标主要包括以下内容：

第一，文化自觉和文化自信。文化自觉是国家和民族对文化的自我觉醒、自我反思和理性审视，清楚地认识到本土文化的特点、优势和短板，客观分析本土文化的过去、现在和未来，辩证地认识本土文化的积极因素和消极因素，并深入了解和认识其他文化，找到本土文化与外来文化的相处之道。高度的文化自觉要有费孝通提出的"各美其美、美人之美、美美与共、天下大同"的广阔胸襟和恢宏气度。文化自觉的根本目的在于实现文化自信。文化自信是一个国家和民族及其人民对自身文化的认同、肯定和坚守。文化自觉是文化自信的前提，文化自信是建立在文化自觉的基础上的。没有深刻的文化自觉，就不可能有坚定的文化自信。[①] 文化自信是一个国家和民族的"根"和"魂"，更是一个民族凝聚力和创新力的不竭源泉，因而是推进国家治理现代化更基础、更持久的动力。文化向来也是意识形态的主战场，文化自信是推进意识形态认同感和接受度的软武器。高度的文化自信应与意识形态的主流价值观相融合，发挥聚人心、领风气、树信仰的重要作用。

第二，先进文化的发展繁荣。随着经济社会发展，社会思想文化呈现出多元复杂的特征，人们的精神文化需求越来越多样。同时，一些错误、腐朽的思想文化也在滋长，污染、侵蚀着人们的精神世界。在这种情况下，国家治理的文化发展目标首先是要发展面向现代化、面向世界、面向未来的，民族的、科学的、大众的先进文化。国家的文化建设应该坚持以人民为中

---

① 张友谊：《从文化自觉到文化自信》，《光明日报》2017 年 11 月 29 日。

心，加强公共文化服务体系建设，通过完善公共文化服务相关设施，不断丰富文化活动形式，发扬广大人民群众和文化工作者的创造精神，推动优秀文化产品大量涌现，以更好满足人民群众精神文化需求。满足人民精神文化需求应成为先进文化大发展大繁荣的出发点和落脚点，既要满足人民精神文化的基本需求，又要满足多样化需求；既要重视数量供给，又要加强质量提升。因而，国家和政府应解放和发展文化生产力，推动文化事业全面繁荣、文化产业健康发展。在满足人民精神文化需求的同时，要充分发挥文化具有潜移默化的教化功能，通过文化环境改变人的思维方式、行为习惯、价值观念及审美趣味，培养情操，提高修养，为国家治理现代化培育有理想、有道德、有文化、有纪律的公民。

第三，开放、包容的文化创新与传承。古今中外的历史实践表明，开放、包容、多元、创新的文化往往能催生出繁荣而生机勃勃的社会图景，如西方的三大思想解放运动，再如中国先秦"诸子百家"和解放初期倡导的"百家争鸣"；而封闭、排斥、单一、守旧的文化，往往会扼杀一个国家和社会的活力，甚至影响到国家稳定大局，如西欧中世纪"黑暗时代"以及欧洲近代"殖民文化"。在国家间竞争、合作关系日益错综变化的今天，文化在提升国家综合国力、凝聚力等方面发挥着越来越大的作用。从某种程度上看，文化现代化构成国家治理现代化的精神基石，国家治理现代化最终也会体现在文化的现代化上。

中华文化博大精深，其内涵也在不断丰富创新，成为推动不同历史时期我国国家社会建设的重要精神支撑。如：自强不息、锐意进取的民族精神，不仅在战争年代鼓舞我们抵御外敌、建设新中国，"长征精神""延安精神""大庆精神""载人航天精神""抗疫精神"等具有时代特色的民族精神，也赋予改革开放和国家现代化建设以强大的精神动力。在当代，我国通过传统文化创新性转化和创造性发展，树立起民主、和谐、公正等社会主义核心价值观等理念，这些体现文明特质并在国家发展进程中起纽带作用的中华文化，不仅深刻影响着中国人的思想观念、价值取向，同时也在中国特色社会主义道路、理论、制度建设过程中发挥了积极作用。

第四，强大而精巧的文化软实力。实现真正的国家治理现代化除了强大的经济、政治、军事实力，更需要强大的文化软实力作为其坚强支撑和深层动力。文化代表着一个国家和民族的文明程度、发展水平，文化软实力既是综合国力的重要组成部分，又是综合国力的深层次体现。文化是一个民族的"精气神"，是一个国家不同于其他国家的"名片"。脱离了文化特征，一个国家和民族就像一个失去了姓名和性格的个体，难以完整、独立地生活在世界的民族之林，更难谈对世界的影响力、感召力和凝聚力。物质世界反映了国家治理能力和综合实力的强度和爆发力，精神世界可以反映出国家治理能力和综合国力的深度和持久力。国家和文明兴衰史一再证明，没有文化力量的积极引领，没有人民精神世界的极大丰富，没有全民族精神力量的充分展现，一个国家和民族不可能长期屹立于世界。纵观古希腊和罗马、中国古代的汉朝和唐朝以及当今时代引领世界发展潮流的诸发达国家，无一不依赖于强大的文化力量支撑。约瑟夫·奈提出国家文化软实力最重要的是对他国产生的文化吸引力和本国的政治价值观。核心价值观是文化软实力的灵魂、文化软实力建设的重点。这是决定文化性质和方向的最深层次要素。一个国家的文化软实力，特别是对他国及其人民所产生的文化吸引力和认同感，从根本上说，取决于其核心价值观的生命力、凝聚力、感召力。

以增强国家的文化软实力为目标，在推进国家治理现代化进程中，要坚持社会主义核心价值观为指引，注重增强本国文化积淀，同步推进文化与经济、政治、社会与生态文明建设，满足人民的精神与物质双重需要。具体而言，国家治理的目标要体现出历史的高度，首要任务在于吸收中华优秀传统文化、适应新时代变化并合理运用于推进治理体系现代化的进程中，增强文化自觉、文化自信与价值观自信，在全球化过程中推动文化交融。其次，在国家治理现代化进程中，文化是最基本、最可靠、最持久的力量，因此应不断推进文化创新，构建符合时代发展需要的先进文化，更好地支撑和引领国家治理体系和治理能力的建设。最后，做好不同文化交流与互鉴，积极吸收外来先进文化，同时将我国优秀文化推向世界，是巩固我国国际地位、彰显国际实力、提升国家治理能力的重要路径。

通过弘扬和继承优秀传统文化中的治国理政智慧，实现国家治理体系和治理能力现代化，推进经济、政治、社会、文化、生态文明"五位一体"中国特色社会主义总体布局的建设进程，为全人类贡献物质文明、政治文明，尤其是制度文明和精神文明，提升人类文明的多样性，已成为我国国家治理的重要目标。

六、幸福

古希腊哲学家亚里士多德曾说过："幸福是人类存在的唯一目标和目的。"增进福祉和追求幸福是人类永恒的梦想。人是万物的尺度，是一切人类活动的最终归宿。实现人的自由、尊严和有价值的生活，是国家、政府和社会治理活动的价值追求。因而，满足人对美好生活的期待，保障人的各项社会权利，实现人的自由而全面发展是国家治理的应有之义。建设"幸福社会"和打造"幸福国度"就理所当然地成为现代国家治理的基本目标。另外，人民对幸福的追求和实现是需要一系列外部条件支持和保障的，特别是需要通过国家制度安排和增加社会整体供给来完成。国家经济发展的状况、发展的均衡性、分配的公平与公正、民生的供给、社会秩序的和谐等都深刻影响着社会的体验感和幸福度。幸福的实现最离不开的重要条件就是善治，而善治是现代国家和政府的基本责任。简言之，对于国家治理而言，人民幸福是其终极目标；对于幸福而言，国家治理是其实现的基本依托。

在不同的制度背景、不同的发展阶段、不同的价值观念下，幸福的内涵在日益丰富，人们对幸福的理解也在不断变化。幸福内涵的变迁与国家经济、社会发展状况密不可分，是一定时期国家发展阶段任务的外化。为此，许多国家和国际组织分别定义了幸福的具体内涵，设计了测量幸福的客观和主观指标体系，试图将幸福的内涵进行直观化、具体化的呈现，推动了世界各国对幸福的理解和重视。然而，多样化的幸福概念湮没了其普遍性的含义与价值，各种"幸福指数""幸福指标"等碎片化的认知，割裂了幸福概念的整体性及其深刻性意蕴。因而，我们认为理解作为国家治理重要目标的幸福概念，需要从国家治理所能和所需提供的外部客观条件与人对幸福的主观感受和诉求两个方面共同展开。国家治理所追求的人民幸福目标应该主要包括具有层次性的三个方面：人民的生活水平不断提高、人民的社会权利得到保障、人的自由全面发展得以推进。不同制度背景、发展阶段和文化模式的国家之间，其国家治理的幸福三个目标的优先顺序存在差异，且不同目标的发展程度也可能存在差异。

幸福的首要条件是提高人民的生活水平和质量。从人的需求角度看，生活水平和质量主要表现在衣食住行的满足上，更多属于人的生理性和物质性需求，是低层次和基础性需求。人民天然期盼美好的生活，向往富裕的物质生活，希望有更好的教育、更稳定的工作、更满意的收入、更可靠的社会保障、更高水平的医疗卫生服务、更舒适的居住条件、更便捷的交通等。从国家治理的角度看，积极创造丰裕的物质生活条件，合理、公平地分配物质生活资源应成为幸福目标的核心内容。国家和政府应创造自由和公平的经济环境，充分激发市场活力，解放社会生产力，提升社会整体的物质财富水平，同时保证充分就业和劳有所获的基础上，公平、合理地对社会财富进行再分配，特别是要重点关照弱势群体和贫困人口，促进全社会共享发展成果，普遍享受自由和丰裕的物质生活。

幸福的核心内容是保障人民的各项社会权利。社会权利是公民从社会获取生存和发展的基本条件的权利。社会权利主要包括经济权、受教育权、环境权等权利类别，涉及劳动权、休息权、居住权、社会保障权、医疗健康权、环境权以及社会参与权等具体权利。这些经济与社会权利实质就是个人依托国家和社会以追求幸福的权利，人民的各项社会权利是幸福得以实现的前提，直接关系到人民的幸福水平。从国家治理的供给侧看，基本公共服务供给和基本民生保障构成社会权利的主体部分。普惠和优质的公共服务和民生保障是满足人民各项需求的公共物品，是维护社会权利的重要基础。第一，幸福的生活首先必须是安全的生活，而安全的生活一方面需要国家提供社会秩序稳定、社会行为规范、社会关系和谐、社会治安良好等公共安全保障；另一方面更需要政府加强幼有所育、学有所教、劳有所得、病有所医、老有所养、住有所居、弱有所扶、贫有所帮等社会权利实现和社会福利保障。① 第二，幸福的生活也应该是绿色和健康的生活。长期以来，在"增长主义"驱使下，生态环境变得脆弱，生物多样性减少、跨域环境污染问题加剧、公共卫生事件时有发生等。生态破坏和环境污染主要通过损害居民健康和破坏居民心情等方式降低人们的幸福感。随着"绿色经济""绿色GDP"理念的兴起，生态环保问题也显得日益重要。一方面，"绿水青山就是金山银山"，没有良好的生态环境，经济社会难以发展，幸福的发展也就失去了基础；另一方面，良好的生态环境可以使人们身心愉悦，幸福指数也更高。第三，幸福的长久维系依赖于公平正义、和谐有序、共建共治的社会"共同体"。和谐的、具有家园感的社会共同体是幸福的基础性条件，没有和谐的社会就没有幸福可言。社会和谐既包括社会公平等社会制度层面，也包括社会参与有序、社会秩序良好等社会治理层面。特别是公民的社会参与度越高、社会公平感越强，公民的归属感就越强，社会共同体建设的主体意识和责任感就越强，其幸福指数也越高。

幸福的本质是实现人的自由全面发展。在亚里士多德看来，幸福就是强调个人潜能的实现，就是通过发挥自身潜能而达到完美的体验。人的全面发展是人生的意义和价值得以实现的过程。实现人的价值，发挥人的潜能是人的全面发展与幸福之间的重要连接点。追求幸福既是人类发展的动力，又是人要求全面发展的归宿。要实现人的全面发展，就是要尊重劳动者的智力和体力劳动，注重劳动者的个性发展，激励劳动者的创造性。不仅要使劳动者通过劳动满足基本生存需求，更要充分发挥劳动者的智力和体力能力，通

---

① 姜晓萍：《美好生活需要基本公共服务质量保障》，《四川日报》2018 年 3 月 13 日。

过自身努力创造幸福生活，实现自我超越和人生价值。马克思主义认为，人的发展最高境界就是人自由而全面的发展，这是人的本质的体现。这里所说的"人"实际上是现实的人、具体的人和实践中的人，或者说是处于具体的社会关系中的人。因而人的自由全面发展不能脱离现实的各种社会关系和历史条件，而必须置于具体的社会关系中，特别是与现代国家治理和发展相融合。对于国家治理而言，推进人的全面发展，除了创造发展的经济社会条件之外，应当充分发挥人的主体性作用，通过扩大参与渠道，激发其参与治理活动和过程的主动性和创造性，扩展人的社会和政治关系，丰富和体现人的价值，彰显人的本质。

第三章　国家治理资源论 *

第一节　制度资源

一、思想资源

（一）中国古代的国家治理思想

在几千年的历史演进中，中华民族创造了灿烂的古代文明，形成了关于国家治理的丰富思想，包括"大道之行、天下为公"的大同理想，"六合同风、四海一家"的大一统传统，"德主刑辅、以德化人"的德治主张，"民贵君轻、政在养民"的民本思想，"等贵贱均贫富、损有余补不足"的平等观念，"法不阿贵、绳不挠曲"的正义追求，"孝悌忠信、礼义廉耻"的道德操守，"任人唯贤、选贤与能"的用人标准，"周虽旧邦、其命维新"的改革精神，"亲仁善邻、协和万邦"的外交之道，"以和为贵、好战必亡"的和平理念，等等。这些思想中的精华是中华优秀传统文化的重要组成部分，也是中华民族精神的重要内容。

（二）马克思主义的国家治理理论与思想

马克思、恩格斯的国家治理思想主要是在考察资本主义国家弊病，以及总结巴黎公社的经验教训基础上形成的，指出未来的国家必须实行无产阶

＊　本章作者为山东大学经济学院副院长石绍宾教授及山东大学经济学院院长助理张伟教授。

级专政，且必须实行人民民主。

列宁进一步发展了马克思恩格斯关于民主和权威相统一的思想，创造性地提出了民主集中制的原则，并把它作为无产阶级政党的组织原则和国家治理的根本原则。

新中国成立后，以毛泽东、邓小平等为代表的中国共产党人，对国家制度和国家治理体系建设进行了艰难探索和不懈努力，提出了人民民主专政理论，正确处理十大关系与人民内部矛盾，指出要依靠制度、民主和法制实现长治久安。

进入新时期后，习近平关于国家治理现代化的系统论述，已形成完整的国家治理思想，是党的执政的重要理念。国家治理体系是在党领导下管理国家的制度体系，包括经济、政治、文化、社会、生态文明和党的建设等各领域体制机制、法律法规安排，也就是一整套紧密相连、相互协调的国家制度。国家治理能力是运用国家制度管理社会各方面事务的能力，包括改革发展稳定、内政外交国防、治党治国治军等各个方面。国家治理体系和治理能力是一个国家制度和制度执行能力的集中体现。推进国家治理体系和治理能力现代化，就是要使各方面制度更加科学、更加完善，实现党、国家、社会各项事务治理制度化、规范化、程序化，善于运用制度和法律治理国家，提高党科学执政、民主执政、依法执政水平。

（三）西方治理理论

1989年世界银行在概括当时非洲的情形时，首次使用了"治理危机"一词。自此以后，治理概念被广泛地运用到政治学、经济学、社会学、管理学等各个领域。

关于治理的概念，不同组织或学者的定义不同。世界银行认为，治理是对一个国家用于发展的经济和社会资源进行管理过程中的权力实施方式。国际货币基金组织指出，治理包含一个国家被管理和统治方式的所有方面，包括其经济政策和规则框架。1995年全球治理委员会对治理的定义具有代表性和权威性，他们认为，治理是各种公共的或私人的个人和机构管理其共同事务的诸多方式的总和。

　　总体来看，西方的治理概念内容丰富、包容性强。治理对传统的国家和政府权威提出挑战，它认为政府并非国家唯一的权力中心。治理是政府、公民社会和私人部门三方的合作互动，"多一些治理，少一些统治"是西方各国的普遍追求和发展趋势。

二、法规资源

　　中国共产党领导是中国特色社会主义最本质的特征，因此，国家治理的法规资源，既包括中国特色社会主义的法律体系，也包括中国共产党的党内法规制度体系。

　　（一）中国特色社会主义法律体系①

　　中国特色社会主义法律体系是以宪法为统帅，以法律为主干，以行政法规、地方性法规为重要组成部分，由宪法相关法、民法、商法、行政法、经济法、社会法、刑法、诉讼与非诉讼程序法等多个法律部门组成的有机统一整体。

　　宪法是中国特色社会主义法律体系的统帅。宪法是国家的根本法，在中国特色社会主义法律体系中居于统帅地位，是国家长治久安、民族团结、经济发展、社会进步的根本保障。中国现行宪法是一部具有中国特色、符合社会主义现代化建设需要的宪法，是治国安邦的总章程，它是经过全民讨论，于 1982 年由全国人民代表大会通过并颁布的。根据国家经济社会的发展状况，全国人民代表大会先后通过了 5 个宪法修正案，对宪法的部分内容作了修改。中国宪法在中国特色社会主义法律体系中具有最高的法律效力，一切法律、行政法规、地方性法规的制定都必须以宪法为依据，遵循宪法的

---

① 主要参考《中国特色社会主义法律体系》，国务院新闻办 2011 年发布。

基本原则，不得与宪法相抵触。在中国，各族人民、一切国家机关和武装力量、各政党和各社会团体、各企业事业组织，都必须以宪法为根本的活动准则，并负有维护宪法尊严、保证宪法实施的职责。

法律是中国特色社会主义法律体系的主干。中国宪法规定，全国人大及其常委会行使国家立法权。全国人大及其常委会制定的法律，解决的是国家发展中带有根本性、全局性、稳定性和长期性的问题，确立了国家经济建设、政治建设、文化建设、社会建设以及生态文明建设各个方面重要的基本的法律制度，是中国特色社会主义法律体系的主干，是国家法制的基础，行政法规和地方性法规不得与法律相抵触。

行政法规是中国特色社会主义法律体系的重要组成部分。国务院根据宪法和法律，制定行政法规。这是国务院履行宪法和法律赋予的职责的重要形式。行政法规可以就执行法律的规定和履行国务院行政管理职权的事项作出规定，同时对应当由全国人大及其常委会制定法律的事项，国务院可以根据全国人大及其常委会的授权决定先制定行政法规。行政法规在中国特色社会主义法律体系中具有重要地位，是将法律规定的相关制度具体化，是对法律的细化和补充。

地方性法规是中国特色社会主义法律体系的又一重要组成部分。根据宪法和法律，省、自治区、直辖市和较大的市的人大及其常委会可以制定地方性法规。这是人民依法参与国家事务管理、促进地方经济社会发展的重要途径和形式。省、自治区、直辖市的人大及其常委会根据本行政区域的具体情况和实际需要，在不与宪法、法律、行政法规相抵触的前提下，可以制定地方性法规。较大的市的人大及其常委会根据本市的具体情况和实际需要，在不同宪法、法律、行政法规和本省、自治区的地方性法规相抵触的前提下，可以制定地方性法规，报省、自治区的人大常委会批准后施行。民族自治地方的人民代表大会有权依照当地民族的政治、经济和文化特点，制定自治条例和单行条例。经济特区所在地的省、市的人大及其常委会根据全国人大及其常委会的授权决定，可以根据经济特区的具体情况和实际需要，遵循宪法的规定以及法律、行政法规的基本原则，制定法规，在经济特区范围内实施。地方性法规可以就执行法律、行政法规的规定和属于地方性事务的事项作出规定，同时除只能由全国人大及其常委会制定法律的事项外，对其他事项国家尚未制定法律或者行政法规的，可以先制定地方性法规。地方性法规在中国特色社会主义法律体系中同样具有重要地位，是对法律、行政法规的细化和补充，是国家立法的延伸和完善，为国家立法积累了有益经验。

（二）中国共产党党内法规体系①

党内法规是党的中央组织以及中央纪律检查委员会、中央各部门和省、自治区、直辖市党委制定的规范党组织的工作、活动和党员行为的党内规章制度的总称。

党内法规的名称为党章、准则、条例、规则、规定、办法、细则。

党章对党的性质和宗旨、路线和纲领、指导思想和奋斗目标、组织原则和组织机构、党员义务和权利以及党的纪律等作出根本规定。党章是最根本的党内法规，全党必须一体严格遵行。准则对全党政治生活、组织生活和全体党员行为作出基本规定。条例对党的某一领域重要关系或者某一方面重要工作作出全面规定。规则、规定、办法、细则对党的某一方面重要工作或者事项作出具体规定。党内法规既是管党治党的重要依据，也是建设社会主义法治国家的有力保障。

需要明确的是，在我们国家，法律是对全体公民的要求，党内法规制度是对全体党员的要求，而且很多地方比法律的要求更严格。我们党是先锋队政党，对党员的要求应该更严。全面推进依法治国，必须努力形成国家法律法规和党内法规制度相辅相成、相互促进、相互保障的格局。

---

① 主要参考《中国共产党党内法规制定条例》，中共中央 2019 年发布。

第二节 支撑资源

一、财力资源

财力资源是指一个国家或一级政府在一定时期内所能掌握和使用的资金总和。

从形式上看，财力资源可分为税收收入和非税收入两大类。税收收入是指政府凭借其公共权力无偿占有的一部分社会资源或收入，包括所得税、货物和劳务税、财产税、资源税等各项税收。

非税收入，是指除税收以外，由各级国家机关、事业单位、代行政府职能的社会团体及其他组织依法利用国家权力、政府信誉、国有资源(资产)所有者权益等取得的各项收入。具体包括：

（1）行政事业性收费收入是指国家机关、事业单位、代行政府职能的社会团体及其他组织根据法律法规等有关规定，依照国务院规定程序批准，在实施社会公共管理，以及在向公民、法人和其他组织提供特定公共服务过程中，向特定对象收取的费用。

（2）政府性基金收入是指各级人民政府及其所属部门根据法律、行政法规和中共中央、国务院文件规定，为支持特定公共基础设施建设和公共事业发展，向公民、法人和其他组织无偿征收的具有专项用途的财政资金。

（3）罚没收入是指国家行政机关、司法机关和法律、法规授权的机构依据法律、法规，对公民、法人和其他组织实施处罚所取得的罚没款以及没收赃物的折价收入。

（4）国有资源（资产）有偿使用收入。其中，国有资源有偿使用收入是指执收单位利用各种形态的自然资源、公共资源、政府信誉、信息和技术资源向社会提供公共服务、准公共服务、经营服务以及出租、出让、转让国有资源使用权取得的收入。国有资产有偿使用收入是指执收单位将其占有使用的固定资产、流动资产、无形资产，通过处置、租赁、对外合作、对外服务、对外投资和担保等形式取得的收入。

（5）国有资本收益是指国家以所有者身份依法取得的国有资本投资收益，具体包括：应交利润，国有股股利、股息，国有产权转让收入，企业清算收入和其他国有资本收益。

（6）彩票公益金收入是指按照规定比例从彩票发行销售收入中提取的，专项用于社会福利、体育等社会公益事业的资金。

（7）特许经营收入是指国家依法特许部门、企业或组织垄断经营某种产品或服务而获得的收入。

此外，非税收入还包括中央银行收入、以政府名义接受的捐赠收入、主管部门集中收入、政府收入的利息收入和其他非税收入等。

二、科技资源

自工业革命爆发以来，人类的生活及生产的方式和水平发生了巨大的变化，马克思在《共产党宣言》中指出，资产阶级在它的不到 100 年的阶级统治中所创造的生产力，比过去一切时代创造的全部生产力还要多、还要大，而这均有赖于工业革命后科技水平的提升。在现代社会中，科技的发展水平、科技成果的转化能力、科技在社会生活中的参与程度等构成了一个国家综合实力的重要方面。习近平总书记指出，科学技术从来没有像今天这样深刻影响着国家前途命运，从来没有像今天这样深刻地影响着人民生活福祉。因此，在不同机构发布的国家治理指数中，都包含了反映一个国家科技创新发展水平的指标。例如，在人民论坛测评中心发布的"G20 国家治理指数评价指标体系"中，优化性指标中设计了创新竞争指数；华东政法大学发布的《国家治理指数报告》中，也在持续性指标中设计了创新指标。党的十九届四中全会发布的《中共中央关于坚持和完善中国特色社会主义制度、推进国家治理体系和治理能力现代化若干重大问题的决定》明确将完善科技创新体制机制作为国家治理体系中的一个重要方面，要求弘扬科学精神和工匠精神，加快建设创新型国家，强化国家战略科技力量，健全国家实验室体系，构建社会主义市场经济条件下关键核心技术攻关新型举国体制。

经济学的研究已反复证明，科技的发展构成了长期经济增长的最终驱动力。伴随着科技的发展，一方面使国家治理体系的构成发生了变化，另一方面也为国家治理能力的提高提供了强大的工具。首先，工业革命以来的科技发展使得城市的发展成为可能，越来越多的人口脱离了农业生产并进入城市，人口的集聚使国家治理，尤其是社会治理的对象和层次都发生了重要变化。其次，科技的发展将重塑国家治理的模式及流程，特别是21世纪互联网技术及信息技术的突破，使越来越多的国家开始强调并实施协同治理，从过去单一主体管理转向一个主体引导的多个主体管理，从过去单向的自上而下管理转向多个方向的协同治理①。第三，科技成果能够提升国家治理的现代化水平，为国家治理提供"智治支撑"②，实现治理的智能化。在互联网及信息技术的加持下，政府可以获得并整合社会各个主体的数据资源，提高决策的科学性以及政策设计与实施的精准性，更好地实现国家治理的目标。

在操作层面上，有效地获取并处理信息构成了国家治理的基础，而现代科技的 ABCD③ 则与国家治理的要求特别契合，并成为目前各国推进国家治理现代化建设的重点。

人工智能是研究、开发用于模拟、延伸和扩展人的智能的理论、方法、技术及应用系统的技术科学，简单来说就是使计算机去做过去只有人才能做的智能工作。区块链本质上是一个共享数据库，其核心是一个分布式账本，具有去中心化、信息不可篡改、集体维护、可靠数据库以及公开透明等五个

---

① 高小平：《借助大数据科技力量寻求国家治理变革创新》，《中国行政管理》2015 年第 10 期。

② 陈一新：《"五治"是推进国家治理现代化的基本方式》，《求是》2020 年第 3 期。

③ 现代科技的 ABCD 分别指人工智能（Artificial Intelligence）、区块链（Blockchain）、云计算（Cloud Computing）以及大数据（Big Data）技术。

特征，能够做到信息的全程留痕、随时追溯。云计算主要是一种将庞大的计算处理程序分拆为多个较小的、容易处理的子程序，通过网络将这些子程序在多个服务器中进行处理，并将处理结果再反馈给用户的技术。云计算能够大大提高用户的计算能力以及数据的处理能力，在更短的时间内获得对数据处理的结果。大数据一般定义为利用软件进行捕获、管理和处理的大数据集，大数据首先是大规模的数据，但其更重要的特征在于通过现代网络及通信等技术获得的非结构化数据，例如文本、图形、图像、音频以及视频等。

可以看到，人工智能、区块链、云计算以及大数据技术，再辅之以电脑、移动通信设备、人脸识别设备等必要的硬件，理论上能够完成全社会所有个体不同维度数据的获取以及快速处理，为国家治理提供必要的数据保障。在实践中，多个国家已经开始利用上述技术进行国家治理模式的转型，例如，英国政府在 2015 年启动了"数字政府即平台"计划，制定整合的数字化路线，推动跨政府部门业务的整体转型，为英国民众提供更为优质、效率更高的公共服务；新加坡推出了一站式 7×24 不间断 100% 覆盖的在线政府模式，也即通过机制、架构、云三方面共同保障实现在线服务的一站式和不间断；韩国政府提出的政府 3.0 计划同样依托上述技术，政府的公共行政由政府为公众提供开始向以个人为中心的个性化定制模式转变。

我国在使用人工智能、区块链、云计算以及大数据技术推进国家治理现代化方面同样推进迅速。例如，司法部提出了"数字法治、智慧司法"的建设模式，目标是到 2021 年基本建成纵横贯通、全面覆盖、融合共享、智能高效、安全可控的信息化体系，建立涵盖"一个统筹、四大职能"工作布局的法治大数据，形成信息动态感知、知识深度学习、数据精准精细、业务智能辅助的科技应用新格局[1]。在我国的社区治理方面，以网格化管理为基础，引入数字化管理模式，建立以"人、地、物、事、情、组织和房"为核

---

[1] 傅政华：《全面深化司法行政科技信息化建设　以"数字法治智慧司法"助推国家治理体系和治理能力现代化》，《中国司法》2019 年第 12 期。

心的 7 大类、32 小类、170 项信息和 2043 项的基础信息数据库，能够使信息得到及时反馈，对社区内的突发事件能够及时作出反应①。

在全球新一轮的科技革命中，数据的重要性已经超过土地、资本以及能源，成为国家的战略性资源，大数据将改变国家间的竞争模式和资源配置方式，也将在国家治理现代化中发挥核心性的关键作用。目前，人工智能、区块链、云计算以及大数据技术在推动国家治理现代化方面尚处于起步阶段，在数据基础建设方面，多机构的数据尚未实现完全有效整合，仍存在较多的数据孤岛；使用区块链技术完善市场监管、电子政务、信息留痕等方面处于探索阶段。对于国家治理来说，科技资源是把"双刃剑"，一方面能够提高国家治理的效率以及治理的精准性，另一方面也会带来安全、法律、伦理等方面的一系列问题。针对人工智能技术，习近平总书记指出，要加强人工智能发展的潜在风险研判和防范，维护人民利益和国家安全，确保人工智能安全、可靠、可控。要整合多学科力量，加强人工智能相关法律、伦理、社会问题研究，建立健全保障人工智能健康发展的法律法规、制度体系、伦理道德。这一判断的基础便在于人工智能等技术不仅具备技术属性，还具备社会属性，这意味着在国家治理体系中引入这些技术时，需要特别注意新技术所可能引发的新问题。例如，新技术下的人机交互将形成人机和谐共生的问题，在国家治理中的智慧决策也将同时依赖人与机器基于各自的资源及优势作出判断，这将带来治理过程中的责任认定等问题。总之，在国家治理体系及国家治理能力现代化建设过程中，科技资源的重要性将会超过以往任何一个时期，在积极拥抱这一趋势的过程中，不仅需要针对新技术调整国家治理体系以及治理模式，同时也需要针对新技术在国家治理过程中将引发的法律、制度、伦理等问题进行研究及预判，避免陷入技术陷阱，使科技资源真正服务于国家治理所要实现的善治目标。

---

① 陈潭：《大数据时代的国家治理》，中国社会科学出版社 2015 年版。

三、外交资源

从广义上来说，外交是一个国家对外交往的总称，《中国大百科全书》将外交定义为国家以和平手段对外行使主权的活动，通常指国家元首、政府首脑、外交部部长和外交机关代表国家进行的对外交往活动。无论一个主权国家采用何种外交策略，其最终目标都在于维护本国利益，特别是维护本国的核心利益。人类的外交史源远流长，伴随着全球化程度的加深，国家之间的外交在更多层次、更多方面展开。从外交途径上来看，有政府外交与民间外交不同的形式；从外交手段上来看，广义的外交手段包括除战争之外其他所有的对外交往，狭义的外交手段则主要指双边或多边的谈判或协商。

外交是一个国家内政的延续，也是国家治理体系中的重要组成部分。首先，一个国家可以通过外交为本国创造良好的外部发展环境，使本国能够将更多的资源集中在优先战略目标方面。其次，通过运作良好的外交，可以使本国获得来自其他国家的优质资源，接触并学习更为先进的技术、更为丰富的文化，以及获得其他国家具有相对比较优势的产品及服务。最后，外交还能够使其他国家更好地了解本国，不同国家有不同的政治体制以及发展模式，也有不同的历史传统及文化风俗，通过外交途径，不同国家能够在求同存异的基础上相互理解，达成共识。一个国家外交政策的制定及效果是以国家实力为基础的，在国际交往领域，某种程度上来说更多的是遵循丛林法则，一个国家的外交政策也会随着国家实力的变化而变化。作为国家治理体系的一部分，从最大限度维护本国利益的角度，无论是政府外交还是民间外交，应在统一的价值观基础上，按照统一的外交理念，调动多种外交资源，使用不同的外交工具，为本国创造和平的国际环境和良好的外部条件。

一个国家的外交资源大体可以分为有形及无形两种形式，或者说可分为硬性资源与软性资源。硬性资源也即有形资源，是国家开展外交活动的根本支撑；软性资源或无形资源主要指国民士气、政府素质等，软性资源的优势会给国家带来更多同化性的软权力①。软性外交资源的推广和宣传离不开硬性资源的支持，硬性资源的发展也需要软性资源的维护②。一个国家外交的硬性资源包括其资源禀赋、经济实力、科技水平、军事装备、地理位置等方面，是国家发展对外交往的基础；外交的软性资源更多体现在思想与文化等方面。国家之间的交往与竞争，最终往往取决于软性资源上的交往与竞争，但在外交领域，也从来不存在没有坚实的硬性资源支撑的软性资源优势。对一个特定的国家来说，其所具备的硬性资源可能突出地体现在某一方面，例如很多中东国家，其外交的硬性资源主要来自石油储备；还有一些国家外交的硬性资源主要来自其所在的地理位置，在地缘政治中占据着重要的地位。但正如我们在全球外交领域所观察到的，真正具有重要外交影响力的，通常都是外交的硬性资源与软性资源均较强大的国家。伴随着改革开放的深化，中国自 1978 年以来经济实力有了迅猛的发展，目前经济总量已上升到世界第二位，同时中国的科技水平及军事装备也有了显著的提高，中国国力及外交硬性资源的快速增长已是不争的事实。随着国力的增强，中国也必然要承担更多的国际责任，在世界舞台上更多地发出中国声音，未来将需要进一步提高外交的软性资源。

一个国家的外交资源还可以从资源所属领域角度进行区分，其中包括政治资源、经济资源、军事资源及文化资源等。一个国家在与其他国家间的外交过程中，在不同的阶段会调用不同组合形式的外交资源，有时也会通过经济资源或军事资源的调用以实现其政治资源所要实现的目标。

新中国成立后，互相尊重领土主权、互不侵犯、互不干涉内政、平等互惠、和平共处五项原则成为中国发展对外关系的基本准则。在此基础上，面对新时代日益复杂的国际局势和中国崛起过程中出现的新挑战，党的十八大以来，以习近平同志为核心的党中央审时度势，不断创新，逐渐形成了具

---

① 傅菊辉：《外交资源与构建和谐社会的外部环境》，《新视野》2007 年第 3 期。
② 舒梦：《中国外交资源的差序式管理探析》，《国际展望》2014 年第 5 期。

有中国特色的大国外交。2014 年 11 月，在中央外事工作会议上，习近平总书记提出了中国外交工作的总体目标，即"高举和平、发展、合作、共赢的旗帜，统筹国内国际两个大局，统筹发展安全两件大事，牢牢把握坚持和平发展、促进民族复兴这条主线，维护国家主权、安全、发展利益，为和平发展营造更加有利的国际环境，维护和延长中国发展的重要战略机遇期，为实现'两个一百年'奋斗目标、实现中华民族伟大复兴的中国梦提供有力保障"。新时代中国外交目标确立的基础是党的十八大提出的构建人类命运共同体思想，人类命运共同体思想的提出摒弃了国家之间零和博弈的冷战思维，从全球治理的高度，从全人类共同发展的高度，为外交工作及外交政策设计打开了新的视野和新的思路。应该说人类命运共同体思想的提出，是与中国综合国力不断提升密切联系在一起的，作为一个有影响力的大国，作为一个 2019 年国内生产总值超过 14 万亿美元的经济强国，中国已逐渐走到世界舞台的中心。作为全球化过程的最大受益者之一，中国有责任也有义务为全球发展作出自己的贡献。同时，作为一个正在崛起的大国，现存的大国也必然会对此作出反应，特别是从长期来看，作为唯一超级大国的美国，将对中国的崛起表现出更为明显的抵触反应。为避免陷入修昔底德陷阱，中国需要与全球不同国家分享自己的经验，坚持国家不分大小、强弱、贫富一律平等，推动建设相互尊重、公平正义、合作共赢的新型国际关系。中国外交的一个重要举措是由习近平主席于 2013 年提出建设"新丝绸之路经济带"和"21 世纪海上丝绸之路"的合作倡议。共建"一带一路"倡议以共商共建共享为原则，以和平合作、开放包容、互学互鉴、互利共赢的丝绸之路精神为指引，以政策沟通、设施联通、贸易畅通、资金融通、民心相通为重点，已经从理念转化为行动，从愿景转化为现实，从倡议转化为全球广受欢迎的公共产品。截至 2019 年 7 月底，中国政府已与 36 个国家和 30 个国际组织签署了 195 份政府间合作协议，共建"一带一路"国家已由亚欧延伸至非洲、拉美、南太、西欧等区域，成为中国对外交往的一个重要纽带。通过"一带一路"倡议以及积极参与联合国、上海合作组织、金砖国家、二十国集团等平台机制化建设，中国的外交资源正沿着创建包容性全球化方向进行努力。

第三节 组织资源

一、治理团队资源

国家治理的根本在于通过发展提高本国人民的福利及利益，满足人民日益增长的美好生活需要，国家治理体系与国家治理能力的现代化也是为了满足新发展阶段提出的要求。不同的国家在发展过程中均形成了具有独特特征的国家治理模式及治理体制机制，同时也伴随着国家发展阶段的变化进行着调整。国家治理体系包含政治、经济、军事、文化、生态环境、外交等多个方面，是一个庞杂而又相互支撑的完整体系，也是一个国家高质量发展所不可或缺的基础。国家治理体系既包括确定治理理念、治理原则及治理体制的层面，也包括操作层面上国家治理具体机制运转、治理方案落实等方面。国家治理体系良好运转的关键即在于国家治理团队的建设，国家治理体系与治理能力现代化的根本也即在于国家治理团队建设的现代化。毛泽东同志曾指出，当正确的政策方针确定以后，干部是关键，对于国家治理来说也同样如此，当关于国家治理的决定形成之后，治理团队是关键。

运转良好的国家治理体系要求治理团队满足以下几个方面的特征。第一，治理团队要对国家治理的理念及原则达成共识，只有这样，才能够在治理团队内部形成合力，有利于国家治理目标的实现。第二，国家治理团队要能够高效运转，能够快速针对治理中所出现的问题作出积极反应。现代社会人口流动性强、生活节奏快，另外，全球范围内在经济发展的同时也普遍出现了贫富差距扩大的现象，这些都构成了引发治理矛盾的因素，这要求治理团队能够高效率地运转，及时对所出现的问题予以回应，并按照问题解决预案相机作出反应。第三，国家治理团队要实现专业化。现代社会分工越来越趋向多元化，而且随着人口受教育水平的提高，民众对国家治理水平及治理绩效有了更高的期待和要求，这需要特定治理领域中的治理团队成为相关领域内的专家，特别是在立法司法、公共卫生、教育、科技等领域，更需要专业化的治理团队。第四，国家治理团队的活动要规范化。国家治理目标的实现需要全体民众遵守达成共识的规则，尤其是法律法规，现代国家的治理都是依法治理，全体民众的行为都必须在法律允许的框架内进行，国家治理团队的行为活动同样需要符合法律规定。第五，国家治理团队的建设需要知识化。随着技术进步，人工智能、区块链、云计算以及大数据等技术已经大量引入国家治理领域，而且这些技术也将对人类的工作及生活模式产生重大影响，作为国家治理团队，应该不仅仅将这些技术看作数据收集及数据分析的一个平台或工具，更应理解这些技术的本质，不断地了解这些技术的发展现状及趋势，前瞻性地做好治理方案的准备。

国家治理团队的构成及组织形式在不同的国家中呈现出较大的差异性，这不仅取决于各个国家的历史传统，也取决于特定国家在立国之初所形成的一些制度特征。美国的国家治理团队主要包括行政、立法及司法三个部分，以三权分立的理念对治理团队进行组织。在行政系统中，美国总统处于中心地位，是最高行政首长、陆海空等各军种的最高司令官，美国总统和副总统领导的行政系统设有15个部和多个专门机构，以贯彻执行法律及提供各种政府服务，其中包括国务院、财政部、国防部、司法部、内政部等；而联邦政府独立行政机构是由美国国会通过各种法律而成立的机构，这些机构直接向总统负责，其中包括中央情报局、美国联邦储备理事会、联邦通信管理委员会、期货交易管理委员会等；另外，美国的行政系统还包括总统办事机构，其中包括白宫办公厅、总统经济顾问委员会、国家安全委员会、美国贸易代表办公室等。美国的司法体系主要由联邦最高法院以及全国50个州划分为的89个地方法院组成。美国的立法体系，根据美国宪法，联邦政府将立法权力赋予由参议院及众议院组成的国会。上面所述构成美国国家治理团队的主要部分，可以看到根据三权分立的设计，在美国的国家治理团队内存在着一定的张力，而且由于美国采取了联邦制，因此在其中央政府与地方政府间也存在着相应的张力。一方面，这样的设计能够使国家治理权力在治理团队内形成制衡分布的状态；另一方面，治理团队内也有可能形成较强的离心力，对国家治理效率及治理绩效产生消极影响。

在中国的国家治理中，中国共产党的领导是中国特色社会主义国家治理的政治前提，这也决定了符合中国国情、具有中国特色的国家治理团队的模式。2015 年 2 月，习近平总书记在省部级主要领导干部学习贯彻党的十八届四中全会精神全面推进依法治国专题研讨班的讲话中指出，在国家治理体系的大棋局中，党中央是坐镇中军帐的"帅"，车马炮各展其长，一盘棋大局分明。这一论断准确地概括了中国国家治理团队的主要特征。党的十九届四中全会指出，中国共产党的领导是中国特色社会主义最本质的特征，是中国特色社会主义制度的最大优势，党是最高政治领导力量。必须坚持党政军民学、东西南北中，党是领导一切的，坚决维护党中央权威，健全总揽全局、协调各方的党的领导制度体系，把党的领导落实到国家治理各领域各方面各环节。因此，党的领导是中国国家治理团队中的一个鲜明特征，也是构建中国国家治理团队的基础。

从大的层面上来说，中国国家治理团队由中国共产党组织、行政机构、立法机构、司法机构以及政治协商机构等组成。在最高层面上，党的组织由全体党员选举产生中国共产党全国代表大会，并形成中央委员会及中央纪律检查委员会，并由中央委员会形成中央委员会总书记、中央政治局常务委员会以及中央政治局，另设中央书记处负责日常工作。2012 年 11 月及 2017 年 10 月，习近平同志分别当选为中国共产党第十八届及第十九届中央委员会总书记，党的十八届六中全会正式提出"以习近平同志为核心的党中央"，明确了习近平总书记的核心地位。同样，在中国的国家治理团队中，以习近平同志为核心的党中央也处于核心领导地位，指导并形成了新时代中国国家治理的治理理念、治理原则及治理模式。

根据《中华人民共和国宪法》第三章规定，中国的国家机构由全国人民代表大会、中华人民共和国主席、国务院、中央军事委员会、地方各级人民代表大会和各级人民政府、民族自治的自治机关、特别行政区的国家机关、人民法院和人民检察院、人民监察委员会组成，这些机构同时也构成了中国国家治理的团队资源。其中全国人民代表大会是中国最高国家权力机关，具有立法权；中华人民共和国主席是国家代表，由全国人民代表大会选举产生；国务院也即中央人民政府，是最高国家权力机关的执行机关，是最高国家行政机关，其中包括外交部、国防部、国家发展和改革委员会、教育部等26个组成部门，另设有国务院国有资产监督管理委员会这一直属特设机构，海关总署、税务总局、市场监督管理总局等10个国务院直属机构，国务院港澳事务办公室及研究室等2个办事机构，9个直属事业单位以及16个国务院部委管理的国家局；人民法院是国家的审判机关，人民检察院是国家法律的监督机关；人民监察委员会是国家的监察机关，对所有行使公权力的公职人员进行监察。由中国国家治理团队的构成可以看到，治理团队有一个具有坚强领导能力的领导核心，能够保证治理团队内部形成统一的国家治理理念及治理原则；在治理团队内部有明确的治理分工，并通过立法、司法、行政、监察权力的分别设置使治理团队稳定有序，能够充分发挥民主集中制的组织优势，有利于提高国家治理效率及治理绩效。

二、强力资源

国家治理的最终目标都会指向人民幸福、社会和谐以及国家富强，而实现上述目标的基础则在于一个国家具有强有力的工具及手段维护国家与社会的稳定及安全，切实确保国家与社会的行为主体在法律框架内进行活动，即一个国家必须具备相关的强力资源或强力部门以承担相应的功能。从国家治理的角度，强力资源一般会在国家与社会的安全与稳定等方面发挥重要的作用，首先是维护国家的安全，其中包括外部安全及内部安全，而且随着互联网技术的发展，网络安全也成为维护国家安全的一个重要方面；其次是维护国家及社会的稳定运转，由于不同主体间存在着利益上的冲突，在政治、经济等领域出现矛盾并不是一种不正常的状态，但如果没有国家治理的强力资源介入，一些规模较小的矛盾有可能演化为对国家或社会伤害较大的矛盾。

　　国家治理体系中强力资源所包含的部门及机构在不同国家有所差异，而且强力资源对国家治理运转的影响程度在不同国家中也不尽相同。在俄罗斯的国家治理体系中，强力部门是一个专有政治名词，指在军事和安全领域执行特种任务的俄罗斯执法部门，一般认为包括俄罗斯国防部、内务部、联邦安全总局、联邦近卫军总局、紧急情况部、联邦警卫总局、联邦总统安全局、联邦麻醉品监管总局、联邦移民总局、联邦海关总局、联邦边防总局、联邦铁道兵总局、联邦特种计划局、联邦机要信使局、联邦司法部、联邦特种建筑局、联邦总检察院、联邦警察总局、税务警察局、联邦侦查委员会等机构，其中俄罗斯国防部、内务部、联邦安全总局、联邦近卫军总局的影响力最大。俄罗斯的强力部门在其国家治理体系中占据着重要地位，已在俄罗斯政坛担任俄罗斯联邦总统及总理职务超过 20 年的普京便出身于强力部门，在 1999 年底发表的施政纲领中提出的"俄罗斯思想"也包括"强有力的国家政权体系"的表述[①]。统计也显示俄罗斯联邦政府主要由强力部门领导人和职业政治家组成，而且将很多强力部门的领导人安排在各个权力机关也成为了一种趋势[②]。美国的强力部门一般被认为包括其由 16 个情报机构组成的情报部门，其中有中央情报局、国防情报局、国家安全局、联邦调查局等机构，以及内务部、烟酒火器管理局、国土安全部、海关及边境保护局、秘勤局等部门。从俄罗斯及美国国家治理体系中的强力资源或强力部门的构成来看，主要包括情报、保密、特种执法、特种警卫、反恐等机构，在国家体系中承担着重要作用，但其日常运转却通常并不为公众所全面了解。

① 杨光斌、郑伟铭：《国家形态与国家治理——苏联—俄罗斯转型经验研究》，《中国社会科学》2007 年第 4 期。

② 崔铮：《俄罗斯国家治理中的价值观构建与认同引导》，《国外理论动态》2017 年第 11 期。

　　党的十九届四中全会通过的《中共中央关于坚持和完善中国特色社会主义制度　推进国家治理体系和治理能力现代化若干重大问题的决定》中，针对国家治理中强力资源涉及的国家安全等方面也做了相应的部署，要求坚持总体国家安全观，统筹发展和安全，坚持人民安全、政治安全、国家利益至上有机统一，要完善集中统一、高效权威的国家安全领导体制，健全国家安全法律制度体系。以往承担国家安全与稳定职能的机构数量较多，且分散在党和国家多个部门中。为提高强力资源运转效率，加强集中统一领导，党的十八届三中全会后，于2013年11月成立了中国共产党中央国家安全委员会，中央国家安全委员会作为中共中央关于国家安全工作的决策和议事协调机构，向中央政治局、中央政治局常务委员会负责，统筹协调涉及国家安全的重大事项和重要工作。中央国家安全委员会由中共中央总书记习近平任主席。当下的国家安全并不是某一个部门可以涵盖的，无论是外交部、商务部或国防部等，都不可能独立应对。因此，成立国家安全委员会有利于统筹国内和国际、军和民两个大局。这关系到国家军事、外交、对外经贸、投资等各个领域，既包括军事斗争准备等在内的传统安全，也包括反恐和疫病灾害等非传统安全。国家安全委员会的成立，体现出总体安全观既重视外部安全，又重视内部安全；既重视国土安全，又重视国民安全；既重视传统安全，又重视非传统安全；既重视发展问题，又重视安全问题；既重视自身安全，又重视公共安全。

第四章　国家治理模式论 *

人类社会自作为政权机关的国家出现以来，如何实现更有效的治理（不论治理的目的是为了军事扩张，还是为了推进经济和社会发展）便成为经久不衰的话题。古今中外的执政者们，在如何实现国家治理方面积累了很多的实践经验和教训。作为一个发展中国家，中国的国家治理，既需要总结本国先人的历史经验和反思其教训，也需要学习和借鉴他国，特别是发达国家的经验和教训。

本章首先要回顾人类历史上不同时期的国家治理模式，并将其划分为传统和现代两种类型的治理模式；然后再讨论从传统到现代治理模式的演进过程中所蕴含的逻辑。除了历史纵向维度的回顾外，我们还引入横向比较的维度，通过这两个维度的对比分析，总结提炼出三种常见的国家治理模式演进的机制。最后一节，我们将总结本章的内容，归纳实现国家治理体系和治理能力的现代化的若干条经验和规律。

第一节　国家治理模式的类型划分

当今世界，如果按照联合国成员国数量来看，共有近 200 个国家。不同的国家不论在名称、地理位置、民族、文化，还是在政治制度、社会形态

＊　本章作者为山东大学政治学与公共管理学院李振教授。

等方面都各有不同。在谈及国家治理时，我们往往将其与该国的政治制度或社会形态联系起来。一般来说，在学术上，我们往往根据一个国家的政府领导人的产生方式划分为民主型和专制型，根据一个国家的政府与市场的关系状态划分为市场型和计划型，根据一个国家的政府和社会的关系划分为自由型、威权型和极权型，等等。

但是，早在 1968 年，美国保守派政治学家亨廷顿就曾指出，世界上有很多国家，他们国家的政府形态不一样，有民主的、不民主的；但是这些国家之间最大的区别不在于政体形式如何，而在于政府的有效程度，即国家治理水平的高低。[①] 因此，我们在分析认识不同国家的治理模式时，要跳出通过政体形式或政府与社会（市场）关系的类型来区分的思维定式，转而通过区分治理方式（如何实现治理）和治理效果（实现程度如何）的维度来划分治理模式。

一、国家治理模式的类型划分标准

回顾人类自有文字记录以来的文明史，人类社会的国家治理在很长一段时间都是围绕军事活动（不论其目的是对外扩张，还是抵御外敌入侵）展开的。英国社会学家迈克尔·曼的研究表明，直到 1815 年，从国家财政的角度来看，有 70%—90% 的财政资源主要持续地用于军事力量的组建和使用，而政府非军事的（公用的、民政事务的）职能仍然是微不足道的。[②] 一直到 1870 年以后，世界上各个国家的民事机构的权力才开始逐步扩张；所有国家都在公路、航运、铁路、邮政、电信、教育等领域扩展着政府权力的实施范围；一些国家的政府开始介入部分商业领域和工农业部门的生产经营

---

① ［美］亨廷顿：《变化社会中的政治秩序》，王冠华等译，生活·读书·新知三联书店 1998 年版。

② ［英］迈克尔·曼：《社会权力的来源·第 1 卷，从开端到 1760 年的权力史》，刘北城、李少军译，上海人民出版社 2016 年版，第 627 页。

活动；第二次世界大战之后，随着部分国家社会福利政策和计划的启动，政府更是在包括卫生健康、养老、劳动保障、职业培训等领域进一步扩大其权力向社会和个人事务进行渗透的范围。[1]

总体而言，如果以 19 世纪中后期（例如以 1870 年为一个具体年份分界点）作为划分界限的话，此前人类社会的不同国家，其政府的职能主要集中在军事领域，因此，国家治理，特别是在民事方面的治理不可能达到很高的水平；此后的人类社会，政府的职能开始逐渐向民事领域扩展，国家治理的水平也得以逐步提高，特别是在第二次世界大战后的部分发达国家，其治理水平达到了 19 世纪中期前难以想象的高度。按照美国几位政治学者的观点，19 世纪中后期之后的不同国家，其政府的功能从主要承担军事职能，转变到作为经济发展和社会再分配的促进者的角色。[2] 因此，我们这里将人类社会不同的国家治理模式以 19 世纪中后期为分界，划分为传统模式和现代模式两种类型。当然，对一个国度而言，其治理水平从传统模式转向现代模式是需要很长时期的；并且，不同国家和地区的治理模式的发展程度并不同步。因此，就全球不同国家而言，甚至是即便仅就几十个世界主要国家来说，19 世纪中后期只是一个大致的时间分界。

二、现代化国家治理的特征

根据世界上先发国家的经验，我们认为，人类社会的国家治理从传统模式发展至现代模式是大势所趋。已有不少研究对现代模式的国家治理所应具备的主要特征进行了总结和概括。这里，我们认为，如下三个方面的特征应该是所有国家治理的现代化模式所必须具备的。对于后发国家来说，通过

---

[1] ［英］迈克尔·曼：《社会权力的来·第 2 卷，阶级和民族国家的兴起：1760—1914》，陈海宏等译，上海人民出版社 2016 年版，第 527 页。

[2] ［美］埃文斯、［美］鲁施迈耶、［美］斯考克波编：《找回国家》，方力维等译，生活·读书·新知三联书店 2009 年版，第 53—59 页。

对照这三个特征可以评估其国家治理现代化进程的大致水平。

首先是作为权力机关的国家应该拥有强大的基础性能力。迈克尔·曼将国家所拥有的公共权力区分为两种，即专制性权力和基础性权力。前者是国家的权力行使者可以在不必与社会（包括市场）的各类主体进行例行化和制度化的协商妥协的前提下，而采取一系列行动的自主性权力。后者则又译为建制性权力，指的是国家实际渗透到社会中，从而在其治理的疆域内执行其决定的能力；它是一种国家通过其建构的各类基础设施（组织的、制度的等）渗透到社会中，从而集中地协调社会主体相关活动的权力。[①] 一般而言，后一种国家权力的实现程度直接影响着国家治理水平的高低。众所周知，传统社会和现代社会的一个重大区别是现代社会能创造并动用大量的人力和物力资源。现代化的国家治理也意味着作为治理主体的国家在不同的政策领域都拥有强大的治理能力，从而可以有效地推动社会创造或调配这些人力和物力资源。国家的基础性治理能力又可以划分为多个维度，其中，比较重要的领域包括汲取、渗透、规制、分配和推动经济发展等方面。当然，现代化的治理模式并不意味作为权力机关的国家要承担全面的治理职能；我们还需要与下文所述的一些的特征结合起来，才能更好地理解国家治理的现代模式。[②]

其次是国家和社会（包括市场在内）之间形成相互嵌入的关系。在现代化的国家治理模式下，作为权力机关的国家与社会之间的关系既不是零和博弈式的你死我活的控制与反控制，也不是传统治理模式下国家对社会中的各类行为主体的放任或缺少干预，而是形成一种国家和社会的"强强联合"；也即国家可以通过其基础性的权力渗透到社会中，社会也可以通过其活动起到监督和影响国家运行的作用。美国学者帕特南对意大利南北地区治理水平

①　Michael Mann, *The Sources of Social Power: The Rise of Classes and Nation-States (1760–1914)*. Cambridge: Cambridge University Press，1993，p.3.

②　张长东:《国家治理能力现代化研究——基于国家能力理论视角》,《法学评论》2014 年第 3 期。

的比较研究表明，社会和国家的合作可以实现政府效能的提高和促进经济的发展。① 美国学者埃文斯等人在分析国家在推动经济发展和促进社会分配公平方面所应发挥的角色时提出，一个具有较强自主性和能力的国家机器和社会中的商业机构如果能够形成相互嵌入的话，那么就可以实现该国的经济发展和产业升级。②

最后是国家治理体系的制度化和法治化。一个国家的治理，既涉及国家权力机关内部不同机构间的协调运行，也涉及国家权力机关与社会（包括市场）主体之间的互动过程。那么，如何才能在国家内部和国家与社会之间的互动中尽可能减少冲突和抵牾呢？一般而言，一个根本性的解决办法是国家治理体系的制度化和法治化。已有经济史的研究表明，现代社会和经济发展的前提条件是一个强大的国家权力机关，它能够为经济和社会的发展提供所需的公共物品，以及制定并执行各项法律、政策和规则。然而，这种强大的国家本身也可能成为阻碍经济和社会发展的因素；国家权力机关的行使者可能会运用其权力从社会或市场中谋取私利；不同的政治家或政客们可能会忙于相互内耗，从而消耗经济和社会资源，或者削弱国家的各种能力。那么，如何才能有效地制约国家的权力不被用于谋求私人利益的掠夺性行为，从而实现"把权力关进制度的笼子里"呢？已有学者对先发国家的发展历程的研究表明，实现国家治理体系的制度化和法治化至关重要：只有当制度能够为公共权力的行使者们提供可靠的预期时，他们才会努力增进国家能力和推动经济和社会发展，进而增进人民福祉，从而避免公共权力行使者通过建立各种庇护关系或运用各种政治伎俩来维护自身权力和私利。③ 因此，建立

---

① [美] 帕特南：《使民主运转起来：现代意大利的公民传统》，王列、赖海榕译，江西人民出版社 2001 年版。

② [美] 鲁施迈耶、[美] 埃文斯：《国家与经济转型——一种有效干预的条件分析》，载 [美] 斯考切波：《找回国家——当前研究的战略分析》，方力维等译，生活·读书·新知三联书店 2009 年版，第 60—104 页。

③ 张长东：《国家治理能力现代化研究——基于国家能力理论视角》，《法学评论》2014 年第 3 期。

起一整套用于约束和规范国家权力运行的法律、法规和制度，并使之得以有效执行，这是一个国度实现现代化国家治理的重要标志。

当然，需要特别说明的是，这里的国家治理的现代模式，并非与现代型政府的出现是同步的。根据美籍历史学家斯特雷耶的有关现代政府起源的研究，自公元 10 世纪开始，随着资本主义在西欧的兴起，现代形式的国家政权开始在欧洲出现。[①] 第二次世界大战之后，这种类型的政权组织模式逐渐推广到全世界大多数地区。由此可见，即便建立起了现代型的国家政权，也不会立即达到现代型的国家治理。

第二节　国家治理模式的历史演进

人类社会的国家治理从传统型向现代型的发展演进过程中，推动治理模式转型的，主要是治理技术的发展和进步。按照迈克尔·曼的观点，人类社会治理技术的发展可以分为两大类：集约性治理技术（intensive technology）和延展性治理技术（extensive technology）。[②] 所谓集约性技术是指那些能提高人类的生产效率、增强对自然资源的汲取和利用能力的技术；而延展性技术则指的是那些能提高人类（特别是国家）的组织和协调能力的技术。就中国古代而言，科层制、法治、常规军队及科举制等的发明都可以被看作重要的延展性技术的发展。在工业革命前（特别是 18 世纪前），推动文明进步的主要是延展性技术。[③]

---

① ［美］斯特雷耶：《现代国家的兴起》，华佳等译，格致出版社、上海人民出版社 2011 年版。

② ［英］迈克尔·曼：《社会权力的来源·第 1 卷，从开端到 1760 年的权力史》，刘北成等译，上海人民出版社 2016 年版。

③ 赵鼎新：《中译序》，载［英］芬纳著：《统治史·第 1 卷，古代的王权和帝国：从苏美尔到罗马》，王震、马白亮译，华东师范大学出版社 2014 年版，第 2—3 页。

一、推动早期国家治理模式演进的延展性技术

英国学者芬纳专门总结了人类历史上的各个主要国家和地区在人类治理技术，特别是在延展性技术方面作出的最为重要的贡献：亚述发明了帝国，波斯创造了世俗帝国，犹太王国发展了有限君主模式，古代中国贡献了科层制、常规军队及科举制，希腊发明了公民概念和民主制，罗马共和国和罗马帝国发展了权力制衡机制和法制。中世纪欧洲产生了无头封建制和教会与世俗政权的冲突性依存状态，复兴了希腊罗马政治的一些关键传统，并创造了代议制。英国创造了君主立宪制，法国发明了民族主义和民主国家，美国则贡献了成文宪法、宪法对公民权的保护、司法审查以及联邦制。①

当然，正如芬纳指出的，人类社会的国家治理史的发展并非是一种线性演进的模式。其间，可能存在着"此路不通"的死胡同，也可能会有断裂或倒退的情况。一些在今天看来是先进的国家治理的理念和制度，一开始可能诞生于荒蛮之地；只是，它们经过萌发，然后以各种不同的物质或观念的形式传于后世。②

二、推动近代以来国家治理模式演进的集约性技术

在工业革命后（特别是 19 世纪后期以来），推动人类社会治理水平进步的则主要是集约性技术。正如前文提到的，直到 1870 年以后，世界上各个国家都在公路、航运、铁路、邮政、电信、教育等领域扩展着政府权力的实施范围；而交通和通信等技术则属于典型的可以提高人类生产效率和增强人类对自然资源汲取利用能力的集约性技术。

---

① ［英］芬纳：《统治史·第 1 卷，古代的王权和帝国：从苏美尔到罗马》，王震、马白亮译，华东师范大学出版社 2014 年版，第 91—96 页。

② ［英］芬纳：《统治史·第 1 卷，古代的王权和帝国：从苏美尔到罗马》，王震、马白亮译，华东师范大学出版社 2014 年版，第 96 页。

20 世纪 50 年代以后，随着微电子技术的发展而兴起的现代信息和通信技术（Information and Communications Technology，缩写为 ICT）的大量运用，则成为推动全世界国家治理水平更进一步的主要动力。信息和通信技术，一般称为信息技术（Information Technology，缩写为 IT），指的是对信息进行管理及处理的技术总称。这类技术包括信息的获取、加工、表达、交流、管理、安全等多个方面。信息和通信技术有广义和狭义之分：广义的信息和通信技术是指所有能够扩展人类信息功能的技术，包括结绳记事、文字的发明、烽火的使用等等；狭义的信息和通信技术则是指基于产生自 20 世纪 50 年的微电子技术而发展起来的，以计算机技术、微电子技术和通信技术为特征一类技术的统称。[①]

很多学者的研究普遍认为，信息和通信技术的大量运用不仅丰富了国家权力机关渗透到社会的方式、拓展了渗透的范围，还提高了政府干预社会运行的效率，并且，信息通信技术在国家内部的运用也提高了国家自身运行的效率。因此，自 20 世纪中后期以来，以美国为代表的一些发达国家的政府出于对效率的追求，积极主动地推动信息通信技术的运用，并且以此为基础自上而下地推动国家内部的信息化改革。[②] 中国政府自 20 世纪 90 年代以来逐步实行的"政府上网"工程、电子政务建设以及"互联网＋"政务服务改革等一系列举措，也都是对信息通信技术的运用。由国家推动的以信息通信技术为代表的各类新兴技术的运用，为政府创造了很多新的治理方式，从而为在广大的疆域内，对社会主体的各类行为实现有效的治理提供了极大的便利。在这一时代潮流下，部分国家的政府不仅仅是各类新兴技术的使用和管理者，而且还会扮演新兴技术运用的设计者和提供者。总而言之，各类集约型的新兴技术的广泛运用，赋予国家以更多的能力开展广泛的社会治理。[③]

---

① ［美］钱德勒、［美］科塔达：《信息改变了美国：驱动国家转型的力量》，万岩、邱艳娟译，上海远东出版社 2008 年版，第 177—215 页。

② Ramona S. McNeal, et al., "Innovating in Digital Government in the American States", *Social Science Quarterly*, Vol.84, No.1（2003），pp.52–70.

③ 郑永年：《技术赋权：中国的互联网、国家与社会》，邱道隆译，东方出版社 2013 年版。

反过来，信息和通信技术的广泛运用也提高了作为国家治理对象的社会参与国家治理的能力。首先，信息和通信技术的普及丰富了民众参与国家治理的渠道和形式。例如，网络技术所塑造的各类虚拟空间逐渐成为民众知情、表意、协商和达成共识等行为互动的公共领域，这一空间为民众提供了新的政治参与场所和途径。美国学者格罗斯曼甚至提出了"电子共和国"的概念，以表示信息和通信技术的应用对于西方国家民主政治实践的重塑作用。他认为，信息技术提供身份可隐匿的特性，能够使得民众以"虚拟公民"的方式直接参与到国家的治理过程中。① 这种直接性的参与能够极大地丰富民众参与国家治理的形式，从而对原有的代议制民主、选举民主等国家治理形式起到补充甚至部分替代性的作用。

其次，信息和通信技术的广泛运用既可以在横向上扩大民众参与国家治理的范围，还能够在纵向上增加民众参与国家治理的深度。这主要是因为信息和通信技术的运用一方面可以降低民众参与治理的门槛，从而扩大民众参与国家治理的范围；并且，由于信息和通信技术具有开放性、平等性和中立性等特点，这就给不同种族、不同收入水平和不同性别的民众提供了相对公平的参与国家治理的机会。

另一方面，由于信息和通信技术的普遍运用使得信息的获取成本大幅度降低，而各主体之间进行信息共享的便利程度也大幅度提高，这就使得民众参与国家治理的深度大幅增加。信息技术的普及使信息传播渠道更加丰富且畅通，而信息技术所具备的节点分散的特点也使得信息传播能够快速覆盖到更多的人，这就能够减少民众在信息闭塞的状态下的无效参与，从而保证民众参与国家治理的质量与深度。② 而郑永年通过对中国国家治理的研究也发现，信息技术运用对中国社会中的各类主体赋权效应体现在三个方面：一是促进了各类公共议题和政策问题的形成及传播，二是网络公共

① Lawrence K. Grossman, *The Electronic Republic: Reshaping Democracy in the Information Age*. New York: Viking, 1995.
② [美] 辛德曼：《数字民主的迷思》，唐杰译，中国政法大学出版社 2016 年版，第 5—9 页。

空间为各类社会组织的塑造和成长提供助力，三是为民众的权力维护引入了新的动力。①

当然，在信息和通信技术运用方面，并非所有的人都是乐观者；也有部分人意识到新兴技术的正面作用发挥还需依赖一定的客观环境。例如，不同群体之间由于教育程度、收入水平和社会地位等差异而导致"数字鸿沟"，这一问题恐怕不仅不会因更多新技术的发展和运用而自然而然地得到解决，反而可能会更加严重。这主要是因为：一方面，各类信息在创造和传播过程中就已被人为地"控制"，部分大型的商业公司在这其中的优势非常明显。美国学者辛德曼以搜索引擎的应用为例，希望人民警惕信息在搜索层就已出现的被过滤的现象，这种现象很容易导致信息创造和传播过程中"赢家通吃"的模式。② 除信息和通信技术的兴起之外，以核能技术、化工技术、生物技术和人工智能等为代表的其他新技术的突破和运用，也在越来越多的方面改变着人类社会治理的现状。这些技术在助力提高国家治理水平的同时，也会给人类社会带来各种新型的风险，例如核危机、全球变暖、食品安全危机等。事实上，由于人类缺乏应对这种新兴技术所带来的风险的经验，因而难以用以往的法律法规和制度对其进行治理，但如何创制新的治理规则，又需要更多的保险精算模型和计算能力。因此，这些技术的运用其实也给人类社会的治理提出了相当严峻的挑战。③ 另外，我们还需要警惕的是，技术的运用也赋予社会中的个人或组织（例如企业）以逃避政府监管的能力。最近几年出现的拥有大量新兴技术和海量数据的"科技巨头"，可能会反过来挑战国家政权的权威，从而对国家治理带来了新的问题。④

---

① 郑永年：《技术赋权：中国的互联网、国家与社会》，邱道隆译，东方出版社 2013 年版。

② ［美］辛德曼：《数字民主的迷思》，唐杰译，中国政法大学出版社 2016 年版，第 76—106 页。

③ John Fabian Witt, *The Accidental Republic: Crippled Workingmen, Destitute Widows, and the Remaking of American Law*. Cambridge, Mass.: Harvard University Press, 2004, p.208.

④ 樊鹏：《新技术时代国家治理的新方向》，《人民论坛》2020 年 1 月。

三、推动国家治理模式演进的非技术性因素

还需要指出的是，虽然在人类历史的长河中，少数领袖人物或者政党组织具备某种程度的自主性和自主空间，但是，我们不得不承认的是，每一个国家的治理体系和治理能力建设，都得要依据其本身的先行状况（已有基础），特别是对那些后发展国家而言，其国家治理体系建设面临着比先发展国家更为复杂的历史和现实条件。

例如，后发展国家往往其国内存在着多民族、多元文化，以及地区间差异大等基础性条件；而社会越复杂和差异越大，其治理难度就越大。此时，国家即便能够确立起一定的制度和规则，它们是否能够获得社会全体成员的认可和遵守，都是需要付出巨大努力才能实现的。而对于中国这样的发展中大国而言，其国家治理又因为广袤的疆域和众多的人口，从而使得社会差异化更加明显。此外，中国还需要面临的是纵向层面中央和地方的融合，以及横向层面不同地区间的协调等问题，这都使得中国的国家治理现代化建设面临着更加复杂的初始条件。

第三节　国家治理模式的嬗变机制

纵观人类社会不同历史时期和不同国家的治理经验，我们可以发现，行之有效的治理体系和制度的建立是提升国家治理水平的基础。但是，并非所有国家都能如愿以偿地建立起有效的制度体系。近年来，学者们对发展中国家政治制度的研究就表明，那里的政治制度，大到宪法，小到各种制度或政策，很多都是既缺乏强度又不稳定的，没有得以有效执行的案例比比皆是。因此，讨论制度有效制定和执行背后的机制，就成为一个重要的问题。综合已有的国家治理方面的研究，我们认为，如下三种机制在制度建设和执行方面扮演着非常重要的角色。

一、国家治理模式嬗变的制度试验机制

古今中外，人类市场会面临来自国家内外部的各种风险和不确定性。在一个充满不确定性和信息不对称的世界里，通过试错的方式降低风险和成本，从而达至较好结果就是一种非常必要且有效的机制。毕竟，没有人能够知晓我们所遇到的所有问题的正确答案，因而，事实上也很难有人能够提出我们所面临的问题的最优解。学者们的研究和观察表明，那些乐于支持各种类型的试验行为的社会，往往更有可能较好地应对各种风险和问题。[①] 诺思等人也认为，在一个充满不确定性的世界里，没有人知道我们所面临的问题的答案。而允许尽可能尝试的社会才最有可能经过一段时间后解决这些问题。[②] 因此，在很多国家的历史实践中，时常会以试验的方式开展制度制定和执行。

早在 20 世纪中叶，美国曾兴起过一段时间的试验法学的研究和实践热潮。这一潮流的兴起主要是受到 20 世纪初期自然科学研究，特别是物理学研究的突破所推动；当时的人们对自然科学方法的信仰程度达到一个前所未有的高度。有部分法学家开始将自然科学的方法引入法学研究当中。弗兰克首先提出试验法学这一概念，[③] 而后比特尔则完整地提出了这一分析方法。[④] 从 20 世纪 60 年代开始，美国又开展了社会政策的广泛试验，并使试验成为

---

① Armen A. Alchian，"Uncertainty，Evolution，and Economic Theory"，*Journal of Political Economy*，Vol.58，No.3（1950），pp.211–221. 实际上，就连哈耶克也持类似的观点，参见[英] 哈耶克：《自由宪章》，杨玉生等译，中国社会科学出版社 1999 年版。

② Douglass Cecil North，Institutions，*Institutional Change and Economic Performance*. Cambridge: Cambridge University Press，1990，p.81.

③ Jerome Frank，"Realism in Jurisprudence"，*American Law School Review*，Vol.7（1934），pp.1063–1069.

④ Frederick K. Beutel，"An Outline of the Nature and Methods of Experimental Jurisprudence"，*Columbia Law Review*，Vol.51，No.4（1951），pp.415–438；Frederick K. Beutel，"Relationship of Natural Law to Experimental Jurisprudence"，*Ohio State Law Journal*，Vol.13，No.2（1952），pp.167–177.

一种政策评估方式。在 2000 年，美国民主党和共和党将《有教无类法案》（No Child Left Behind Act）正式推广到全国，而这一法案是始自得克萨斯州和肯塔基州的公共教育领域，经过一系列试验式改革才形成的。此外，在美国的其他一些提供社会公共服务的领域，诸如心理健康、儿童福利、警务等方面的改革，也出现了类似于上述教育领域改革的试验主义。[①]

20 世纪 80 年代中期起，欧盟经历了快速和大规模扩张的 30 年，加上与之并行的全球化浪潮，都对一个庞大如欧盟的共同体的治理提出了严峻的挑战。近几年来，欧盟的试验主义治理成为其治理实践中的一个广受讨论的机制。一大批学者就此展开了广泛而又深入的讨论，这一话题在理论层面不仅涉及治理问题，还涉及代议制民主的适应性、宪政的局限性等问题，而在实践层面，欧洲国家在诸多领域的监管实践也都应用到了试验模式，这些领域包括电信、能源、药品监管、数据隐私、环境保护、职业健康与安全、食品安全、海事安全、铁路安全、金融服务、司法和民政、就业促进、社会融合和养老金制度改革等等。[②] 近年来对医疗等社会政策领域的研究中，也发现了试验机制在实践中的运用。[③] 到现在为止，无论是发达国家、发展中国家还是国际组织，日益将随机控制实验作为重要的政策发展和项目评估工具。例如墨西哥政府曾经聘请哈佛大学研究人员对其庞大的医疗保险、营养

① Craig Volden，"States as Policy Laboratories: Emulating Success in the Children's Health Insurance Program"，*American Journal of Political Science*，Vol.50, No.2（2006），pp.294–312; Charles F. Sabel& Jonathan Zeitlin，"Learning from Difference: The New Architecture of Experimentalist Governance in the EU"，*European Law Journal*，Vol.14, No.3（2008），pp.324–325.

② Charles F. Sabel& Jonathan Zeitlin，"Learning from Difference: The New Architecture of Experimentalist Governance in the EU"，*European Law Journal*，Vol.14, No.3（2008），pp.271–327.

③ Resul Cesur, et al.，"The Value of Socialized Medicine: The Impact of Universal Primary Healthcare Provision on Mortality Rates in Turkey"，*Journal of Public Economics*，Vol.150, No. Supplement C（2017），pp.75–93.

计划进行设计、评估。① 世界银行和世界卫生组织等机构也对其推动的扶贫开发项目采用了随机控制实验作为评估工具。②

二、国家治理模式嬗变的组织学习机制

任何时期的国家，都不仅需要应对大自然的各种风险，还需要面对周围其他国家的竞争。这种生存和竞争的压力迫使这些国家的政府持续不断地在技能和知识方面进行投入以求生存。这些技能和知识在被个人和组织习得后，将逐渐形成影响国家内部组织和个体行为模式的规则和制度。③ 这其中就包括经济学家诺思非常推崇的向实践学习的活动。他认为，组织中的学习在制度变迁中发挥着重要作用。他特别强调组织从实践中学习的模式，将其界定为一个组织通过重复的互动而获得协调的技巧并发展出日常规则的过程。④ 他还提出，竞争迫使组织持续不断地在技能和知识方面进行投入以求得生存和发展；这些技能和知识在被组织或个人学习之后，将形成他们对机会和选择的感知，进而逐渐地改变既有的各种制度或规则。⑤ 实际上，自革命战争年代以来，中国共产党领导的中国国家治理的实践经验就表明，这种组织化的学习也可以分为两大类，一类是各个时期、各个地方的实践，另一类是系统性试验。前者包括本国的政策与制度遗产、本国内部各地区

---

① Gary King, et al., "Public Policy for the Poor? A Randomised Assessment of the Mexican Universal Health Insurance Programme", *Lancet*, Vol.373, No.9673 (2009), pp.1447–1454.

② [美] 班纳吉、[美] 迪弗洛:《贫穷的本质:我们为什么摆脱不了贫穷》，景芳译，中信出版社 2013 年版，第 13—15 页。

③ Douglass Cecil North, "Five Propositions About Institutional Change", in *Explaining Social Institutions*, Jack Knight & Itai Sened (eds.), Ann Arbor: University of Michigan Press, 1995, p.15.

④ Douglass Cecil North, *Institutions*, *Institutional Change and Economic Performance*, p.74.

⑤ Douglass Cecil North, "Five Propositions About Institutional Change", in *Explaining Social Institutions*, Jack Knight & Itai Sened (eds.), Ann Arbor: University of Michigan Press, 1995, p.15.

不同的实践和外国过往与现实的经验教训；后者是指在小范围进行的、旨在发现解决问题有效工具的干预性试验。①

除此之外，鉴于寻求本土化的解决方式存在着诸多的困难，因此，其他国家谋求生存和应对竞争的经验，也可能成为某一国家学习的对象。当然，这种学习可能是迫于正式或非正式的压力，也可能是一种主动性的学习。但至少这种学习模仿外部经验的做法，可以节省人类的行动成本，从而较快地产生出切实可行的制度体系。在一些社会学家看来，通过学习最终形成的制度同构，可以分为强制性同构和模仿性同构。强制性同构可能是一种被动式的学习，因其是迫于正式或非正式的压力；而模仿性同构可视为一种主动性的学习。在模仿性同构机制中，组织模仿行为的发生源自现实世界的不确定性。通过模仿可以节省人类的行动，从而较快地产生出可行的方案。② 模仿行为可能是通过组织中的个人的流转而间接地、无意识地扩散开来，也可能是通过咨询公司和行业协会而直接进行。③ 这类组织之间的学习放大到国家层面就是国家间的学习。

有学者在研究国家与国家之间的制度或政策学习时就发现，决策者们的理性往往是有限的，当他们同时面临需要解决多项问题时，决策者们之间的态度往往是不一致的。对于那些要做长期决策的决策者而言，他们很少做理性的评估，而是得过且过；当问题失去控制时，他们最终才决定直面恶化的局势、全力行动，并实现突破。鉴于寻求本土化的解决方式存在着诸多的困难，决策者们往往愿意接纳外来的输入，并热切希望学习国外的模式和经验。如此一来，就可以解释为什么大量的制度变迁通常会如潮水般一波一波

① 王绍光：《学习机制与适应能力：中国农村合作医疗体制变迁的启示》，《中国社会科学》2008 年第 6 期。

② Richard Michael Cyert& James G. March, *A Behavioral Theory of the Firm*, Englewood Cliffs, N.J.: Prentice Hall, 1963.

③ Paul DiMaggio & Walter W. Powell, "The Iron Cage Revisited: Institutional Isomorphism and Collective Rationality", in *The New Institutionalism in Organizational Analysis*, Walter W. Powell & Paul DiMaggio (eds.), Chicago: University of Chicago Press, 1991, p.69.

地发生。这是因为决策者们解决国内问题的方案是习自国外的理念和模式，因而有很明显的"传染效应"。制度变迁一般不会在一个国家单个发生，而通常会有一个强烈的外部刺激。[①]

最后，从差异中学习的重要性在近年来欧盟国家开展的试验主义治理实践中也受到广泛的重视。欧盟的试验主义治理作为一种目标设定和修改反复迭代的过程，其基础就是学习比较不同备选方案在不同情境下的执行情况。[②] 这种差异不仅体现在不同地区间，还体现在不同时间段的跨时性上，也即通过对先后发生的执行经验进行评估，以便获得学习，从而更为深刻地对初始目标进行反思和再造。[③]

三、国家治理模式嬗变的技术推动机制

第三个机制是运用技术推动组织变革。正如亚当·斯密所说，人类社会之所以能够出现巨大发展，与重大的技术和制度突破是分不开的。技术的进步，不仅可以提高人类社会的生产效率，也可以在被国家政权应用之后，极大地提高国家治理的效率和水平。正如本章第二节所讨论的，现代交通、信息和通信等领域的技术进步对国家治理水平的推动作用，早已被大家所认可。而最近二三十年来，随着网络技术、移动通信技术等的普及，人类社会的国家治理从治理工具、治理形式，再到治理的结果方面，都发生了翻天覆地的变化。但我们依旧可以看到，同处于一个技术时代的不同国家，其治理水平却表现出高低各不同的状况，这其中很重要的一点成因，是没有做到国

---

① Kurt Weyland，"Toward a New Theory of Institutional Change"，*World Politics*，Vol.60，No.2（2008），pp.281–314.

② John Erik Fossum，"Reflections on Experimentalist Governance"，*Regulation & Governance*，Vol.6，No.3（2012），pp.394–400.

③ Malcolm Campbell-Verduyn & Tony Porter，"Experimentalist in European Union and Global Financial Governance: Interactions，Contrasts，and Implications"，*Journal of European Public Policy*，Vol.21，No.3（2014），p.411.

家权力机关对技术的吸纳和国家内部组织的改革之间相互结合。

如果说大多数被国家权力机关所吸纳和运用的技术是迈克尔·曼所谓的集约性技术的话，那么很明显，国家内部的组织改革所形成的新型组织和制度形式则可视为延展性的技术。人类社会自从前现代发展到现当代，我们所面临的治理问题一直都在发生变化，新生的治理任务层出不穷。众多集约性技术的运用虽然可以提高国家治理的能力和水平，但国家内部的组织和制度形式如果故步自封，也无法适应新的治理挑战，更遑论提高治理水平。

有学者通过对发达国家的治理实践的研究表明，部分国家在推进信息技术运用的同时，能够有效地促进组织的变革。这些组织变迁的内容既包括纵向的层级数量日渐减少、横向的部门壁垒日趋瓦解，[1] 也包括官僚制的整体结构向网格化发展等。[2] 当然，也并不是所有国家都能够利用信息和通信技术推动国家内部组织机构的变革。一份对韩国电子政务建设过程的持续研究中发现，韩国的中央政府在实施电子政务的过程中呈现出低层级的职位逐步减少、中层级的管理人员职位数量不断增加的态势。这就说明，行政组织特有的规模、传统文化等因素都可能阻碍政府结构与治理的变革。[3]

基于中国近年来政务信息化的相关研究，也向我们展示了信息技术在推动国家认证知识的"条条集中"与"条块共享"所发挥的巨大作用，从而实现了现代国家治理过程中认证能力的提升。[4] 近年来，中国自中央向地方推进的"放管服"改革措施，致力于"利用先进信息技术提高监管效能"和

---

[1] Orla O'Donnell, et al., "Transformational Aspects of E-Government in Ireland: Issues to Be Addressed", *Electronic Journal of E-Government*, Vol.1, No.1（2003）, pp.23–32.

[2] Christopher Pollitt, "Technological Change: A Central yet Neglected Feature of Public Administration", *NISPAcee Journal of Public Administration and Policy*, Vol.3, No.2（2010）, pp.31–53.

[3] Tobin Im, "Information Technology and Organizational Morphology: The Case of the Korean Central Government", *Public Administration Review*, Vol.71, No.3（2011）, pp.435–443.

[4] 欧树军：《国家基础能力的基础》，中国社会科学出版社2013年版。

"运用大数据优化政府服务和监管"。国家在监管领域的技术化创新又体现为政府内部各类线上监管平台的生成，而这些平台的出现既改变了政府内部的组织架构模式，又重整了政府治理的各项流程。

第四节　国家治理体系和治理能力建设的经验

按照迈克尔·曼的观点，一个国家的政府权力包括经济、政治、军事和意识形态这四个方面。与意识形态和暴力相比，政府对社会（包括市场）以及政府内部的中央对地方的日常管理和协调，才是国家的关键功能；这种管理和协调往往是通过法律以及中央集权的各种机构（如内阁、代议机构等）在制度的约束下实现的。通过回顾过去 2000 多年来人类社会国家治理模式的演进过程，我们可以看到，国家治理体系和治理能力相关的各种制度的建设，不是一蹴而就的，而是经历了长期的、非线性的演进才达到今天的形式和水平。同样地，我们也不能认为相关制度的建设是一个可以毕其功于一役的过程。

一、国家治理模式演进中的权变

影响和决定一个国家治理成效的条件会随着时间的推移而不断变化，那些原本有利的条件可能逐渐不复存在了，而一些不利甚至阻碍的条件或因素会渐次催生。例如，有的人会利用某国已有的治理制度、组织机制为自己或者自己所代表的某一群体谋取特殊的利益，从而使得一个原本运转良好的国家治理体系逐渐走向低效、衰败，甚至崩溃。因此，国家治理的制度体系需要的是不断地调整和适应新的环境，以解决层出不穷的新的治理问题。

二、国家治理模式演进中的方案竞争

进入 21 世纪以来，若干种国家治理的理念或模式，以不同的学说（如芝加哥学派）、改革方案（如休克疗法）甚至是某种类型的意识形态的形式，在全球弥散；但这种理念的危险性在于，它假设存在一种可以追求的、完美的人类社会的组织形式。然而，实际上，人类社会不存在一种完美的组织形式，因为人类本身及其利益和价值观都具有复杂的多样性。[①] 究其原因，我们可以说，当人们对现有的治理体系的无效或无能达成共识时，可能都会萌生改革（或革命）的想法，但是，改革或革命之后如何建设一个新的治理体系，这种共识是很难达成的。因此，我们也要对治理体系和治理能力的变革困难，做好充分的估计。

三、国家治理模式演进的多样性

还需要强调的是，很难有哪一个规律可以适用于所有的社会。社会现实的复杂性，使得我们都不能完全理解所处的现实环境。因此，盲目地寻找普遍适用于所有社会的规律，到头来可能是难以奏效的。[②] 国家治理体系和治理能力是一个复杂的系统，在不同领域、不同维度、不同时期或者不同地区，其建设、发展的演进模式都是不同的。我们既不能固守已有的成功经验而忽视了时空环境的变化，也不能简单地学习借鉴外部单一的模板，而是要具体领域具体分析、具体时期具体应对，因事、因时和因地制宜，努力保持国家在治理体系和治理能力现代化过程中的灵活性和适应性。

---

① ［英］迈克尔·曼：《社会权力的来源·第 4 卷，全球化：1945—2011》，郭忠华等译，上海人民出版社 2016 年版，第 508—509 页。

② ［英］迈克尔·曼：《社会权力的来源·第 1 卷，从开端到 1760 年的权力史》，刘北成等译，上海人民出版社 2016 年版，新版前言。

第五章　国家治理体系论 *

国家治理体系论，旨在研究和分析围绕国家治理体系在经济、政治、文化、社会、生态文明等不同领域所形成的各种体制机制和法律法规安排，主要包括机构组织体系、法律法规体系、权力配置体系、社会参与体系、治理保障体系。努力形成科学、高效、完善的现代国家治理体系，是将制度优势持续转化为治理效能的重要基础。

第一节　机构组织体系

国家机构组织体系是国家机关的总和，是统治阶级为实现其治理意志而建立的具有国家强制力的一整套国家机关体系的总称。机构组织体系作为国家治理体系的重要组成部分，是将制度优势转化为治理效能的实施媒介，也是将治理体系的优越性最终转化为治理能力的有效性的实践载体。国家机构组织体系配置与安排的合理性，是推进国家治理体系现代化的内在要求。

---

* 本章作者为原山东大学驻国务院参事室科研助理、中共中央党校（国家行政学院）党建部张海涛讲师。

一、世界各国治理机构的共同特点

全球范围而言，尽管不同国家基于本国特殊的治理背景与治理需求，所形成的国家治理机构体系各有侧重，但世界各国国家治理机构也呈现出规律性的演变特点，表现为国家治理机构的核心特征具备相通性、国家机构体系的分类标准具有内在的相似性。

（一）全球视野下国家治理机构的一般特征

国家机构是国家为实现其职能而建立起来的一整套国家机关体系的总称。从国家机构的内涵要素来看，世界各国的国家机构均体现出如下特征：

一是国家机构具有鲜明的阶级性。表现为居于国家统治地位的阶级，为了维护本阶级的特定利益，实现本阶级统治的特定使命而建立相应的国家组织。例如，在西方漫长的历史过程中，兴起于18世纪中叶的重农主义思潮逐渐取代了重商主义，强调"自然秩序"的发展模式迎合了资本主义的阶级意志，而统治意志的变迁又直接影响了治理机构的变化，最终诞生了以"人口"为目标的统计学和服务于统计目标的诸多治理机构。①

二是国家机构具有特殊的强制力。不仅其组成部分就包含特定的暴力机关，同时还依靠强大的国家强制力保证国家意志的贯彻。从古代国家"统治"到现代国家"治理"的历史变迁中，具有强制力的国家机构都是必不可少的治理媒介。古代国家限于技术手段，需要借助军事机构延展统治能力。而启蒙运动以来的现代国家治理中，借由强制力保障的官僚制成为最主要的治理媒介，"现代政治共同体的首要因素即是政府对于武装暴力享有垄断性独占权"。

三是国家机构具有严密的系统性。同一层级的不同国家机关、中央和

---

① ［法］米歇尔·福柯：《安全、领土与人口》，钱翰、陈晓径译，上海人民出版社2010年版，第45—73页。

地方之间的上下级国家机关按照一定原则和职权分工，依据不同的活动方式、行使不同职权，并形成一整套具有严密组织性的国家机构体系。这种治理机构的系统性在不同国家的政体中可能表现出不同特点，例如，美国的立法机关、行政机关、司法机关依据三权分立原则在宪法上具有平等地位，英国的"混合权力体制"中则是议会居于最高权力地位，而法国则采用了"以行政权为重点的分权模式"。但无论何种国家机构居于突出位置，不同国家的治理机构整体上均呈现出严密的系统性。

四是国家机构具有建制上的法定性。国家机构的设立和取消，数量上的增加和减少，各个国家机构的职权大小以及机构之间的权责关系，都需要法律上的明确规定。任何国家成立后的首要任务，都是通过本国的宪法，由宪法确立国家机构的建制化。例如，作为世界第一部资产阶级成文宪法，美国1787年宪法通篇在对国家的机构设置和权力安排进行规定，并确立了联邦制、分权与制衡、民主三大原则，而基本权利等内容则通过后续的29条"修正案"予以补充。可以说，国家机构在建制上的法定性，是各国宪法和法律规定的典型特征。

（二）全球视野下国家机构体系的分类标准

从国家机构体系的分类标准而言，世界各国国家机构在划分类型上具有相似性。这种类型设置的共同准则包括国家机构所处地位、国家机构所具有的职能、国家机构的法律地位、地方国家机构的再分类等方面。

根据国家治理机构所处地位的不同，可以分为中央国家机关和地方国家机关，国家权力机关和其他国家机关。例如，德国的行政组织包括联邦、州和地方三级国家机关，法国的行政组织体系包括大区、省、县、选区和乡镇市五级国家机关。而国家权力机关产生并监督其他国家机关，其他国家机关受国家权力机关制约并对其负责。

根据国家治理机构所具有职能的不同，可以分为国家权力机关、国家行政机关、国家监察机关、国家审判机关和国家检察机关。相比于其他国家机关设置的普遍性和相似性，国家监察机关是否具有设置形式上的独立性则存在国家间的差异。总体而言，具有三种代表形式。第一，起源于瑞典的国会监察专员模式，[①] 该模式下的监察机关均隶属于国会之下；第二，行政监察模式，该模式下的监察机关隶属于行政系统，但又区别和独立于其他国家机关，例如我国香港特别行政区的廉政公署、日本的行政监察部门；第三，独立监察模式，该模式下的监察机关是具有独立地位的国家机关，如以色列的审计长兼监察专员。[②] 我国的监察机关具有相对的独立性，但由全国人民代表大会产生，对全国人民代表大会负责并接受其监督。

根据中央和地方关系的划分、地方国家机构所享有的自治权限的不同，地方国家机构又可以分为一般地方国家机关、民主区域自治地方的自治机关、高度自治行政区的国家机关。就地方自治而言，英国是公认的"地方自治母国"，其可以追溯到盎格鲁—撒克逊时代，苏格兰、威尔士和北爱尔兰地区的地方政府事务主要由各地区的地方机关负责。而享有高度自治行政权的国家机关，典型的如西班牙的加泰罗尼亚地区、我国的香港和澳门特别行政区，这些地区的国家机关的权力来源、法律地位和对外事务等方面都不同于通常的"一级行政区"，形成与所在国家中央机关的新型特殊关系。

根据是否具有独立的法律地位，又可以分为具有法律地位的国家机关和派出机关。这一类不具备法律地位的派出机关，例如美国的"独立机构"，即为完成政府专业管理和专门任务而设立的行政机构，主要受立法机关委托而履行准立法和准司法的职能。而在我国，主要是指行政公署、区公所和街道办事处，其不具有独立的地位，不由国家权力机关产生，其本质是受某级人民政府委派代表该级人民政府进行行政管理的机构。

---

① 叶青、王小光：《域外监察制度发展评述》，《法律科学（西北政法大学学报）》2017 年第 6 期。

② 雷磊、刘雪利：《国家监察机关的设置模式：基于"独立性"的比较研究》，《北京行政学院学报》2017 年第 6 期。

二、我国国家治理机构的演变特点

不同时期的国家机构体系服务于特定阶段的国家治理需求，因而呈现出阶段性的国家机构演变特征。总体而言，我国的国家机构演变趋势呈现为五个阶段：新中国成立初期的国家机构体系、1954 年宪法规定的国家机构体系、1975 年宪法规定的国家机构体系、1978 年宪法规定的国家机构体系、1982 年宪法规定的国家机构体系。

建国初期的国家机构体系，服务于巩固新生政权、维持社会秩序、完成统一事业的国家治理目标。建国初期，军事行动尚未结束，土地改革尚未完成，人民群众也未全面组织起来，因此这一阶段不具备在普选的基础上召开人民代表大会的条件，也不具备由人民代表大会选举产生其他国家机关的基础。作为新中国第一部宪法性文件，《中国人民政治协商会议共同纲领》针对该阶段的时代背景，规定了中央和地方的国家机构体系。在中央层面，在普选的全国人民代表大会召开以前，由中国人民政治协商会议全体会议执行全国人大职权，选举中央人民政府，并赋之以行使国家权力的职权。在地方层面，由成立的军事管制委员会和地方人民政府行使国家权力，并召开地方各界人民代表会议，逐步代行人民代表大会职权。这一阶段，为服务于特殊的国家治理需求，以整合国家力量稳定新生政权、夺取全国军事行动的最终胜利为目标，因而国家机构体系也呈现出合理性欠缺与正当性不足等问题。

1954 年宪法规定的国家机构体系，服务于完成社会主义国家建构的国家治理目标。[①]1954 年宪法不是对《中国人民政治协商会议共同纲领》的简单复写，而是承担着实现国家建构的新使命，即变革经济基础、巩固政治基础和统一意识形态，相应的也就伴随着国家机构体系的调整与完善。这主要体现在：(1) 全国人民代表大会和地方人民代表大会均已召开；(2) 全国人民代表大会常务委员会成为全国人大的常设机关；(3) 中华人民共和国

---

① 于文豪：《"五四宪法"基本权利的国家建构功能》，《环球法律评论》2015 年第 2 期。

主席在宪法上作为独立的国家机关；（4）国务院作为中央人民政府；（5）不再保留人民革命军事委员会，由中华人民共和国主席担任国防委员会主席；（6）人民检察署更名为人民检察院；（7）撤销大行政区，中央人民政府不再有派出机关。

1975年宪法规定的国家机构体系，受到"文化大革命"的影响，国家治理体系遭到一定程度的破坏。相比于1954宪法所规定的国家机构体系，这一阶段取消了国家主席的设置，确认各级革命委员会是地方各级人民政府，取消了乡的建制和检察机关的设置。总体而言，国家机构体系的完整性和国家职能机关分工的合理性均出现不同程度的倒退。

1978年宪法规定的国家机构体系，虽然较之于1975年宪法规定的国家机构体系有所完善，但仍然保留了部分不利于提升国家治理能力和补强国家治理体系的规定。主要表现在，仍然不设国家主席，仍然肯定"地方各级革命委员会即地方各级人民政府"（第五届人大二次会议对此作出修改，将"地方各级革命委员会"改为"地方各级人民政府"），乡的建制仍然未能恢复。

1982年宪法规定的国家机构体系，面对改革开放以来的国家治理需求，做出了一系列有针对性的、民主法治方面的调整。主要表现为：（1）各级人民代表大会工作的制度化和规范化；（2）强化全国人大常委会的地位和作用；（3）实现选举制度的民主化；（4）国家行政机关实行行政首长负责制；（5）恢复国家主席的设置；（6）增设中央军事委员会；（7）恢复乡的建制。总体而言，1982年宪法所规定的国家机构体系，是在恢复1954年宪法规定的国家机构体系的基础上，全面总结和吸收过去机构体系设置的经验教训，适应特定时期国家治理需求的新变化。

三、不断深化国家机构组织体系改革

总体来看，国家治理体系和治理能力是一个国家制度和制度执行力的集中体现，其现代化水平与本国机构组织的设置密切相关。①只有不断深化国家机构组织体系改革，才能推动新时代机构职能体系的重构，进而推进国家治理体系现代化去除体制机制障碍，并为加快国家转型发展、防范社会风险、应对危机挑战提供重要保障。

因此，为完善国家治理体系和提升国家治理能力，应当注重推进国家机构组织体系的优化与改革。首先，针对当前国家治理现代化的现实需求，应注重机构改革的顶层设计，迎合新时代国家治理的总目标。其次，善于瞄准国家机构改革的着力点，强调优化政府机构设置与职能配置的重要性，以此不断促进制度优势向治理效能的高效转化。再次，在国家机构组织体系的优化与改革过程中，应当始终坚持以合法性为推进机构职能体系改革的衡量标尺，以正当性与合理性为机构改革成效的判断标准，统筹国家机构职能体系，降低国家机构运行成本，不断丰富和完善国家治理体系。

回归中国本土视角，着眼于党和国家机构改革的未来发展，我们则需更加注重法治化建设，突出机构改革的治理效能。既要全面完善机构组织法的相关规定，将机构改革纳入法治调控范围，又要坚持依规治党与依法治国相结合，借力于党内法规与国家法律的双管齐下，实现机构改革过程中的法治国家、法治政党、法治社会的一体化建设。更为重要的是，应当善于从宪法这一"最高法"层面为党和国家机构改革提供根本保障，提升机构改革的法治站位，推高国家治理体系的现代化水平。

第二节　法律法规体系

法律是治国之重器，良法是善治之前提。国家治理体系和治理能力现

---

① 袁维海：《深化党和国家机构改革的理论逻辑和实践创新》，《行政管理改革》2019年第9期。

代化的重要标准首先是国家治理的法治化。党的十九届四中全会指出,建设中国特色社会主义法治体系、建设社会主义法治国家,是坚持和发展中国特色社会主义的内在要求。国家治理体系的现代化离不开国家宪法和法律资源的制度供给。国家宪法和法律的健全与完善,是推进国家治理体系现代化的必然要求。

一、国家治理的宪法体系

宪法是国家治理体系的重要组成部分,为国家治理能力的不断提升和国家治理目标的最终实现提供了"根本法"的规范依据和"最高法"的效力保障。国家治理的宪法体系包括宪法规范体系、宪法实施体系、宪法监督体系。

(一)宪法规范体系

宪法规范体系,是指通过我国现行宪法所规定的,调整国家最基本、最重要的社会关系的各类规范条文的总和。宪法规范不仅为国家治理提供了"根本大法"的行动依据,也限定了国家治理合乎宪法的行为边界。一方面,宪法通过规定公民的基本权利和基本义务,为全体公民确立了一套符合国家建构目标的行为模式,基本权利表明了公民"可以做什么",基本义务限定了公民"必须做什么",[①]同时根据"国家尊重和保障人权"的宪法规定,也明确了国家机构在实现治理目标时所遵守的合宪性标准;另一方面,宪法以文本的形式限定了国家机构的权力责任,也就是国家机关权力边界("可以做什么")与责任边界("应当做什么"),以及不同国家机构之间的相互关系,以此明确国家机构的治理责任。总体而言,宪法规范体系是国家治理的最高行动指南,是国家治理体系最根本的行动依据。

(二)宪法实施体系

宪法实施体系,是指将宪法文本在现实生活中贯彻落实的制度机制,

---

① 姜秉曦:《我国宪法中公民基本义务的规范分析》,《法学评论》2018 年第 2 期。

包括各级人民代表大会及其常委会等立法机关根据宪法进行立法，国家行政机关对宪法的执行，法院、检察院对宪法的适用，以及社会组织和个人对宪法的遵守。因此，宪法实施体系主要包括宪法的执行、适用及遵守。

宪法执行，能够确保国家治理依宪而行。宪法的执行通常是指国家代议机关和国家行政机关对宪法内容的贯彻落实。国家治理需要立法机关提供具体法律依据，也需要行政机关具体实践国家治理行动，这就要求这些机构在活动方式和活动程序上必须严格执行宪法的规定。

宪法适用，能够确保国家治理公平公正。宪法的适用通常是指司法机关在司法活动中对宪法的援引适用。尽管宪法能否作为司法机关的裁判依据在理论和实践上存在争议，但对宪法的援引适用，不仅能够树立宪法权威，还有助于提升司法行动的公正公平，这是毋庸置疑的。[①]

宪法遵守，能够确保国家治理有效落实。宪法的遵守，通常是指一切国家机关、社会组织和公民个人严格按照宪法的要求从事各种活动。国家治理的核心是依法治国，依法治国首先是依宪治国，而依宪治国的最终目标是形成全社会对宪法权威的敬畏和对宪法规范的遵守。只有形成遵守宪法的社会氛围，才能提升国家治理的行动效率和实践效能。

（三）宪法监督体系

宪法监督体系，是指专门国家机关对宪法实施进行监督的制度，即对法律、行政法规和地方性法规等规范性文件和特定主体行为是否符合宪法进行审查并作出处理的制度机制。党的十九大报告提出："加强宪法实施和监督，推进合宪性审查工作，维护宪法权威。"在我国，宪法监督的主要方式是合宪性审查制度，即审查上述规范性文件和特定主体行为的合宪性，以此维护国家法制的统一、规范，约束国家公权力，保障公民的基本权利。而根据现行宪法第六十七条的规定，负责监督宪法实施的专门机构是全国

---

① 冯健鹏：《我国司法判决中的宪法援引及其功能——基于已公开判决文书的实证研究》，《法学研究》2017年第3期。

人大常委会，即"解释宪法，监督宪法的实施"，具体则由全国人大宪法和法律委员会负责，即"推动宪法实施、开展宪法解释、推进合宪性审查、加强宪法监督、配合宪法宣传"。只有确保以合宪性审查为主体的宪法监督得到贯彻落实，才能够保证国家治理始终处于合宪、有序、高效的运行轨道之上。

二、国家治理的法律体系

国家治理体系的现代化建设，需要法律体系乃至法治系统的制度供给。国家治理的法律制度资源包含三个层次，立法体系是国家治理体系现代化的法治依据，执法体系是国家治理体系现代化的法治实施，司法体系是国家治理体系现代化的法治保障。

（一）国家治理的立法体系

国家治理的立法体系，是指由国家制定并依靠国家强制力保证实施的法律规范文件的系统化建构。"立善法于天下，则天下治；立善法于一国，则一国治。"国家立法体系的完善与否，直接决定了国家治理有无能够"援法而治"的制度资源。国家治理的立法体系主要包括法的制定、法的修改和法的废止，每一环节都要遵守法定步骤和程序。

法的制定，是从法律草案到正式出台法律的立法阶段，包括提出法案、审议法案、表决并通过法案和正式公布法律文件等环节。只有严格遵守法的制定环节和程序，才能确保国家法律的立规质量，创造出不同领域、不同种类、不同内容的法律规则体系，这也决定了"依法而治"和"依规而治"的国家治理水平。如果法的制定良莠不齐，法律之治和国家治理都将成为无源之水、无本之木。

法的修改，是享有立法权的国家机关为适应社会发展需求和调整社会关系而对现行法律规范进行变动修改的法律活动。法的修改与国家治理是相互对应的关系，对于难以迎合或明显悖于国家治理需求的法律规范文件，应当及时做出调整和修改，否则将影响国家治理目标的实现。

法的废止，是享有立法权的国家机关依据法定程序和方式宣布终止特定法律规范文件的法律行为。法律废止，一般是因为"特定法律针对某一情况而制定，情况消失则文件应被废除"，或者是基于"新法制定，取代旧法"的情形。而国家治理目标和治理方式是根据社会现实需要而不断地与时俱进，所以国家的立法行为也应当服务于国家治理的实际需求。通过法律废止，能够及时筛除有碍推进国家治理的法律规范，不断调整和完善国家治理体系。

总而言之，立法本质是人民意志的集中表达，在民主立法和科学立法的目标指引下，党的意志、国家意志与人民意志不断凝聚，逐渐形成可预期、被认同、可遵守的共同意识，国家治理行动因此具备了值得依靠的制度依据。可以说，立法过程凝聚和整合了不同民族、不同地域、不同宗教信仰的群体，实现了有效且合理的政治整合，为国家治理行动提供了规则依据。

（二）国家治理的执法体系

国家治理的执法体系，是指具有不同职权的国家行政机关或行政机关授权的执法组织，为实施法律而形成的相互配合、相互分工的有机整体。法律的生命力在于执行，法律的权威在于实施。行政执法既是国家行政权力的运行过程，也是践行法治、落实法律规则的主要环节，更是国家治理的核心施展场域。国家治理的执法体系主要包括行政机关的执法、法律授权的社会组织的执法、行政委托的社会组织的执法。

行政机关的执法，是根据宪法和法律的规定，政府或政府工作部门执行法律和适用法律的国家行为。国家治理的常规行动都需要借助行政机关的执法活动予以实现，包括国家治理的政策落实、行动开展、违法问责等等。

法律授权的社会组织的执法，是根据法律的具体授权而行使特定职能的社会组织，被允许在一定范围内执行法律。例如，律师协会、体育协会等，往往依据法律授权而执行特定法律，并管理本领域范围内的行政事务。

这种执法方式扩大了行政执法的能力范围，提升了国家治理的效能。

行政委托的社会组织的执法，是行政机关依法将特定事务委托给其他机关、工作人员或者其他组织、个人办理的行为。例如，根据《行政处罚法》第十八条和第十九条的规定，行政机关根据法律规定，可以在其法定权限内将行政处罚权委托给"依法成立的管理公共事务的事业组织"行使。国家治理涉及社会发展的方方面面，受限于治理手段和治理方式的局限性，行政机关往往存在治理范围上的缺陷，因而需要通过公私合作治理和行政委托的路径，借助社会力量补足国家治理能力的短板。

对国家治理能力和治理效果的良莠评估，很大程度上需要对行政执法活动进行评判。在国家治理和法治建构的过程中，需要坚持依法行政，提高行政执法的规范化，不断加强法治政府建设，这对于完善法治体系和国家治理体系都具有重要意义。

（三）国家治理的司法体系

国家治理的司法体系，是指由宪法所规定的享有国家司法权并依法处理案件的专门组织所构成的有机系统。就我国的司法实践而言，司法体系主要由审判系统和检察系统组成。

以审判权为核心的司法裁判，是国家治理过程中定纷止争的纠偏机制。司法裁判的实践对于国家治理活动具有两方面的助力：一方面，司法是现代社会秩序建构的制度基础，基于司法现象的普遍性，裁判诉讼就成为民众寻求公平正义的最后救济途径；另一方面，司法又成为国家进行社会控制的法治工具，司法裁判成为社会有序状态和无序状态之间的控制器，有助于实现社会的有效整合。

以检察权为核心的法律监督，是确保国家和社会公共安全、保护人民并惩罚犯罪的主要方式。检察权在性质上属于法律监督权，检察机关是宪法上规定的法律监督机关。法律监督是对法律实施中严重违反国家法律的情况所进行的监督，其中最核心的是对法律遵守的监督，即对严重违反法律以致构成犯罪的行为进行公诉。检察权的行使确保了国家治理的稳定有序，有力打击了扰乱国家治理秩序的违法犯罪活动。

总的来看，以审判权和检察权为核心的司法体系是法治运转的支撑性环节，也是公众反馈对国家治理满意度的主要途径。司法体系的有序运转，为国家治理提供了"矫正性"的制度资源，确保国家治理能够沿着法治轨道正确开展，并不断审视治理行为本身的有效性和适当性。

第三节　权力配置体系

国家权力配置的合理与有效，是推进国家治理体系现代化的基本要求。从动态视角而言，国家治理体系是由国家权力配置、国家权力运行和国家权力监督等环节所构成的权力之治。国家权力配置，包括横向维度的配置体系和纵向维度的配置体系。此外，我国国家权力配置结构中蕴含着法定权力与实际权力的运行差异，且在横向配置上与西方国家存在模式区别。

一、横向权力配置与纵向权力配置

国家权力的横向配置体系，是指不同类型的国家机关所享有权力的结构形式，在我国主要是立法权、行政权、监察权和司法权的权力配置。我国宪法第三条第（二）款和第（三）款规定了国家权力的横向配置，即"全国人民代表大会和地方各级人民代表大会都由民主选举产生，对人民负责，受人民监督。国家行政机关、监察机关、审判机关、检察机关都由人民代表大会产生，对它负责，受它监督"。总体而言，全国人民代表大会和地方各级人民代表大会行使国家立法权，国家行政机关和地方各级行政机关行使国家行政权，国家监察委员会和地方各级监察委员会行使国家监察权，最高人民法院和地方各级人民法院行使国家审判权，最高人民检察院和地方各级人民检察院行使国家检察权。国家权力的横向分配，类型化设置了国家治理的权力运行单元，决定了国家治理的权力运作图景。[①]

国家权力的纵向配置体系，是指国家权力在中央和地方两个层面的配置。我国宪法第三条第（四）款规定了国家权力的纵向配置，即"中央和地方的国家机构职权的划分，遵循在中央的统一领导下，充分发挥地方的主动性、积极性的原则"。不同于联邦制国家中联邦成员共享国家主权，我国作为单一制国家，中央是唯一的主权性权力单位，地方政权均受中央的统一领导，地方不享有主权性权力。地方各行政单位或自治单位所拥有的权力都是由中央以宪法和法律规定的形式所赋予的。国家权力的纵向分配，层级化设置了国家治理的权力运行格局，理顺了国家治理的上下关系。[②]

二、法定权力配置与实际权力配置

国家治理过程中的权力运行状态存在法定权力和实际权力的区分。法定权力是宪法和法律所明确规定的国家权力配置结构，实际权力则是指在国家治理中起到决定性作用的调控能力。在西方国家中，国家治理的基本架构趋于稳定，而政党的兴衰、轮替、沉浮和进退，致使政党成为国家治理中的不稳定因素和显著变量。相比于此，在我国则恰恰是以政党的稳定来维持国家治理的稳定秩序，作为执政党和领导党的中国共产党具备和拥有国家治理中的实际权力。

不同于立法权、行政权、监察权、司法权等通过宪法的规定配置给了国家权力机关、行政机关、监察机关和司法机关，中国共产党的实际权力则是通过政治运作而展现的。中国的国家权力配置是结合了议行合一与民主集中制两大原则，强调人民代表大会作为代议机关，相对于其他国家机关的最高权威，但是人民代表大会的立法工作也是在中国共产党的领导下所开展

---

① 林彦：《国家权力的横向配置结构》，《法学家》2018 年第 5 期。

② 郑毅：《论我国宪法文本中的"中央"和"地方"——基于我国〈宪法〉第 3 条第 4 款的考察》，《政治与法律》2020 年第 6 期。

的。由此形成的"党领导立法工作"和"人大主导立法"的实际权力运行机制，确保了中国共产党的领导意志能够通过法定程序上升为国家意志，并通过"人民主权原则"设置国家权力机构代表人民行使国家权力，最终将党的大政方针和执政政策以法律的形式予以落实并贯彻在国家治理的方方面面。

三、议行合一模式与权力分立模式

我国国家权力配置的核心是中国共产党领导下的议行合一制度。中国共产党作为执政党，对国家治理进行全面领导，由作为国家权力机关的全国人大和地方人大行使立法权，产生国家的行政机关、监察机关、司法机关，后者对人大负责并受其监督。对此，应当清楚认识到与西方国家权力分立模式的差异。①

议行合一，是指拥有决定国家重大事务权力的机关有权阻止其他国家机关执行其决定的制度，往往被直观理解为国家权力机关统一行使立法权和行政权的制度，其是社会主义国家普遍采用的权力配置形式。我国的权力配置结构并非采取简单的议行合一原则，而是将议行合一与民主集中制相结合加以理解。② 在我国，虽然坚持和承认议行合一的权力配置原则，但并不否定权力机关之间的合理分工，议行合一并非意味着就是"议行一体"，而是强调国家权力机关的最高地位，由全国人大统一行使国家最高权力，在人大制度之下则是行政机关、监察机关、审判机关、检察机关的合理适当分工。需要明确的是，议行合一原则彰显了社会主义国家宪法在权力配置上的特殊性，即强调人民代表机关的最高权威和对西方分权原则的明确否定。

相对于议行合一原则，资本主义国家主要采取的是权力分立原则。权力分立，主要是指立法权、行政权、司法权之间的彼此分立与互相制衡。例

---

① 杜强强：《议行合一与我国国家权力配置的原则》，《法学家》2019 年第 1 期。

② 李忠夏：《合宪性审查制度的中国道路与功能展开》，《法学研究》2019 年第 6 期。

如，在美国的权力配置模式中，立法权属于代表民意的国会，行政权归属于总统，司法权则属于最高法院。总统任命最高法院的联邦法官，并可以否决国会通过的法律。国会拥有专属的立法权，并可以弹劾总统，同时总统任命的司法官员必须经国会确认。最高法院既可以宣布总统违宪，也可以宣布国会通过的法律违宪。但是，权力分立原则难以真正实现权力之间的制衡，存在相互拆台、议而不决、决而不行等权力分散和难以形成合力等问题。

第四节　社会参与体系

构建合理有效的社会参与体系，是实现国家治理体系现代化的重要因素。国家治理实践的整体有序、贯彻畅通和行动高效，需借力于以公众为核心的社会参与，通过决策、评估、调查、监督和参与社会治理等一系列公共活动，最大限度地释放国家治理效能、彰显国家治理能力和丰富国家治理体系。毋庸置疑，建立社会参与机制，保障公民和各类社会组织平等参与社会治理的权利，人民才有进行社会建设的热情，其创造性才能得以发挥，社会活力才能展现。[①] 因而，社会参与体系是国家治理体系不可或缺的重要组成。

一、参与决策

社会参与决策，是指公民和各类社会组织在公权力机关形成决策的过程中，积极建言献策、多方提出意见，最终实现决策过程的民主化、公开化、科学化。参与决策的途径与方式具有多元性，比如社会听证制度、专家咨询制度、社会公示制度和社情民意反映制度。社会力量参与公共和行政决

---

① 江必新、李沫：《论社会治理创新》，《新疆师范大学学报（哲学社会科学版）》2014年第2期。

策，本质是一种社会智识的有益发掘，有助于集中群众智慧、提高决策质量和防范决策失误，继而优化国家治理实践的顶层设计，提升国家治理的决策水平。

二、参与评估

社会参与评估，是指公民和各类社会组织参与针对公共政策的评估过程，包括事前政策分析、政策维持、政策监测与事后政策评估。政策运行是多主体利益博弈的过程，政策实施的效果和反响如何，不应由政府单一主体来评估，必须通过多种主体共同参与，形成政策评估网络。[①] 而公民和各类社会组织即是参与政策评估的重要目标群体，这不仅有利于动员社会力量的参与资源，充分激发社会力量的公共参与热情，还可以为公共政策的评估运行创造更为优良的政治生态环境，从而有效评估审视不同阶段的国家治理实践活动。

三、参与调查

社会参与调查，是以公民和各类社会组织为主体的、意在掌握和了解特定社会现象的实践活动。这不仅包括公民和各类社会组织作为社会调查参与主体，通过公私协力或公私合作的方式，[②] 积极加入并推动公权力机关开展社会调查工作，实现新时代行政民营化的重要转型；同时，社会参与调查也包括公民与各类社会组织作为被调查对象，成为社会调查工作所要考虑、了解和分析的社会现象，这意味着公民和各类社会组织需要积极配合公权力机关所开展的社会调查工作。社会参与调查是掌握国家动态、摸清社会情

---

①　董幼鸿：《论公民参与地方政府政策评估制度建设——以政策网络理论为视角》，《上海行政学院学报》2009 年第 4 期。

②　章志远：《迈向公私合作型行政法》，《法学研究》2019 年第 2 期。

况、决定治理方向的准备性工作，社会参与调查不仅直接决定着作为社会力量的公民和各类社会组织如何进入到国家治理行动之中，更是间接影响了国家治理的治理效能。

四、参与监督

社会参与监督，是指公民和各类社会组织依据宪法和法律所赋予的权利，针对公权力机关所实施的监督行为，主要包括公众监督和舆论监督两种形式。社会力量参与监督往往具有非国家权力性，同时监督效果又取决于国家的民主化水平和社会力量的民主法治意识，因而社会监督旨在防范公权力不当行使，倒逼公权力机关依法行政，提升国家治理的社会透明度。从治理效能而言，社会力量参与监督可以有效地提升国家治理的行动效率、优化国家治理的实施结构、激发国家治理的行动潜能，最终服务于国家治理能力和治理体系的现代化过程。

五、参与社会治理

公民和各类组织参与社会治理，是指政府、社会组织、企事业单位、社区以及个人等多主体通过平等的合作、对话、协商、沟通等方式，依法依规对社会事务进行引导和规范，以期实现公共利益最大化的过程。"社会治理"，也即"治理社会"。着眼于域外社会治理实践，主张多中心治理的治理理论得到西方现代社会的广泛认可，"小政府、大社会"现代社会治理模式改革在世界范围内广泛实践，[①] 以公民和各类社会组织为参与主体的社会治理模式成为社会多元发展的内生动力，显著提升了国家治理的社会效果。

新加坡在城市管理中设立"市镇理事会"，是推动公民参与社会治理和

---

① 陶秀丽：《"国家在场"的社会治理：理念反思与现实观照》，《学习与实践》2019 年第 9 期。

城市管理的典型做法。市镇理事会每两个月召开一次理事会会议，理事与居民共同商讨城市管理中的具体问题，这极大地激发了公民参与社会治理的热情与积极性，同时也更加符合新时代民主治理的内在要求，有助于法治国家、法治政府、法治社会的一体建设。

不可否认，以公民和社会组织参与为标志的社会治理概念正逐步取代社会管理，社会组织参与不仅可以改造传统的社会管理方式，还能够产生实实在在的社会效果。[①]

第五节　治理保障体系

国家治理行动的高效实践和有效落实，依赖于配套完善、结构多元、内外结合的国家治理保障体系。相比于机构组织体系、法律法规体系、权力配置体系和社会参与体系为国家治理行动提供了制度规范依据与具体实践路径，治理保障体系则侧重于确保国家治理效果的转化与兑现。不可否认，治理保障体系从财力保障、人力资源保障、技术支撑、国际合作等多方面，为国家治理行动起到了保驾护航的积极作用，成为国家治理体系的重要组成部分。

一、财力保障

财力保障是国家治理的基础和重要支柱。建构有效精准的财政制度是确保国家治理顺利开展的前提条件。国家治理的核心主体是以政府为主的公权力机关，而财政制度体系则是政府履行公共职能的基础所在。缺少基本的财政支出拨付，没有常规的财政收入筹措，政府职能履行就成为无源之水、

---

① 吴晓林:《"社会治理社会化"论纲——超越技术逻辑的政治发展战略》,《行政论坛》2018 年第 6 期。

无本之木，国家治理的具体实践也无从谈起。纵观世界各国公权力机关的政府职能履行，往往是围绕"事权"与"财权"而开展工作，前者是行政事务，后者是财政事务。从国家治理的一般经验而言，只有厘清了公权力机关的事权与财权、明确了政府职能的支出责任与财力配置，国家治理的具体实践活动才能运行顺畅。因此，深化财税体制改革、建构现代财政制度、提供充足财力保障，无疑都深刻影响着国家治理体系的健全与完善。

二、人力资源保障

国家治理行动的具体实践需要借助官僚体系中的职业人员，尤其是公务员体系对国家治理目标的贯彻执行。正如有学者所言，"在推进国家治理现代化的过程中，公务员体系的人力资源素质起到了举足轻重的作用。"[1]以公务员群体为核心的人力资源制度，主要通过两类主体保障国家治理行动的有序运行：第一，领导干部群体宏观引领国家治理的顶层设计，绘制国家治理的大政方针与行动方向；第二，基层公务员群体具体执行国家治理的行动计划，兑现国家治理的具体实践要求，承担落实国家治理的实际工作。此外，国家治理涉及方方面面，除了政治领域官僚系统中的公务员队伍，还需要依靠经济领域的商事职业群体、专业技术领域的高精尖人才、社会公共领域的社会大众。只有坚持塑造"天下英才聚神州、万类霜天竞自由"的多元主体创新局面，才能真正发挥全社会人力资源对国家治理的保障作用。

三、技术支撑

技术支撑赋能新时代国家治理，[2]通过科技创新可以将国家治理的制度

---

① 田蕴祥：《国家治理现代化进程中公务员体系人力资源管理改革路径探析——OECD 国家的经验与启示》，《暨南学报（哲学社会科学版）》2018 年第 3 期。

② 邹东升：《科技支撑赋能新时代社会治理》，《国家治理周刊》2019 年第 41 期。

优势更好地转化为社会治理效能的目标现实。伴随云计算、大数据、物联网、移动信息技术、人工智能等所带来的技术革命，数据、信息、算法等新兴技术成为新时代国家治理的核心竞争力，而国家治理的现实需求和制度模式也因应这种信息化的潮流趋势与时俱进。在科技创新不断赋能国家治理的过程中，技术因素在优化信息平台、增强执行力、提升治理效能和维护安全稳定等方面，不断显现出对现代国家治理的重要保障意义。此外，在充分挖掘与发挥技术优势对于国家治理的支撑作用的同时，也不应忽视技术风险对当前国家治理所提出的安全挑战，只有正确认识技术优势的利弊良莠、对科技发展保持必要的伦理审慎，才能最大限度地释放技术支撑对国家治理的保障作用。

四、国际合作

通过互利友好的国际合作关系，不仅可以为国家治理提供可资借鉴的域外经验，同时还会提升国家治理效能的全球影响力。在习近平新时代中国特色社会主义思想的引领和指导下，在坚持总体国家安全观的前提基础上，我们坚持积极构建人类命运共同体，不断倡议"一带一路"国际合作，努力打造共建共治共享的社会治理模式，致力于形成全面开放的新格局，这为新时期我国国家治理行动的开展提供了明确的国际合作方向指引。不可否认，一个国家的治理体系并非因循既有制度体系下的安常守故，也非纯粹封闭性的对内治理，开放包容性必然是一套成熟的国家治理体系的内在品格和显著特征，通过开展国际合作为国家治理提供多元化的制度资源也是国家治理体系现代化的题中应有之义。

第六章 国家治理工具论 *

国家治理体系与治理能力现代化的实现，需要灵活、多样、系统的国家治理工具加以保障。在这一过程中，国家治理工具的扩容、调整与革新，对于提高国家治理效能而言至关重要。因此，本章将立足于国家治理工具的内涵范畴问题，围绕其内容设置、主要功能等具体命题进行探讨，从而对国家治理工具的设置状态及其演进趋势展开分析。

第一节 国家治理工具的内涵厘定与内容设置

出于对更高国家治理效能的不懈追求，现代国家通常会针对不同的内外部环境，灵活运用多种治理工具。在治理实践中，不同类型、不同内容的治理工具，已成为推动治理现代化的重要手段依托。

一、国家治理工具的内涵厘定

从治理的发展史来看，人类社会对于国家治理工具的运用实践要远远早于对其理论概念的探索。因此，明确国家治理工具的概念内涵，既需要立

---

* 本章作者为山东大学驻国务院参事室科研助理、山东大学政治学与公共管理学院在读博士于棋。

足于"国家治理"的基本理念，又需要把握其内在的工具属性。

（一）从"政府治理"到"国家治理"的概念外延

国家治理工具是国家治理概念外延的产物，没有国家治理理念的提出，科学意义上的国家治理工具便无从谈起。在我国现代国家制度的建设早期，为加快各类制度规制构建速度、更早实现社会主义制度"从无到有"的历史跨越，党和政府更多地将关注点聚焦于政府内部的制度建构命题。因此，在明确提出"国家治理"理念之前，我国较多地强调"政府管理"或"政府治理"，这是基于传统绩效观之下的政策理念，符合当时公共事务管理实践的基本要求。与此同时，随着我国市场经济体制的日益完善与社会组织参与能力的显著增强，"社会治理"同样成为治国理政领域中的重要命题之一[①]。

党的十八届三中全会正式提出："完善和发展中国特色社会主义制度、推进国家治理体系和治理能力现代化，是全面深化改革的总目标。"[②]这一论断的重大历史意义之一在于，进一步完善了"治理"尤其是"国家治理"的理念内涵。以此为标志，"治理"的概念在我国政策实践领域得到极大外延，从单纯的"政府治理""社会治理"等分散领域上升为"国家治理"这一综合概念。从这一角度分析，国家治理体系和治理能力现代化的提出，既是对我国在政府内部建设、社会治理等领域既有经验成果的总结，又是国家治理概念的重要理论突破。党的十九届四中全会又进一步提出："把中国制度优势更好转化为国家治理效能"。这一重要论断，从本质上明确了我国践行国家治理理念的最终实践指向，即：要追求更好的国家治理效能。由既有的治国理政经验得知，实现治理效能的更好"落地"，依赖于更科学、更完善、更灵活的政策手段。因而在这一趋势下，准确理解国家治理的方法手段——国家治理工具则显得尤为重要。

---

① 姜晓萍：《国家治理现代化进程中的社会治理体制创新》，《中国行政管理》2014 年第 2 期。
② 《中国共产党第十八届中央委员会第三次全体会议公报》，新华网，2013 年 11 月 12 日，见 http://www.xinhuanet.com//politics/2013-11/12/c_118113455.htm。

（二）国家治理工具的内涵界定

何为国家治理？其是以治国理政为表现形式，以良性治理效能为目标的公共管理活动。国家治理工具的使用，是在特定治理环境下以追求更好治理效能为根本出发点的。基于这一逻辑，工具属性应是理解国家治理工具的根本特质，但不同治理环境、治理活动与治理目标等要素下的治理工具会呈现出差异化特征。因此，本部分对于"国家治理工具"的内涵界定，是将其放置于"环境—活动—目标"的分析框架下加以理解的（如图1所示）。

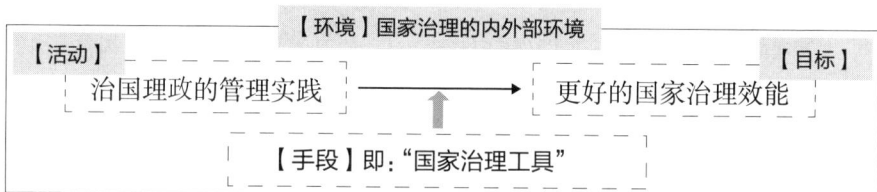

图1 "环境—活动—目标"的分析框架下的国家治理工具

在上述分析框架之中，主要涉及"环境""活动""目标"等要素。其中，"环境"是指国家治理的内外部环境，尤其是强调宏观架构层面的制度设定；"活动"是治国理政的具体管理实践，主要包括以党和政府为主体的施政行为；"目标"是治国理政的最终目标，即：更好的国家治理效能。一般而言，管理实践的开展常常依靠各类手段工具加以落实，从而带来一定的治理效能。回归到治国理政这一宏大命题，在需要达成的特定治理目标（即：不同程度的治理效能）与国家所肩负的管理职能之间，需要一定媒介手段加以落实，这一工具性角色便可被视为国家治理工具。由此，国家治理工具即是从"活动"转向"目标"的方式手段，法律规范、政策文件、施政纲领等都是广义上国家治理工具的应有之义。而在现实中的具体操作层面，政府治理工具常常视为狭义上国家治理工具的主要表现形式。值得注意的是，广义层面上国家治理工具的概念内涵是本章节的基本出发点，但受篇幅所限，在深度剖析其具体内容时常以狭义概念加以列举阐释。

二、国家治理工具的内容设置

马克思主义将国家职能划分为对内和对外两个基本方面，即：对内实行政治统治和社会公共管理，对外进行国际交往和维护国家安全及利益。[①] 而国家治理工具的有效使用，既是追求既定治理效能的重要前提，同样也是政府履行法定职能的基本支撑。在过去的几十年时间里，中国共产党和政府在不断推动国家治理体系趋于完善的同时，也在不断明晰各类国家治理工具的内容范围。基于此，当前我国常见的国家治理工具至少包括对内和对外两个层面。但不可否认的是，随着国家间交流的日益密切、全球事务的日趋复杂，国家治理工具的内外部指向的区分越来越模糊。

（一）服务内部事务的国家治理工具

一般而言，服务内部事务的国家治理工具，主要承担政治统治和社会公共管理两项职能。由于社会主义国家的本质在于人民当家作主，其基本施政活动常常兼具政治性与社会性等多重属性。所以针对内部事务的国家治理工具，既是维护政治秩序的重要手段，亦是保障人民利益的基本依托。由于国家内部事务的繁杂多样，不可能穷尽所有类型的治理工具。因此，本部分选取了常见的国家治理工具分别进行具体阐释。

1. 国家管制与国家许可

国家管制是根据国家相关法律法规，对部分人员、器具、资金等采取的管控、限制等行政行为，常见的国家管制行为包括：药品管制、器具管制、出口管制、出入境管制等具体形式。

国家许可则是根据法律法规的相关授权，准许其从事特定活动的许可行为。按照国家监控程度的不同，可以划分为普通许可和特殊许可两大类。前者是运用最广泛的一种行政许可，其是指由行政机关确认自然人、法人或者其他组织是否具备从事特定活动的条件；后者则是行政机关针对特定行

---

① 包心鉴：《关于社会主义国家职能的转变》，《齐鲁学刊》1988 年第 4 期。

业、特定领域或特定法人，允准其从事特定活动的行为。

2.国家强制

国家强制是以国家强制力为依托，确保法律得以贯彻执行的强制性行为。不同于专制国家，现代国家使用强制的目的不仅只是界定公民的合法权利与自由，而是通过确保法律顺畅执行的方式保障公民的合法权利不受侵害。因此，国家强制具体实施范围是由国家法律进行明确界定的，通常包括以下几个方面：一是确保法律法规得以贯彻执行，尤其是制裁违反法律、侵害他人合法权利的行为；二是保障法律规定的公民义务得以顺利履行，诸如：纳税、服兵役、接种疫苗等；三是维护公共利益不受侵害。事实上，尽管现实中某些强制动迁、强制收购等强制性行为受到若干争议，但国家强制的根本出发点是无可争议地出于对维护公共利益的维护。

3.国家保障

国家保障，是指国家机关等主体根据法律法规，有针对性地对公民基本政治权利、社会权利等合法权利予以适当保障的活动。社会保障尤其是最低生活保障，是最为常见的国家保障机制。以社会保障为例，其是指国家相关部门依据法律法规（包括各级政府公示的相关标准），对于公民基本生活权利予以保障的制度安排。社会保障主要由社会保险、社会救济、社会福利、公共医疗保健等四个方面组成，具有维护公民利益和保障社会秩序等多重作用。此外，我国近年来提出"两不愁三保障"（不愁吃、不愁穿，义务教育、基本医疗、住房安全有保障）的脱贫攻坚目标，即是我国在全面建成小康社会这一重大历史节点上，在国家保障领域所采取的重要支撑性举措。

4.国家资助

狭义上的国家资助是指国家针对学生等群体所开展的资助政策；而广义上的国家资助，则是指国家机关通过调动财政资源，对于特定群体所展开帮扶、资助的活动。一般而言，广义上的国家资助可大致分为两种，既包括对于贫困学生等群体的帮扶，包括奖学金、助学金、助学贷款等形式，同时又涵盖涉及重要领域的资助，诸如国家自然科学基金、国家社会科学基金等类型。

5.国家救济

国家救济，又称行政救济，是指公民、组织等社会主体认为其合法权益受到具体行为侵害，请求有关国家机关依法对行政违法、行政不当等行为进行纠正、追责，以保护该主体合法权利的行为。值得注意的是，国家救济的申请人应是行政管理行为的相对方，开展救济的前提在于相关社会主体的主动申请。因此，从救济步骤的角度来说，申请环节若缺失则不能触发救济施展行为。

6.国家救援

国家救援是指国家通过调动设备、人员等专业救援资源，对于各类突发的自然灾害、生产事故、人道主义危机等紧急事件所展开的救援行为。国家救援与社会自发救援的主要区别在于，国家救援代表着国家意志，从而能够调动起更专业的救援力量。因此，国家救援在各类紧急事件应对中常常具有更强的动员能力和组织效能。

7.国家抚恤

国家抚恤是指国家按照相关规定对特定人员开展的抚慰活动，抚恤对象包括"三属"（烈士遗属、因公牺牲军人遗属、病故军人遗属）、"三红"（在乡退伍红军老战士、在乡西路军红军老战士、红军失散人员）、伤残人员（残疾军人、伤残人民警察、伤残国家机关工作人员、伤残民兵民工）、特殊贡献人员等。国家抚恤的形式既包括精神抚慰，也包括物质抚慰。其中，抚恤金是物质抚恤的重要形式，常见的有伤残抚恤金和死亡抚恤金两大类。2018年3月批准成立的退役军人事务部，即是针对退役军人这一特殊群体开展抚恤工作的主要责任部门。

8.国家补贴

国家补贴，又称政府补贴，通常是指政府出于发展战略产业、维护市场稳定等特定目的，有选择地向某些领域、某些企业或个人提供资金补助或价格支持的财政行为。根据发放对象的不同，国家补贴可分为行业补贴、企业补贴和个人津贴；按发放层次划分，可分为中央政府补贴和地方政府补贴等。当前，我国在种植业、林业、畜牧业、民生、养老、环保、高新技术、电子商务等行业领域，在国家层面都出台了给予适度财政补助的相关政策规定。

9.国家调查

国家调查是指国家在遵循科学、规范、严谨等统计原则的基础上，对特定行业领域开展的全面监测和评价的制度性活动。国家调查的目的在于，全面反映和客观评价国家特定领域的发展现状及演进趋势，为相关数据统计乃至后续决策提供相应支持。常见的国家调查工作，主要包括全国人口普查、经济普查、人口抽样调查等类型。

10.国家发布

国家发布是指国家以其强制力和政治权威为依托，对于重要领域的技术规范或重大政策问题进行公示，从而起到信息发布、规范标准、避免争议等作用。国家发布的常见方式，主要包括公示特定国家标准、召开新闻发布会、发布重大政策消息等若干形式。

11.国家认证

国家认证是指由国家相关认定机构开展的，针对产品、服务、管理体系等特定内容，符合特定层级的技术规范、强制性标准及合格性要求所进行的评定活动。按照强制程度的不同，认证分为自愿性认证和强制性认证两种类型。前者是建立在自愿申请的原则之上的，后者则是官方强制推动的认证制度。以官方认证为例，其是指国家行政机关依法对列入行政许可目录的项目所实施的许可管理，其本质是市场准入性的行政许可。

12.国家资质认定

国家资质认定是指国家对于某主体达到特定条件或具备某种能力的评测和承认行为。以实验室和检查机构资质认定为例，根据《实验室资质认定评审准则》等相关法律法规，由国家认证认可监督管理委员会和各省、自治区、直辖市人民政府质量技术监督部门，对实验室和检查机构的基本条件和能力是否符合法律、行政法规规定以及相关技术规范或者标准实施所开展的评价及承认活动。

13. 国家税收

国家税收是指为保障国家职能的正常履行，国家按照法定标准向其管辖范围之内各类纳税主体无偿强制性征收包括货币、实物等在内资源的分配活动。在国家治理实践中，税收既是构成国家财政的主要来源，又是调控和监督经济活动的重要方式。国家税收具有强制性、无偿性、固定性等特征，其本质是依托国家权威的特定分配关系。当前我国现行的税收实体法律，主要包括：《中华人民共和国个人所得税法》《中华人民共和国企业所得税法》《中华人民共和国车船税法》等重要法律。

14. 国家赔偿

国家赔偿是指由国家机关及其工作人员因行使职权给公民、法人及其他组织的人身权或财产权造成损害的，依据法律法规及相关规定对其进行的赔偿活动。按照《中华人民共和国国家赔偿法》的相关规定，国家赔偿的相关范畴主要包括行政赔偿和司法赔偿两大类。前者是国家赔偿的主要组成部分，其是指由行政机关及其工作人员违法行使行政职权，对公民、法人和其他组织的合法权益造成损害进行赔付的活动；后者则是聚焦司法机关错拘、错捕、错判而引起的国家赔偿活动。

15. 国家审计

国家审计是由国家审计机关独立依法开展的专门审计活动，其审计范围包括国家机关、行政事业单位和国有企业的预算执行情况及会计资料等内容。按照《中华人民共和国审计法》的相关要求，国务院各部门和地方各级人民政府及其各部门的财政收支，国有的金融机构和企业事业组织的财务收支，以及其他依照该法规定应当接受审计的财政收支、财务收支，均属需接受国家审计监督的明确范畴。就审计机关的构成而言，除审计署等专设审计机关之外，财政、税务、海关、人民银行等都设有专业审计机关。

16. 国家统计

统计，是有效管理国家事务和进行科学决策的基础工作。国家统计，是指一个国家针对国民经济等一般事务及若干专项领域开展的调查、搜集、整理及核算工作。《中华人民共和国统计法》规定，统计的基本任务是对经济社会发展情况进行统计调查、统计分析，提供统计资料和统计咨询意见，实行统计监督；统计调查项目主要由国家统计调查项目、部门统计调查项目和地方统计调查项目等三大类组成，分别是指全国性基本情况的统计调查项目、国务院有关部门的专业性统计调查项目、县级以上地方人民政府及其部门的地方性统计调查项目。

17. 国家鉴定

国家鉴定是指具有相应能力和资质的国家机构及其工作人员，受到个人、部门等主体的申请委托，基于准确数据、确凿证据等前提，针对特定事物提出客观、公正和具有权威性的技术仲裁意见。常见的国家鉴定类型，主要包括文物鉴定、司法鉴定、职业技能鉴定等。

18. 国家勘查

国家勘查是指国家相关部门对于主权范围内的地理环境、自然资源等相关状况，有组织地开展摸底、勘探与调查活动，涉及包括地质勘查、矿产资源勘查、石油天然气勘查等类型。以自然勘查为例，在完成基本的勘查工作之后，后续工作主要围绕已探查到的自然资源开展，主要涉及开发利用自然资源、完善基础设施等相关内容。

19. 国家财政

国家财政是指一国政府的收支管理活动，其本质在于依托国家权威对于国民收入进行分配的活动，其主要目的是为国家职能的正常运转提供物质基础。国家财政分配包括财政收入和财政支出两个方面，前者主要由预算收入和预算外收入两部分组成，后者则包括预算支出和预算外支出等内容。一般而言，国家财政具有巩固政权、保障社会公平、保持国民经济平稳运行、促进资源合理高效流动等现实作用。从发挥作用的角度出发，国家财政不仅是一种国民收入的分配行为，更是对公共资源的精准管理活动。因此，健康的国家财政状况是实现良性国家治理的基本前提。

20. 国家金融

从治理工具的视角出发，国家金融是指为实现特定的宏观经济调控目标，包括中央银行在内的国家金融机关所采取的调节货币、利率和汇率水平等各种方针与措施的总称。一般而言，国家金融政策主要包括三大政策，即：货币政策、利率政策和汇率政策。其中，与国内事务直接相关的是货币政策和利率政策。

国家货币政策是指货币当局为了达到一定的宏观经济目标而采取的管理和调节货币与信用的政策。根据宏观调控的作用不同，货币政策可以被划分为紧缩性货币政策和扩张性货币政策。利率政策是中央银行调整社会资本流通的主要手段。坚持合理的存款利率政策，有利于集聚社会资本、调节社会资本的流量和流向，从而达到提高资本使用效益的政策目标。

21. 国家储备

国家储备是由国家围绕重要物资开展的有组织、有计划的储备行动，其目的在于保证社会再生产、实现经济发展战略以及满足国防发展的战略需要。从物资组成来看，国家储备主要分为两大类：一是当年准备，指已列入年度物资平衡分配计划但尚未确定分配对象、留作后备的一部分重要物资的储备；二是长期后备，亦称战略储备，是指依据经济发展战略和国防发展战略的需要，由国家建立和掌握的非周转性物资储备，通常具有较长的保存年限。

22. 国家工程

国家工程是指国家出资并主导建设、对国民经济和社会发展有益的大中型工程。以国家重点工程为例，其是指从国家大中型基本建设项目中选择确定的对国民经济和社会发展有重大影响的骨干项目，主要包括如下类型：一是基础设施、基础产业和支柱产业中的大型项目；二是高科技并能带动行业技术进步的项目；三是跨地区并对全国经济发展或者区域经济发展有重大影响的项目；四是对社会发展有重大影响的项目；五是其他骨干项目；等等。值得注意的是，各类重大国家工程在我国"十三五""十四五"时期等国民经济发展规划中的合理规划、有序布局，不仅仅是支撑我国经济社会健康发展的重要政策支点，更是凸显我国制度优势的生动体现。

23.国家特赦

国家特赦是指国家元首或国家最高权力机关，针对已受刑罪宣告的特定犯罪人员免除部分或全部刑罚的制度，其最大特点在于"赦刑不赦罪"。在我国，特赦需经全国人大常委会决定，并由国家主席发布特赦令。截止到2020年7月，我国最近一次国家特赦行为，实施于2019年6月29日。根据十三届全国人大常委会第十一次会议通过的《全国人大常委会关于在中华人民共和国成立70周年之际对部分服刑罪犯予以特赦的决定》，国家主席习近平签署发布特赦令，对九类服刑罪犯实行特赦。

24.国家征收

国家征收是国家出于对公共利益的维护，政府相关部门根据法定程序强制获得集体、个人财产并根据相关标准支付补偿费用的行政行为。近年来，随着我国城市化水平的不断提高，土地征收成为最常见的国家征收类型之一。值得注意的是，国家征收的根本目的只能在于追求最大化的公共利益，强制获得及费用补偿必须依据法定程序和公开标准，任何不符合法律法规的征收活动都不受到法律保护。

25.国家收藏

国家收藏是指由国家投资、国家支持，依托国家美术馆、博物馆等特定方式收藏文物和艺术品的活动，其目的在于展示国家的文化权威性和推动国民教育。国家收藏是社会收藏活动的类型之一，相较于其他社会主体开展的收藏活动，国家收藏在公共性、权威性和体量规模方面更具优势。

26.国家发债

国家发行公债，简称国家发债，其是指国家为筹集资金，以国家信用为基础、按照法定程序发行并向债权人承诺于指定日期还本付息的证券发行活动。根据发行主体不同，可大致包括国债、地方政府债券等两种形式。一般认为，由于国债以国家信用为基础，拥有较高的信用度，因而具有更高的安全性。例如在我国三峡大坝修建过程中，为有效缓解巨大的财政支出压力，国家便借助发行三峡债券等方式筹措建设资金，切实保障了国家重点工程的建设进度。

27. 国家监督

国家监督，是指国家相关部门按照法律法规的规定，对于各自职责分工范围内的会计工作、会计资料实施等事项开展的监督检查工作，主要涉及财政、审计、人民银行、证券监管、保险监管等部门。根据监督内容的不同，国家监督可分为财政监督、审计监督、税务监督等具体类型。

28. 国家监察

国家监察，是指对所有肩负公权力行使的公职人员进行监督、调查、处置等活动，其目的在于调查职务违法和职务犯罪，开展廉政建设和反腐败工作，从而维护宪法和法律尊严。《中华人民共和国监察法》规定，中华人民共和国国家监察委员会是最高监察机关，各级监察委员会是行使国家监察职能的专责机关，监察权的行使不受行政机关、社会团体和个人的干涉。

29. 国家保密

按照《中华人民共和国保守国家秘密法》的相关规定，国家秘密是关系国家安全和利益，依照法定程序确定，在一定时间内只限一定范围的人员知悉的事项。国家保密是指保守国家秘密安全、防止秘密外泄的一系列制度安排。一切国家机关、武装力量、政党、社会团体、企业事业单位和公民都应履行保守国家秘密的义务。任何危害国家秘密安全的行为，都必须受到法律追究。

30. 国家庆典

国家庆典，是指国家利用自身或社会环境中的有关重大事件、纪念日、节日等重要时间节点，所组织举办的各种仪式、庆祝会和纪念活动的总称。根据活动主题不同，国家庆典可分为节庆活动、纪念活动、典礼仪式及其他活动等类型。

31. 国家葬礼

国家葬礼，简称国葬，是一国之内最高的葬礼规格。国家葬礼，是指以国家名义为重大功勋人物举行的最高规格的葬礼，体现着国家对于逝者重大贡献的认可及高度崇敬。截至 2020 年 7 月，除《中华人民共和国国旗法》中规定特定情形可下半旗志哀之外，我国暂无严格法律意义上的"国葬法"。事实上，为表达全国各族人民对抗击新冠肺炎疫情斗争牺牲烈士和逝世同胞的深切哀悼，我国已于 2020 年 4 月 4 日举行降半旗致哀等全国性哀悼活动，这在很大程度上体现着国家层面对于逝者的深刻哀思。

32. 国家授勋

国家授勋是指将代表国家最高荣誉的国家勋章公开授予特定群体的表彰性活动，旨在褒奖在中国特色社会主义建设中作出突出贡献的杰出人士。按照《中华人民共和国国家勋章和国家荣誉称号法》的相关规定，国家勋章主要分为"共和国勋章"和"友谊勋章"，前者是授予在中国特色社会主义建设和保卫国家中作出巨大贡献、建立卓越功勋的杰出人士；后者是授予在我国社会主义现代化建设和促进中外交流合作、维护世界和平中作出杰出贡献的外国人。

33. 国家奖励

国家奖励是以国家名义对于技术创新等领域作出重要贡献人员、单位给予公开奖励的表彰性活动。以国家科技工作奖励为例，该奖项是国务院为奖励在科学技术进步活动中作出突出贡献的公民、组织，调动科学技术工作者的积极性和创造性，加速科学技术事业的发展，提高综合国力而设立的一系列奖项。根据《国家科学技术奖励条例》的相关规定，国家科技奖主要由国家最高科学技术奖、国家自然科学奖、国家技术发明奖、国家科学技术进步奖、中华人民共和国国际科学技术合作奖等五大奖项共同构成。

（二）针对国际事务的国家治理工具

对外维护国家利益及主权完整是国家的基本职能，国际事务的有效应对同样需要特定的治理工具。基于国家事务的相关性，本部分例举了若干国家治理工具，并结合国际事务进行简要的工具性阐释。而从全球治理的视角下进一步理解我国国家治理这一宏观命题，可详见本书"中国与全球治理"章节的相关内容。

1. 国家汇率

汇率即外汇利率，通常是指一国货币与其他国家在全球金融市场中的兑换比例。国家汇率是指通过货币贬值或货币升值的方式调整本国货币的汇率，从而维护本国在全球市场中的利益。一般认为，汇率的调整将会直接影响国际贸易和国际资本的流动：汇率上升会限制进口、带动出口；汇率下降则会限制出口、刺激进口。在中国不断融入世界市场的当下，跨国公司、外资企业和经营进出口业务日益活跃，我国必须自主掌握汇率政策并有效地加以利用。

2. 国家豁免

作为国际法公认的一项原则，国家豁免主要强调某国特定行为在某种程度上不受所在国司法等系统的管辖和约束。国家豁免，又称国家主权豁免或国家管辖豁免，其是指除一国同意及授权之外，该国的行为不接受、不认可所在国法院的审判结果，相关财产亦免于所在国行政、司法等机关强制执行措施。根据豁免程度不同，国家豁免可被分为绝对豁免和限制豁免。前者强调主权国家之间的绝对平等关系，国与国之间不存在法理意义上的管辖权；后者则在区分国家行为的基础上执行有限豁免，即：与国家主权有直接关系的行为及财产予以豁免，对于与国家主权不存在直接关系的行为和财产不承认其豁免权。

3. 国家军事行动

一般而言，军事力量的作用是主要担负震慑他国、维护领土完整等对外职能。国家军事行动是指以国家机关为主体，有组织、有计划地使用其所拥有武装力量的活动，其具体内容在和平年代和战争时期存在明显差异：在战争时期，国家层面的军事行动主要表现为武装侵略及其防备、分裂国家主权及其防备等行动；而在和平年代，则体现为军事交往、军事演习、人道主义救援等方式。

4. 国家保护

国家保护，是指对外保护国家安全。在总体安全观的视角下，完整意义上的国家安全概念实现了对传统安全观的超越，其是指国家政权、主权、统一和领土完整、人民福祉、经济社会可持续发展和国家其他重大利益相对处于没有危险和不受内外威胁的状态，以及保障持续安全状态的能力。从这一角度来讲，在总体安全观指导下，我国的国家保护行为的实践范畴更为广泛。

5. 国家追逃

国家追逃是指以公安机关等强力机关为主体，通过借助信息的快速搜集、比对、验伪等手段，对在逃犯罪嫌疑人员展开侦查、逮捕、移交等行为。根据犯罪嫌疑人所在区域，国家追逃可被分为境外追逃与境内追逃。尤其是在运用国家机器开展境外追逃活动时，常常受到犯罪嫌疑人员国籍、所在国司法制度等因素的影响，从而需要启动相关的外交程序与之配合。

6. 国家外交行动

对外交往是一个国家基本职能之一，外交工作是现代政府日常工作的重要组成部分。一般而言，国家外交行动是指国家作为外交活动主体，以和平手段对外行使主权的活动。国家元首、政府首脑、外交人员以及外交机关等，都是代表国家开展外交行动的主体。在世界外交舞台中，国家外交行动的目的在于树立良好的本国外交形象、维护本国外交利益。

7. 国家情报

国家情报是指为维护国家政权稳定、主权完整，服务于人民福祉、经济社会可持续发展和国家其他重大利益，国家相关机关有组织地开展情报搜集工作。国家情报工作开展的目的在于，为国家重大决策提供情报参考，并为防范和化解危害国家安全的风险提供情报支持。

8.国家反谍

间谍是指被秘密派遣至对象国从事非法谍报活动的情报人员。在各国出台的国家安全法、刑法等法律中，间谍活动都被视为非法行为，反谍工作都是维护国家安全的重要组成部分。国家反谍是指为维护国家安全，国家机关在防范、制止和惩治间谍行为方面所采取的有组织的活动。1993年，我国颁布实施首部国家安全法。截至目前，2014年修订出台的《中华人民共和国反间谍法》以及2015年7月颁布实施的新的《中华人民共和国国家安全法》，都是国家反谍领域所依托的重要法律工具。

第二节　国家治理工具的主要功能及状态分析

相较于其他国家，我国国家治理工具的内容设置既有共性，又有其独特属性。由此，我国的国家治理工具在其功能作用方面呈现出鲜明特点，这成为我国充分发挥制度优势的重要支撑。但不可否认的是，随着我国治理体系的逐渐完善与治理能力的不断提升，新时代、新情境下我国的国家治理工具运用状态，仍有进一步的完善空间。

一、国家治理工具的主要功能

在既有的国家治理实践中，我国运用了数量众多、种类多样的国家治理工具。由于国家治理任务的复杂性，相应的国家治理工具治理效能也更为多元。总的来看，我国国家治理工具的主要功能包括：价值导向功能、权责界定功能、行为引导功能、关系塑造功能、资源配置功能、财富增值功能、安全保障功能、正义维护功能、矛盾管控功能、经济调节功能、文明培育功能等方面。

（一）价值导向功能

价值导向功能是指通过规范和约束社会行为，从而具备倡导正确的价值取向的功能属性。无论是从产生源头抑或使用目的看，我国的国家治理工具都具有鲜明的价值导向功能。

一方面，国家治理工具的价值导向功能源于国家本质。按照马克思的观点，国家的本质是阶级统治的工具。从这一角度出发，国家意识形态就是统治阶级的意识形态，国家治理工具同样具备特定的意识形态色彩。我国是人民当家作主的社会主义国家，国家治理工具的种类范畴、内容设定等要素都体现着国家意志，其运用实践必然带有鲜明的价值导向功能。另一方面，价值导向是国家治理工具的使用目的之一。就我国而言，我国在国家治理实践中运用的国家治理工具，其根本价值导向在于弘扬和维护社会主义核心价值体系等社会主义意识形态，从而在最大限度上统一全国人民思想、凝聚社会各阶层共识。因此，无论是国家表彰、国家抚恤等柔性治理工具，还是国家强制、国家管制等刚性治理工具，各类国家治理工具的使用，都常常带有鲜明的价值导向功能。

（二）权责界定功能

国家治理工具的使用，其本质是以国家政治权威和公权力为依托的治理活动。但凡涉及公权力的运用，必然会触及权责界定问题。从国家治理工具功能属性的角度来讲，权责界定功能是指进一步明确国家治理工具运用过程中，涉及的权责内容与使用边界问题。国家治理工具所具有的权责界定功能，主要体现在以下两个方面。

其一，国家治理工具的有效运用是以权责界定明晰为前提的。一般而言，国家治理工具的使用主体是党、政等公共部门。相关部门之所以能够使用特定的国家治理工具，其根本原因在于其所肩负的法定职能。因此，只有明晰的权责界定，才能带来国家治理工具的有效、有序运用。其二，国家治理工具的持续运用，能够进一步优化既有的权责结构、助力国家治理体系的建构。权责界定的目的在于保障政府行为不错位、不缺位、不越位，从而构建起现代化的政府权责体系。国家治理工具作为国家职能的基本手段，通过不断积累运用经验，对于政府权责结构的优化具有积极意义。从这一角度出发，国家治理体系和治理能力现代化的实现，需要更科学的权责结构。

（三）行为引导功能

各类国家治理工具的运用，其目的之一在于通过对各类社会主体开展行为引导，从而达到鼓励或禁止某些社会行为的目标。国家治理工具的行为引导对象，不仅包括对于个人行为的劝导，还包括对于企业等社会团体行为的引导。因此，按照引导对象不同，国家治理工具所具有的行为引导功能至少涵盖以下几个方面。

一是对个人行为的引导。这不仅涉及对于公民个人行为的引导，尤其还包括对于国家公职人员行为的引导。就前者而言，确保其依法履行义务是行为引导的主要目的之一；而对于后者来说，国家对于其引导要求则更为严格，并由此形成了包括《中华人民共和国公务员法》在内的诸多制度性规定。

二是对企业经营行为的引导。在市场经济体制建立初期，"管制"与"规范"是国家引导企业行为的主要原则。而随着中国特色社会主义市场经济体制的不断完善，进一步激发企业活力，已成为引导企业经营行为的主要方向。为此，近年来我国在税制、金融等领域推行了大量减费降税、增效赋能的改革举措，这对于进一步增强我国企业综合竞争实力具有重要意义。

三是对社会组织的引导。改革开放 40 多年来，我国各类社会组织得到长足发展，无论是数量规模还是现实功能，我国的社会组织都已成为长期活跃在社会治理一线的新生力量。我国近年来持续推行的社会组织登记管理制度改革、社会组织领域"放管服"改革等特色治理实践，其本质都在于通过各类国家治理工具的运用，达到引导优化其运营活动的治理目标。

（四）关系塑造功能

国家治理工具的运用实践，不仅涉及公权力的规范行使，更是对作用主体与接受主体之间关系的塑造过程。国家治理工具塑造社会关系的具体表现是涵盖权力、主体与空间等多维度的作用过程，主要体现在以下方面：

其一是直接影响政府内部的职能关系。一般而言，政府职能设置原则主要遵循"条条原则"，即：根据领域不同，将相近职能主要安排给单个部门负责。但近年来国家治理工具的运用实践表明，面对日益复杂的社会事务，跨部门合作已成为显著趋势，政府内部职能关系已具备进一步调试优化的现实可能。

其二是塑造政府、公民、社会组织之间的关系。在不同的治理情境下，不同的国家治理工具会带来差异化的关系格局。国家治理工具的运用，常常会带来政府、公民与社会组织之间既有互动关系的深刻变革，并进一步影响不同社会组织关系格局的未来走向。实现多主体之间的互动合作，已成为近年来有效运用新型国家治理工具的必备前提。

其三是成为重塑区域关系的"桥梁"。治理工具存在不同的层级属性，地方政府同样具有创新治理工具的动因与条件。地方政府在创新治理工具方面所积累的有益经验，完全可以通过"政策试点"等方式为重塑空间关系提供现实可能。

（五）资源配置功能

国家治理实践的主要目的在于追求更好的国家治理效能，实现更高效的资源配置是实现上述目标的物质基础。资源配置功能是指在资源相对稀缺且有限的情况下，通过资源在不同用途、不同主体之间的有效分配，实现更高效的资源配置效益。国家工具所具有的资源配置功能，主要体现在对资本、技术、人才、信息等重要要素高效匹配等方面。

在中国特色社会主义市场经济条件下，资本是国民经济社会正常运行的基础资源之一。通过国家财政等内部治理工具和国家汇率等外部治理工具的综合运用，能够显著影响资本在全国范围内的流向、流速，从而实现更高效的资金利用效率。在第四次科技革命方兴未艾的当下，技术创新的高度、技术转换的速度、技术推广的力度，都将是影响国家科技实力的关键性要素。推动科技创新、建设科技强国，是国家治理工具所肩负的重要使命之一。人才强国战略是一项国家重大战略，同时其他各项强国战略顺利实施的重要基础。习近平总书记多次强调："人才资源是第一资源"。因此，我国通过国家奖励等方式，不断运用多种国家治理工具加强人才保障力度。此外，大数据、物联网等新兴技术手段的崛起，进一步放大了信息在国家治理实践中的潜在价值。从某种意义上说，近年来新出现的"城市大脑"等新型治理工具，同样是为了回应当今社会对于更好地利用各类治理信息的新期待与新要求。

（六）财富增值功能

合理运用国家税收、国家金融等国家治理工具，其主要目标之一在于实现国民财富的稳步增长与均衡增长。在发挥财富增值功能的过程中，既需要保证国民财富的稳步增长，又需要在"国富"与"民富"之间寻得良性平衡。从这一角度来讲，将蛋糕"做大"与把蛋糕"分好"在国家治理实践中同样重要。

做大国民财富"蛋糕"，是在数量规模上实现财富增值功能。数量规模层面的增长，可以分为绝对增长与相对增长两大维度。前者是基于历史阶段维度上的纵向增长，即要确保国民财富较之前任一时期有所增强，从而夯实国家社会前进发展的基本态势。后者是要确保在世界范围内的经济竞争中获得相对优势地位。2020年7月16日，国家统计局发布第二季度全国GDP增长3.2%，我国成为全球首个恢复增长的主要经济体。能在新冠肺炎疫情笼罩全球的阴霾下实现经济正向增长，这一殊为不易的成果，本身就是我国治理体系与治理能力现代化建设成果的有效印证，是我国制度优势的真实写照。

分好国民财富"蛋糕"，是在利益分配格局上均衡各社会主体之间的利益所得。一方面，需要实现"国富"与"民富"之间的良性平衡，在确保国家获得基本发展物质支撑的同时，尽可能地让利于民、藏富于民；同时，还需要合理划分不同收入群体之间的财富所得，确保社会财富在不同阶层之间的有序流动，从而避免社会财富过度集中，最终实现共同富裕。

（七）安全保障功能

国家治理工具所具有的安全保障功能，是指各类国家治理工具在维护国家安全领域所具有的功能使命。根据国家治理工具的作用范畴不同，国家安全可以被分为内部安全与外部安全，两者在工具内容、使用情境方面有所差异。但在总体国家安全观的视角下，国家安全更应是一个科学严谨的内容体系。习近平总书记指出，要构建集政治安全、国土安全、军事安全、经济安全、文化安全、社会安全、科技安全、信息安全、生态安全、资源安全、核安全等于一体的国家安全体系[1]。因此，国家治理工具具备不同的应用特征，并在不同范畴下扮演着差异化的功能角色。

走出一条中国特色国家安全道路，需要多种治理工具之间的有机配合。例如：为保障国家政治安全和社会安全，国家保密、国家救援、国家强制等工具常被运用；国家汇率、国家税收、国家财政等，常常运用于保障经济安全；而保障国土安全、军事安全方面，国家军事行动、国家外交行动、国家反谍等治理工具则不可或缺。因此，在我国国家安全内涵和外延日渐丰富的当下，更需要多样化、体系化的国家治理工具加以保障。

（八）正义维护功能

正义维护功能，是涉及最广大人民根本利益的重大命题。正义是一个社会健康发展的必备要素，不仅关乎社会风气，更关乎每个人的切身利益。国家监察等国家治理工具，是维护社会正义的重要依托。始终活跃在国家治理实践中的诸多治理工具，在正义维护功能方面具有如下重要意义。

从个人层面来说，有助于树立正确的价值观念。社会正义得到有效的维护，能够在切实维护公民利益的同时，提升公民的幸福感与满意度，对于保障人的生存与实现自由全面发展意义重大。从国家层面来说，国家治理工具的合理运用有利于社会主义和谐社会的构建。公平正义是社会主义和谐社会的本质要求，各类治理工具及时、有效、有度地介入，能够有力地促进和保障真正的、普遍的公平正义。值得注意的是，切实维护社会正义，不仅仅需要在全社会范围内树立正确的价值导向，更需要从提高经济发展水平、完善法律法规制度等维度"齐抓共管"。其中，经济发展水平始终是维护社会

---

[1] 习近平：《在中央国家安全委员会第一次会议上的讲话》，《人民日报》2014年4月16日。

公平的物质基础，国家治理体系和治理能力现代化的实现将是其基本的制度保障。

（九）矛盾管控功能

唯物辩证法中的"矛盾"并不是指代纠纷与冲突，其是指包含于事物自身中的既对立又统一的关系。因此，从这个意义上来讲，国家治理工具所具有矛盾管控功能，并不能被简单理解为对纠纷冲突的平息，而是具有更广泛的社会意义。毛泽东指出，"社会主义社会充满着矛盾，社会主义社会的基本矛盾仍然是生产力和生产关系、经济基础和上层建筑之间的矛盾"。[①] 在某种程度上，新中国成立以来的国家治理实践，都是在试图运用各类国家治理工具来克服、引导乃至化解社会矛盾的活动。一直以来，国家治理工具都被赋予鲜明的矛盾管控功能，其功能作用主要体现在以下两个方面。

一方面，各类国家治理工具的有效运用，能切实推动特定社会矛盾的化解。例如：2020年初新冠肺炎疫情暴发，湖北武汉等地医疗资源极度紧缺，我国政府通过"一省包一市"对口支援等具有中国特色的体制性动员方式，通过财政划拨等治理工具，有效缓解了疫情初期的抗疫压力。另一方面，社会矛盾尤其是社会基本矛盾的变化，又不断呼唤着新型国家治理工具的产生。党的十九大报告指出，我国社会矛盾已经由原来的人民日益增长的物质文化需要和落后的社会生产之间的矛盾，转化为人民日益增长的美好生活需要和不平衡不充分的发展之间的矛盾。这种新时代下社会基本矛盾的转变，必然对国家治理工具的更新提出更高的要求。

（十）经济调节功能

无论是在计划经济时代，还是中国特色社会主义市场经济时代，调节经济运行状态并追求更高的经济效益，都是国家治理的基本任务之一。就使用目的而言，国家治理工具所具有的经济调节功能，主要体现在确保经济规模增长、推动区域经济均衡、提升经济发展质量、实现居民收入相对公平等

---

① 毛泽东：《关于正确处理人民内部矛盾的问题》，《人民日报》1957年6月19日。

方面。

其一，确保经济规模的持续增长。保持经济总量的稳定持续增长，是稳步增强综合国力的基础。各类国家治理工具长期作用于经济领域，其首要目标亦是实现经济总量的稳定增长。改革开放以来我国经济总量实现了强劲增长，亦是我国有效运用各类国家治理工具的重要见证。其二，保持区域经济的协调发展。我国是地域广阔但区域禀赋各不相同的大国，实现区域协调发展意义重大。为有效应对区域发展不平衡问题，我国先后提出东部率先发展、西部大开发、中部崛起和东北振兴区域发展战略，其间各类治理工具亦得到统筹运用。其三，提升经济发展质量。一个经济体是否能实现持久增长，归根结底取决于其经济发展质量。在我国近年来推动"提质增效"的治理实践中，大量内容新、效果好的治理工具不断涌现，持续深化着我国经济发展的结构优化与模式创新。其四，实现居民个人收入的相对公平。调节经济运行状态，其根本目的在于保障居民收入的稳定性，并将居民收入差距控制在相对合理的范围之内。基于此，国家保障、国家救济、国家资助等多项国家治理工具，即是在既有的国家治理实践中发挥上述功能。

（十一）文明培育功能

文明，源自人类社会历史的长期积淀，是物质文明与精神文明的统一体。国家治理工具所具有的文明培育功能，在个性和共性等两个维度都具有重要意义，即：无论是对于中华文明还是对整个人类文明而言，国家治理工具都成为承接文明传统、增强文明共识认同的重要支撑手段。

一方面，国家治理工具是弘扬中国优秀传统文化的重要支撑。自古以来，中华文明都是人类文明的重要组成部分。弘扬中华优秀传统文化，不仅需要公众的自发参与维护，更需要宏观层面上的制度安排。因此，我国的国家治理工具不仅带有鲜明的中华文化烙印，更是弘扬本国文化的重要手段。另一方面，人类文明的进步，需要不同国家以其治理工具协作配合。构建人类命运共同体、推动共同性问题解决，需要多元主体、不同文明之间的相互学习、互通有无。保持和维护全球范围内的文明多样性，需要各国的治理工具跨越地域、文明、种族的界限，这才是解决解决人类共性难题的文明途径。

二、国家治理工具的状态分析

国家治理工具运用的宏观环境是动态变化的，不同治理情境对于国家治理工具的具体要求又有所不同。随着我国治理体系和治理能力现代化进程的不断深化，国家治理工具仍然存在进一步改进和优化的潜在空间。具体而言，我国的国家治理工具存在设置不足、设置不当以及运用不当等三个方面的问题。

（一）设置不足

就整体状态而言，种类不足、品质不高是我国国家治理工具设置不足的主要表现。前者是指在工具形态、工具内容等数量方面无法全面满足治国理政的客观需要，后者则强调工具本身在品质等方面存在缺陷。尽管我国通过各种方式不断推动着国家治理实践的创新发展，但已有的治理工具并不能全面满足近年来我国对于治理效能的新追求、高要求，种类不足、品质不高等问题依然存在。

之所以存在国家治理工具设置不足的问题，其根本原因在于没有把握好"质量"与"数量"之间的均衡关系。事实上，实现更好的国家治理效能，既需要设置种类齐全、形态多样的治理工具，又要求各类治理工具能够带来切实的治理实效。

（二）设置不当

从动态的视角来看，领域不全、更新不及时是我国国家治理工具设置不当的主要表现。相较于之前的任一时期，新时代下我国的治理宏观环境发生了重大变化，社会更新迭代速度大大提高，新治理领域也在不断涌现。在此背景下，我国的国家治理工具确实存在涵盖领域不全、更新不及时等现实问题。例如，在网络空间领域中就出现了5G技术、物联网等新兴治理命题，但既有治理工具并不能完全满足现实治理需求。上述现象表明，在治理情境不断加速变革的当下，国家治理工具的涉及领域正在加速扩展，治理环境的变革也对治理工具的更新速度提出更高要求。如此种种，都是未来完善国家治理工具所需面对的重要现实挑战。

（三）运用不当

在差异化的运用情境下，运用不当也是我国国家治理工具存在的主要问题之一。正如上文所述，不同运用情境对于工具使用的具体要求也不相同。运用时机、运用主体类别、运用能力、运用力度等因素，都会对国家治理工具的最终运用效果产生影响。尽管我国积累了大量运用国家治理工具的有益经验，但并没有对于不同情境下国家治理工具的运用问题进行系统梳理、科学总结，时机、主体、能力、力度等潜在变量都有可能对国家治理工具的运用效果产生不利影响。从这一角度来说，探索有效运用国家治理工具的创新路径比单纯扩充治理工具内容更为重要。

综上所述，尽管存在若干不足，但不可否认的是，我国的国家治理工具在不同历史时期、在各自领域都发挥了应有作用，并带来显著的治理实效。可以预见的是，随着我国治理体系的完善与治理能力的提升，更具新时代气象、更具中国特色的国家治理工具将会不断涌现，我国国家治理"工具箱"亦将更加完善。

第七章　国家治理能力论 *

第一节　认识国家治理能力

从国家的视角来讲，国家治理的实践与国家同步产生。朝代更迭、王朝兴衰、诸国纷争都与国家治理密切相关。与社会科学的很多概念一样，国家治理能力并未形成一个标准化定义。但是，对于国家治理的功能和目的，学界的共识是：国家治理是面向公众福祉而解决国家生存发展的各种社会矛盾和问题的实践进程，在追求公共利益中达到社会安定、国富民强的理想状态。

在西方社会，"governance"一词在英语词典中的解释是"控制"和"操纵"。一直以来，与"government"常常出现在公共事务管理和政治活动的描述中。直到 20 世纪 90 年代后，西方国家为了寻求更好的社会治理，西方学者赋予"governance"与传统的控制、统治与操纵不同的新内涵，如罗茨的《没有政府的治理》[①]、斯托克梳理出的《作为理论的治理：五个论点》[②]。1999 年，世界银行组织相关专家进行世界范围内的治理体系评价指标构建研究"全球治理指标"（简称"WGI"），从 6 个维度对国家治理进行评估。

---

* 本章作者为山东大学政治学与公共管理学院韩自强教授。

[①] Rhodes RAW，"The New Governance：Governing without Government"，*Political Studies*，Vol.44，No.4（September 1996），pp.652–667.

[②] Stocker G. *Governance as Theory: Five Propositions*. Oxford: Blackwell，1998, p.35.

在国内，复旦大学唐世平教授认为，国家能力（State Capacities）是一个国家能够动用的物质和意识形态资源的整合，以及国家控制的强制、汲取和执行的能力，并强调相同的制度安排在不同国家可能会有不同的效果，不同经济发展阶段也需要不同的国家能力。王浦劬教授强调，西方治理理论产生的原因是西方国家政治经济社会结构和发展方向出现了矛盾。西方治理理论的内涵与精神，与中国共产党治国理政历史实践中形成的治国理念和理论话语语境具有根本性的区别①。这与Andrews M.等人强调构建国家能力（State Capability）需要结合具体情境（Context）的观点②，以及Mayne Q.等人坚持以问题导向治理（Problem-Oriented Governance）的基本论断不谋而合③。通过解析WGI和对比国家能力的认知，可以发现：国家治理的价值指向是公众福祉，国家治理能力体现在一个国家各级政府聚焦公众福祉、实现公共利益的方方面面。

在新时代中国语境下，客观科学地认识国家治理能力，需要辩证认识"国家治理体系"和"国家治理能力"之间的关系。"国家治理体系"和"国家治理能力"是一个国家制度和制度执行能力的集中体现。国家治理体系可以理解为中国共产党领导下管理国家的制度体系，国家治理能力则是运用国家制度治理社会的能力。因此，国家治理体系和国家治理能力是一个服务于中国共产党治国理政的系统整体④。国家治理体系核心内容是制度，其具有根本性、全局性、长远性。同时，需要行之有效的治理能力，切实把制度优势更好转化为治理效能。因此，良好的治理效能是科学制度和有效能力的合

---

① 王浦劬：《全面准确深入把握全面深化改革的总目标》，《中国高校社会科学》2014年第1期。

② Andrews，Matt，L. Pritchett，and M. Woolcock. *The Challenge of Building（Real）State Capability*，Social ence Electronic Publishing，，2015，pp.21–27.

③ Quinton Mayne，Jorrit De Jong，Fernando Fernandez-Monge，State Capabilities for Problem-Oriented Governance，*Perspectives on Public Management and Governance*，Vol3，No1，（March 2020），pp.33–44，https://doi.org/10.1093/ppmgov/gvz023.

④ 彭莹莹、燕继荣：《从治理到国家治理：治理研究的中国化》，《治理研究》2018年第2期。

力。下文将以国家治理能力之服务经济社会发展、国家治理能力之立足公众福祉导向、国家治理能力之积极应对国际事务三个框架分述中国特色的国家治理能力。

第二节　国家治理能力之服务经济社会发展

一、宏观经济调控能力

党的十九大报告指出，必须着力构建市场机制有效、微观主体有活力、宏观调控有度的经济体制[①]。宏观经济调控能力是我国经济创新力和竞争力持续增强的保证。以经济建设为中心，坚持社会主义市场经济改革方向，推动经济持续健康发展是加强宏观经济调控能力的逻辑起点。党的十九届四中全会强调，新中国成立七十年来，中国共产党领导中国人民自力更生、艰苦奋斗，创造了世所罕见的经济快速发展奇迹和社会长期稳定奇迹，中华民族迎来了从站起来、富起来到强起来的伟大飞跃。举世瞩目的经济社会发展成就是中国特色社会主义的制度优势，中国奇迹和中国飞跃是我国强大宏观经济调控能力的治理实绩。

宏观经济调控要遵循经济和社会发展规律，服务于新发展理念的时代命题，服务于建设现代化经济体系的现实需要。党的十九大报告中明确指出，创新和完善宏观调控，发挥国家发展规划的战略导向作用，需要健全财政、货币、产业、区域等经济政策协调机制[②]。在优化政府职责体系过程中，国家发展规划在宏观调控中具有战略导向作用。宏观调控制度体系为宏观经济调控能力的建设指明了方向：以国家发展规划为战略导向，持续加强财政

[①]　《中国共产党第十九次全国代表大会文件汇编》，人民出版社 2017 年版。

[②]　《中国共产党第十九次全国代表大会文件汇编》，人民出版社 2017 年版。

政策机制、货币政策机制、产业政策机制、区域政策机制等协调机制。当然宏观经济调控在保持战略定力，坚持稳中求进的过程中也强调宏观政策逆周期调节能力建设。2019 年中央经济工作会议强调必须科学稳健把握宏观政策逆周期调节力度，增强微观主体活力，把供给侧结构性改革主线贯穿于宏观调控全过程①。

财政政策和货币政策是国家宏观调控的基础手段。实现财政政策和货币政策对宏观经济的精准有效调控是经济学界和政策制定者共同关注的重要课题。健全货币政策和宏观审慎政策双支柱调控框架，深化利率和汇率市场化改革是宏观经济调控的重要内容。我国当前宏观经济调控需要继续实施积极的财政政策和稳健的货币政策。2019 年中央经济工作会议分别对财政政策和货币政策进行了明确布局。在财政政策方面，积极的财政政策要大力提质增效，更加注重结构调整，坚决压缩一般性支出，做好重点领域保障，支持基层保工资、保运转、保基本民生。在货币政策方面，稳健的货币政策要灵活适度，保持流动性合理充裕，货币信贷、社会融资规模增长同经济发展相适应，降低社会融资成本。同时，就财政政策和货币政策的合力共为方面，财政政策、货币政策要同消费、投资、就业、产业、区域等政策形成合力，引导资金投向供需共同受益、具有乘数效应的先进制造、民生建设、基础设施短板等领域，促进产业和消费"双升级"。

二、市场秩序构建和维护能力

为了发展中国特色社会主义市场经济，就必须坚持和完善我国社会主义基本经济制度和分配制度，毫不动摇巩固和发展公有制经济，毫不动摇鼓励、支持、引导非公有制经济发展，使市场在资源配置中起决定性作用。市场秩序的构建和维护关键在于确保市场在资源配置中的角色和地位。在系统

---

① 《中央经济工作会议有哪些"干货"？》，《中国经济周刊》2019 年第 23 期。

理论的视域下，市场秩序的构建和维护有赖于四个方面：市场管理主体、市场经营主体、市场消费主体、市场交换客体。建设公平公正的市场秩序，完善统一开放、竞争有序的现代化市场体系，是市场实现合理资源配置的前置条件。良好的市场秩序是市场机制发生作用的前提和保证。因此，构建和维护市场秩序就是服务于市场机制建设。市场机制作用的发挥通过竞争的方式得以实现，这也就需要构建和维护公平竞争的市场秩序。

市场经济发展的规律表明，平等交换和公平竞争在市场运行中的实现，必然形成一系列的特定规则和规范，表现为市场秩序。而为了构建和维护市场秩序，政府的职责体现在：遵循市场机制，制定行之有效的市场制度和规则，以确保资源在市场上通过自由竞争与自由交换来实现配置。政府在市场秩序构建和维护过程中，就必须更加注重市场管理组织的建设，通过强化市场管理，保护公平竞争的合法交易，并打击市场上的违法交易行为。通过加强社会信用建设维护市场秩序是一个有效的手段。实践证明，以社会信用体系促进市场机制在诚实守信的规则下运行，有利于维护公平竞争的市场环境。

政府市场秩序构建和维护能力体现在：优化政府职责体系，完善政府经济调节、市场监管的职能，厘清政府和市场关系，改善营商环境，激发各类市场主体活力。严格市场监管，加强违法惩戒。党的十九届四中全会公报指出，要加强中央宏观事务管理，维护市场统一。坚持社会主义基本经济制度，充分发挥市场在资源配置中的决定性作用。加快完善社会主义市场经济体制，建设高标准市场体系、完善公平竞争制度、全面实施市场准入负面清单制度，改革生产许可制度，健全破产制度。强化竞争政策基础地位，落实公平竞争审查制度，加强和改进反垄断和反不正当竞争执法等一系列推动经济高质量发展的制度设计又有利于市场秩序构建和维护[①]。

国家立足于加快建立统一开放、竞争有序的现代市场体系，提升各级

---

① 《党的十九届四中全会公报关键词解读》，《政策》2019 年第 12 期。

政府的市场秩序构建能力和维护能力，保障各类市场主体公平参与市场竞争。2019 年 10 月 8 日，国务院第 66 次常务会议通过了《优化营商环境条例》。《优化营商环境条例》从优化营商环境方向、市场主体、市场环境、政务服务、监管执法、法治保障等六方面提出了优化营商环境的具体方向，以构建和维护市场化、法治化、国际化的市场秩序。立足于市场秩序构建和维护，地方政府响应中央政府号召，进一步细化和优化《优化营商环境条例》，提升地方政府治理能力。营商环境的优劣直接决定了地方政府的市场秩序构建和维护能力。为了适应新形势的变化，地方政府在市场秩序构建和维护能力建设领域的重要工作内容包括两方面：一是尽快出台更加服务于市场秩序的营商环境优化条例，吸引资金、人才和技术向本地区流动。二是做到简政放权、放管结合、优化服务，真正降低政府对市场主体的干预程度，确保政策落到实处[1]。

三、推动组织重大工程能力

推动组织重大工程能力是国家动员能力的重要体现，是一个国家围绕发展规划目标、在面对重大风险挑战过程中，通过制度设计和能力建设，组织人力、优化物力、调动财力、激发文化精神，将潜在发展能力转化为现实生产力的综合能力。国家动员能力是一个国家和民族依靠强有力责任政府具备现实行动力、号召力、组织力的展现，是一个国家潜在生产力转为现实发展力的关键所在。近现代世界政治经济格局的发展历程证明：国家动员能力是一个国家能否实现现代化、一个民族能否取得民族独立的根本所在。国家的资本积累、重大基础设施建设、国防科技创新、战争和自然灾害应对，都是一个国家动员能力的现实表现。历史证明，一个国家的动员能力有赖于政府凝聚社会共识，有赖于科技创新，有赖于充裕的财政保障。而长时

---

① 《优化营商环境条例》，法律出版社 2019 年版，第 14 页。

间保持和建设强大的国家动员能力，则是一国立于世界民族之林的重要能力凭借。

与欧美国家不同，我国在国家动员能力方面的优势表现在举国体制的强大组织力，"集中力量办大事的号召力"。正是依靠这种强大动员能力，我国实现了从站起来、富起来到强起来的伟大转变。新中国成立之初，我国坚持"独立自主，自力更生"的共识，以较少的资本投入完成了大规模的工农业基础设施和基础产业建设。改革开放以来，我国坚持以经济建设为中心，解放生产力，发展生产力，走上共同富裕的道路。

进入新时代以来，我国的国家动员能力更是在推动组织重大工程能力方面发挥得淋漓尽致，取得了举世瞩目的成绩。以习近平同志为核心的党中央高瞻远瞩、谋篇布局，创新发展理念，通过推动组织一系列重大工程，为我国的经济建设、社会发展、民生改善提供了强大保障，注入了新的活力。习近平总书记明确指出，政府在关系国计民生和产业命脉的领域要积极作为，加强支持和协调，总体确定技术方向和路线，用好国家科技重大专项和重大工程等抓手，集中力量抢占制高点[1]。

推动重大工程建设，有助于维护国家安全，印证国家实力，承载民族希望，推动社会发展[2]。国家动员能力展现新作为，就是要围绕国家重大战略需求、经济社会发展新需要，大力支持或直接投入人财物，攻破关键核心技术。坚持战略思维，站在抢占战略制高点的恢宏视角下，围绕增强国家综合竞争力和保障国家经济社会安全的现实需要，我国在多个领域布局了一批重大工程，集中力量、协同攻关，开拓创新、跨越发展。服务国家重大战略需求，一大批重大工程成果夺目而出。世界下潜能力最深的载人潜水器"蛟龙号"、世界最快超级计算机"神威·太湖之光"、世界首颗量子科学实验卫星"墨子号"、天宫二号空间实验室、"中国天眼"、C919国产大飞机、辽宁

---

[1]　欣华：《重大工程：全面建成小康社会的关键支撑》，《小康》2017年第23期。

[2]　胡祖才：《充分发挥重大工程项目牵引作用推动"十三五"规划〈纲要〉全面实施》，《中国经贸导刊》2016年第17期。

号和山东号航空母舰等项目成果，都是我国具备强大国家动员能力的重要标志。实践证明：国家动员能力汇聚磅礴之力，推进重大工程建设为维护国家安全、实现科技创新、促进社会发展、优化产业结构、提高国际地位、增强国防实力带来了历史性的突破和发展。依靠国家动员能力，组织实施重大工程，必将成为未来一段时间中国实现历史跨越的必由之路。

四、金融稳定、资本筹措和运作能力

金融稳定是经济社会发展的一种状态表现，可以理解为一个国家或地区的金融体系不出现大的波动。对金融稳定的理解可以从两方面展开：一是金融业作为一个行业，其本身能够稳定有序地发展；二是金融作为资本媒介，能够有效发挥服务其他行业的功能。欧洲中央银行将金融稳定表述为："金融机构、金融市场和市场基础设施运行良好，抵御各种冲击而不会降低储蓄向投资转化效率的一种状态。"与金融稳定相关的重要工作是资本筹措和运作，即国家以各种方式和法定程序，通过筹资渠道和资本市场筹措经济社会发展资本，有效运作资本服务经济社会发展的过程。

金融稳定是金融安全的基础。金融稳定是一种金融运行的状态，具有丰富的内涵。金融稳定具有全局性、动态性、效益性、综合性的特点。在促进金融稳定的过程中，价格稳定是金融稳定的重要条件，银行稳定是金融稳定的核心。严重的"金融不稳定""金融脆弱"以金融危机的形式表现出来。1997年的亚洲金融危机波及泰国、马来西亚、新加坡、日本、韩国及中国，亚洲大部分国家地区的主要股市大幅下跌，打破了亚洲经济飞速发展局面。2008年金融危机，始于次级房屋信贷危机，导致投资者失去信心，引发金融流动性危机。金融危机的失控导致全球许多大型的金融机构倒闭或被接管，严重影响了全球经济的发展。

我国高度重视金融稳定和资本筹措和运作。自2005年起中央人民银行每年都发布《中国金融稳定报告》，定期对我国金融体系的稳健性状况进行全面评估，分析中国经济和金融发展过程中面临的一些金融风险，探索稳定金融秩序措施，加强金融服务实体经济能力。金融业发展关系国计民生。2017 年 7 月，国务院金融稳定发展委员会在全国金融工作会议上成立。国务院金融稳定发展委员会的工作目标是：加强金融监管协调、补齐监管短板，确保金融稳定。近年来，为了促进金融稳定，提升资本筹措和运作能力，我国发起创办亚洲基础设施投资银行，设立丝路基金，举办首届"一带一路"国际合作高峰论坛、亚太经合组织领导人非正式会议、二十国集团领导人杭州峰会、金砖国家领导人厦门会晤、亚信峰会等重要国际会议，为金融稳定发展谋篇布局。

党的十八大以来，我国有序推进金融改革发展、治理金融风险。党的十九大报告强调："要改革国有资本授权经营体制，推动国有资本做强做优做大"，"深化金融体制改革，增强金融服务实体经济能力，提高直接融资比重，促进多层次资本市场健康发展。健全金融监管体系，守住不发生系统性金融风险的底线"。党的十九届四中全会明确提出，"加强资本市场基础制度建设，健全具有高度适应性、竞争力、普惠性的现代金融体系，有效防范化解金融风险""做强做优做大国有资本"，"形成以管资本为主的国有资产监管体制，有效发挥国有资本投资、运营公司功能作用"。2019 年 2 月 22 日，中共中央政治局以"完善金融服务、防范金融风险"为主题进行了第十三次集体学习。习近平总书记从深化金融供给侧结构性改革、实体经济健康发展、防范化解金融风险等方面，对稳定金融发展作出了战略部署①。

在今后的金融稳定发展工作中，必然需要主动适应国际国内金融形势，正确把握金融本质，立足中国实际，推动金融业高质量发展，防范化解金融风险，走出中国特色金融发展之路。同时，还需要大力提升我国在国际金融

---

① 黄孝武、程敏：《习近平关于金融工作的重要论述》，《中南财经政法大学学报》2019 年第 1 期。

体系中的地位，提升在国际金融组织中的话语权，在合作中推动全球金融治理体系改革。

五、国家创新能力

"创新能力"可以理解为技术和各种实践活动领域中不断提供具有经济价值、社会价值、生态价值的新思想、新理论、新方法、新发明的能力。将创新能力上升到国家领域，国家创新能力则是指一个国家在国家顶层设计规划中，通过制度安排和政策设计，充分调动生产要素，鼓励支持各种创新参与者在知识创造、技术革新、管理变革中产生新思想和新技术，并推动知识创造价值和实现价值增值的能力。在知识经济时代，国家创新能力决定了一个国家的经济社会发展活力。当今世界，许多发达国家是公认的创新型国家，如美国、德国、芬兰、韩国等。在全球化进程中，为了在日益复杂化的竞争中赢得一席之地，世界各国都高度重视依靠科技创新提升国家的综合国力[1]。

建立国家创新体系，将创新能力作为国家生存发展的核心竞争力，走创新创造发展之路，已成为许多国家的共同选择。创新能力是一个国家进步发展的灵魂，是国际经济竞争的核心力量。世界各国之间的竞争，是人才的竞争，归根到底是科技创新创造能力的竞争。德国以其强大而严谨的科技创新能力闻名遐迩，在"工业4.0"中强化科技创新驱动新兴的制造业。依靠国家、社会、企业、高校的创新能力，在智能制造领域创造了全球瞩目的科技奇迹，培育了许多极具竞争力的企业。近现代以来，美国成长为全球最发达的资本主义强国，依靠雄厚的创新能力和科技实力成为科技强国，进而发展为世界超级大国[2]。

为了在全球化竞争中赢得主动，我国越来越重视国家创新能力建设。

---

① 王智慧、刘莉：《国家创新能力评价指标比较分析》，《科研管理》2015年第S1期。

② 臧雷振：《政府治理效能如何促进国家创新能力：全球面板数据的实证分析》，《中国行政管理》2019年第1期。

科技是第一生产力，创新是发展永恒的动力。在顶层设计上，我国提出了
"创新、协调、绿色、开放、共享"的发展理念。创新在新发展理念中居第
一位。党的十九大报告指出，加快建设创新型国家。创新是引领发展的第一
动力，是建设现代化经济体系的战略支撑。要瞄准世界科技前沿，强化基础
研究，实现前瞻性基础研究、引领性原创成果重大突破。党的十九届四中全
会指出，要完善科技创新体制机制，弘扬科学精神和工匠精神，加快建设创
新型国家，强化国家战略科技力量，健全国家实验室体系，构建社会主义市
场经济条件下关键核心技术攻关新型体制机制。

习近平总书记在十八届中央政治局第三次集体学习中讲话时强调，要
加快实施创新驱动发展战略，强化现代化经济体系的战略支撑，加强国家创
新体系建设，强化战略科技力量，推动科技创新和经济社会发展深度融合，
塑造更多依靠创新驱动、更多发挥先发优势的引领型发展[1]。创新发展是一
种理念，更是一项需要长期坚持的国策。提高国家创新能力，加快建设创新
型国家，必须高度重视人才培养，推动教育教学改革，构建全过程的创新人
才培养体系，培养适应科技强国、质量强国、交通强国战略的人才。实现创
新驱动发展需要加大财政支持力度，聚焦提高创新能力，加大政府对创新研
发活动的投入，引导金融资本支持科技创新活动，加大对重大关键技术的研
究开发财政保障，力争快速取得突破发展。

当然，我们也需要认识到创新文化建设对国家创新能力建设的重大作
用。通过加强创新创造文化环境建设，营造鼓励创新、尊重创新、崇尚创
新、包容创新的创新文化氛围。通过建构一个激发创新激情、创新潜能、创
新意识的文化环境，引领全社会投入创新实践之中进而提升国家创新能力。
与此同时，完善国家创新系统，也需要加强创新的国家间交流与合作。在新
一轮科技革命和产业变革中，积极参与全球创新合作，以合作共赢的姿态同
世界各国共享创新发展成果，进而形成强大的国家创新能力。

---

① 习近平：《不断开创国家创新发展新局面》，《科技中国》2013 年第 2 期。

第三节　国家治理能力之立足公众福祉导向

一、社会秩序维护能力

社会秩序可以理解为动态平衡、安定有序的社会状态。对于社会秩序的认识和理解，中国古代先哲们提出了"治"和"乱"的概念。"治"的境界是"政通人和，百业俱兴"，是社会处于有序状态，社会秩序得到维护与巩固。"乱"的标准是"战乱纷争，民生凋敝"，是社会处于失序状态，社会秩序被破坏和社会处于无序混乱之中。是故，"治"则兴，"乱"则衰[1]。社会秩序维护可以理解为：一个国家既定的社会结构相对稳定，法律法规和公序良俗等社会规范能够正常地施行和维护，能够把无序和冲突风险控制在一定的范围之内以确保社会安定。

在西方社会，奥古斯特·孔德曾提出关于"重建秩序"的构想，即社会秩序的原则主要有以下六个方面：崇尚科学与自然法则、扩大博爱倾向、信仰和道德的统一、实行社会分工与合作、增强政府权威与调节、在私有制基础上进行"社会改造"。在中国语境下，社会秩序可以从经济、政治、文化、道德、日常生活秩序等方面进行细化和理解，这其中也包含着相应的社会关系内容及体现这些关系的社会规范与规则。在当今中国，和谐社会是社会秩序得以维护的现实表达。加强社会秩序维护能力建设的意义在于能够保证社会稳定，促进社会健康发展，提高人民的幸福指数。在中文中，描述社会秩序境界的词汇有："河清海晏""和谐稳定""国泰民安""长治久安""安定有序"及"物阜民康"。

党的十九届四中全会从社会治理的高度，明确了在社会秩序维护方面的着力点：坚持和完善共建共治共享的社会治理制度，保持社会稳定、维护

---

① 陈洪泉：《民生需要论》，人民出版社 2013 年版，第 35 页。

国家安全。建设人人有责、人人尽责、人人享有的社会治理共同体，确保人民安居乐业、社会安定有序，建设更高水平的平安中国^①。因此，完善正确处理新形势下人民内部矛盾有效机制、完善社会治安防控体系、健全公共安全体制机制、构建基层社会治理新格局、完善国家安全体系等五个方面的工作内容也具有社会秩序维护方面的实践逻辑和现实意义。

事实上，在社会秩序维护的具体实践过程中，道德和法律是维护社会秩序稳定的两种重要手段。坚持依法治国，提升社会秩序维护能力需要法治手段。坚持全面依法治国，建设社会主义法治国家，切实保障社会公平正义和人民权利，有助于构建稳定的社会秩序。坚持法治国家、法治政府、法治社会一体建设，引导全体人民做社会主义法治的忠实崇尚者、自觉遵守者、坚定捍卫者，提高运用法治思维和法治方式维护社会秩序的法治力。

实施以德治国，提升社会秩序维护能力需要德治力量。把道德转化为维护社会秩序的自觉行动，要教育人民，提高人民的道德水准，提高全社会文明程度。2019 年 10 月，中共中央、国务院印发《新时代公民道德建设实施纲要》，强调要把社会公德、职业道德、家庭美德、个人品德建设作为着力点^②。实践证明，坚持马克思主义道德观、社会主义道德观，保持公民道德建设的社会主义方向，能够以主流价值建构社会规范、强化社会认同，从而筑牢维护社会秩序的道德根基和伦理取向。以道德实践激发人们形成维护社会秩序的道德意愿、道德情感，培育人民关注社会秩序建构的价值判断和道德责任，提高道德实践能力，引导人们向往和追求和谐稳定、安定有序的社会生活，有助于树立新风正气，祛除社会中的歪风邪气。

---

① 《中共中央关于坚持和完善中国特色社会主义制度 推进国家治理体系和治理能力现代化若干重大问题的决定》，《人民日报》2019 年 11 月 6 日。
② 吴潜涛：《〈新时代公民道德建设实施纲要〉的鲜明特征》，《伦理学研究》2020 年第 1 期。

二、国民基本生活保障能力

国民基本生活保障能力是一个国家综合国力的象征。国民基本生活保障能力说到底就是面向公众福祉保障民生，是中国共产党国家治理的重要工作内容，是"以人民为中心"发展理念矢志不渝的追求。为中国人民谋幸福、为中华民族谋复兴，是中国共产党人的初心和使命，是激励中国共产党人前赴后继、不断前进的根本动力。国民基本生活保障能力即民生福祉，体现在医疗、住房、教育、救济、扶贫解困、失业保障等方面。党的十九大报告指出："增进民生福祉是发展的根本目的。必须多谋民生之利、多解民生之忧，在发展中补齐民生短板、促进社会公平正义"。人民对美好生活的向往就是中国共产党的奋斗目标，国家在制度顶层设计规划中从全面建立中国特色基本医疗卫生制度、医疗保障制度；优先发展教育事业，建设教育强国；坚决打赢脱贫攻坚战；加快建立多主体供给、多渠道保障、租购并举的住房制度；完善失业、工伤保险制度等多个方面进行了总体性的制度安排。这一揽子的制度安排是提升国民基本生活保障能力的政策部署和行动遵循。

进入新时代以来，我国社会主要矛盾已经转化为人民日益增长的美好生活需要和不平衡不充分的发展之间的矛盾。在新的矛盾面前，国民基本生活保障必然要坚持以人民为中心，举全国之力面向民生需求，进一步加强普惠性、基础性、兜底性民生建设，下大力气保障人民群众的基本生活。事实上，只有保障国民基本生活，才能更好地解决不平衡不充分发展的问题，才能真正地提高人民群众的获得感、幸福感、安全感。在国民基本生活有保障的前提下，人民才能有信心与党同呼吸、共命运、心连心，为更加美好生活而不懈奋斗。

国民基本生活保障即坚持以人民为中心的发展理念，保障民生所需。党的十九大报告提出，要坚持在发展中保障和改善民生。于国民基本生活保障而言有三层深意，第一是要坚持发展，第二是要保障民生，第三是在发展的前提下保障民生的基础上改善民生①。党的十九届四中全会公报指出，要尽力而为、量力而行地健全"幼有所育、学有所教、劳有所得、病有所医、老有所养、住有所居、弱有所扶"等方面国家基本公共服务制度体系②。这为国民基本生活保障能力的建设明确了方向和具体行动落脚点。坚持立党为公、执政为民，保持党同人民群众的血肉联系，把尊重民意、汇集民智、凝聚民力、改善民生贯穿于党治国理政全部工作之中。与此同时，为了满足人民日益增长的美好生活需要，党的十九届四中全会强调，从健全有利于更充分更高质量就业的促进机制、构建服务全民终身学习的教育体系、完善覆盖全民的社会保障体系、强化提高人民健康水平的制度保障等方面提高国民基本生活保障能力，使改革发展成果更多更公平地惠及全体人民。

三、国民价值观引领能力

对于价值观通俗的理解，是人认定事物、判别是非曲直的一种思维或取向。文化有立场，价值有观念。价值观内涵广泛，是人生价值观、道德价值观、生命价值观、科学价值观、审美价值观等一系列信念认知和态度判断的集合。国民价值观支配和制约着国民的行为动机，并有效影响国民对社会的认知态度和评价看法。20 世纪 90 年代，联合国教科文组织支持七十多个国家参与的《生活价值观教育计划》将价值观教育推向全球。

放眼全球，在多元化文化生态的西方国家，笃信自由的价值取向并不意味着价值观选择完全是国民绝对自主的个体行为，而是必须服务于公众福祉的基本诉求。在 20 世纪 30 年代，美国教育委员会就在《对学生特征的看法》明确提出，要对学生进行良好的价值观与道德品格教育。"品格教育课程""社会行动价值观教育模式"都是美国加强国民价值观教育的有力证明。

---

① 《中国共产党第十九次全国代表大会文件汇编》，人民出版社 2017 年版。
② 《中共中央关于坚持和完善中国特色社会主义制度 推进国家治理体系和治理能力现代化若干重大问题的决定》，《人民日报》2019 年 11 月 6 日。

作为美国近邻的加拿大，从国家战略、社会渗透、学校教育出发加强价值观教育，应对原住民抗争、移民群体冲击、美国文化入侵带来的社会撕裂现实挑战。从本质上讲，欧美发达国家的核心价值观教育是为维护资产阶级政治统治、发展资本主义经济文化服务的，但其在灌输传统价值观念、培养爱国主义和民族精神、引领个人价值取向等方面所积累的经验，值得我们批判性借鉴学习。

我国有着悠久的历史，是四大文明古国中文明唯一一直延续至今的国家。在华夏文明传承发展的过程中，古代中华文化中所包含的核心价值思想起到重要作用。中国文化博大精深，光辉璀璨。以儒家思想中"仁义礼智信"五个核心价值思想诠释出的核心价值观，对我国文明延续发展影响深远。在漫长的历史长河中，"仁义礼智信"成为中华民族鼎立千秋的价值取向和道德精神①。新中国成立以来，我国更是注重国民价值观的引领，从新中国成立初期、社会主义建设时期、改革开放时期到新时代，我国的核心价值观教育回应时代需求，凝聚人心、振奋精神，推动了我国经济社会的飞速发展。

进入新时代以来，我国高度重视国民价值观教育，加强国民价值观引领能力建设。先后出台了《关于培育和践行社会主义核心价值观的意见》《新时代爱国主义教育实施纲要》《新时代公民道德建设实施纲要》等一系列文件。党的十八大首次将社会主义核心价值体系凝练为社会主义核心价值观，明确了国家层面的价值目标、社会层面的价值取向和公民个人层面的价值准则。2013 年 12 月出台的《关于培育和践行社会主义核心价值观的意见》文件强调，把培育和践行社会主义核心价值观融入国民教育全过程②。注重宣传教育、示范引领、实践养成相统一，通过加强社会主义核心价值观宣传教育，用社会主义核心价值观引领社会思潮、凝聚社会共识。党的十九大报告指出，要培育和践行社会主义核心价值观，发挥社会主义核心价值观对国民

---

① 龙倩：《"仁义礼智信"的现代转换》，《理论导刊》2017 年第 2 期。
② 《关于培育和践行社会主义核心价值观的意见》，《党建》2014 年第 1 期。

教育、精神文明创建、精神文化产品创作生产传播的引领作用，把社会主义核心价值观融入社会发展各方面，转化为人们的情感认同和行为习惯。党的十九届四中全会指出，要坚持以社会主义核心价值观引领文化建设制度。推动理想信念教育常态化、制度化，弘扬民族精神和时代精神，加强党史、新中国史、改革开放史、社会主义发展史教育，加强爱国主义、集体主义、社会主义教育，实施公民道德建设工程，推进新时代文明实践中心建设。

当今世界多元思想文化交流交锋，价值观冲撞较量呈现新的态势。与此同时，西方自由至上主义、历史虚无主义的渗透，在网络时代也侵蚀我国国民的价值观。因此，在全面改革开放和发展社会主义市场经济的过程中，我们必须积极培育和践行社会主义核心价值观，来应对思想意识多元多样多变的挑战。以社会主义核心价值观筑牢主流价值，巩固全党全国人民团结奋斗的共同思想基础，为实现中华民族伟大复兴汇聚强大正能量。

四、国家安全和主权维护能力

国泰民安是每一个国家矢志不渝的价值追求。国家安全是国泰民安的重要基石，是保障和实现公共福祉的前提，必须坚决维护国家安全，坚决维护国家主权和领土完整。国家安全是指一个国家的立国之本，是主权独立国家生存发展的基本前提。国家安全是保障国家政权统一、主权独立和领土完整、人民福祉、经济发展、社会稳定的根本所在。保护国家重大利益相对安全和不受内外威胁的状态，并处于持续安全状态的能力，就是国家安全和主权维护的重要内容。习近平总书记强调："我们党要巩固执政地位，要团结带领人民坚持和发展中国特色社会主义，保证国家安全是头等大事"[1]。在百年未有之大变局的时代，我国面临着复杂的安全挑战和多变的发展环境，国内外各种风险因素明显增多，非传统领域安全问题日益凸显，各方面风险不

---

[1] 《习近平谈治国理政》第一卷，外文出版社2018年版，第200页。

断积累甚至集中显露。坚决维护国家主权、安全、发展利益，必须首先维护国家安全，保卫人民民主专政的政权和中国特色社会主义制度。

国家安全法从国家安全总则，维护国家安全的任务，维护国家安全的职责，国家安全制度（一般规定、情报信息、风险预防、评估和预警、审查监管、危机管控），国家安全保障，公民、组织的义务和权利等方面，对维护国家安全作出了详细的部署和安排。2015年7月1日，《中华人民共和国国家安全法》公布施行。

提升国家安全和主权维护能力，必须坚持总体国家安全观。以习近平同志为核心的党中央审时度势创新国家安全理念，创造性提出总体国家安全观。在新时代"大安全"理念下，国家安全涵盖政治、军事、国土、经济、文化、社会、科技、网络、生态、资源、核、海外利益、太空、深海、极地、生物等诸多领域。贯彻总体国家安全观，加强国家安全和主权维护能力建设，维护国家安全需要具备辩证思维能力，统筹发展问题和重视安全问题，统筹外部安全和内部安全，统筹国土安全和国民安全，统筹传统安全和非传统安全，统筹自身安全和共同安全。

提升国家安全和主权维护能力，必须坚持中国特色国家安全道路。必须坚持国家利益至上，以人民安全为宗旨，以政治安全为根本，以经济安全为基础，以军事、文化、社会安全为保障，以促进国际安全为依托，维护各领域国家安全，构建国家安全体系，走中国特色国家安全道路。同时，加强国家安全和主权维护能力，必须维护重点领域国家安全。习近平总书记强调，全面贯彻落实总体国家安全观，要聚焦重点，抓纲带目，把确保政治安全作为首要任务。因此，当前和今后一个时期，提升国家安全和主权维护能力要着重抓好政治安全、国土安全、经济安全、社会安全、网络安全、外部安全等重点领域的国家安全工作。

明者防祸于未萌，智者图患于将来。居安思危，提升国家安全和主权维护能力，更要增强忧患意识、防范风险挑战。习近平总书记多次强调，"我们共产党人的忧患意识，就是忧党、忧国、忧民意识，这是一种责任，

更是一种担当","前进的道路不可能一帆风顺，越是前景光明，越是要增强
忧患意识，做到居安思危，全面认识和有力应对一些重大风险挑战"。我们
必须时刻保持清醒，时时捍卫国家安全，处处留意国家安全，不被相对安全
的发展环境和良好的发展形势所麻痹，筑牢忧患意识，关注防范风险。

五、应对突发公共事件能力

我国幅员辽阔，是世界上自然灾害最为严重的国家之一。多样性的自
然地理与资源环境导致我国灾害种类多，发生频率高，造成损失重。同时，
在经济社会发展的转型期，我国各类事故隐患和安全风险交织叠加。基于特
殊的自然环境和经济社会发展环境，面对公共安全问题频发等问题，加强应
急管理体系和应对突发公共事件能力建设，是一项紧迫而长期的任务。

我国历来高度重视应对突发公共事件，应急管理体系不断调整和完善。
总结 2003 年战胜"非典"经验，我国逐步探索出了"一案三制"应急管理体系。
2006 年，我国出台了《国家突发公共事件总体应急预案》《国家安全生产事
故灾难应急预案》，发布了《关于全面加强应急管理工作的意见》；2007 年出
台了《中华人民共和国突发事件应对法》。此后，又陆续出台《企业安全生
产应急管理九条规定》《生产安全事故应急条例》等法律法规加强应急管理
法制化进程。

2018 年 4 月 16 日，应急管理部挂牌成立，应急管理事业进入新的发展
阶段。应急管理部整合了 11 个部门的 13 项职责，包括 5 个国家议事协调机
构、2 支部队 19 万人的转制。"超级大部"职责职能的优化亟待进行。2019
年 11 月，习近平总书记主持中央政治局第十九次集体学习时强调，应急管
理是国家治理体系和治理能力的重要组成部分，必须积极推进我国应急管理
体系和能力现代化[1]。

---

① 《积极推进应急管理体系和能力现代化》，《瞭望》2019 年第 49 期。

党的十九届四中全会从健全公共安全体制机制的视角对应对突发公共事件能力提出了要求：完善和落实安全生产责任和管理制度，建立公共安全隐患排查和安全预防控制体系。构建统一指挥、专常兼备、反应灵敏、上下联动的应急管理体制，优化国家应急管理能力体系建设，提高防灾减灾救灾能力。加强和改进食品药品安全监管制度，保障人民身体健康和生命安全。新冠肺炎疫情暴发后，我国应急管理能力遭受到了前所未有之挑战。2020 年 2 月 14 日，习近平总书记主持召开中央全面深化改革委员会第十二次会议时强调，完善重大疫情防控体制机制，健全国家公共卫生应急管理体系①。

由此可见，服务于公众福祉，我国应对突发公共事件的改革发展任重而道远。我国应急管理发展格局正在发生新的变化，人民对美好生活的向往和经济社会高质量发展的现实需要，对做好应急管理工作给予了新的、更高的期盼。党和国家始终高度重视应急管理工作，要求新时代应急管理工作，特别是在应急管理体制机制和应急管理服务等方面不断地加强创新。加强中国特色应急管理体制、城市重大突发事件综合应急管理能力、国家综合应急救援能力、跨地区协同处置重大突发事件机制、重大突发事件中的国际合作等，将是我国应对突发公共事件能力建设的重要方向。

从探索应对突发公共事件能力视角分析，应急管理是国家治理体系和治理能力的重要组成部分。应对突发公共事件能力建设的主旨是面向突发事件，科学客观评估其对社会公众、政府部门管理和服务能力的冲击，积极应对突发事件治理效能的挑战。立足当下国情，通过制度设计、流程再造与绩效改进、体制机制改革与创新，实现应急管理能力的优化和提升，强调坚持系统思维和协同治理，以引领政府部门、社会力量、企事业单位和个人适应风险社会的挑战，客观科学地开展风险治理、韧性建设、应急准备、预警和响应以及灾后恢复和可持续发展。从而，进一步发挥我国应急管理体系的特

---

① 《习近平主持召开中央全面深化改革委员会第十二次会议强调：完善重大疫情防控体制机制健全国家公共卫生应急管理体系》，《党的建设》2020 年第 3 期。

色和优势，积极借鉴国外应急管理有益做法，加强应对突发公共事件能力建设，为防范化解重大安全风险、保护人民群众生命财产安全和维护社会稳定作出应有贡献。

同时需要强调的是，伴随互联网的发展，为维护网络主权和网络安全，我国也不断加强公共互联网网络安全突发事件的应对能力[1]。国家网信办牵头积极推进网络安全法、电子商务法、未成年人网络保护条例等重要法律法规立法进程，以提升公共互联网网络安全突发事件治理能力。

六、军事武装能力

在华夏文明的历史长河中，"犯我强汉者虽远必诛"同"落后就要挨打""弱国无外交，国弱遭欺凌"天渊之别的历史史实和经验教训明证了一个道理：强大的军事武装是保家卫国之本。只有发展强大的军事武装力量才能保障公众福祉，守护人民安居乐业。军队是要随时准备打仗的，军事武装能力说到底就是打仗能力、就是战斗力。强大的军事能力，是大国崛起的一块重要力量基石。发展什么样的军事能力，怎样发展军事能力，事关国家崛起进程。换而言之，军事武装力量是一个国家赖以生存发展的根基，国家的强盛之路需要强大军事武装力量的坚定支撑。[2]

在中华大地上，"枪杆子里出政权""党指挥枪"是家喻户晓耳熟能详的军事武装建设经验。我国的武装力量由中国人民解放军现役部队和预备役部队、中国人民武装警察部队、民兵组成。从理论逻辑、实践逻辑、历史逻辑出发，加强军事武装力量建设的出发点和落脚点可以从以下几个方面理解：

首先，巩固中国共产党领导和我国社会主义制度需要加强军事武装能

---

① 孙璞：《波澜壮阔 70 年　砥砺奋进再出发　向着网络强国阔步前行》，《网信军民融合》2019 年第 10 期。

② 《确保如期完成军队建设发展"十三五"规划目标任务　为实现强军目标、建设世界一流军队打下扎实基础》，《网信军民融合》2019 年第 3 期。

力建设。捍卫中国共产党的执政地位和中国特色社会主义制度是军事武装力量的天职和使命，坚决以军事武装力量维护国家政治安全、制度安全，打击、威慑敌对势力的颠覆破坏活动，抵御一切外来侵略行为。其次，捍卫国家安全和发展利益需要加强军事武装能力建设。在新的对外开放格局下，我国海外安全保障需求持续增大，需要加强军事武装力量建设，加强对外军事交流合作，保护海外利益，执行维和任务，维护世界和平。再次，维护社会稳定需要加强军事武装能力建设。在我国全面深化改革进入攻坚期和深水区之际，必须时刻保持警惕和高度戒备，以强大的军事武装力量，防范各种突发事件，打击宗教极端势力、民族分裂势力、暴力恐怖势力，维护社会秩序，保障人民安居乐业。积极主动加强军事斗争准备，保卫国家安全和民族利益，维护祖国统一和领土完整。最后，保障国家经济社会稳步发展需要加强军事武装能力建设。长江特大洪水灾害、汶川地震、抗击新冠肺炎疫情等随处可见人民子弟兵冲锋在前，保家为民、服务民生。服从服务于国家经济建设大局，加强军民融合发展，承担抢险救灾等急难险重任务、积极支援地方经济建设，是人民军队忠于党爱人民的现实表现。

党的十九大报告明确提出了国防和军队建设现代化的时间表和路线图，即"确保到二〇二〇年基本实现机械化，信息化建设取得重大进展，战略能力有大的提升；力争到二〇三五年基本实现国防和军队现代化；到本世纪中叶把人民军队全面建成世界一流军队"[1]。党的十九届四中全会强调，坚持和完善党对人民军队的绝对领导制度，确保人民军队忠实履行新时代使命任务[2]。并从坚持人民军队最高领导权和指挥权属于党中央、健全人民军队党的建设制度体系、把党对人民军队的绝对领导贯彻到军队建设各领域全过程等方面，全面推进国防和军队现代化，确保实现党在新时代的强军目标，

---

[1] 《中国共产党第十九次全国代表大会文件汇编》，人民出版社 2017 年版。

[2] 《中共中央关于坚持和完善中国特色社会主义制度　推进国家治理体系和治理能力现代化若干重大问题的决定》，《人民日报》2019 年 11 月 6 日。

把人民军队全面建成世界一流军队，永葆人民军队的性质、宗旨、本色①。

坚定不移走中国特色强军之路、全面推进国防和军队现代化，必须把习近平强军思想作为根本指导，贯彻落实到建设中国特色、世界一流的武装力量体系各领域全过程。新时代的强军目标是建设一支听党指挥、能打胜仗、作风优良的人民军队，把人民军队建设成为世界一流军队。加强军事武装能力建设，必须坚持党对人民解放军和其他人民武装力量的绝对领导。加强军事武装能力建设，要把能打胜仗作为根本出发点和落脚点。聚焦能打仗、打胜仗的军事斗争准备，具备塑造态势、管控危机、遏制战争、打赢战争的真本领。加强军事武装能力建设，要始终保持作风优良的本色和作风。以作风优良塑造常胜之师，发扬艰苦奋斗精神，锻造铁的纪律，纯正部队风气，永葆军民鱼水深情。

第四节　国家治理能力之积极应对国际事务

一、促进对外贸易、贸易保护及反制能力

促进对外贸易首先要对外开放，我国坚持对外开放的基本国策，经过40余年的努力，已经形成了全面开放新格局。党的十九大报告指出，要以"一带一路"建设为重点，坚持"引进来"和"走出去"并重。遵循共商共建共享原则，我国在对外开放中注重加强创新能力开放合作，以期形成陆海内外联动、东西双向互济的开放格局②。为了促进对外贸易，拓展对外贸易发展领域，我国立足贸易强国建设，积极培育贸易新业态和新模式。在促进对外贸易的过程中，我国高度重视来华投资，对于来华投资实施高水平的贸

---

① 孙亮：《习近平强军思想的理论及实践探析》，《邓小平研究》2020 年第 1 期。
② 《中国共产党第十九次全国代表大会文件汇编》，人民出版社 2017 年版。

易和投资自由化便利化政策。全面实行准入前国民待遇加负面清单管理制度，大幅度放宽市场准入，扩大服务业对外开放，保护外商投资合法权益等制度和政策，将我国对外贸易发展推向新的发展水平。

为了优化对外贸易发展格局，2018 年 11 月 23 日，国务院印发《关于支持自由贸易试验区深化改革创新若干措施的通知》。目前，我国已经分多批次批准了 18 个自贸试验区，已经初步形成了"1+3+7+1+6"的基本格局，形成了东西南北中协调、陆海统筹的开放态势，推动形成了我国新一轮全面开放格局。赋予自由贸易试验区更大改革自主权，鼓励在对外贸易发展中探索建设自由贸易港。与此同时，出台《关于扩大进口促进对外贸易平衡发展的意见》，在稳定出口的同时进一步扩大进口，促进对外贸易平衡发展，推动经济高质量发展，维护自由贸易。

需要指出的是，我国促进对外贸易有着独具国情特色的开放格局和大国胸怀。党的十九大报告强调，在积极促进对外贸易中，更加强调通过"一带一路"国际合作促进对外贸易。为了促进对外贸易，在国际合作中努力实现政策沟通、设施联通、贸易畅通、资金融通、民心相通，以打造国际合作新平台，增添共同发展新动力[1]。促进对外贸易中，我国始终持有大国风范，积极加大对发展中国家特别是最不发达国家援助力度，促进缩小南北发展差距。在促进贸易发展政策上，我国强调支持多边贸易体制，通过促进自由贸易区建设，推动建设开放型世界经济。

在促进对外贸易的过程中，我国高度重视贸易保护及反制能力的建设。党的十九届四中全会指出，需要健全外商投资准入前国民待遇加负面清单管理制度、健全促进对外投资政策和服务体系、推动建立国际宏观经济政策协调机制、健全外商投资国家安全审查、反垄断审查、国家技术安全清单管理、不可靠实体清单等制度，通过制度创新加强贸易反制能力。国际贸易需要高度坚持规则意识，完善涉外经贸法律和规则体系也是我国贸易保护及反

---

[1] 《中国共产党第十九次全国代表大会文件汇编》，人民出版社 2017 年版。

制能力建设的重点①。同时，根据《马拉喀什建立世界贸易组织协定》《关税与贸易总协定》《维也纳条约法公约》《国家对国际不法行为的责任条款草案》等国际贸易有关公约和协定，开展遵循贸易规则的贸易保护和反制。

一旦贸易战发生，我国可以通过加征关税的方式予以反制。通过经济调控推动货物贸易收支平衡，也是提高贸易反制能力的重要方面。更重要的是，促进对外贸易、贸易保护及反制能力，必须提升自身经济发展活力和发展质量，注重挖掘国内需求，坚决不放弃产业技术支持政策，建立起完备的产业体系。同时，政府可以通过科技税收优惠、一般财政科技补贴和财政科技资金入股投入科技型企业的多重方式，提升科技创新效果，增强对外贸易综合实力。

二、海外利益保护能力

我国实施"走出去"战略，提出"一带一路"倡议，得到了许多国家的积极回应。不容忽视的是，我国海外利益在高风险地区屡次遭受不法侵害等客观环境和现实，使中国海外利益保护问题不断凸显②。我国政府十分重视海外利益保护问题。我国已建立境外中国公民和机构安全保护工作部际联席会议机制，外交部设立了 24 小时在线响应的全球领事保护与服务应急呼叫中心 12308。需要指出的是，当前我国海外利益保护能力建设的难点在于，如何在提升保护手段效用的同时，确保海外利益保护的国际合法性。

在全球经济一体化的背景下，国际贸易和国民跨境迁移使得一个国家的国家利益以海外利益的形式存在于国境之外。海外利益是国家利益的海外

---

① 《中共中央关于坚持和完善中国特色社会主义制度　推进国家治理体系和治理能力现代化若干重大问题的决定》，《人民日报》2019 年 11 月 6 日。

② 刘莲莲：《论国家海外利益保护机制的国际合法性：意义与路径》，《太平洋学报》2018 年第 26 期。

延伸，维护和拓展海外利益是我国成长为大国强国的核心要素。我国公民年出境数量早已突破 1 亿人次，在全球范围内已经成为海外最大的流动群体。与此同时，我国有数万家中国企业遍布全球，又有数百万中国同胞生活和工作在世界各地。大国崛起的历史证明，广泛的海外利益是我国成长为世界强国的标志，加强海外利益保护是大国崛起的历史选择和时代归宿。作为一个向世界强国迈进的东方大国，我国必须正视海外利益，有礼有节地维护和拓展海外利益。

我国海外利益保护工作面临着国际国内环境、行动目标、行为规则、博弈逻辑、保障手段等方面的挑战。应以总体国家安全观为指导，持续强化海外利益保护能力建设，保护我国在海外机构和公民的安全和正当权益，为海外利益保驾护航[①]。党的十九届四中全会强调，要健全对外开放安全保障体系，加快补齐安全保障短板，在扩大开放中牢牢扎紧维护国家安全的篱笆，防范外来颠覆渗透破坏活动[②]。为了维护和拓展我国海外利益，我国已经作出加快构建海外利益保护和风险预警防范体系的工作部署。完善领事保护工作机制、维护海外同胞安全和正当权益、保障重大项目和人员机构安全，将是我国海外利益保护能力建设的重要方向。

我国海外利益保护能力建设的基本逻辑是：牢固坚持党和国家关于海外利益保障工作的总体部署，紧紧围绕"一带一路"沿线海外利益需求，综合运用法律、文化、外交、军事等手段，构建我国海外利益综合保障体系，全方位打造海外安全生态圈。

加强海外利益保护能力建设，首先要完善涉外法律制度建设，为维护我国公民、企业的海外利益提供法理支撑。海外利益保护的法律体系是保护海外利益的重要手段。合乎国际法、遵守东道国法律的海外利益，在利益保

[①] 廖春勇、高文胜：《当前我国海外利益面临的主要风险及对策研究》，《广西社会科学》2018 年第 6 期。

[②] 《中共中央关于坚持和完善中国特色社会主义制度　推进国家治理体系和治理能力现代化若干重大问题的决定》，《人民日报》2019 年 11 月 6 日。

护实践中具有法理上的可行性。同时，也要积极提升我国司法在国际舞台的话语权地位，为保护我国海外利益提供更具针对性和更具实效性的法律保障。也门撤侨、新冠肺炎疫情背景下留学生回国等，都证明完善国家应急反应机制是加强海外利益保护能力建设的重要方面。为保护我国公民、企业境外安全，需要完善外交部等国家重要职能部门参加的应急常态化机制。通过制定海外利益应急预案，根据态势发展，及时启动相应的应急预案，切实保护我国公民、企业境外安全。

海外利益保护能力需要软实力，也需要硬实力。软实力就是文化交流与沟通，硬实力就是强大军事力量的保障。加强多元文化交流，发挥民间团体沟通协调作用是海外利益保护能力的重要方面。在境外，民心相通、珍视友谊是海外利益保护的社会基础。我国公民、企业等海外利益主体除寻求政府解决和军事保护外，也要加强与东道国当地社区、民间社会团体等非政府组织的沟通与合作，充分挖掘民间力量在利益保护中的作用。更需要强调的是，我国在亚丁湾、索马里海域执行护航任务的成功实践证明，维护海外利益必须建设与我国海外利益拓展相适应的军事能力。在国际风云多变的现实下，我国海外投资和战略通道安全问题也日益突出，强大的军事力量是我国海外利益维护的最终保障。应通过积极参与海外维和行动、加强建设海外保障基地、组建一支快速反应部队等措施，为维护国家海外利益提供坚不可摧的武装威慑和军事安全保障。

三、国际话语能力及国际关系塑造能力

国际话语能力及国际关系塑造能力，指主权国家依靠外交力量、经济关系、文化传播、民间交流、军事武装等渠道和手段，将蕴含一定文化观、世界观、价值观的价值诉求"输送"到国际社会之中，通过在全球性国际组织或区域性国际组织的国际事务沟通中设置议题、明晰标准、制定规则，以

得到其他主权国家、国际组织、各国民众的接受认同和共同遵守①。

当今世界政治格局的形成，发端于第二次世界大战的战后秩序格局，经历东欧剧变与苏联解体后，西方发达国家在国际话语权领域处于优势地位，发展中国家在国际话语权问题上争得一席之地需要经历长期的努力和斗争。在国际关系日益复杂的形势下，国际话语能力本质上反映的是主权国家的国家关系塑造能力，也可以理解为一种国际政治权力关系。当前，以美国为代表的西方发达国家，依靠其在国际政治、经济水平、军事能力和文化发展等方面的个体优势和组合优势，掌握着当今世界的国际话语体系。当今国际社会在政治立场、价值取向、协定规则、舆论导向等方面，更多体现着发达国家集团的意志和利益。这也是发展中国家和国际社会新兴力量致力于提升国际话语能力、加强国际关系塑造的原因所在。与此同时，近年美国政府坚持的"美国优先"的美式思维也导致西方发达国家在话语体系和国际关系中出现"同而不和"的尴尬境地②。

新中国成立70多年来，伴随国家利益的变迁，我国的国际话语及国际关系塑造经历了从新中国成立初期的"三个世界"理论，发展到改革开放后的"韬光养晦"，再到新时代"共建人类命运共同体"的转变。这是国家综合实力逐步提升的质的改变，这主要表现在：国际话语权从"弱"到"强"，国际关系从"一边倒"到"和平外交"，国际地位从"被边缘化"到"走近中央"。而今，我国已经成为全球第二大经济体，综合国力稳步提升。我国坚持对外开放，积极主动融入国际社会，在国际事务和国际关系中积极主动发声，坚持合作共赢，推动建立以合作共赢为核心的新型国际关系。

党的十八大以来，以习近平同志为核心的党中央高度重视提高国际话语权，明确提出了"人类命运共同体"。人类命运共同体是着眼人类发展

---

① 孙梦琼：《新中国成立70年来中国国际话语权的变迁》，《延边党校学报》2019年第35期。
② 王晓伟：《中国特色大国外交的新发展及其特点》，《贵州社会科学》2019年第11期。

和世界前途提出的中国理念、中国方案。人类命运共同体包含相互依存的国际权力观、共同利益观、可持续发展观和全球治理观，对提升我国国际话语权具有重大战略意义，对当今国际关系发展走向产生了广泛而深远的影响。发展新时代中国特色大国外交要推动构建新型国际关系。党的十九大报告中提出："推动建设相互尊重、公平正义、合作共赢的新型国际关系"。党的十九届四中全会强调，坚持和完善独立自主的和平外交政策，推动构建人类命运共同体。通过健全党对外事工作领导体制机制、完善全方位外交布局、推进合作共赢的开放体系建设、积极参与全球治理体系改革和建设等举措，我国的国际话语能力及国际关系塑造能力将日益增强，在谋求本国发展中促进各国共同发展，增进人类共同利益[①]。

需要强调的是，在国际话语及国际关系塑造的过程中，必须高度重视国际规则制定能力。国际规则制定能力是决定我国国际话语体系地位、影响国际关系塑造能力的重要构成部分。2016年9月27日，中共中央政治局就二十国集团领导人峰会和全球治理体系变革进行第三十五次集体学习。习近平总书记强调："积极参与全球治理，着力增强规则制定能力。"事实证明：不断增强我们在国际上说话办事的实力，能更好维护我国和广大发展中国家共同利益，并为实现"两个一百年"奋斗目标、实现中华民族伟大复兴的中国梦营造更加有利的外部条件。二十国集团领导人峰会、"一带一路"建设、上海合作组织、亚信、东亚峰会、东盟地区论坛等，都是我国国际规则制定能力提升的力证。

在正确义利观的指导下，提升国际规则制定能力，应立足实现国际合作的双赢、多赢、共赢而非单赢，引导各方形成共识，加强协调合作。伴随推动全球治理体系变革，网络、极地、深海、外空等新兴领域规则的制定，将是我国国际规则制定能力关注的重点。与此同时，加强全球治理人才队伍

---

① 《中共中央关于坚持和完善中国特色社会主义制度　推进国家治理体系和治理能力现代化若干重大问题的决定》，《人民日报》2019年11月6日。

建设，服务提高我国参与全球治理的能力，着力增强规则制定能力，将是不可回避的现实问题。

四、国家形象塑造及国家形象传播能力

国家形象是一个主权国家软实力的重要组成部分，是一个国家在全球综合实力和国际影响力的现实体现。纵观人类文明发展史，在任何一个历史时期，主权国家形象塑造与传播都受到各国政府的高度重视。国家形象是一个国家对自己的认知以及国际体系中其他行为体对它的认知的结合；它是一系列信息输入和输出产生的结果，是一个"结构十分明确的信息资本"。在这个意义上，一个国家的国家形象是动态发展变化的，国家形象是一个国家在国际社会交往和互动的结果。在国际体系结构中，国家形象在国家自我认知与国际认知博弈中的双向互动建构中得以呈现。

国家形象是一种特殊的文化软实力，它既拥有极强的政治属性，也同时拥有很强的文化属性。国家形象的评判具有客观标准，也具有主观色彩，是基于感知事实产生的一种主观性印象[1]。在这个意义上，国家形象构成了人们对于一个国度及其民众认知态度的心理预设。国家形象的塑造和传播，导致一个国家出现正面国家形象和负面国家形象。正面国家形象，意味着人们愿意以亲近、接纳、合作、包容的态度对待某一个国家及其民众。反之，负面的国家形象，则意味着人们会以疏远、排斥、敌对、怀疑的态度对待某一个国家及其民众。

作为世界四大文明古国，中国有着5000多年的文明史。在中华民族的文明进程中，我国创造了人类文明史上许多举世瞩目的辉煌成就。在相当长的一段历史时间里，中国的综合国力领先全球，依靠广袤的领土、众多的人口、富庶的经济、强大的军事、繁荣的文化，古代中国有着天朝上国的盛世

---

[1]　关锋：《新中国成立以来我国国家形象建构》，《北京行政学院学报》2020年第2期。

繁华，建立了兴盛辉煌的古代中国国家形象。但是，近代以来长期闭关锁国，鸦片战争后中国沦为半殖民地半封建国家，中国的国家形象跌落谷底。在中国共产党领导下，中国人民赢得了民族独立。新中国的成立标志着我国成为独立自主的国家，建立了社会主义制度，树立起了东方社会主义国家的国家形象。改革开放以后，我国以经济建设为中心，坚持和平共处五项原则，成为世界上最大的发展中国家，通过平等互利的国际合作塑造了良好国家形象。

当今世界已进入一个文化更加开放包容，更加多元复杂的时代，国际形势错综复杂，各类思想交融交锋，人民文化需求强劲。中国作为一个正在崛起的大国，走在伟大复兴征程上的中华民族必然更加注重国家形象的塑造。中国国家形象塑造需要发挥好"一带一路"倡议的价值，挖掘中华文化的精髓，讲好中国故事，传播好中国声音。在今后相当长的一段时间内，我国国家形象塑造及国家形象传播能力的重点有两方面的工作①。一方面，坚持问题导向，反对西方媒体、政客们鼓吹的"中国威胁论""中国崩溃论"。另一方面，坚持目标导向，积极塑造富有中国特色社会主义特色的"和平发展、勇于担当"的大国形象。

---

① 路璐:《新媒体语境下的国家形象传播话语博弈研究》,《南京社会科学》2016 年第 3 期。

第八章　国家治理技术论 *

　　科学技术发展是支撑国家治理体系的重要内容，是实现国家治理能力现代化的重要手段。近年来，人工智能、大数据、云计算、区块链、5G 通信等信息技术在交通、金融、商务、公共安全和政府服务等多个领域得到广泛应用。以信息技术为代表的新一轮科技革命和产业革命正在蓬勃兴起，信息技术对国家治理产生了深远影响，为完善国家治理体系和提升国家治理能力现代化提供了强大的支撑，同时也带来了多方面的挑战。基于此，本章围绕国家治理技术这一课题展开研究，主要探讨的是信息技术在完善国家治理体系和提升国家治理能力中的作用和意义。

　　技术提升国家治理能力是一种工具理性的体现，同时，技术需要不断创新发展，因此，国家治理技术论与国家治理工具论、创新论等章节互为一体，有较强的关联度。

第一节　国家治理技术的内涵与特征

　　近年来，各类新技术应用到政府、社会、市场等各领域的治理过程中，"技术"与"治理"已经成为研究热点。从现有文献来看，学术界对于"国

---

* 本章作者为上海交通大学驻国务院参事室课题助手王宏武及上海交通大学科学史与科学文化研究院助理教授刘铮博士。

家治理技术"尚未给出明确的定义，需要我们从内涵、特征和分类等多个层面界定"国家治理技术"及其当代意义。

一、国家治理技术的内涵

研究国家治理技术的内涵，可以从"国家治理的技术"与"技术的国家治理"两个角度分析，前者主要是指在国家治理过程中所应用到的技术，如人工智能、大数据、云计算、区块链技术等；后者主要是指为防止技术的"异化"效应，需要对应用在国家治理中的技术进行再治理，以防止国家治理被技术所僭越，从而能够最大限度地规避技术的负面效应、提升技术的正面价值，最终实现"善治"。[①]

因此，"国家治理的技术"与"技术的国家治理"是一体两面，相互促进和融合的关系。无论是从"国家治理的技术"的角度，还是从"技术的国家治理"的角度，其核心都是"国家治理"。

国家治理的内涵，可以从形式、内容、方法和目的等维度来思考。从形式上讲，国家治理既包含政府治理、社会治理和市场治理等治理模式，又与它们有所区别。国家治理是在宏观层面通过订立政策与法律、提供必要的资金和技术等物质协助等多种形式为地方治理主体（如地方政府、地方法人团体等）提供治理依据与治理手段的治理模式。从内容上讲，国家治理的核心内涵在于通过政府治理、社会治理和市场治理等途径实现国家的长治久安。从方法上讲，国家治理的方法是多元的，具有"软"和"硬"两个层次，"软"的方面有政策引导与激励、教育劝勉等方式，"硬"的方面有资金支持、硬件支撑、法律制度的约束与惩罚、暴力强制等方式。从目的上讲，国家治理的最终目的是实现国家长治久安、人民幸福安康。

[①]　宋辰熙、刘铮：《从"治理技术"到"技术治理"：社会治理的范式转换与路径选择》，《宁夏社会科学》2019 年第 6 期。

明确了国家治理的内涵之后，接下来的问题就是如何通过技术来理解和推进国家治理？而要回答这一问题，我们首先要明确"技术"的定义及其基本内涵。

首先，技术作为一个自然科学术语，其内涵随着人类社会的发展而不断深化。关于技术的本质和内涵研究，一直以来是学术界研究热点。人们通常将技术当作实现某些特定目的而创制和使用的工具、手段和方法。学术界一般认为，技术是物质手段和方式方法的总和。国际主流的技术理论有杜威的实用主义技术论、芒福德的技术文明论、海德格尔的存在技术观、艾鲁尔的技术系统论、科塔宾斯基的技术行动学、伊德的实践技术论和芬伯格的技术批判理论等①。埃鲁尔在 1962 年拓宽了传统思想界对技术的工具性理解，认为技术是所有人类活动领域合理得到运用并具有绝对效率的方法的总体②。赵建军从狭义和广义两个角度来定义技术，狭义的技术指的是各种工艺操作方法和技能、各种生产工具和物质设备；广义的技术是指人类改造自然、改造社会和改造人本身等活动中所应用的一切手段和方法的总和③。因此，从国家治理层面来说，技术泛指完善国家治理体系和提升国家治理能力所应用的方法、手段和技能的总和。那么，"国家治理技术"可以看成是一种工具和知识系统。

单就目前研究来讲，国家治理技术一般包含政府治理技术、社会治理技术和市场治理技术等多个子层面。黄其松在 2018 年对政府治理技术给出了内涵定义，政府治理技术是政府为了实现既定的政策目标而对政策目标客体所采取的策略、方式、方法、工具和手段的统称，它既包含科学技术，也包含社会技术与精神技术④。类比于政府治理技术，我们似乎可以这样定义国家治理技术：国家治理技术是国家为了实现既定治理目标而对治理客体所

① 朱葆伟：《技术哲学研究综述》，《哲学动态》2001 年第 6 期。
② 张成岗：《新技术演进中的多重逻辑悖逆》，《探索与争鸣》2018 年第 5 期。
③ 赵建军：《技术本质特性的批判性阐释》，《自然辩证法研究》2001 年第 3 期。
④ 黄其松、许强：《论政府治理技术》，《江汉论坛》2018 年第 12 期。

采取的策略、方式、方法、工具和手段的统称。相比于政府治理技术，国家治理技术范围更广，包含了政府治理技术、社会治理技术与市场治理技术。

因此，"硬"的层面是指通过信息技术手段所实现的国家治理，如人工智能、大数据、云计算等；"软"的层面包含了通过约定俗成、政策制定、法规执行、文化和道德伦理约束等方式方法推进治理成效的技术[①]。通常意义上认为，国家治理技术主要是指在国家治理过程中所应用到的"硬技术"，尤其是近年来快速发展和广泛应用的现代信息技术，如互联网技术、人工智能、区块链、大数据技术等。

二、国家治理技术的特征

国家治理技术的主要特征可以归结为以下几点：

第一，精细化。国家治理通过对信息技术的运用得以实现治理的精细化。比如，在新冠肺炎疫情期间，通过大数据、云计算等信息技术手段实现了对疑似病例的跨地域追踪和深度的基层治理，使治理触角深入千家万户，最大限度地维护了人民群众的生命健康。

第二，便捷化。国家治理技术使治理成本降低、治理效率提升，使治理模式不断便捷化、人性化，更好地体现了以人为本的宗旨。比如，全国各地开展的"最多跑一次"的政务服务业务，为广大人民群众提供了便捷和优质化的政务服务。

第三，透明化。由于运用了信息技术，可以让人民群众更好地参与到国家治理的过程中，减少了暗箱操作、人情操作的空间，使得国家治理更加透明化。国家治理技术所实现的是一种"共治共享"模式，国家治理再也不是政府单方面的治理，而是政府与社会、政府与市场、干部与群众的双向互

---

① 刘铮：《"硬技术"与"软技术"：论米歇尔·福柯的技术哲学》，《自然辩证法研究》2016年第 5 期。

动关系。比如，全国各地实行的"互联网问政"模式，不仅能够使人民发声表达诉求，而且也促使政府回应人民诉求，改善政风，起到了民主监督的重要作用。

第四，规范化。信息技术的运用能够使国家治理更好地实现程序正义[1]。信息技术让国家治理模式更加规范化。从而，信息技术得以助推国家治理，在实现程序正义的基础上落实实质正义，有利于维护社会公平正义。

第二节 国家治理技术分类

国家治理过程中涉及的技术众多，不仅包括以信息技术为载体的人工智能、大数据、区块链等新兴"硬技术"，而且也包括传统的、具有柔性特征的、以人为本的人文技术和管理技术等"软技术"。本节主要从"软""硬"两个方面对国家治理技术进行分类，参考系统模型，结合国家治理逻辑，将当前国家治理过程中所涉及的"硬技术"分为感知技术、决策技术和服务技术，分别对应信息输入、信息处理、结果输出；把"软技术"分为人文技术和管理技术，以应对"硬技术"所可能产生的负面效应、实现对"硬技术"的再治理，从而实现"国家治理的技术"与"技术的国家治理"之间的辩证统一。此外，还可从自然科学技术、人文社科技术，或者基础技术、应用技术等方面思考，对国家治理技术进行分类。

一、支撑国家治理的"硬技术"

一是类似"输入"的感知技术。对于任何一个国家、社会组织的决策者、管理者来说，"感知"作为信息系统的输入是非常重要的。在支撑国家治理

---

[1] 高奇琦：《智能革命与国家治理现代化初探》，《中国社会科学》2020年第7期。

的信息技术中，图像采集、物联网、传感器、遥感卫星等信息技术称之为感知技术，具体来说可以分为两类，第一类是以遥感卫星、定位导航、高清地图等为主的时空感知技术，即获得国家治理时空信息；另一类是通过摄像头、智能终端（手机）、互联网、物联网等为主的行为特征感知技术，即获得国家治理对象行为特征信息。从国家治理的角度来看，感知技术主要用于基础性数据和监控数据收集。基础性数据是国家治理中非常重要的数据，如国家公民基本数据、国家国土资源数据等。监控性数据有两类数据，一类是国家监测的数据，另一类是宏观调控数据，监控性数据对应国家治理目标论，如经济运行指标等。

二是类似"控制器"的决策技术。决策技术是指以大数据、人工智能、云计算、深度学习、区块链等信息技术，构建统一的公共数据中心和综合管理平台、远程指挥控制网络等。这类技术能提升国家治理过程中决策的科学性、精准性，能提升国家治理调度指挥的快捷性、集中性。以国家治理中的城市治理来说，各地方政府为提升城市综合治理水平，纷纷打造各具特色的"城市大脑"系统，其实质就是智慧治理系统，核心是支撑城市治理的综合决策技术应用。

三是类似"输出"的服务技术。支撑国家治理服务技术主要是指服务人民群众，便捷人民生活等一类的应用技术，以"互联网＋"技术为代表，具体有"互联网＋政务审批""互联网＋监督举报""互联网＋医疗""互联网＋教育""互联网＋社区服务"等"互联网＋"平台。以互联网技术为主，融合物联网技术、移动智能技术、人工智能技术、语音技术、机器视觉技术等，共同形成了支撑国家治理服务技术，为人民群众在政务审批、交通、教育、医疗等方面提供便捷服务，改变人们生活、工作以及参与国家治理等方式。以电子政务为例，在我国政府的大力推行下，对政务服务流程进行梳理，深入推进"互联网＋政务服务"，大力推行"一网通办""一站式／一门式服务""最多跑一次"等改革服务，极大地推动了公共服务、政务公开、简政放权，进一步实现了现代化国家治理中的数字化服务。

二、支撑国家治理的"软技术"

一是人文技术。对任何技术之运用都有被"异化"的风险，国家治理技术也不例外。比如，信息技术虽然在某种程度上提升了国家治理的程序化和透明化，但信息技术仍然有异化的风险，如果一个社会完全依赖信息技术进行治理，那么也就难以实现实质正义，最终会走向正义的反面。因此，在大力推行国家治理技术、促进国家治理创新的同时，也需要对技术进行国家治理，此谓"技术的国家治理"。

那么，对技术进行再治理的手段亦决不能再依赖高新技术本身，而是需要一种国家治理的人文技术。所谓人文技术，并不是任何高新技术的物质化手段这类"硬技术"，而是一种植根于文化传统的、以人文为根基的治理"软技术"。我国五千年文明成果积累了丰富的国家治理智慧和治理文化，需要我们推陈出新、革故鼎新，推出适应新时代发展需求的人文技术，以最大限度地实现以人为本的善治目标。

比如，中国古人非常强调以民为本，认为国家的长治久安必须先安民、富民。儒家思想非常强调仁民爱物，认为统治者必须要有仁民爱物的道德修养，切实做到不与民争利，才能够在真正意义上实现国家的长治久安。所以，中国古代形成了一系列具有民本仁爱思想的人文技术。比如儒法互补，把儒家的仁、德、礼与法家的法、术、势相结合，实现"德治"与"法治"的有机统一。在新时代，国家治理需要在汲取中国古代的治理经验和治理智慧的基础上，创造出适应新时代发展需求的人文技术。与此同时，要及时纠正信息技术在国家治理的过程中所导致的一系列负面效应。

二是管理技术。国家治理不仅需要人文技术，而且也需要管理技术。通过管理技术与信息技术的相互融合，形成国家治理技术的"软硬兼备"，从而得以服务于国家治理体系和治理模式的创新。所谓国家治理的管理技术，是一种以人文技术为基础、以信息技术为手段，提升国家治理能力的技术。可以说，管理技术与人文技术既有交叉又有分别。一方面，管理技术以人文技术为基础，汲取中华传统的管理经验与智慧，按照新时代的要求推陈出新，从而确保管理技术贯彻以人为本的根本宗旨；另一方面，管理技术亦需要辅以智能技术为其有效手段，从而切实提升管理能力，有效避免信息技术的异化。因此，管理技术的"软硬兼备"，意味着它是人文性和工具性的统一。

历史地看，中国古代的"乡绅治理"模式，就是传统管理技术的典范。传统中国社会是建立在"熟人社会"的基础上的，通过乡村有威望的乡里领袖、宗族长老或衣锦还乡的士大夫对乡村事务和宗族事务进行有效管理，以文化和宗族血缘为纽带构建"乡村共同体"，是中国古代很长一段时间的基层治理实践。中国古代的"乡亭制""保甲制"等，都是"乡绅治理"模式的具体实践。可以说，这一"乡绅治理"模式不仅有效地维护了广大基层社会的长治久安，使"耕读传家"深入人心，构建起了绵延数千年的家国情怀，成为中国古代文人文化的重要组成部分，而且也有效地降低了中央和地方政府的治理难度和治理成本，实现了成本较低且具有一定弹性的治理模式。

在新时代，构建基于人文的管理技术，一方面要汲取中华传统管理智慧和管理经验，推陈出新；另一方面，要负责任地运用当代前沿的信息技术，把其框定在人文的轨道之中，既要避免因信息技术的广泛运用甚至滥用所导致的治理异化现象，也要大胆地运用信息技术，让信息技术的治理效能最大化。

第三节　技术发展与国家治理相互影响与促进

技术发展推动人类社会的进步，改变国家治理模式，完善国家治理体系，提升国家治理能力。反之，全球治理、国家治理体系不断完善和治理能力不断提升，为技术发展创造良好条件；同时，国家治理需求促进技术发展，以便技术更好地服务国家治理。因此，技术发展与国家治理是相互影响与相互促进的关系。

一、技术发展对国家治理的影响

人类社会进步与技术发展同步，每一轮科技革命和产业革命都会对社会带来变化。人类社会进入 21 世纪以来，互联网、人工智能、大数据、云计算、区块链等信息技术蓬勃兴起，现代信息技术与社会深度融合，对国家治理对象、治理主体、治理空间、治理方式和治理效果带来了较为深远的变革与影响。

一是对治理对象的影响。关于治理对象有多种定义，李佐军认为国家治理的对象可包括政治、经济、文化、社会、生态等各个方面[1]。侯健认为公民和公民组织既是治理对象，也是治理主体[2]。根据一般性理解，技术发展对治理对象主要有两方面影响。一方面，随着个人电脑、互联网技术发展与应用，公民直接参与国家治理更加便捷、更加广泛，公民从过去的仅作为治理对象，成为治理主体的一部分。以"网络两会"为例，借助互联网技术，公民通过网络对立法、公共政策和社会公共事务直接表达个人意见，参与国家重大决策和公共事务处理，从而使治理主体从政府扩展到公民。另一方面，借助互联网技术与移动智能手机，个体人与移动智能终端的相互绑定，人与现代信息技术深度互嵌，国家治理对象从原来个体公民，演变成为人机系统。未来国家治理对象不仅仅要考虑公民个体，更要考虑与公民身份绑定的人机系统，或者网络虚拟对象。以微博等网络平台为例，每个账号都是治理对象，同时它与公民身份绑定在一起，以一个整体人机系统作为治理对象。总的来说，以公民为治理对象，无论是其角色定位，还是其内涵特征，

---

① 李佐军：《十八届三中全会的国家治理思想》，《华中科技大学学报（社会科学版）》2014
年第 3 期。

② 侯健：《国家治理的人权思维和方式》，《法学》2017 年第 6 期。

都因技术的发展与应用而发生深刻改变。

二是对治理主体的影响。传统意义上的治理主体是指国家政府机关，然而，由于人机系统与互联网的深度融合，治理主体对应的行为模式变成了软件定义的行为模式，治理主体通过软件发生行为，通过技术体现权力，出现了拥有"技术权力"的新主体，推动政府部门的权责体系、资源分配等发生变化，重组治理主体的责权结构。如为落实互联网信息传播方针政策和推动互联网信息传播法制建设，指导、协调、督促有关部门加强互联网信息内容管理，于2011年专门成立国家互联网信息办公室；又如为引导和推动大数据应用，建设智慧城市，各地方政府成立智慧城市建设办公室或大数据管理局等机构。现代意义上的国家治理主体，除了政府外，还有市场、社会各主体和公民等。各治理主体借助信息技术发展提升其主体地位，信息技术为不同主体参与国家治理提供开放平等的公共空间，使得各治理主体更直接、更有效地参与国家治理，发挥各治理主体作用。同时，信息技术发展有助于政府、市场、社会与公民等各治理主体之间理清关系，促进各治理主体之间融合，为推动治理主体多元化发展和构建现代化治理主体多元体系提供有力支撑。

三是对治理空间的影响。不同于国家疆域或国土空间，国家治理空间概念更广更宽。国家疆域或国土空间是基于政治地理空间维度来理解，国家治理空间在政治地理的基础上，扩展到其他维度。随着技术的发展，从人类社会角度来看，治理空间有三个方面的扩展。比如，由于海洋相关技术的发展，国家治理空间扩展到海洋。随着航空航天技术的发展，国家治理空间扩展到天空和太空。随着信息技术的发展与应用，网络空间已经成为国家治理能力现代化的重要空间。进一步来说，相对于实体空间，网络空间具有虚拟、快捷、自由等特点，网络空间与实体空间深度交叉融合，国家治理空间更加复杂、多元、无边。

四是对治理方式的影响。技术发展改变人们工作、生活方式，同样，改变现代社会组织方式。随着信息技术的发展与应用，在过去基于人的组织方式基础上，增加了基于人机系统的网络式组织方式，两种组织方式有各自特点，相互共存、相互促进。现代社会组织方式的改变，必然推动现代组织管理的方式的改变，过去主要的管理方式垂直下达、单向传递，而现在的治理方式更多的是扁平化、网格化、双向互动。从治理规则角度来说，过去主要是人为解释规则，而现代技术实现规则，从过去基于人为经验治理，变成基于程序技术治理，治理方式由暗箱、神秘化向透明、规范化转变。以区块链技术在公民身份的认定中为例，利用其"去中心化、分布式、自组织"以及不可篡改、可追溯等特性，公民身份信息在区块链网络中构建了专属的数字身份，相比于传统身份信息数据管理与认定，提升了身份认定效率和可靠性，减少了身份认定所需的人力和物力。

五是对治理效果的影响。从治理效果来看，技术发展优化治理效果，借助技术手段，使得治理过程可视、可回溯，治理效果"看得见，摸得着"。伴随技术的发展和应用，无论是治理主体还是治理对象，对治理结果的反馈回应更加及时、可靠。根据治理过程和治理结果，利用现代信息技术实时反馈、监督，采用交叉验证、回溯分析等大数据分析方法，在过去定性分析的基础上，与定量分析相结合，以结果为导向，回溯治理过程，形成国家治理闭环。反馈回应是国家治理现代化的重要特征，反馈回应越及时越高效，国家治理体系越完善，国家治理现代化程度越高。显然，互联网已成为民众表达诉求、政府听取民意、政民沟通的重要桥梁，现代国家治理效果反馈回应的重要场所[①]。近年来，我国通过大力建设电子政务、政务微博、政务微信，搭建公众建言献策、民主决策平台，缩短民众反映、政府回应的路径，畅通网络问政、网络协商、网络理政等渠道，及时吸收来自互联网的反馈，调整优化治理政策，做到治理过程和治理效果可预期、可控制和可分析，提高国家治理现代化水平。

---

① 赵迅：《充分认识互联网对国家治理的优化作用》，《红旗文稿》2015 年第 24 期。

二、技术发展提升治理能力

技术发展能提升国家能力遵循"技术革命—经济结构、经济增长方式变革—社会结构变革、社会需求变革—国家治理能力提升"的演进规律。技术发展提升国家治理能力，主要体现在交互感知、高效协同、智慧处置等三个方面。

一是增强了治理主体与治理对象交互感知。传统国家治理中，人对世界/社会信息主要通过口口相传，随着信息技术的发展和应用，特别是政府网站、微博、微信等多种互动媒体的蓬勃发展，每个个体都成为信息的发布者、传播者和接收者。因此，信息技术的应用有助于改变过去治理主体与治理对象信息不对称情况，加强了治理主体与治理对象之间的交互感知。借助信息技术，治理主体能充分及时掌握社情民意和社会思想动态，对信息的即时感知、分类感知、精确感知甚至提前感知，能有效提高处理公共事务的主动性，及时化解影响社会稳定的潜在矛盾与冲突。

二是实现了治理主体跨部门、跨层级、跨区域的高效协同。以信息技术为支撑，构建统一的公共数据中心和综合信息服务管理平台，将分散于不同部门或行业的数据进行整合分析，减少信息的重复采集和信息孤岛，实现政府管理、城市治理、公共服务为一体的集中管理服务，能增强国家治理的精准度，提高治理主体调用各部门资源的协同能力。如杭州市打造的"城市大脑"，每天收集来自包括警务、交通、城管等系统时空大数据，打通了不同数据平台、突破各部门数据界限，构建集中化中枢神经式的城市指挥系统，使得杭州市政府解决城市治理突出问题时各部门能高效协同，提升城市管理综合能力，实现城市治理智能化、集约化、人性化。

三是提升了治理主体应急处置智慧能力。一方面，以大数据技术为核心，建立国家治理案例库，借助数据挖掘、机器学习、云计算、区块链等技术，可视化社会治理案例，科学分析治理案例，包括治理案例属性、演变过程、影响因素以及相互关系，构建覆盖全面、权重合理、可量化的治理模型库和知识库，制定出具有针对性的社会治理处置预案，有助于未来类似社会治理事件迅速明晰治理目标和治理方式，提高国家治理的应急处置能力。另一方面，以案例库、模型库和知识库为基础，运用深度学习等技术，通过仿真模拟、博弈模拟等方式，推演社会重大事件走向，并对可能产生的后果做预判。

三、技术发展完善治理体系

技术发展完善国家治理体系，从过程到结果，主要体现在嵌入国家治理过程、驱动治理变革、优化治理绩效等三个方面。

一是技术发展嵌入国家治理过程。技术的发展从多个层面深刻影响了现代社会、经济、政治及国家治理过程。在国家治理过程中，将科学技术嵌入不同的治理环节中去，打通各治理环节的"梗阻塞"，提升各治理环节效率，完善国家治理体系。党的十九届四中全会提出，"建立健全运用互联网、大数据、人工智能等技术手段进行行政管理的制度规则"，这就要求在国家建立健全制度规则时，要主动、充分发挥技术发展对政府行政管理的工具作用，利用技术提高行政治理效能，完善国家行政管理体系。

二是技术发展驱动治理变革。随着科学技术的不断发展，尤其是信息技术在国家治理环节的深度应用，推动国家治理的组织、结构、制度、规则及流程等各方面的改革，以改革适应技术发展，完善国家治理体系。人类历史上几次重大的工业革命，都推动了国家治理甚至全球治理体系的变革。第一次工业革命，人类进入机器时代，产生工业资产阶级和工业无产阶级，率先完成工业革命的英国，成为世界格局的霸主。第二次工业革命，人类进入电气时代，世界殖民体系加速形成，世界格局是美苏争霸。第三次工业革命，人类进入信息时代，或者叫作互联网时代，世界格局是一超多强。当前，正在发生第四次工业革命，人类可能进入智能时代，智能技术会驱动世界格局与全球治理发生变革。

三是技术发展优化治理绩效。从治理目标论来看，技术发展完善治理体系的目标是要优化治理绩效。以优化治理绩效将技术嵌入国家治理过程，发挥技术驱动国家治理变革，推动国家治理体系日臻完善。技术发展优化治理绩效既体现了国家治理体系的目标导向，也体现了国家治理体系的内在逻辑。无论是从目标导向还是从内在逻辑来说，把技术发展作为推动国家治理的有效工具，不断优化国家治理效果，让技术为国家治理提供更好的服务。

以税务改革为例，通过金税三期、金税四期等工程，借助微信、支付宝、个人所得税等APP，我国税务实现了从过去手工填报到现在电子报税，从原来窗口办理到现在自主办理，信息技术应用于税务体系，不仅便捷了纳税人，也提高了我国税务部门的效率，推进我国税务改革，完善了国家治理的税务体系。

四、治理现代化促进技术发展

技术发展对完善国家治理体系和提升国家治理能力，发挥了重要支撑作用。同样，国家治理为技术发展提供良好的环境，治理现代化需求呼唤和促进技术发展。

一是国家治理为技术发展提供良好基础。一方面国家治理现代化通过加大教育和科技投入，为技术发展提供人才和资金等驱动要素；另一方面，完善的国家治理体系和高效的治理能力为科技发展提供良好环境，如国家治理的法律制度为科技发展提供法律保障，尤其是知识产权的法律保护。

二是国家治理现代化需求促进技术发展。国家治理最终宗旨是为人民服务，为了满足人民日益增长的美好生活需要，必然要求国家治理更加现代化、人性化和普惠化。科学技术是第一生产力，要实现国家治理现代化，必然要借助科技的力量，用技术来增强服务能力、提高服务效率、扩大服务范围。

第四节　技术支撑国家治理的应用

互联网、人工智能、大数据、云计算等信息技术在交通、医疗、经济金融和政府服务等多个领域广泛应用，技术支撑国家治理在各领域的应用，可以从不同角度、不同维度去总结归纳。本节主要从政府、社会、市场三个维度，来阐述信息技术支撑国家治理应用。

一、数字政府

数字政府是指以互联网、大数据、人工智能、物联网、云计算、区块链等信息技术为支撑，推进政府机构日常办公、信息收集与发布、公共管理等事务数字化、网络化，所形成的一种新型政府运行模式。就数字政府的发展现状看，英国、新加坡、美国、爱沙尼亚、韩国等国家皆在进行着数字政府实践，对我国当前数字政府建设具有启发和借鉴意义。

比如，英国推出"政府即平台"模式，通过政务服务 APP 的开发应用，大大提升了政府各部门的办事效率，也方便了人民大众获得优质的政务服务资源。新加坡构建了 24 小时不间断且 100% 覆盖的在线政府模式，为民众提供了快捷化的政府云端服务。美国构建了整体政府和互动政府的在线模式，促进了联邦政府、州政府和地方政府的协同，并通过数据分析项目，对政府部门和网站进行实时评价，并向公众开放，促进了政务服务的公开化和透明化。爱沙尼亚的电子政务经验丰富，全国已经实现了居民身份证的数字化，公民可享受多达 4000 多项的公共和私人数字化服务，政府的政务信息平台通过 e-ID 进行安全认证，保证了公民网上办事的安全性和可靠性。韩国打造了"政府 3.0"概念框架，为公众提供了高质量的政务信息服务，涵盖就业、交通、天气、教育、社会福利和金融等多个领域。

通过梳理国外打造数字政府的具体实践，我们可知"互联网＋政务服务"是当今世界打造数字政府的基本技术基础。因此，我国亦非常重视，在国家大力推进全国一体化政务服务平台建设的同时，各地方政府也在积极打造各地特色数字政务标杆项目。北京、湖南、湖北等地加快升级建设政府网站，上海、浙江等地统筹建设电子政务云平台，福建、浙江、广东等多地建成全省政务服务 App 或微信小程序。如浙江的"浙里办"、上海的"随申办"、广东的"粤省事"等等。

除了国家和地方政府积极建设数字政府外，华为、腾讯、阿里巴巴等一大批龙头企业也在积极参与数字政府建设。华为在 2018 年中国生态伙伴大会上，面向政府行业发布政务云大数据解决方案。腾讯推出"腾讯云超级大脑"解决方案，在政府大数据中心、公共安全、智能交通、绿色环保等多个领域应用。阿里巴巴则通过整合阿里云、支付宝、钉钉、高德等面向政府端的技术、产品、服务和资源，用系统化能力服务政府数字化升级。近年来，政、企发挥各自优势，协同融合将数字政府的建设推向高潮，如阿里巴巴与杭州市政府共同打造"城市大脑"，腾讯与广东省共同打造"数字广东"。

总之，以大数据、人工智能等信息技术为支撑，推进数字政府建设，打造政务服务公共平台，推动政府跨部门、跨层级、跨区域、跨系统业务高效协同、数据共建共享，可实现政府科学决策、精准施策、高效服务、有效监督，不断完善国家治理体系和提升政府治理现代化能力。

二、智慧社会

社会治理是国家治理的重要方面，建设智慧社会是国家治理体系和国家治理能力现代化的重要内容。智慧社会作为继农业社会、工业社会、信息社会之后一种更为高级的社会形态，已经成为各行各业研究热点。汪玉凯认为，智慧社会是高度被感知的社会，高度互联互通的社会，高度数字化和被精准计算的社会，高度透明的社会以及高度智能化的社会①。梅宏认为，智慧社会是智慧政务、智慧产业、智慧民生、智慧城市等各种智慧系统的总和，是人类文明发展的新阶段②。贾开等人从知识生产角度提出"智慧社会"是建立在信息技术基础上，通过制度框架变革激发全社会创造力、汇聚发展合力，以知识生产为核心带动其他生产领域，从而最终实现创新驱动发展并在此基础上解决发展不平衡不充分的社会主要矛盾的社会形态③。从技术支撑角度来看，智慧社会是以互联网、大数据、人工智能等技术为支撑，形成的一种具备高度感知、高度协同、高度智能等特征的新型社会形态。

近年来，信息技术已经广泛和深刻地改变人们的生活、工作、交往和思维方式，给社会形态、社会结构、社会活动带来新变化，同时也为创新社会治理提供新动能、新机遇④。随着信息技术的快速发展和智能手机的广泛应用，在线办公、网上购物、无现金支付正在成为人们生产生活新方式。

当前，智慧社会建设正在国际上如火如荼地展开，学习国外智慧社会建设的实践经验，有利于我国的智慧社会建设。就国外智慧社会的实践来看，美国和日本走在了智慧社会建设的前列，值得我们学习借鉴。2008年，美国IBM公司首次提出"智慧地球"的概念，并于2009年向联邦政府建议打造智能型信息基础设施。美国联邦政府进而提出建设"智慧城市"的计划，经过十余年的发展建设，已经初具规模，形成了以协同创新为基本特征的城市发展建设历程⑤。2016年，日本内阁首次提出建设"超智能社会5.0"的概念，提出要利用信息通信技术和人工智能技术，打造网络空间和现实社会空间的互联互通，实现物流和人力的跨地域流动，以实现劳动生产力的提升和社会经济的再次腾飞。

---

① 汪玉凯：《智慧社会与国家治理现代化》，《中共天津市委党校学报》2018年第2期。

② 梅宏：《夯实智慧社会的基石》，《中国科技奖励》2018年第11期。

③ 贾开、张会平、汤志伟：《智慧社会的概念演进、内涵构建与制度框架创新》，《电子政务》2019年第4期。

④ 魏礼群：《如何认识社会治理现代化》，《前线》2020年第1期。

⑤ 刘红芹、汤志伟等：《中国建设智慧社会的国外经验借鉴》，《电子政务》2019年第4期。

从美国和日本的实践经验可以看出，关于智慧社会的建设，首先需要在政府层面做好顶层设计、树立科学的智慧社会建设理念，在此基础上才能够进一步推动智慧社会的有效建设。

当前，我国正在大力探索"互联网+"各领域的社会治理模式，利用信息技术和互联网平台，持续推进医疗、教育、交通等社会各领域变革，涌现出智慧医疗、智慧教育、智慧交通等社会治理模式。另外，我国也在推动智慧社区建设，智慧社区是社会治理的一种新模式，以浙江罗马都市智慧社区为例，该社区为每户配备智能终端，可实现家庭场景模式控制、安防预警、票务预订等功能，借助物联网、人工智能、云计算、移动互联网等现代信息技术，构建了社区管理智慧服务平台，打造成为集养老、医疗、教育、社区管理与便民服务为一体的现代新型智慧社区。建设智慧社会是人类社会发展进程中的一次全方位、系统性变革，是坚持和完善我国国家治理体系和国家治理能力现代化的重要内容。

三、灵活市场

科学技术是第一生产力，世界上每次重大科技进步或工业革命，推动生产力提升，深刻改变生产要素、生产方式和生产关系。从生产要素来看，在农业时代，主要生产要素为土地和劳动力，进入工业时代后，主要生产要素变为土地、劳动力、资本与技术；随着互联网、云计算、大数据、人工智能等信息技术的发展与应用，人类进入大数据时代，数据已经成为具有时代特征的一种新型生产要素。

从生产方式和生产关系来看，信息技术推动产业数字化、数字产业化，企业生产经营方式更加灵活，生产效率更高。当前，全球工业互联网正在快速发展，工业操作系统、工业APP等各种工业互联网技术广泛应用，使得企业生产和商业模式更加多样化、更加灵活，进一步提升企业生产力，推动企业和市场高质量发展。以青岛红领为例，该服装集团通过工业级网络平台把设备、生产线、工厂、供应商、产品和客户紧密地连接和融合起来，从设计、选料、制造、销售等全链条为顾客个性化定制，企业生产效率和顾客满意度明显提高。

另外，随着信息技术的发展与应用，视频会议、在线办公、线上展览、远程服务等商务活动和工作方式，已经成为一种新常态。信息技术与实体经济深度融合，实现了人与人、人与物、物与物的互联互通，深刻改变实体经济发展模式和生产方式。亚马逊、饿了么、大众点评、Airbnb、滴滴等新技术企业雨后春笋般涌现，在线购物、在线教育、直播带货、新鲜直达、无人配送等新模式层出不穷，数字经济、共享经济、平台经济等新经济蓬勃发展，新技术、新业态、新商业、新模式、新经济不断激活市场。

未来，新技术革命将重新定义商业、市场，如在区块链技术支撑下，市场交易是一种自主化、去中心交易模式，人流、物流、资金流和信息流将会被进一步改变，市场与商业将完全是一种新的模式。总的来说，以互联网、云计算、大数据、人工智能、区块链等为代表的现代信息技术革命，生产力更强，生产要素更多元，配置更高效，生产方式和生产关系更多样，市场监管更及时，产业链上下游传导更快，供需对接更直接，市场经济更灵活。

第五节　技术支撑国家治理的未来思考

未来，在互联网、大数据、云计算、人工智能、区块链等现代信息技术支撑下，国家治理现代化趋向于数据化、网络化与智能化。诚然，当前新一轮技术革命正在并将颠覆人们传统观念，改变人类生产生活方式，重组全球格局，重构全球体系，增加了国家治理难度。治理对象、治理主体、治理空间多元化，传统治理边界模糊化，治理方式多样化，给国家治理体系和国家治理能力现代化带来了诸多风险与挑战。站在当下时点，应提前规划、加强组织，从法律法规、基础设施等方面应对。

一、未来趋势

数字化、网络化、智能化是新一轮科技革命的突出特征，也是互联网、大数据、云计算、人工智能、区块链等现代信息技术的核心。从这一点来说，数据化、网络化、智能化是在现代信息技术支撑下国家治理现代化的未来趋势。

在数字化的基础上，国家治理现代化未来趋势是数据化。数据成为具备新时代特征的生产要素，运用大数据提升国家治理现代化水平，已经成为全民共识。未来，将构建唯一、权威、标准化的数据中心，有效集成国家经济、政治、文化、社会、生态等领域的数据信息，改变过去直觉式经验式的传统决策，取而代之的是以数据为支撑的科学决策，形成"用数据对话、用数据决策、用数据服务、用数据创新"的现代化治理模式。

在互联网技术的发展与应用基础上，网络化是国家治理现代化未来趋势之一。互联网已经彻底改变了人们的生产生活方式。未来，网络化、在线化将成为人们生产生活方式新常态，各系统、各网络之间畅通连接，各治理对象、各治理主体网络协同，构建多层次多维度多主体的治理网络，从而实现"生态之网""技术之网"与"治理之网"互联互通、高效协同。

在数字化、数据化、网络化基础上，国家治理现代化最终趋势是智能化。数字化与数据化实现了数据等资源的获取和积累，网络化促进各系统、各主体之间畅通与协同。未来，随着万物互联、云计算、智能算法、人工智能等信息技术的发展与应用，国家治理将实现系统集成、高效落实、动态监测、实时优化、自主调节，提升现代化国家治理智能化水平。

二、风险与挑战

以信息技术为代表的新技术革命，极大地推动了政府、社会和市场发展，对国家治理产生了深远影响。但治理对象、治理主体、治理空间多元化，传统治理边界模糊化，治理方式多样化，给国家治理带来了诸多风险与挑战。

从政府角度来看，新技术革命改变了传统政府行政主体和模式，拥有"技术权力"的新主体对国家治理话语权更大，利用技术破坏原有治理规则的风险在不断增加，一旦被过度利用将会导致"极权"。除政府外的其他治理主体更加多元，其借助新技术具备更强的行动能力，行为方式更加隐秘化、虚拟化，法律法规跟不上技术爆发式发展，传统政府治理和监管面临极大挑战。另外，新技术加剧全球格局和全球体系动荡，增加了政府应对和国家治理难度。

从社会角度来看，新技术带来的爆炸式的信息数据，将引发个人隐私、数据安全、算法偏见等问题。在发展智慧社会过程中，面临公共数据的有用性不足、公众参与的有效性不够等问题。新技术快速发展与应用，对非技术人员的学习更新是极大挑战，会加速社会不公平，会造成一系列深层次社会问题。此外，脑机接口、强人工智能等类人技术将对社会伦理带来极大考验，如非自然人类（如机器人、克隆人等）的身份认可，甚至可能引发人类被反治理的危机。

从市场角度来看，新技术不断催生新业态、新商业、新模式、新经济，传统商业规则不断被打破，市场格局复杂多变，市场风险隐蔽易发，市场监督难以及时到位，市场系统不确定性风险陡增。近年来金融事件频发，其中绝大部分都与新技术的发展与应用所产生的风险有关，对国家治理带来极大的挑战。此外，新技术企业利用先发优势会压制其他公司的创新，容易造成技术性垄断；有些新技术企业会利用所掌握的资源广泛参与公共治理、国家治理，甚至影响政府决策和社会事件走向，其风险不可不防。

以上是从政府、社会和市场三个方面，分析新技术革命对国家治理带来的风险与挑战。基于这种情况，就需要把国家治理技术与技术的国家治理相互结合，以避免因技术的运用所导致的一系列负面效应，对技术进行一场再治理，从而把国家治理技术框定在以人为本、为人服务的框架之内，构建国家治理技术的"善治"逻辑。

三、应对策略

技术支撑国家治理的风险与挑战无处不在，我们应加强组织、提前规划，从法律法规、基础设施、构建负责任的科技文化等多方面应对。

一是加强组织保障，建立并完善多层次多主体的治理结构。在技术快速发展的时代下，单一结构很难应对技术国家治理带来的多方面风险。国家治理现代化是一个开放而复杂的巨型系统，需要有较强的组织保障，建立并完善以专有机构为主、多部门联合的治理结构，建立健全统筹协调机制，畅通部门之间沟通渠道，实现政府、社会、市场、个人等多层次多对象多主体积极参与，各治理对象与主体统一有序，分工明确，协同高效。

二是做好顶层设计，推动实施标准化战略，构建规范治理体系。为进一步应对新技术革命对国家治理带来的风险与挑战，需要做好国家治理的顶层设计。同时，加快推动实施标准化战略，完善标准化体系，如总体基础性标准、支撑技术与平台标准、管理与服务标准、数据共建共享标准等，以数据安全问题为例，建立健全数据使用制度，从数据的产生、采集、使用、监管全流程的统一规范程序和标准。通过标准、规范降低治理风险，提升国家治理水平。

三是建立健全法律法规体系，明确各主体责任，保障各主体权益。为防止现代信息技术被滥用，有效解决智能技术与智能产品侵权或被侵权等问题，建立健全运用互联网、大数据、人工智能等现代信息技术支撑国家治理的法律法规体系和制度规则，明确各主体责任和底线，加大监督和处罚力度，建立社会法律风险防控机制，采取有力措施保护各方权益。如针对大数据技术发展与应用，国家要加强数据有序共享制度化建设，依法保护个人信息，确保个人隐私权和个人数据权。

四是完善基础设施，为技术支撑国家治理体系和治理能力现代化"铺好路、架好桥"。"要想富，先修路"，同样，要充分发挥技术支撑国家治理，就要先建设好新技术发展与应用所需的基础设施。以现代信息技术发展为代表的新技术革命，依据"集约建设、资源共享、适度超前"的原则，我国仍需完善根服务器、5G 通信基站、超算中心、数据中心等方面的基础设施建设。以根服务器为例，作为互联网技术发展与应用的最基础设施，我国目前没有自己的根服务器，未来，我们应建设好这一基础，拥有互联网的"最终解释权"。

五是做好技术防范，确保技术本身安全。现代信息技术的应用，从技术本身就会带来风险和安全隐患，比如人工智能算法的黑箱风险、移动 APP 的恶意程序、智能穿戴产品的安全漏洞等等。未来，在运用新技术支撑国家治理的同时，要加强技术安全防范。对于技术的潜在风险，应当谨慎防范，并及时堵上。同样，应发挥技术本身优势防范技术风险，如通过人工智能算法自动分析并拦截恶意程序行为，又如通过多 IPS 系统确保服务器安全可靠运行，从而实现以技术本身来确保技术支撑国家治理安全可靠。

六是构建负责任的科技文化，规避技术的负面效应。科学技术是一把双刃剑，对科学技术的运用亦需要良善的科技文化的支撑。技术的运用如果缺少了科技文化的支撑，必将成为无源之水、无本之木。对治理技术的运用也同样需要关于良善治理的科技文化。通过负责任的科技文化的建构，一方面得以使治理主体明晰自身的权责分工，不能把自身的责任推卸给技术，明确技术仅仅是帮助人完成治理，而不是代替人进行治理；另一方面亦得以明晰技术的有限性，不能过度依赖技术，国家治理的根本任务主要仍然是落实在人而非落实在机器上。因此，应当构建负责任的科技文化，把国家治理技术框定在以人为本的善治轨道中。

第九章　国家治理构成论 *

国家治理现代化的实现，既需要治理能力的持续强化，同样有赖于围绕特定领域有针对性地开展长期探索。在这一过程中，国家治理现代化不仅仅是涉及体制改革等行政领域的深化改革，更是对诸多社会领域进行的持续优化。从构成论的视角出发，我国国家治理的涉及范畴，既涵盖国防、教育、宗教、财税等常规领域，又包括贫困、老龄化、公共卫生等当前的阶段性任务，同时又涉及社会、发展、创新等跨领域的挑战。由此，本章将从具体治理领域出发，分别围绕我国治国理政中的各类现实挑战，对国家治理的构成内容展开分析。

第一节　国家治理实践中的常规性任务

国家治理现代化的直接目标是确保国家治理任务得以有序、有效达成。即便在不同国家、不同时期，国家治理实践中常常存在若干常规性的治理任务，其对于国家治理的整体效能而言通常具有更基础性的作用。从一般构成角度出发，政党治理、国防治理、教育治理等是国家治理中常规性任务的常见类型。

---

* 本章作者为山东大学城市发展与公共政策研究中心执行主任王佃利教授。

一、政党治理

习近平指出:"办好中国的事,关键在中国共产党。"这一论述蕴含了当代中国国家治理的根本逻辑:国家治理现代化必须坚持党的领导,党的治理现代化引领国家治理实践、引领提升国家治理能力、推进现代化国家治理体系的建构。党的十九届四中全会强调,"把我国制度优势更好转化为国家治理效能"。作为我国政党治理的基本方式,中国共产党领导的多党合作和政治协商制度是国家治理体系的重要构成。

实现良好的政党治理,需要坚持和完善中国共产党领导的多党合作和政治协商制度。贯彻"长期共存、互相监督、肝胆相照、荣辱与共"的方针,加强中国特色社会主义政党制度建设,健全相互监督特别是中国共产党自觉接受监督、对重大决策部署贯彻落实情况实施专项监督等机制,完善民主党派中央直接向中共中央提出建议制度,完善支持民主党派和无党派人士履行职能的方法,展现我国新型政党制度优势。发挥人民政协作为政治组织和民主形式的效能,提高政治协商、民主监督、参政议政水平,更好凝聚共识。完善人民政协专门协商机构制度,丰富协商形式,健全协商规则,优化界别设置,健全发扬民主和增进团结相互贯通、建言资政和凝聚共识双向发力的程序机制,从而进一步优化政党治理的基本制度建设。

二、国防治理

国防治理,即在强国强军的核心利益需求引导下,以国家为主导的党政军民等多元治理主体,运用现代治理思维和方式统筹所有时空国防资源,从治理角度设计、塑造和评估国防和军队未来实现国防巩固的理念、制度与行为。

实现国防治理,要坚持和完善党对人民军队的绝对领导制度,确保人民军队忠实履行新时代使命任务。人民军队是中国特色社会主义的坚强柱石，党对人民军队的绝对领导是人民军队的建军之本、强军之魂。必须牢固确立习近平强军思想在国防和军队建设中的指导地位，巩固、拓展、深化国防和军队改革成果，构建中国特色社会主义军事政策制度体系，全面推进国防和军队现代化，确保实现党在新时代的强军目标，把人民军队全面建成世界一流军队，永葆人民军队的性质、宗旨、本色。坚持人民军队最高领导权和指挥权属于党中央，健全人民军队党的建设制度体系，把党对人民军队的绝对领导贯彻到军队建设各领域全过程。加快军民融合深度发展步伐，构建一体化国家战略体系和能力。完善国防科技创新和武器装备建设制度。深化国防动员体制改革，加强全民国防教育。健全党政军警民合力强边固防工作机制。完善双拥工作和军民共建机制，加强军政军民团结。

三、教育治理

教育治理是指党和政府联合社会力量，依法对涉及教育利益冲突的各方进行调解的一种社会管理过程，其目的是以平等合作的方式处理教育公共事务和利益冲突。教育治理主体是政府，学校、学生及其家长等重要参与者。教育治理的目的，是依法通过制度建设联合社会各方力量推动中国教育改革与发展，促进中国社会政治经济发展。教育治理，应落实立德树人根本任务、发展素质教育、推进教育公平，推动城乡义务教育一体化发展。完善职业教育和培训体系，深化产教融合、校企合作、加快一流大学和一流学科建设，优化教育人员培养、使用、评价机制，改革教育系统的组织方式，理顺教育违法违规行为和教育法制建设之间的逻辑关系，有效处罚违法犯罪行为和预防其发生。加强师德师风建设、培养高素质教师队伍、倡导全社会尊师重教。通过加强各级教育组织和学校的德育安全机制的建设，从而预防校园金融欺诈、校园欺凌、校园道德丑闻等恶劣行径和事端的发生。值得注意的是，当前蓬勃兴起的大数据等新兴技术，为缩小地区教育发展差距、推动区域教育均衡发展提供了前所未有的机遇①，这将是实现区域教育均衡发展的重要契机。

四、科技治理

科技治理，是指党和政府联合社会力量采取平等对话、合作的方式，依法管理科技领域公共事务、调节社会矛盾和利益冲突，促进科技创新与共享的过程。当前经济新常态为经济持续增长提出了一系列挑战，必须通过加强科技治理体系建设来提高科技创新能力、促进经济增长。科技内部治理，需在科技人才培养安置等方面设置合理的评价机制；在科技金融资本的融投管退、科技成果转化和专利权买卖等方面，实现科技创新资源和科技红利的更高效配置与均衡；健全对违法违规的科研行为和科研红利使用的处罚和预防机制，营造良好的科研探索和科研容错文化氛围。科技外部治理，需要在应对经济结构性失衡对科技创新力度的高要求、提高科技创新红利的转化效率和普惠度等方面，形成跨区域、跨国的高安全性和可靠性信息网络，进而重塑社会创新系统；通过更新科研模式、科技立法、强化科研伦理审查等方式，降低技术误用和滥用，从而避免对人类尊严和伦理道德产生冲击和破坏等。要着力加强科技治理的国际合作，加大科技创新体系的高度开放性，深度参与国际科技治理合作等。

五、财税治理

以全球视角来审视中国的财税改革之路，利改税、分税制、公共财政和现代财政制度等财税治理领域中的重要改革，助推了中国经济40年来的

①　任胜洪、段丽红：《大数据背景下区域教育治理现代化的机遇、挑战及路径》，《教育理论与实践》2020年第10期。

起飞和成长 ①。随着中国经济从粗放到集约转型，国家治理由传统的行政主导模式转向"共治、法治和善治"的现代治理模式。财税治理不仅要考量社会基础和国家性质，也要尊重市场机制，维持财税的中性特质。因此，财税治理必须与公共财政、民主政治与法治理念相适应，既要防范市场失灵，又要防范政府失灵。

党的十八届三中全会赋予财税以"国家治理的基础和重要支柱"的地位和作用，财税体制改革成为全面深化改革的"先行军"和"突破口"。党的十九大报告指出："加快建立现代财政制度，建立权责清晰、财力协调、区域均衡的中央和地方财政关系。建立全面透明、标准科学、约束有力的预算制度，全面实施绩效管理。深化税收制度改革，健全地方税收体系。"财税治理，就要维护好改革、发展、稳定之间的良性循环关系。健全以国家发展规划为战略导向，以财政政策和货币政策为主要手段，就业、产业、投资、消费、区域等政策协同发力的宏观调控制度体系。完善国家重大发展战略和中长期经济社会发展规划制度，完善标准科学、规范透明、约束有力的预算制度。同时，要健全以税收、社会保障、转移支付等为主要手段的再分配调节机制，强化税收调节，完善直接税制度并逐步提高其比重。

六、金融治理

金融是指发行、流通和回笼货币，发放和收回贷款，存入和提取存款，汇兑往来等经济交易活动。金融的实质即为有钱人理财、赚钱，为缺钱人融资、抵债。因此，"信用""杠杆"与"风险"是理解金融的三个关键词。信用指的是机构或个人借债方偿还债务的能力和信誉；杠杆为透支信用借债的能力；越频繁地透支信用去大额借债、导致债务层叠交织而无法偿还债务的

---

① 白彦锋、罗庆：《财税改革 40 年：回顾、经验与展望》，《河北大学学报（哲学社会科学版）》2018 年第 2 期。

概率就越大，债务链条中的任一一环无法偿债的风险就导致债务链条崩解，这就是通常所说的系统性风险。金融治理是指国家央行及相关金融监管部门依法联合金融从业机构（银行、证券公司、保险公司等）共同规范金融从业秩序、维护金融业务的合法合规进行，以防范系统性风险的发生，从而保障金融市场的健康稳定运行和国民经济的持续增长的过程。

金融治理体系是为防范系统性风险发生、稳定金融市场秩序的治理体系。金融治理要坚决防范系统性风险在金融市场和同业网络中的传播，深入推进金融供给侧结构性改革、提高服务实体经济的能力；增强金融业的治理能力、进一步提高金融机构的公司治理水平；持续加强和规范行业运营机制建设，增强金融业风险防控治理能力、持续提升业务监管能力，以及加强金融专业监管等。

七、能源治理

能源治理起源于全球治理对能源问题的关注，旨在促进全球范围内的能源安全、经济发展，推动多边共同应对能源贫困、气候变化、环境污染等全球性危机。习近平总书记高度重视中国能源发展，2014年中央财经领导小组第六次会议聚焦能源安全战略，提出要推动能源消费、能源供给、能源技术和能源体制四方面的"革命"以及全方位加强国际合作。该战略是基于全球能源大变革背景和中国实际逐步形成的，"四个革命"和"一个合作"是能源国家战略的核心，在能源消费、供给、技术、体制和国际合作五个层面上规划了今后中国能源发展的路径。

实施能源治理，就要推进能源革命，构建清洁低碳、安全高效的能源体系。推动能源消费革命，抑制不合理能源消费。推动能源供给革命，建立多元供应体系，形成煤、油、气、核、新能源、可再生能源多轮驱动的能源供应体系。推动能源技术革命，带动产业升级。推动能源体制革命，打通能源发展快车道。同时，全方位加强国际合作，实现开放条件下能源安全。

八、交通治理

习近平总书记指出，"交通基础设施建设具有很强的先导作用"，深刻阐明了交通运输在国民经济中先导性、基础性、战略性和服务性的功能属性，提出了交通运输作为经济社会发展的"先行官"的历史新定位。实现交通运输行业治理现代化目标，必须集中力量攻坚克难，纵深推进政府、市场、社会三大领域改革创新，通过优化政府治理、完善市场治理、增强社会治理，形成"三位一体"相互协调的整体性治理架构。

经济全球化 3.0 时代，交通运输领域的科技创新将对交通的治理产生颠覆性的影响。①2019 年 9 月，中共中央、国务院印发了《交通强国建设纲要》，为推进交通治理指明了方向，提供了遵循。推进交通治理，就要做到基础设施布局完善、立体互联；交通装备先进适用、完备可控；运输服务便捷舒适、经济高效；科技创新富有活力、智慧引领；安全保障完善可靠、反应快速；绿色发展节约集约、低碳环保。完善交通运输权力配置和运行制约机制，满足人民日益增长的交通运输需求；全力建设平安交通，促进交通运输可持续发展；积极参与全球交通运输治理，实现互利共赢。

九、宗教治理

宗教事务分为两层含义：首先是宗教内部事务，即狭义的宗教事务；而广义上的宗教事务，不仅涵盖宗教内部事务，还包括因宗教与世俗社会相联系而所要解决的公共事务。由此，狭义的宗教事务管理，是指在社会法律和人类道德底线的框架之下，依据本宗教的教义进行管理的宗教内部的权力组织架构及其人员安排，以及涉及解决宗教信众宗教需求的内部事务；广义的宗教事务管理，则包括狭义的宗教内部事务管理，以及党和政府依法参与涉及

---

① 　赵光辉、李长健：《交通强国战略视野下交通治理问题探析》，《管理世界》2018 年第 2 期。

宗教的社会事务的管理。宗教事务治理则是针对狭义和广义的宗教事务管理的社会治理体系，从内容上可以划分为以下两个层次。

第一，对不违背国家法律和人类道德底线的宗教内部事务，主要由宗教内部人士和教众共同参与管理，党和政府以平等参与的方式监督、协商；第二，对不违背国家法律和人类道德底线的宗教社会事务，则主要依靠政府与宗教界人士共同以平等合作方式进行治理。因此，多元主体平等和谐共治宗教事务的宗教社会治理体系，是建设宗教关系和谐、多民族稳定共居的和谐社会的本质要求。

十、灾害预防治理

灾害通常意义上是指"自然灾害"，即自然界中突发或渐变的对人类社会造成生命财产损失的异常现象，包括地震、火山爆发、泥石流、海啸、台风、洪水等突发性灾害，地面沉降、土地沙漠化、干旱、海岸线变化等在较长时间中逐渐显现的渐变性灾害，以及臭氧层变化、水体污染、水土流失、酸雨等人类活动导致的环境生态灾害等。以上灾害与环境破坏之间有着复杂联系，有些则是正常的自然界现象。刨除自然和生态因素，灾害则是指有可能造成生命财产损失的局部战争或军事冲突、公共安全事件、丑闻、暴力恐怖活动、大规模示威游行活动等人为的社会性活动和现象。不论是人为的社会性活动还是自然现象、不论是突发的还是渐变的，只要造成了人员和财产损失，都属于灾害的范畴。但是这些活动都可以通过一定的社会治理体系建立起预防和控制的机制，防止破坏和损失进一步扩大或延伸，这种社会治理体系便是灾害预防治理体系。在我国，灾害预防治理体系是党和政府通过建立健全相关立法和指挥决策行动的协同机制，依法联合全社会各阶层、社会团体等，共同为预防灾害发生和控制损失扩大蔓延而进行的全社会协调行动。

十一、犯罪治理

犯罪治理是指在各级党委和政府领导下，依法组织联合社会各方面力量，将公安、司法、检察、监察等部门的专门工作与群众工作相结合，各司其职、通力合作，运用政治、经济、行政、教育、文化、法律等各种手段，预防和惩罚违法行为、犯罪行为和社会越轨行为，并教育和改造违法犯罪者的社会治理过程。其目的是逐步限制和消除产生违法犯罪的社会条件，建立良好稳定的社会秩序，保障经济建设和改革开放的顺利进行，保护人民安居乐业，维护国家的长治久安。我国的犯罪治理包括运动式治理和日常性治理，其中运动式犯罪治理是指以"运动治理犯罪"为理念、以群体性犯罪治理运动为内容的犯罪治理运作形式和组合方式。例如：我国全国周期性开展的"打黑除恶"专项行动。日常性治理模式，是指以对犯罪进行日常治理为理念，以国家和社会的正常机制打击、控制及预防犯罪为内容的犯罪治理运作形式，包括正常的社会治安管理等形式。

十二、大规模杀伤性武器治理

大规模杀伤性武器是指拥有远超常规武器的杀伤力和杀伤半径、用来针对人员进行大规模屠杀、可造成巨量人员伤亡的超常规武器，其种类分为核武器（包括放射性武器）、化学武器、生物武器，其中化学和生物武器常合称为生化武器。首先，生化武器的技术门槛较低。尽管各个国家政府都禁止其在国内生产、储存、使用，但较低的技术门槛，使得此类武器经常被恐怖主义势力滥用，从而造成大量人员伤亡和极恶劣的社会影响。从构成来讲，生化武器治理主要包括某一国政府建立的其国内相关治理体系和区域性国际治理合作机制或条约机制，以及在世界范围内建立的生化武器的防扩散条约等。其次，核武器因其原料、制造设备、小型化核裂变装置的工艺原理的技术壁垒极高，只被世界上为数不多的几个军事大国和强国所垄断。因其巨大的杀伤力和战略意义，核武器的治理是建立在由美国主导发起、以防止核扩散为目的，基于国际原子能机构的活动和运作，由《核不扩散条约》和《全面禁止核试验条约》约定的国际盟约框架，以及各军事强国和大国及区域性核心国家之间建立的博弈机制之上的，并且由全世界几乎所有国家都出台涉及管制核武器的原料、技术、设备的法律制度体系，进而共同形成在防止核武器扩散的国际利益联盟之上的一种国际治理体系。

第二节　国家治理实践中的阶段性任务

除常规性任务之外，现代国家在不同历史阶段常常需要聚焦不同类型的治理任务。2020 年 7 月 30 日召开的中共中央政治局会议，作出中国已进入高质量发展阶段的重大判断。[①] 在新阶段、新情境下，我国国家治理实践中存在若干重要的阶段性任务，包括且不限于数据治理、反贫困治理等相关内容。值得注意的是，本节对于阶段性任务的定义，主要是出于对相关任务显著性和重要性的考虑，并不覆盖当前阶段我国国家治理实践的全部任务领域。

一、文化治理

文化包括世界观、人生观、价值观等意识形态性质部分，以及人类文明所蕴含的所有宗教、语言、制度、道德伦理、医学、工程学、自然科学、社会科学、人文科学等非意识形态的知识体系和经验体系等。文化治理，是党和政府依据我国民族文化的自身规律，联合社会力量合法合规参与对文化

---

① 新华网：《"世界经济大事件"：中国已进入高质量发展阶段》，2020 年 8 月 5 日，见 http://www.xinhuanet.com/politics/2020-08/05/c_1126328179.htm。

领域的资源分配、权力配置，促进社会文化发展的过程。文化治理现代化的过程，既是形成具有独立治理价值之文化的过程，也是推进民众的文化主体性建构、完成开放性文化市场打造、推动多元力量参与、提升文化认同和文化自信的进程。[①] 在内容治理上，要坚持党的领导地位，推进习近平新时代中国特色社会主义思想、中国特色社会主义文化、革命精神和新时代精神深入人心，建设以社会主义核心价值观为引领的文化制度、公民基本道德规范与社会道德体系，使中华民族的优秀文化适应时代变迁、与社会发展相协调。在制度建设上，要通过立法健全文化产业政策制定、公共服务体系建设、旅游发展和互联网建设，促进文化传承创新、文化遗产和文物保护利用，坚持舆论积极引导的工作机制和文化创作生产体制机制，健全现代文化产业与市场体系，创新生产经营机制和新型文化业态，推进文化机构行政改革。在对外文化传播上，需通过构建人类命运共同体，始终不懈地向全世界传达旨在构建各国机会均等、合作共赢的包容性发展的共享理念，推动新型国际关系与全球治理体系的构建。

二、数据治理

2020 年 5 月 11 日，中共中央、国务院发布的《关于新时代加快完善社会主义市场经济体制的意见》明确提出，要加快培育发展数据要素市场，建立数据资源清单管理机制，完善数据权属界定、开放共享、交易流通等标准和措施，发挥社会数据资源价值。[②] 伴随着大数据、物联网及人工智能等新兴技术的兴起与发展，数据已成为继土地、资本、劳动力等传统生产要素之后，变革社会发展的重要潜能变量。尤其是大数据资源，不仅对于经济社会

[①] 蔡武进：《我国文化治理现代化 70 年：历程和走向》，《深圳大学学报（人文社会科学版）》2020 年第 3 期。

[②] 中共中央国务院：《关于新时代加快完善社会主义市场经济体制的意见》，2020 年 5 月 18 日，见 http://www.miit.gov.cn/n1146290/n1146392/c7916894/content.html。

生产效率具有鲜明的提升作用，同时又对于国家治理实践而言意义重大。可以说，数据治理，是新时代国家治理命题的应有之义。

国家治理视域下的数据治理，是指通过对海量数据进行系统分析和精确处理，从而更好释放数据在治理效能提升等方面作用潜能的过程。作为国家治理的新兴领域，实现数据治理问题的有效应对依赖于系统性的制度设计：从企业运营到市场环境，从产业布局到技术突破，从地方试点再到国家扶持，从公有数据公开到私人数据隐私保护，等等诸多方面都需要顶层设计与微观创新的有效结合。推动实现数据向生产要素的顺利蜕变，需要从国家治理现代化的宏观视角下审慎把握数据的时代意义。因此，大数据及大数据治理产生的创造力、活力和塑造力，正在改变着国家治理能力的形成路径[1]，而这一过程仍处于长期探索之中。

三、城市治理

在全球化和市场化的推动下，不仅城市外在的形态发生了改变，其内在的权力结构和运行机制也产生了改变。[2]城市治理是指党和政府依法通过开放参与、平等协商、分工协作等方式，联合城市居民、城市社会组织等利益方和阶层，共同决策城市公共事务、协调矛盾、解决冲突，有效合理地配置资源等，以实现城市公共利益的最大化的过程。其基本理念是政府分权、主体多元、社会自治等。城市治理体系是将城市整体作为治理对象的治理体系。城市治理体系是城市治理运行涉及的治理主体（谁治理）、治理客体（治理谁）、治理方法（治理体制、机制、技术等）等所构成的整体，以及明确界定治理体系的相关制度。城市治理的核心目标是解决冲突、协调矛盾、实现城市公共利益最大化。这一目标的实现，既需要治理主体在治理制度优化

---

① 梁芷铭：《大数据治理：国家治理能力现代化的应有之义》，《吉首大学学报（社会科学版）》2015 年第 2 期。

② 王佃利：《城市管理转型与城市治理分析框架》，《中国行政管理》2006 年第 12 期。

和改革方面听从各方意见，也需要城市治理的各方参与者都能在彼此尊重价值认同、利益诉求、族裔出身、文化背景、宗教信仰等方面的基础上，依法有效地通过各种平等互利的方式和途径，运用各种先进实操技术方法，对城市公共事务进行决策，以实现价值和资源有效合理、公平公正地配置与协调。

四、市场秩序治理

市场秩序在本质上是一种利益和谐、竞争适度、收益共享的资源配置状态和利益关系体系。一个国家要构建一种和谐的市场秩序，既需要进行必要的法制建设、行政管理以及道德规范，但更为核心的是，必须充分协调各种利益冲突，重构和引导各种利益关系，从根本上使各种社会经济主体无法通过扰乱市场秩序、损害其他经济主体的利益获得额外的收益。

确立市场秩序治理的新理念，深入推进市场主体自治、行业自律、部门监管、社会监督的市场秩序共治新机制，通过源头治理、依法治理、信用治理、协同治理，推动市场秩序治理从"运动式"向常规型、可持续、综合系统治理转变。严格市场监管、质量监管、安全监管，加强违法惩戒。完善政府经济调节、市场监管、社会管理等职能，实行政府权责清单制度，厘清政府和市场、政府和社会关系。深入推进简政放权、放管结合、优化服务，深化行政审批制度改革、改善营商环境，激发各类市场主体活力。

五、社会组织治理

在构建法治中国的时代背景下，以社会团体、基金会和社会服务组织等机构为主体组成的社会组织，是我国社会主义现代化建设的重要力量。党的十八大提出加快推进社会体制改革，加快形成政社分开、权责明确、依法自治的现代社会组织体制。自此，社会组织治理在实践层面上体现为顶层设计与地方创新有机衔接的"上下结合"政策演化路径与运行机制。① 党的十九大报告强调："加强社区治理体系建设，推动社会治理重心向基层下移，发挥社会组织作用，实现政府治理和社会调节、居民自治良性互动。"

在创新、协调、绿色、开放、共享发展理念的指引下，对待社会组织治理需要用包容的理念去引导，用法治和自治的眼光去洞察，用共建共治共享的方式去推动。在城市治理过程中，要发挥社会组织的协同作用，建立健全党委领导、政府主导、社会参与、依法自治的格局，全面推动社会组织参与城市治理，要创新理念，充分认识社会组织在城市治理中的作用；统筹规划，改革社会组织管理制度；完善政策，加大政府培育扶持社会组织发展力度；加强引导，提高社会组织参与城市治理能力，引导推动社会组织在服务经济社会发展中积极作为、良性运行，作出更大贡献。

六、环境治理

环境治理是指导协调政府、企业、社会组织和公众个人的整治、清理、修葺、美化生态环境的行为，以期更好地实现生态环境保护和生态文明建设。习近平总书记指出："加快解决历史交汇期的生态环境问题，必须加快建立健全以生态价值观念为准则的生态文化体系。生态文明建设必须依靠制度、依靠法治。要深化生态文明体制改革，尽快把生态文明制度的'四梁八柱'建立起来，把生态文明建设纳入制度化、法治化轨道。"

加强环境治理，要坚持和完善生态文明制度体系，促进人与自然和谐共生。实行最严格的生态环境保护制度，坚持人与自然和谐共生，坚守尊重

---

① 倪咸林：《十八大以来的社会组织治理：政策演化与内在逻辑》，《当代世界与社会主义》2017 年第 5 期。

自然、顺应自然、保护自然，健全源头预防、过程控制、损害赔偿、责任追究的生态环境保护体系。严明生态环境保护责任制度，建立生态文明建设目标评价考核制度，强化环境保护、自然资源管控、节能减排等约束性指标管理，严格落实企业主体责任和政府监管责任。推进生态环境保护综合行政执法，落实中央生态环境保护督察制度。健全生态环境监测和评价制度，完善生态环境公益诉讼制度，落实生态补偿和生态环境损害赔偿制度，实行生态环境损害责任终身追究制。

七、反贫困治理

反贫困治理现代化的实质，是现代化的治理理念和组织机制在减贫发展领域的应用，是包含治理主体、治理目标、治理内容和治理方式的有机统一体。① 在我国，反贫困治理更多的是强调针对精准扶贫事业的社会治理。2013 年 11 月，习近平总书记在湘西考察提出了"精准扶贫"概念，这一理念逐渐上升到国家重大战略方针的政策高度。精准扶贫，即重点运用专项扶贫政策措施、建设"社会—市场—政府"三位一体扶贫格局、动员全社会资源，精确识别贫困人口、精确考评扶贫动态管理、提高贫困人口收入、减少贫困人口数量。简言之，精准扶贫即是扶持对象精准、项目安排精准、资金使用精准、措施到户精准、因村派人安排精准、脱贫成效精准。在具体操作实践中，精准扶贫的世界性难题是准确识别贫困户、且能够将非贫困户排除在外。如若扶贫机制不能精准扶贫，将造成制度性不公和公共资源的浪费，从而破坏党和政府的执政根基。因此，要切实建立健全有效的扶贫对象精准确定机制和资金措施到户机制，做到公共扶贫资源精确、有效、合理地注入扶贫项目和扶贫对象所欠缺的领域，使公共资源的使用达到最大化，实现公

---

① 苏海、向德平：《贫困治理现代化：理论特质与建设路径》，《南京农业大学学报（社会科学版）》2020 年第 4 期。

共利益目标和社会价值的双赢。

八、应对老龄化治理

围绕老龄化治理命题，习近平总书记提出应当让政府"有形之手"、市场"无形之手"和社会"勤劳之手"形成"同向发力"的巨大合力。①2019年11月中共中央、国务院印发《国家积极应对人口老龄化中长期规划》，将应对老龄化上升为国家战略。从国家战略层面上，建设应对老龄化的社会治理体系将对中国经济高质量发展和社会长治久安产生深远而积极的影响。应对老龄化治理体系建设，通过经济总量、优化结构、提高效益实现经济发展与人口老龄化相适应，完善国民收入分配体系，健全更加公平更可持续的社会保障制度，夯实相应的社会财富储备。通过提高出生人口素质、提升新增劳动力质量、构建老有所学的终身学习体系，提高中国人力资源整体素质和潜力，推进人力资源开发利用以实现更高质量和更加充分就业，确保积极应对人口老龄化的人力资源总量足、素质高，改善劳动力有效供给。建立和完善包括健康教育、预防保健、疾病诊治、康复护理、长期照护、安宁疗护在内的综合、连续的老年健康服务体系。

应对老龄化治理，要以居家为基础、社区为依托、机构充分发展为补充、医养有机结合的多层次养老服务体系，多渠道、多领域扩大适老产品和服务供给以提升产品和服务质量，打造高质量为老服务和产品供给体系。深入实施创新驱动发展战略，把技术创新作为积极应对人口老龄化的第一动力和战略支撑，全面提升国民经济产业体系智能化水平，强化应对人口老龄化的科技创新能力。构建养老、孝老、敬老的社会环境，强化应对人口老龄化的法治环境，保障老年人合法权益。

---

① 《习近平关于全面深化改革论述摘编》，中央文献出版社2014年版，第17页。

九、公共卫生治理

2020 年暴发的新冠肺炎疫情，引起了党和国家的高度重视。公共卫生是卫生服务的重要组成部分之一，公共卫生治理旨在捍卫人类健康，重点是防范和应对各种(潜在) 严重危害民众健康或具有强毁伤力的公共卫生威胁，比如传染病、空气污染和核生化事件等。党的十九大作出实施健康中国战略的重大决策部署，强调坚持预防为主，倡导健康文明生活方式，预防控制重大疾病。

突发公共事件意味着高流动性开放社会中负外部性隐含的公共风险，积累积聚并显现为危机爆发。[①] 实施公共卫生治理，要加快推动从以治病为中心转变为以人民健康为中心，动员全社会落实预防为主方针，实施健康中国行动，提高全民健康水平。坚持关注生命全周期、健康全过程，完善国民健康政策，让广大人民群众享有公平可及、系统连续的健康服务。深化医药卫生体制改革，健全基本医疗卫生制度，提高公共卫生服务、医疗服务、医疗保障、药品供应保障水平。坚持以基层为重点、预防为主、防治结合、中西医并重。加强公共卫生防疫和重大传染病防控，健全重特大疾病医疗保险和救助制度。强化覆盖全民的公共卫生服务，防治重大疾病，完善计划生育服务管理，推进基本公共卫生服务均等化。

第三节　国家治理实践中的跨领域任务

从阶段划分的角度出发，国家治理实践的任务构成可划分为常规性任务与阶段性任务两大类。但与此同时，由于国家治理目标取向具有复杂性、

---

① 王廷惠：《开放发展视角下的公共风险与公共卫生治理研究》，《广东社会科学》2020 年第 3 期。

多维性等特征，国家治理的实践构成中还存在相当数量的跨领域任务，涵盖社会治理、发展治理等若干内容。

一、社会治理

社会治理的含义是党和政府依法引导、吸引社会力量（诸如社会组织、企业法人、社区、民众等）参与社会治理，使其通过平等的公私合作伙伴关系，与政府一起依法管理社会公共事务和社会公共生活的活动，其目的在于依法参与引导、规范、协调社会利益冲突和价值冲突，实现公共利益的最大化。社会治理包括三个层次，即党和政府对社会的管理、党和政府与社会的共治、社会自主治理。其中，社会治理的核心是党和政府作为社会治理"主办方"、社会力量是社会治理"协办方"，党和政府应通过完善制度建设提高社会力量参与社会治理的能力，并规范、引导社会力量依法参与治理社会。因此，需要对参与社会治理的社会力量进行资格审查、建立其参与社会治理的基本路径和渠道、健全社会仲裁等制度。因而从运行意义上讲，"社会治理"就是"治理社会"，即多元治理主体共同管理社会以达成社会和谐。新型社会治理体系的构建，是促进社会治理能力现代化的关键所在。[1] 因此，"社会治理"的终极目的，就是打造中国特色社会主义的共建共治共享的和谐社会治理格局。

二、发展治理

我国经济发展当前已进入经济新常态，即经济运行将面临结构性减速。建设实现我国高质量发展的治理体系，是推动高质量发展的基本要求。因此，稳定持续发展是当前发展治理的基本思路。发展治理，即党和政府从建

---

① 姜晓萍：《国家治理现代化进程中的社会治理体制创新》，《中国行政管理》2014 年第 2 期。

设现代化经济体系、宏观调控体系、政策协同体系、制度环境体系等方面出发，通过开放参与、平等协商、分工协作等方式依法联合各种社会力量，共同建立健全实现高质量发展的发展治理体系，促进社会稳定持续发展、保证基本经济增长的一种社会集体行动的过程。党的十九届四中全会通过的《中共中央关于坚持和完善中国特色社会主义制度、推进国家治理体系和治理能力现代化若干重大问题的决定》，深刻回答了我国国家制度和国家治理体系需要"坚持和巩固什么、完善和发展什么"这个重大政治问题，确定了坚持中国特色社会主义的根本制度、基本制度、重要制度相互衔接，统筹重大制度和重大任务、根本原则和重要举措、顶层设计和分层对接、制度改革和制度运行的层叠并行的制度治理体系，把制度优势更好转化为治理效能，通过治事、治人、治制相互影响、相互制约、发挥着不同的功能和作用，以治制为根本，促进党治国理政迈进高质量建章立制新时期，推动我国发展治理进入制度治理的新时代。

三、创新治理

简单来说，创新就是创造新事物。新事物的价值在于促进社会和文明的进步。基于发展的需要，运用现存知识和已有条件，突破旧的思维定势、旧的常规戒律，结合已有认知和实践经验发挥人的主观能动性，创造发现新事物，这就是创新的过程。创新治理是指新公共管理中"治理"的理念、结构、模式等在科技公共管理中的运用，旨在提高创新效率，降低创新成本，提升创新资源的配置效率及科技创新与社会、经济等方面的发展协同。①"创新治理"，可以从"创新的治理"和"治理创新"两方面理解。"创新的治理"，需要党和政府建立健全社会的创新制度体系，以吸引社会力量共同举办创新

---

① 陈套：《从科技管理到创新治理的嬗变：内涵、模式和路径选择》，《西北工业大学学报（社会科学版）》2015年第3期。

活动和行使创新行为规范，从而构建社会多元主体共同促进社会创新的机制。"治理创新"，即党和政府应根据社会各方力量的利益诉求，均衡分配和调节创新成果和利益，避免出现利益和价值配置不均而产生矛盾和冲突，以此建立创造利益和谐共享的机制。从内容构成的角度来讲，"创新治理=创新的治理+治理创新"，即通过制度安排促进多元社会力量与党和政府一起积极推动创新、和谐共享创新所带来的发展红利。

四、安全治理

党的十八大以来，党中央全面加强党对国家安全工作的集中统一领导。习近平总书记站在党和国家工作全局的高度，创造性地提出总体国家安全观，这成为当下构筑中国安全治理体系的关键"顶层设计"。坚持总体国家安全观是新时代坚持和发展中国特色社会主义的基本方略。坚持总体国家安全观，统筹发展和安全，坚持人民安全、政治安全、国家利益至上有机统一。以人民安全为宗旨，以政治安全为根本，以经济安全为基础，以军事、科技、文化、社会安全为保障，健全国家安全体系，增强国家安全能力。完善集中统一、高效权威的国家安全领导体制，健全国家安全法律制度体系。加强国家安全人民防线建设，增强全民国家安全意识，建立健全国家安全风险研判、防控协同、防范化解机制。提高防范抵御国家安全风险能力，高度警惕、坚决防范和严厉打击敌对势力渗透、破坏、颠覆、分裂活动。

基于总体国家安全观审视安全治理，需要有机统筹内部安全与外部安全，健全公共安全体制机制，具体包括：完善和落实安全生产责任和管理制度，建立公共安全隐患排查和安全预防控制体系；构建统一指挥、专常兼备、反应灵敏、上下联动的应急管理体制，优化国家应急管理能力体系建设，提高防灾减灾救灾能力；加强和改进食品药品安全监管制度，保障人民身体健康和生命安全；实施乡村振兴战略，保障国家粮食安全。

五、乡村治理

习近平总书记指出，"要夯实乡村治理这个根基。采取切实有效措施，强化农村基层党组织领导作用，选好配强农村党组织书记，整顿软弱涣散村党组织，深化村民自治实践，加强村级权力有效监督。"2006 年中央政府明确提出建立新的"乡村治理机制"，强调乡村民众的利益诉求表达的制度建设；同时，重视调整中央与地方政府间的关系，在预算财政管理、干部管理、"维稳"体制等方面出台若干重要措施。乡村治理新体系既要实现资源下沉，又要善于让各种治理机制发挥作用，把顶层设计和基层创新结合起来。

改革开放 40 多年来，我国乡村治理经历从自治到共治的变迁轨迹。[①]实施乡村振兴战略，必须夯实乡村治理的基础。乡村治理体系建设要坚持党的领导、农民主体、"三治结合"、多方协同、突出重点的原则，构建共建共治共享的治理体制、乡村治理与经济社会协同发展的机制、乡村治理的组织体系、党组织领导自治法治德治相结合的路径，完善基层治理方式、村级权力监管机制，创新村民议事协商形式、现代乡村治理手段。2019 年 12 月，中央农办、农业农村部牵头，会同中央组织部、中央宣传部、民政部、司法部在全国确定了 115 个县（市、区）开展乡村治理体系建设试点示范，通过试点示范，积极探索一批路径方法、健全一批政策制度、打造一批典型示范、形成一批工作抓手，为中国特色社会主义乡村善治之路探索新路子、创造新模式。

六、网络治理

互联网的发展推动着中国从网络大国到网络强国不断前进，并深深嵌

---

① 袁金辉、乔彦斌：《自治到共治：中国乡村治理改革 40 年回顾与展望》，《行政论坛》2018年第 6 期。

入社会生活、工作生产、商业经营和政务服务过程。网络治理是通过网络手段和工具，对关键资源拥有者（网络结点）的结构优化、制度设计，并通过自组织和他组织实现目标的过程，涉及治理的环境、边界、目标、结构、模式、机制与绩效等多个方面，且各个方面密切联系、交互影响，是一个复杂的运作系统。习近平总书记强调，"要依法加强网络空间治理"，"提高网络综合治理能力"。

实现网络治理，要建立健全网络综合治理体系，加强和创新互联网内容建设，落实互联网企业信息管理主体责任，全面提高网络治理能力，营造清朗的网络空间。网络空间是自由与秩序的统一体，网络法治是维护网络秩序的首要原则，网络伦理是网络法治的重要补充。网络主权是国家主权在虚拟网络空间的拓展，构建网络空间命运共同体是全球互联网治理的重要方向。国际社会要本着相互尊重和相互信任的原则，通过积极有效的国际合作，共同构建和平、安全、开放、合作的网络空间，建立多边、民主、透明的国际互联网治理体系。从这一角度来说，包括中国在内的新兴国家在网络空间治理的机制建设中主动性和话语权的不断提升，这同样涉及全球范围内网络空间治理新型制度框架的构建。[1]

七、民族治理

民族区域自治，是我国的一项基本政治制度。党的十九届四中全会指出，要加强系统治理、依法治理、综合治理、源头治理，把我国制度优势更好转化为国家治理效能。基于这一重要论述，作为我国的一项基本政治制度，民族区域自治制度在社会主义国家制度体系中要发挥积极作用，更好地转化为民族治理效能。习近平总书记指出，"要把宪法和民族区域自治法的规定落实好"，"坚持从政治上把握民族关系、看待民族问题，讲政治原则、

---

[1]　王明国：《网络空间治理的制度困境与新兴国家的突破路径》，《国际展望》2015 年第 6 期。

讲政策策略、讲法治规范"，坚持各民族一律平等，铸牢中华民族共同体意识，实现共同团结奋斗、共同繁荣发展。

推进民族治理，要坚持和完善民族区域自治制度，坚定不移走中国特色解决民族问题的正确道路，坚持各民族一律平等，坚持各民族共同团结奋斗、共同繁荣发展，保证民族自治地方依法行使自治权，保障少数民族合法权益，巩固和发展平等团结互助和谐的社会主义民族关系。坚持不懈开展马克思主义祖国观、民族观、文化观、历史观的宣传教育，打牢中华民族共同体思想基础。全面深入持久开展民族团结实践活动，加强各民族交往交流交融。支持和帮助民族地区加快发展，不断提高各族群众生活水平。

八、侨务治理

海外侨胞和归侨侨眷是中国联系世界的重要纽带，是促进国家发展的重要依靠力量。党的十八大以来，以习近平同志为核心的党中央，立足和平崛起的中国现状以及世界政治经济文化新格局，创造性提出了打造"一带一路"、构建人类命运共同体的美好愿景。同时，更加注重发挥华侨华人在促进中外经济文化交流、融通民心、改善中国国际形象、提高中华文化国际影响力等方面的作用，致力推动中华民族与世界其他民族文明交流、文明互鉴、文明共存。

在党的十九大报告中，习近平总书记强调了新时代要"广泛团结联系海外侨胞和归侨侨眷，共同致力于中华民族伟大复兴"。实施侨务治理，要认真落实侨务政策，保障海外侨胞和归侨侨眷合法权益，改善和加强服务，发挥好他们的独特优势和重要作用，画好海内外中华儿女的最大同心圆，汇聚起共创辉煌的澎湃力量；在构建人类命运共同体的实践、"一带一路"建设及正常开展的国际交往中，要发挥侨力，以侨为桥，扩大中国的国际影响，提升中国的国际地位，把党内和党外、国内和国外各方面优秀人才聚集到党和人民的伟大奋斗中来。

九、涉外事务治理

涉外事务是国内涉及境外事务的总称。狭义的涉外事务通常是指国内社会与民间非官方的个人涉外交际事务等。广义涉外事务则指国家机关与外国政府、世界组织、外国企业和集体、外宾、华裔等所进行的政治、经济、文明、法令、军事、旅行等各个方面的全部交涉、会谈和活动等。一般意义上的涉外事务是指，相关涉外单位基于国家外交方针和政策法规所进行的对外交际活动。涉外公共事务是指具有涉外因素的具有官方性质的公共事务，涉外公共事务包括国家外交事务、移民管理事务、对外招商事务、涉外合同事务等。

为更好地处理涉外事务，我国建立了以宪法为核心、以涉外民事关系法律适用法和众多部门法的涉外性法律表述为主，以及包括大量涉外条例和行政管理规定构成的涉外事务基本治理法律框架。因此，涉外事务治理是指党和政府依法联合社会力量，采用平等合作的方式，基于涉外事务的法律框架对外交、移民、招商、文教科体与传媒、区域合作等众多领域的涉外公共事务共同进行管理，是以解决纠纷、处理矛盾、化解冲突为目的的国内社会治理过程和国际区域性合作治理过程。

十、反恐治理

"三股势力"，即宗教极端势力、民族分裂势力、暴力恐怖势力，是恐怖主义势力典型代表。具体表现而言，暴力犯罪分子有组织或有预谋地通过使用暴力手段威胁或伤害人民群众的生命和财产安全、毁坏公共设施等行为就是恐怖主义行径，是将社会和人民群众置于恐怖之中、破坏党和政府的执政根基、破坏社会道德与行为秩序、突破人类伦理道德底线、产生巨大的恶劣社会影响的犯罪行为。反恐怖主义最重要的是建立反恐怖主义的社会治理体系，就是党和政府联合社会各阶层、各民族同胞，号召人民群众广泛参与，通过建立健全反恐怖主义法治体系，建立国家安全部门、公安部门和武警部队高效协同的侦测、防控、指挥、决策、行动机制，建立健全防范和打击极端暴恐思想的网络传播和社会舆论传播的机制，做好民族和宗教事务工作，强化国际间的反恐合作和情报信息共享，建设多方参与、多措并举、打防结合、以防为主、标本兼治、重在治本、有法可依、依法防控的综合治理体系，实行反恐保障有力、信息情报准确、从严从快打击的反恐行动策略，坚决保障人民群众的生命财产安全，维护社会稳定、民族团结、宗教关系和睦。

第十章　国家治理绩效论 *

　　治理是实现既定政治经济社会目标的手段。党的十九届四中全会审议通过了《中共中央关于坚持和完善中国特色社会主义制度、推进国家治理体系和治理能力现代化若干重大问题的决定》，将坚持和完善中国特色社会主义制度、推进国家治理体系和治理能力现代化，确定为全党的一项重大战略任务。在国家治理现代化中，治理绩效是重要内容。伴随我国经济社会多元化发展，治理的"高绩效"一直得以持续，但工业化、城镇化、信息化与全球化日益严峻地对国家治理体系和治理能力提出新的要求，需要在国家治理体系和治理能力现代化方面做出与时俱进的改革。

　　国家治理体系和治理能力的现代化需要厘清国家治理目标，充分考虑不同治理方式的成本和预期治理的成效，需要考虑到国家治理绩效这一重要问题。国家治理不只是政策引导和理论问题，更是指导我们不断提高国家治理绩效的具体实践问题。一个国家的治理绩效指的是国家为了实现其基本治理目标而进行的各种活动所产生的成绩和效果的总和。国家治理绩效的总体目标可以概括为：在保持生机活力的前提下，实现国家的长治久安与社会和谐。一般认为，国家治理绩效应该包括如下内容：经济绩效的持续提升；人民生活水平的普遍持续改善；人的权利、自由、尊严得到普遍的尊重，人的创造性和个性得以充分发挥；社会各民族与各阶层之间的和谐程度与凝聚力

---

　*　本章作者为山东大学政治学与公共管理学院副院长马奔教授及山东大学政治学与公共管理学院孙宗锋副教授。

逐步增强，社会局面呈现持续稳定和可控制状态；国家的制度结构具有对环境（包括国内和国际环境）的适应性效率，能够及时抓住外部存在的改进经济绩效和制度绩效的机会。特别需要指出的是，"国家治理绩效"的内涵与"国家治理的有效性"形成区别：有效性主要是指治理过程的效率，强调的是治理本身的质量；绩效则不仅包括过程，还关注治理所达成的客观结果（相对其预定目标的实现程度）。

西方治理理论难以适应中国国情，国家治理是中国传统治理思想和中国共产党治国理政经验的一种有机结合，体现了党对全面深化改革总目标的系统认识。评价国家治理绩效，终究需要我们先理解国家治理目标的设置及实现，并对国家治理目标的产生背景、形成原因、结果等问题进行思考。

第一节　治理目标

国家治理目标是国家治理预期内需要达到的结果，具有引领方向和指导实践的作用，同时也是衡量国家治理绩效实现与否和实现程度的重要标准。国家治理目标的形成与确定，受历史、发展阶段、经济基础和国外经验等因素影响。

从历史角度来看，我国国家治理目标的形成有其自身历史继承性和发展性，国家治理具有顺应于历史情境的结构性维度和特点。与古代国家治理是服务于巩固专制集权、维护封建统治的目的不同，我国国家治理的基本目标则是体现了以人民为中心的理念、促进社会的和谐稳定、保障国家的长治久安。古代王朝的治理失败导致的分崩离析，主要表现为中央与地方关系的紧张、政府与人民的冲突最终不可调和。当代国家治理虽然在某些方面与古代面临着相似问题，但国家治理的基础和思想与古代王朝相比已经有了巨大的差别。

国家治理目标是多样和动态变化的，不同的国家会有不同的治理目标，国家治理体系的基本目标也会有所不同。如德国国家治理模式形成于两德统一后特殊社会发展形态，其核心目标是平衡区域间的差异，实现了国家的整体发展，政治性与社会性特点突出。美国国家治理模式则是通过调整和完善社会政治经济体制，形成符合自身发展的治理理念、治理方式和治理环境。而拉美国家的发展路径则为他国国家治理留下了深刻的教训：实行国家治理的方案必须以一个国家政治经济社会发展实际情况为基础，不顾历史和现实的约束而直接照搬照抄别国模式，从来不是成功之道。

因此，作为最大的发展中国家，中国国家治理需要充分借鉴历史和国外的治理经验与教训，在保证正确发展方向的前提下，通过发挥党的强有力领导核心作用，有效推行各项具体措施，最终实现国家治理目标。这是一个漫长的过程，因为同一个国家在不同的阶段也有着不同的治理目标，并且在同一阶段一个国家的治理目标也是动态变化且多元的。为准确判别与解决社会主要矛盾，国家治理的基本目标需要在实践中进行进一步划分和调整。

一、总体目标和具体目标

总体目标：我国国家治理的总体目标是推进中国国家治理体系和治理能力现代化。这一目标具有深刻的价值追求，彰显了新时代中国特色社会主义阶段国家治理的正确方向，体现了国家治理的内在规律。改革开放 40 多年以来，从解决温饱到实现总体小康再到实现全面小康所取得的成就，就是在很大程度上受益于不同阶段社会总体战略目标的制定。1987 年党的十三大提出的中国经济建设分三步走的总体战略部署为国家经济建设提供了方针和方向。经济发展的治理目标在多数国家都是最为重要的发展任务，即使在英美这样的发达国家也不例外。党的十八届三中全会以来，在国家治理总目标的引领下，我党在实现对社会主义现代化的新认识基础上强调执政理念，实现了马克思主义国家理论的新发展，促进全国各族人民齐心协力，为中华民族伟大复兴而努力。

具体目标：具体目标是总体目标在实现期限、实现程度、预期成果等方面的细化和规定。具体目标对治理实践的影响更为直接和显著。我国国家治理的具体目标，就是要进一步发扬法治精神、培育多元和宽容意识、鼓励公民参与；要促使国家治理能力在各个国家职能领域中更合法、更合理、更高效地运行；在增强整个国家治理体系的合法性基础的同时，提高国家治理体系中各种制度的理性化程度。推进国家治理体系和治理能力现代化是一个长期过程、系统工程，但就每一个具体阶段而言，仍有其任务重点。而中国提升国家治理能力的首要任务，就是建设一个真正意义上的能够为国家治理价值实现和发挥作用的现代政府。

国家治理总体目标在不同国情下的具体目标的内容、表现形式、实现程度都是不同的，既有的案例有成功的经验，也有失败的教训。西方现代国家治理的难题很多体现在具体目标的实现上。美国联邦政府的停摆、英国脱离欧盟等，体现了在多党制的国家，国家治理方案由于党派竞争的原因缺乏连贯性、稳定性和长期性，执政党轮流上台也导致国家治理具体目标的不断更迭，缺乏可预期性。这种党派制约牵制，缺乏协调配合的现象背离国家治理的本质和目标，同时也降低了政府在国家治理中发挥的作用，削弱了公职人员的公信力和权威性。与之相对，无论在总体目标还是具体目标上，中国各级党组织、各级政府高度一致，具有强有力的领导作用和公信力。

二、指标性目标与描述性目标

指标性目标：可以细分为结果性目标和过程性目标。结果性目标是指各级党组织、政府、社会组织等部门或人员在特定的条件下必须要达到的阶段性治理目标和成果；过程性目标是指在国家治理中考核的部门或人员在实现国家治理目标过程中的行为表现必须要达到的标准要求。指标性目标往往具有可操作、可衡量和具体明确的特征。

对国家治理的效果评估多依赖于这些单个指标的完成情况。从指标设置的维度来看，国外较为流行的是世界治理指数（the Worldwide Governance Indicators，简称WGI），这套评价指标主要从6个维度对国家治理进行评估，包括问责制和公民话语权、社会稳定和犯罪预防、政府有效性、公共服务质量、法制和防止腐败等。我国在国家治理实践中也形成了治理评价指标体系，该体系包含由1个一级指标（中国社会治理指数）、6个二级指标（人类发展、社会公平、公共服务、社会保障、公共安全、社会参与）以及35个三级指标构成的治理评价体系。但对评价指标体系的应用则依国情不同而各有差异，也决定了指标性目标的实施效果。评估指标性目标实现的效果依据已设置的标准，GDP增速、排污量限制等实在的具体数字发挥着这样的作用。良性的国家治理要求指标的维度和标准设置摆脱人为经验判定，遵循基本规律和原则，同时完善督促检查、综合考核和结果的运用等。

描述性目标：是指国家治理需要依据国家总体发展状况，设置市场经济、民主政治、和谐社会、先进文化和生态文明等领域发展的治理目标，具有在精神层面进行总体引领和在实践层面进行宏观指导的作用。习近平总书记认为建立国家治理体系的基本目标，就是"为党和国家事业发展、为人民幸福安康、为社会和谐稳定、为国家长治久安"，这奠定了国家治理的基调。而历年的政府工作报告以及关于下一年度的工作安排虽然篇幅有限，但却是当年国家治理赖以进行的坚实依据，是各级政府治理工作的"方向标"。描述性目标存在于各国的发展阶段，具有相近的内容和作用。

三、单一目标与多元目标

单一目标：是指在国家治理过程中为了提高国家能力、迅速取得成果而设定的核心目标甚至是唯一目标。在我国发展的早期阶段，受生产力水平的限制和内外部环境的影响，单一目标在国家治理活动中特征鲜明，这与"一元"独揽的治理结构和"强国家—弱社会"的国家社会关系相适应。"唯GDP"论等现象也体现了单一目标在中央及各级政府治理发展中具有的生命力，对于社会主义国家建设初期发展具有重要意义。

反观欧美发达国家的发展，在资本主义制度建立、完成国内统一等政治任务后的首要任务，也都是促进经济的快速发展，其次再进行社会建设、文化建设、生态建设。同时，单一目标长期忽视社会的全面发展，往往带来一系列隐藏的社会问题。从我国国家治理实践来看，GDP 的快速发展带来的是环境质量的恶化、社会问题的增加，从而在一定程度上加剧了国家治理的难度。

多元目标：是指国家治理逐渐摆脱单一目标的局限，根据国家与社会发展在各个领域科学制定的全方面目标，以保持国家发展的均衡、平稳、健康、持续。"国家治理"相对于"国家管理"来说，在主观方面需要平衡客观事实与主观需要间的矛盾；其次，在客观方面需要促使包含诸多要素的国家成为一个有机整体。国家治理中单一目标的长期存在将背离社会进步的规律，多元目标在于促使整个国家治理结构成为更加有序、有机、有活力的整体。多元目标虽然在一定情况下存在冲突紧张，但有利于整个社会保持相当的张力和弹性。全面建成小康社会、全面深化改革、全面依法治国、全面从严治党的"四个全面"战略布局，经济建设、政治建设、文化建设、社会建设、生态文明建设"五位一体"的总体布局，则是新时代中国特色社会主义国家治理多元目标的具体内涵。

四、短期目标与长期目标

短期目标：通常是指时间在 1—3 年内的目标，是长期目标的具体化、现实化和可操作化，是最清楚的目标。国家治理的短期目标应该在明确规定的时限内具有较强的可操作性，因此需要适应环境、切合实际。从纵向来看，国家治理体系是由不同层级的治理制度和程序构成，治理体系层级越多、治理难度越大、实现治理目标的时限也越长。因此，短期目标多适用于微观层面治理目标的设置和完成，是自下而上实现国家治理的一种有效工具和方法。无论是提供公共服务，还是高质量发展，各级党政机关都需要进行短期目标设定，避免组织陷入无目标的失序状态。

长期目标：通常是指时间在 5 年以上的目标，它蕴含着国家治理和国家发展的未来方向和选择，具有更强的战略价值。国家治理的长期目标应该具有灵活性、激励性、全面性等特点，激励各个领域、各个部门努力完成既定目标，并允许其根据环境变化适时调整目标。国家治理是一个结构性的动态均衡调试过程，面对社会经济结构性变化，必须首先保障国家治理结构的相对稳定和防治制度性崩溃。我国的"两个一百年"奋斗目标对于推动各项事业的发展、实现治理能力现代化、维护发展稳定具有不可替代的指引作用。同时，在长期目标的实现过程中，党中央审时度势及时调整，全面准确把握各个阶段我国的奋斗目标与任务。

中国特色的国家治理现代化在一定程度上是对西方国家治理理论和实践的超越，我国国家治理有明确的长期发展目标，并制定配套的长期规划和具体措施，但西方政府却缺乏这种权威与整合动员能力，难以形成长期稳定且明确的国家治理发展目标。

五、客观性目标与主观性目标

客观性目标：指为了回应客观需要、解决现实问题而提出的治理目标，具有现实性、迫切性和针对性。正如新时代中国特色社会主义下的国家治理体系建设服务于"全面建成小康社会、全面社会改革、全面依法治国、全面从严治党"的战略布局，它与最广大人民群众的生活息息相关，是实现中华民族伟大复兴的必然选择。

主观性目标：指根据人们普遍的愿望、追求、信念和社会发展方向而设定的具有主观色彩的目标，这些目标相对抽象。但是主观性目标和客观性目标具有内在统一性，客观目标实现是主观目标实现的基础和前提。

国家治理目标的设置在于促使各级党政机关在既定期限内实现并提高

国家治理绩效，而目标实现度和可持续性是影响目标实现的重要因素。简单来说，目标实现度指的是目标的可行性和可实现程度，具体体现在目标内容和目标强度两个方面。有的学者认为目标内容可以分为目标明确度和目标难度两个维度；目标强度主要有目标的重要性和目标承诺两个维度。国家治理绩效目标是一个复杂的、系统的多目标任务系统，对于每项绩效目标任务的设置的质量都要求从 4 个方面考虑，最终使设置的绩效目标达到明晰的、可计量的和可考核的标准，保证目标实现度。指标性目标、单一目标、短期目标、客观性目标具有较高的实现度。

其次，治理目标的可持续性是指目标在限定时期内与环境具有良好的适应性、连续性和内在统一性。因此，要求从目标设置、目标实施到结果反馈，对既定目标进行全过程全方位的协调管理，这对于多元目标、长期目标、描述性目标和主观性目标尤其重要。中国社会主义现代化"三步走"战略以及"五年国民经济和社会发展规划"等发展战略等，可保持国家治理目标的可持续性。

对国家治理目标的分类有利于我们理清各目标之间的关系，合理的目标设置影响目标的实施和最终效果。为了保证国家治理目标设置清楚适当，需要认识到：国家治理的主体是党和政府，但是社会组织也是国家治理的有机组成部分；国家治理的客体是公共事务；国家治理主体权威的来源不仅包括法律，还包括各种非国家强制的契约和习俗等；国家治理的权力运行向度是上下互动的；国家治理的目的是善治。

在国家治理中，单一目标设置需要走向多元目标设置，短期目标是长期目标的构成和阶段性成果，指标性目标是描述性目标的细化和测量，主观性目标是客观性目标的长期追求和理想，各个目标之间相互联系有机协调。对这些基本事实的忽视就容易导致目标不清、目标不当，然而，没有清晰的国家目标，就是导致"乱治"；没有正确的国家治理目标就是"错治"。清楚的国家治理目标设置需要在明确目标分类的基础上，采用 SMART 法、因素分析法等科学的方法技术，充分考虑目标的实现度和可持续性，结合国家治理环境进行设置。

第二节　治理成本

国家治理面临的一个重要问题，是如何实现国家治理成本的最小化和国家治理绩效的最大化。国家治理成本反映着一个国家运行的质量和效率，也在一定程度上决定国家的全球竞争能力。国家治理成本是一国经济、社会运行和发展的综合成本，体现着整个国家治理体系运行的质量和效率，是指国家治理过程中所消耗的各方面资源的总和。国家治理成本，既不同于企业的微观实际成本，也不同于制度交易成本等，它属于宏观层面的国家治理体系运行的综合成本。

除了体现社会进步和人类发展文明的社会性支出之外，一个国家治理成本较低，表明这个国家的治理体系运行高效、资源配置效率高和社会秩序稳定和谐程度高。治理成本的降低，通常意味着国家治理能力和治理质量的提升。降低国家治理成本，是我国经济社会快速发展的一大因素。历史显示，每当国家治理成本降低的时候，国家的发展就会处于较好的时期。降低国家治理成本，不仅是增强我国经济社会发展动力和企业活力的迫切需要，也是将体制优势转化为竞争能力、实现国家治理现代化的必然要求。我国具有诸多的体制优势，尤其是具有很强的资源动员和配置能力。只有降低治理的成本，减少资源配置的效率损失，才能更好地把体制优势转化为竞争能力。同时，降低国家治理成本，是国家治理现代化的应有之义。高昂的治理成本，与治理现代化背道而驰。总之，降低国家治理成本，是我国迫切需要解决的重大问题，这将在很大程度上决定了我国竞争能力和发展潜力。

国内外学者对国家治理成本问题进行了丰富的研究，并取得了一系列的研究成果。国外关于国家治理成本的研究主要集中在政治、社会和生态等方面。在政治方面的治理成本研究主要集中在对政府治理成本的研究，主要指政府在行使权力、履行义务时投入的人力、财力和物力资源。科斯（Ronald H. Coase）认为，"政府本身并非不要成本，实际上有时它的成本大得惊人"。国外关于社会方面的治理成本研究，主要集中在社会规模对国家治理成本的影响。要建立长久稳定发展的国家，就必须建立各种良好的机制，社会规模与国家治理的挑战成正比。除此之外，国外关于生态方面的治理成本研究主要集中在"环境治理成本效益空间异置"（Environmental Governance Cost-benefit Dislocation）方面，主要是指在环境治理的过程中，由治理所产生成本和效益在不同地区间的分布问题。

对于国家治理成本最小化和治理绩效最大化这个问题，有的学者提出了"国家治理成本理论"，把此问题上升到了理论层面。在政府治理成本方面的研究上，有的学者认为，"政府利益膨胀带来的政府总体成本、隐性成本上升的原因是：政府利益对于公共利益的偏离；政府利益配置密度不均衡；政府利益制衡机制低效"。并且还认为，"政府治理范式的区别会导致政府成本的差异，容易导致政府利益的放大和膨胀，促进政府总体成本和隐性成本上升。建构现代责任政府，创新政府治理范式，优化政府治理的成本结构，是中国降低政府成本、提升政府绩效的基本实现路径"。刘澈元指出，"狭义的政府治理成本实质是政府治理的当期经济成本或者说行政成本。广义的政府治理成本是政府为实现治理目标而投入的各种资源及其影响的总和"。也有学者通过对中国经济由计划向市场转型过程中的前两个阶段（1978—1993 年，1994—2001 年）政府治理成本的"制度范式"分析，总结出影响政府治理成本的制度因素："过高沉淀成本；善治理念缺失；制度安排的非协调；成本分担结构凸显治理成本；学习成本与渐进式改革的局限性"。除此之外，也有学者指出人治、法治、德治等不同国家治理方式所需要的治理成本是不同的，目前，这方面的研究，主要集中在不同治理方式的成本比较以及各种治理方式的成本分析。国内关于治理成本的研究，也主要集中在社会规模对国家治理成本的影响方面。中国的规模体系十分庞大，并且规模结构比较复杂，因此，了解中国的规模现状，理清中国的规模结构，对于减少治理成本，有效进行国家治理具有重大的意义。因而，有学者强调，"国家治理规模及其成本代价是国家建设和政治改革的重要制约条件，中国社会的良性发展的关键正在于是否能够找到有助于减轻国家治理负荷的制度安排"。

综上，可以发现国家治理成本种类较多，反映在治理体系运行的方方面面。本节将进行详细分类与解读，国家治理成本除了财力成本、行政成本、政治成本、生态环境成本和社会心理成本之外，还包括当期成本、长远成本与代际成本等。

一、财力成本

成本是商品经济的价值范畴，是商品价值的组成部分。人们要进行生产经营活动或达到一定的目的，就必须耗费一定的资源，其所费资源的货币表现及其对象化称之为成本。财力成本是指国家治理过程中，为兴建、经营和管理某一项目而付出的经济代价，即所投入的全部物质资源，既包括政府负担的代价也包括私人所付出的代价。

二、行政成本

政府在行使其合法权力，履行其应尽义务时，需要投入人力、财力和物力资源，这些投入的资源可以定义为行政成本。行政成本主体主要是包括立法、行政、司法和外事机构在内的国家机关，客体主要是指行政主体维持自身生存、运转及履行职能的成本。广义的行政成本除政府行政的直接最终消费支出之外，还包括政府决策、行政信息传递、行政执行等过程中所产生的支出，其成本表现形态有相当一部分难以量化。狭义的行政成本是指政府进行行政管理活动所产生的可量化的直接最终消费支出，是政府工作人员履行其职能所产生的显性费用。因此，从狭义角度来看，行政成本常被定义为国家权力机关和行政管理机关为履行其职责而进行公务执行或者机关活动过程中耗费资源的货币表现，如一般公共服务支出、公共安全支出等。

三、政治成本

政治成本可被视为一个学理概念，而非事实概念，是用于形容和描述与特定政治行为或者政治不行为相关的代价与损失。而是不是政治行为（或者政治不行为），其必要条件即是否与政治权力有关。政治成本关注的是特定政治行为（或者不行为）。从学理上，可以把政治行为概括为一定的政治主体，在一定政治环境作用下，在特定利益的基础上，为了特定的政治权力和权利而展开的各种活动。

四、生态环境成本

生态环境成本又叫绿色成本，源于日趋严重的环境污染和生态破坏，是指与国家治理环境责任活动相关的成本。它是用于环境治理、生态建设、工业污染末端治理和支付环境监督的管理费用等的资源耗费。环境经济学认为，生态环境成本可以简称为环境成本；生态经济学认为，生态环境成本又叫生态成本。国家治理中也需要治理环境污染，恢复和改善被破坏的生态环境，使之符合社会经济发展和人类生活居住的需要。这些成本和费用必须通过生态环境成本来补偿，其主要由治理费用和弥补破坏、污染所造成损失的补偿两部分组成。

五、社会心理成本

社会心理是指在一段特定的时期内弥漫在社会及其群体中的整个社会心理状态，是整个社会的情绪基调、共识和价值取向的总和。社会心理是自发的，具有群众性，反映一定社会风貌，社会公众的社会心理状况最终取决于社会生活实际。在国家治理过程中，社会心理成本是培育整个社会及其群众的良好的情绪、共识和价值取向所发生的各种投入，以及由其所引发的现今和未来一段时间的间接性负担。

六、当期成本与长远成本

国家治理成本可以分为当期成本与长远成本。当期成本是指国家在一定时期自觉地、有计划地进行控制、支配、规范和引导、组织、协调的活动所发生的在当届政府任期内完全消化的成本，其作为当届政府的投入，在任期内完成，其结果和影响往往只局限于当届政府。长期成本是指长期内数届政府所进行的各种投入的综合，是通过"累积效应"，即数届政府在履行职能过程中的短期行为不断累积与强化的结果。

七、代际成本

布伦特兰夫人提出，可持续发展的概念为："既满足当代人的需求又不危及后代人满足其需求的能力的发展"（WECD，1987）。这个概念就提出了代际公平的问题。国家治理的价值必须包含代际成本，这样才能实现治理的科学性和可持续性。总体来看，代际成本与可持续性呈现负相关的关系，即可持续性越强，代际成本越小；反之，可持续性越弱，代际成本越大。一般认为，国家治理过程中，耗费"可持续性"要素的机会成本构成了"代际成本"——现在使用某（些）要素所放弃的将来使用它(们)可能带来的纯收益。

国家治理成本不仅包括狭义的行政成本，也包括广义的财力成本、政治成本、生态环境成本、社会心理成本、当期成本与长远成本、代际成本等。国家治理成本的最小化和国家治理绩效的最大化，不仅是保障中国长期可持续发展的关键所在，而且也将对世界的发展发挥着重要的建设性作用。

世界格局加速演变，国际政治经济秩序重构，全球竞争出现新的重大变化。国际社会对中国的重视和关注不断增加，涉及政治、经济、安全等各领域诸多问题，这些问题也不断挑战着中国国家治理的现代化水平。为此，亟须降低我国的国家治理成本，提升我国在全球竞争中的优势和能力，实现国家治理现代化。对于国家治理成本的综合分析各界已有一定研究，然而对治理成本的分类、测量、不同治理成本的聚焦研究和整合运用仍需更多探索。应当加快推进国家治理体系与治理能力现代化下的国家治理成本研究，加快探索国家治理成本的统计方法和统计工具，加大对国家治理成本理论和应用方向研究的支持。

第三节　治理成效

治理成效是指国家治理活动所产生的成绩和效果的总和，是国家治理活动质量的衡量标准。能否取得符合目标期望的治理成效，不仅同前期的成本投入有关，更与国家治理中博弈过程、治理能力的强弱息息相关。此外，治理成效是否具有可持续性是影响治理选择侧重点的重要因素。而国家治理成效则体现在社会政治、经济和公众心理等不同领域内，涵盖方方面面。

一、治理博弈与成效

博弈论视角下的国家治理，本质上是多个主体复杂互动如何形成不同协调机制的问题，而博弈论中固有的探讨治理机制生成、维持与变迁问题，也就成为研究多个主体复杂互动如何生成、维持与变迁协调机制的问题。简言之，国家治理内的博弈研究，是着眼于多个主体的复杂互动过程，是以协调机制与实现的治理意义为基础的研究途径。

治理博弈内容以公共问题为核心，不但包括围绕作为策略性互动的指导原则与行动导向的公共治理理念与规范参与之间所进行的博弈，也包括围绕作为互动过程中多个主体行为选择的激励与约束的制度、组织、机制、过程等参与之间所进行的博弈。博弈均衡的达成，则是生成于对多个主体复杂互动的、具有某种特殊性质的协调行为。这是因为多个主体复杂互动与协调是一种共生关系，具有不可还原性：既不存在独立于互动的协调，也不存在协调之外的互动。协调既是结构，也是过程；既是互动的制约力量，也是互动的结果。从治理、协调与博弈均衡这种关系的角度说，研究作为协调互动的不同结果，就是研究不同的博弈结构如何生成不同类型的博弈均衡，也就是研究不同的博弈结构如何生成不同类型的治理机制。

复杂多变的博弈过程会对治理绩效产生不可忽视的影响。不同主体间复杂关系所支配达成的各种形式的博弈均衡，本质上便是实现有效治理的协调机制，能够取得理想的治理成效。国家治理体系与能力现代化实践，须重点关注影响社会各种领域互动的内在本质与特征，也须重点关注影响社会各种领域互动的内在本质与特征，并基于此设定激励、约束与重塑个体行为选择、互动过程与个体特征的相关规则、制度、规范，从结构与机制角度系统地调整纵向不同层级与横向平行层级间的激励、约束，并对塑造行为选择、互动过程与个体特征作出制度安排，形成旨在最大化公共价值的国家治理博弈均衡体系，也就是形成具有自我实施性与自我强化性性质的治理体系，从而有效提高国家治理成效与能力。

二、治理能力与成效

国家治理能力是国家通过制定、执行规则和提供服务，从而与社会实现"双赢"的能力，是国家把自己的意志、目标转化为现实的能力。具体而言，国家治理能力并非一种抽象能力，相反，它是由一系列具体能力所构成的。有的学者认为，国家能力包括财政汲取能力、调控能力、合法化能力和强制能力。国家治理能力的本质是国家所拥有的治理资源及对其进行合理配置和有效使用的能力。在此，国家治理能力与治理成效之间，必然呈现为正相关关系，财政支配能力愈强，调控准确有效，合法正当的同时又具有强制力保障的国家治理行动，所取得的成效愈高。

此外，国家治理能力受国家治理体系的结构完整性影响，提高国家治理能力，实现国家治理能力现代化的前提，便是实现组织、人力、财力、信息等政府资源与其职能定位相互匹配，实现中央与地方的权责相互匹配，以及紧急状态下能有效动员国家与社会所有相关资源来应对突发公共事件等。

三、可逆成效与不可逆成效

取得理想的结果需要相应的成本付出，国家治理亦是如此，治理目标的实现需要前期成本的投入。可逆与不可逆最初是一组物理概念，分别标识不同的过程方向性，前者表示状态的转换方向是双向的，原来过程对环境所造成的影响亦是可消除的；后者则表示这一过程是单向、完全无法逆转的。

在此基础上，可逆成效与不可逆成效分别表示，在取得计划成效后，这一过程中的负外部性效应能否消除。前者表示，在实现成本与结果的价值转换之后，这一过程对环境所造成的负外部性效应亦是可消解的；后者则恰恰相反。由于价值转换存在单向性，任何方法都无法使系统和环境完全复原。

四、经济成效、社会政治成效、社会心理成效

针对不同领域内的治理目标，相应的治理措施能够在该领域内取得一定的治理成效，具体包含经济成效、社会政治成效和社会心理成效。成效不同于具体且可量化的成果，其外延范围更为广泛，表示所获得的预期的好效果和功效。经济成效表示围绕财富的创造、转化和实现等经济活动所取得的良好绩效；社会政治成效表示对社会及政治生活所产生的良好效果；社会心

理成效则指针对社会公众主观且潜移默化的思维方式所产生的良好影响。

第四节 治理危机防范与化解

一、治理危机的体现

在叠加效应的作用下，各种形式的治理问题盘根错节，呈现出复杂的治理危机，成为国家治理道路上的重要挑战。治理危机主要表现在三方面：主体方面的权威性丧失，民众方面的信任塌陷，以及社会方面的秩序混乱。事实上，很多国家已经出现了多个层面上的治理危机问题，在经济发展上表现总体乏力、债务危机严重、财政赤字突出；在政治方面，民主政治乱象频现、权钱交易严重；在社会方面，就业问题、种族和阶级矛盾日趋激化等。在这种情况下，政府作为治理工作的承担主体，却面临权威性不足、政府公信力不断下降等问题。

（一）治理主体权威丧失

一旦治理主体丧失权威，其治理能力便会大打折扣，进而失去治理效力。当国家在民众心中权威程度不高，社会便会失去"主心骨"的支撑作用，民众便运用自发力量尝试解决问题，不仅成效不大，反而还会引起更多其他问题。因而增强治理的首要任务便是要维护治理主体的权威地位。

案例1.美国工人罢工运动

在2008年金融危机后，美国工人大量失业，工人阶级经济水平不断下滑，社会不公状况加剧，政府的救市举措并未取得理想成效，因而工人运动屡屡发生。根据美国劳工统计局记录，2008年，1000人以上参加的罢工发生了15起；2009年则发生了9起，2010年发生了11起，2011年和2012年分别发生了近20起。国家治理主体的权威性不足，使得政府不得不投入大量的控制资源来首先维持社会秩序，在此基础上进行统治与管理，这不仅给政府运行带来了极高的行政成本，也会出现行政效率低下、社会成效不大的问题。

案例 2. 美国占领华尔街运动

2011 年 9 月 17 日，上千名来自社会中下层的抗议者聚集在美国纽约曼哈顿，发起占领华尔街运动。抗议活动的主要意图在于反对美国政治与金融企业的权钱交易、两党政争以及社会不公正。此后，这一活动不断发酵，呈现出升级趋势，大量抗议者在首都华盛顿游行，并蔓延到洛杉矶、旧金山和丹佛等多个大城市，逐渐成为全国性的群众性社会运动。

这样的民众抗议活动不仅扰乱了正常社会秩序，而且最终往往是以政府暴力结束，收效甚微。美国纽约警方于 2011 年 11 月 15 日凌晨发起行动，对华尔街抗议者的营地实施强制清场，奥克兰警方也向抗议人群使用警棍清场，演变为流血冲突。

（二）信任坍塌

信任危机是国家治理危机中较为普遍的现象。信任坍塌、政府公信力下降对政权合法性与正当性的冲击，堪比绩效等危机所带来的影响。在当今世界，许多国家包括发展中国家和发达国家政府都不同程度地面临着信任危机的挑战，政府信任下降也成为全球面临的共同治理难题。

案例 1. 美国政府公信力呈下降趋势

以美国为代表的西方国家政府公信力下降趋向非常严重。美国全国选举研究会的调查结果显示，美国政府公信力自 20 世纪 60 年代便一直处于下降态势，1964 年有 76% 的美国公众选择信任联邦政府；但在历经石油危机、经济衰退、财政困境和抗税运动之后，1980 年出现了公众信任的第一个谷底，仅有 25% 的公众仍信任联邦政府；而到 1995 年，公众对联邦政府的信任程度跌到 15%，而州政府的信任度也下降到 23%。从近年的民调结果来看，美国不同种族、不同性别、不同收入水平的公众对政府的信任度也在下降。

案例 2.英国政府信任感降低

不仅美国、英国、加拿大、西班牙、日本、意大利、挪威、瑞典等国家也面临着相同的信任危机问题，公众对政府和主要政治制度的信任感降低。英国每年会对政府提供的公共服务做一项民意调查，调查结果表明，超过一半以上的英国公众认为政府机构的管理和领导水平很差，政府部门的工作效率低且存在欺骗和腐败等现象，公众抗议政府政策决定已经成为一种普遍现象。

案例 3.法国"黄马甲"运动信任坍塌

信任危机还表现在国家治理的现实场域中，现代性分化所引发的国家权威与民主治理之间的矛盾，有的会通过激烈群体性事件表现出来。社会冲突事件本质上是一种信任危机，普通公民利益受损，难以通过制度化形式化解，积累怨恨并通过群体性事件爆发，甚至可能引发国家治理的合法性危机。

2018 年 11 月 17 日以后的多个周六，众多身穿黄马甲的民众走向街头，掀起多次大规模抗议运动。骚乱让巴黎等城市的建筑物和商店等受损严重，警察和抗议者发生多次严重冲突。事件肇始于政府增税导致的约合五角人民币的油价上涨，以司机为主的抗议者率先走向街头，很快引发其他社会群体的大量参与。这场"五毛钱"引发的全城抗议反映了民众对政府由来已久的不满和不信任。政治极端化、精英和民众对立、国内治理矛盾的进一步凸显让信任不断坍塌，让法国总理马克龙在国内动荡中丧失了众多民意基础，凸显了治理困境和难度。

（三）社会失序

国家治理危机的表现不仅是在价值观、信任度、权威体系等意识形态方面的危机，其更为明显和直接的表现是社会层面的秩序混乱，社会的稳定与和谐状态被打破，即不同程度的社会失序。国家治理的失效和失败导致社会秩序功能弱化或缺失，各种社会问题产生并且日益严重，在形式和层面上具体表现为社会失范、社会冲突和社会解体等。

由于国家治理失效引发的社会失序问题普遍存在于全球范围中，无论是西方发达国家，还是新兴发展中国家，都面临不同程度的社会失序问题。因此，对社会失序的研究分析对提高国家治理绩效、避免治理危机、推动国家治理现代化有着重要的现实意义和长远价值。

案例1.意大利国家治理的失效

国家治理概念强调了转型社会中国家发挥主导作用的重要性，同时也考虑到了治理理念所强调的社会诉求，是一个多元主体参与政治、经济、文化、社会等事业建设以达到治理目标的过程。然而由于国家治理过程中部分环节或者主体作用的缺失，将会导致社会动荡、秩序混乱。

第二次世界大战结束以后，意大利维持着多党林立竞争的局面，形成了特殊的政党合作治国体制。然而从国家治理的实际效果来看，政党合作的治国困境在意大利体现得淋漓尽致。各党派之间的非合作关系下，反对党造成政府不稳定，执政联盟内部的博弈更经常导致政府垮台，特别是执政联盟内的小党倒戈。正因为如此，意大利出现了黑社会犯罪等社会问题，近年来更是出现了难民危机、抵制政府等严重社会失序现象。由于政党之间的不合作成为常态，政权内部难以达成共识，使得国家治理活动难以有效展开，社会秩序难以平衡与维持。

案例2.苏联国家治理的困境

国家作为一种组织形式，必须依赖于一定的要素而存在，如果缺少了这些组织要素，国家将不可避免地走向失效，国家治理危机也就应运而生，秩序混乱是其最直接的后果。苏联的国家失效也证明了这一论断。

在苏联解体之前曾有很长一段时间对自己的国家治理进行调整，然而戈尔巴乔夫在20世纪80年代进行的改革，成为国家治理完全失效的最后一击。在苏联国内，国家层面爆发了政变，动员武装力量、启用国家机器已经无法维持平衡的社会秩序。从微观层面来看，由于国家经济濒临破产、政治局势紧张，给恐怖主义等地方势力创造了崛起的机会，严重破坏了社会稳定。而国家治理未能解决的民族问题、平等问题在基层愈演愈烈，社会问题急剧增加。

治理主体权威丧失、信任坍塌是在意识形态上存在的国家治理危机，这个过程漫长深远；而社会秩序紊乱则直接影响人民生活，短暂剧烈，造成的经济和社会损失更大，是国家治理危机晚期的典型表现。

二、治理危机的教训与启示

国外国家治理的失败教训是我国国家治理的前车之鉴，一些国家治理主体权威丧失的困境，是我国国家治理体系和治理能力现代化建设中应当引以为戒的重要问题，也为我国国家治理提供了诸多启示。

（一）实施参与式治理

随着经济社会的进一步发展，我国公民权利意识不断觉醒，为解决甚至避免政府决策与民众需求之间的滞后性问题，政府应当完成从反应式治理到参与式治理的转变。一些国家治理失效的原因之一，便在于没有充分敬畏和尊重民意，以此为鉴，我国地方政府应当具有与公众共享治理过程的意愿，实施参与式治理，并将民意吸纳进治理过程。

（二）加强国家治理能力建设

一些国家治理危机显示了政治与秩序要素本末倒置所产生的严重危害。因此，应当把国家治理能力建设视作增强治理权威的关键，不断优化政府结构及政府职能，提高政府运作的科学性、有效性和合理性。在此基础上，进一步推进我国法治和责任政府建设，不断巩固发展政治合法性，增强政府的权威性。

（三）树立政府公共服务理念

西方国家在进行政府改革的过程中，通过强调公共部门对公民的责任和提高公共服务的满意度，增强了公民对于政府的信任。政府公共服务的出发点和落脚点是公共服务对象——公众的满意度，而不是片面追求经济效益和来自政府组织自身的被认可度。同时，政府过程是从宏观上展现政府行动的实现过程，政府过程对于政府公信力的提升至关重要。公开是政府的本质要求和职责，政府过程公开透明有利于从程序上获取公众的认同，从而使其更加信任和支持政府。

（四）正确处理政府、市场、社会的关系

政府、社会、市场的关系问题，是国家治理体系中的核心问题。国家治理的最终目标模式是"善治"模式，而"善治"模式的架构就是政府、市场、社会之间的互动合作共治。一个具有治理能力较强的政府，必然是有限政府、责任政府、法治政府、效率政府、廉洁政府及透明政府，这就要求合理界定政府、市场、社会的边界，建构政府、市场、社会各归其位，各司其职，既相互制约又相互支撑的分工体系。

（五）增强执政党调适性

避免政治危机，应当增强执政党调适性，推进政党治理的现代化。作为国家治理主体的中国共产党，面临着百年未有之大变局。为了解决这些问题，需要在意识形态建设上体现出更加理性务实的气质。其次需要重点加强执政党的基层组织建设。党的各级组织是中国国家治理的主要载体，不言而喻，执政党的政策纲领、各级组织的调整，便成为与外部环境进行调适的基本进路。

（六）构建社会治理新格局

避免治理危机，还应当构建社会治理新格局，推进社会治理的现代化。在政党—政府—社会三者关系的架构中，没有社会治理的现代化，就没有整个国家的发展和进步，也就没有国家治理的现代化。为了加快形成党委领导、政府负责、社会协同、公众参与、法治保障的社会治理体制，需要科学定位党委在社会治理中的角色，转变政府职能，改革完善政府社会治理体制，积极引导公民和社会组织参与社会治理。

第十一章　国家治理竞争论 *

　　综观世界各国，有的国家发展快，有的国家发展慢；有的国家持续发展，有的国家发展却昙花一现；有的国家日益富裕繁荣，有的国家日益贫穷衰弱。那么国家之间为什么会在发展速度、水平上呈现这些差异？换言之，是什么因素决定着国家间竞争的成败？对此，人才决定论、科技决定论、资源决定论、实力决定论、产业决定论等理论观点，都从不同侧面解释了导致国家间发展差异的原因。但若从更宏观的视角加以考量就会发现，上述分析路径最终都可以归结到国家治理的问题上。

　　"国家治理竞争"为与国家治理相关的理论和学术研究以及治国理政实践提供了一个全新的视角。就本质而言，国家间竞争的任何表现形式都是国家治理水平的竞争，国家治理的优劣不仅决定了一国的兴衰，而且决定着该国在国际竞争中的成败。也正是基于这一原因，党的十九届四中全会通过了《中共中央关于坚持和完善中国特色社会主义制度、推进国家治理体系和治理能力现代化若干重大问题的决定》，将国家治理体系和治理能力现代化提上更加重要的议事日程，并将其作为新时代全面建设现代化强国的重大战略部署。本章将首先构建关于国家治理竞争的综合分析框架，在此基础上对国家治理理念竞争、国家治理制度竞争、国家治理能力竞争、国际影响力竞争四个方面进行分别阐释，并进一步总结中国在国家治理竞争中的比较优势。

---

* 本章作者为山东大学政治学与公共管理学院副院长刘昌明教授。

第一节　国家治理竞争的概述

一、国家治理竞争的内涵

竞争是行为主体围绕利益展开的较量行为，国家间的竞争是客观存在的事实。在当今国际社会，随着全球化的快速发展，世界联系越来越紧密，全球性经济金融危机、气候变暖、传染性疾病等问题的持续出现，打破了旧的国际竞争格局，各国亟须调整发展战略促进经济社会转型，提高国家的综合竞争力。但如今，国家竞争力的大小受地理环境、资源禀赋等自然条件的影响越来越小，而逐渐由一个国家配置资源的实力和能力决定。因此，如何最大限度地科学合理配置发展资源以获取最大收益，成为国家治理的重要关切。以营商环境为主体的发展资源是国家治理特别是经济高质量发展的基础和支柱，业已成为国家治理竞争的重要基础性力量。只有充分利用和合理配置发展资源降低治理成本，不断推进国家治理体系和治理能力现代化，才能真正适应时代变化应对各种风险与挑战，才能全面提高国家的发展水平与综合竞争力。

总的来说，国家治理是一个"内向型"的行为和过程，表现为一国对其内部的政治、经济、社会、文化、生态等领域的运行与发展，进行的计划、组织、协调、规范、支配和管控等行为和过程。但若将视角转向国际舞台，就不难发现，由于各国历史条件和资源禀赋的差异，国家间在治理模式上存在着多样化、个性化的选择，在治理效果上呈现出明显的优劣和高下之分，进而决定了一国在时代发展和国际竞争中的成败。因此，在一定意义上，这一"内向型"的治理模式所引发的"外部效果"，是衡量和评价国家治理的重要指标，也由此引发了对"国家治理竞争"这一命题的思考。概言之，国家治理竞争内含了对国家治理各类模式及其成效差异的横向比较，旨在为不同国家间治理模式的相互借鉴，以及在此基础上的优化和完善提供启示。

正如国家治理是一个涉及国家运行各类资源的优化与统筹的过程，对不同国家治理模式的比较和竞争的观察，也应是一个兼顾宏观研判与微观分析的系统工程。无论哪种国家治理模式，治理理念、治理制度体系和治理能力都是构成现代国家治理的三个基本要素。国家的治理水平则是一个国家在特定治理理念或思想指导下，治理制度体系是否科学完善以及制度执行是否有力的集中体现，因此它取决于治理理念是否先进、治理制度体系是否健全、治理能力是否充分等因素。先进的治理理念保障和指引国家治理的正确方向；而有了好的国家治理体系才能真正提高治理能力，提高国家治理能力才能充分发挥国家治理体系的效能和实现治理理念。作为治理体系核心内容的制度，其作用是根本性、全局性、长远性的。然而，在当今全球化快速发展的时代，国家治理是全球治理中的国家治理，国家治理体系与治理能力的现代化必然包含着对全球治理的理性认知和实践的协调。[1] 因此国家治理的"外部效果"还体现在国家在参与全球治理的实践与过程中所产生的吸引力和感召力，即一个国家的国际影响力。

基于以上关于国家治理内涵构成、相互关系与外部效果的分析，国家治理竞争可以界定为，不同国家之间在各自特定的治理观念和核心价值观的引领下所展现的不同制度体系、不同国家之间运用其国家制度管理社会各方面事务及其在国际社会中产生不同影响力的竞争，它是国家间竞争的宏观形态，是各国政府代表国家主权和民族利益所直接进行的相互竞争。

二、国家治理竞争的构成

通过对国家治理竞争内涵的分析与界定可知，国家治理竞争是由相互独立又相互影响的四个维度构成，具体表现为：治理理念竞争、治理制度竞争、治理能力竞争、国际影响力竞争。

---

[1]　蔡拓：《全球治理与国家治理：当代中国两大战略考量》，《中国社会科学》2016 年第 6 期。

首先，治理理念竞争是国家治理竞争的隐性要素，也是最深层次要素，反映在经验实践上即为"意识形态之争"。国家治理理念是由一定社会崇尚和倡导的思想理论、理想信念、道德准则、精神风尚所构成的社会认同理念和价值体系，规范和指导着国家治理的方向。特定时期的治理理念和核心价值观就是一个国家治理的方向盘，也是一个国家的思想稳定器。若国家治理没有明确的治理理念和核心价值取向，社会就失去了前进的方向，就会导致人心涣散、社会混乱。因此，凝聚国家治理理念和核心价值取向、发展主流意识形态、整合社会意识，是推进国家治理的思想基础。这不仅能规范和指导国家治理的方向，而且直接反映着民族的凝聚力和国家的核心竞争力。由于国家发展水平、社会制度和面临的治理问题不同，国家治理需求和目标各不相同，国家治理在不同发展层次和问题视角下，形成了各不相同的治理理念。因此，围绕"什么才是好的国家治理"的理念争论在当今世界大变革大发展时期愈演愈烈。

其次，治理制度竞争是国家治理竞争的基础性要素，也是最核心的要素。相较于无形的治理理念，国家治理的制度是一套具体的、高度组织化的体系。它从制度层面为国家治理提供了可操作的框架，对国家治理起着严格的规范性作用，决定着具体治理机制的发展空间以及国家治理能力的实际效果。因此，国家治理制度是国家治理行为能否有效开展、治理绩效能否顺利实现的基础，是一国赢得国际竞争的关键。制度竞争是国家间最根本的竞争。一个国家生产力的提高、科技水平的提升、社会政治的稳定，都离不开健全稳定的国家治理制度。当今时代，制度现代化已经成为一个国家的核心竞争力，制度优势是一个国家的最大优势，国家治理的竞争优势更多地依赖于国家制度优势和创新机制。因此，对于国家治理体系和治理能力现代化而言，不仅其目标是实现制度现代化和提升竞争力，而且其本身就是以高制度化水平为特征的。

再次，治理能力竞争是国家治理竞争最直观的反映，体现了国家治理竞争的过程和最终结果。作为一种主体能力的治理能力具有动态性，是国家强大稳定与否的重要标志。国家治理目标能否实现、制度体系能否发挥作用，除了其本身是否反映公共权力运行规律之外，还取决于国家治理能力的强弱。国家治理能力强，则国家治理理念和制度体系就会得到很好执行；相反，如果国家治理能力偏弱，国家治理理念和制度体系就难以贯彻和有效执行。因此，国家治理制度体系是否适应国家发展的需要并发挥应有的治理效果，都要通过国家治理能力和水平来反映。只有提高国家治理能力，才能充分发挥国家治理体系的效能。治理能力直接影响着国家间治理竞争优势的发挥，治理能力竞争不可避免地成为国家治理竞争构成的重要因素。

最后，国际影响力是衡量一个国家国际地位高低的显著标志，以规则制定话语权为核心的国际影响力竞争是当今世界国际竞争的一个重要因素。国家治理的顺利实施，对内取决于先进的治理理念、成熟稳定的国家制度和高水平的治理能力，对外则取决于良好的外交环境。话语权作为营造国家治理良好外交环境的关键性因素，在一定程度上决定了一个国家国际影响力的高低。以话语权为核心的国际影响力是一个国家综合实力和国家治理水平的重要体现。因此，国家治理需要塑造与加强国际话语权，进而提高国际影响力。同时，国际话语权是国家软实力的主要因素之一，体现出了一个国家在国际社会中政治操作能力、治理理念的贡献能力和吸引力。在 21 世纪，话语权之争已经上升到战略层面，逐渐发展成为国家间战略竞争的一个新的制高点。

综上可知，国家治理竞争的过程和结果可以充分凸显出一种国家治理模式相对于其他类型治理模式的比较优势。一个国家能否构建先进的治理理念和核心价值观、能否提供一套有效约束与激励的制度体系、能否有力地执行制度体系并带来预期绩效，在国际社会中能否充分掌握话语权，决定了其在国际竞争中的成败。正是从这个意义上说，国家治理竞争为各国优化自身治理体系、提高治理水平提供了动力。一方面，国家治理水平提高可以形成比较优势，促进其国际竞争力的提高；另一方面，国家治理竞争又可以倒逼更好的国家治理。由于治理水平高、治理效果显著的国家可以在资本、人才、技术的流动中具有更强的吸引力，为争取更多的影响国家竞争力的积极要素，国家常常会致力于完善其国家治理、推进改革，主动争取国际话语权提升国际影响力。

第二节　国家治理竞争的四个维度

一、国家治理理念竞争

国家治理理念是人们对国家治理概念与治理主体、治理目标、治理路径等各种治理要素的总的看法和根本观点，是对国家治理的起源、本质以及一般规律的理论概括，这从理念上回答了国家治理的目标和方向、原则和立场。在实践中，国家治理理念主要体现在对三组关系的认识上：政府与市场的关系、国家与社会的关系、国家与世界的关系，由此形成的政府观、市场观、社会观、全球治理观，共同构成了国家的治理理念。总的来看，国家治理理念决定了国家治理的方向和目标，对国家治理具有指导和规范作用，从根本上回答了国家"为何治理、为谁治理、如何治理"的问题。

国家因其自身发展状况和需解决的治理问题差异，具有各不相同的治理理念。在性质上，国家治理理念具有阶级性和历史性。不同阶级社会和历史发展阶段形成了不同的国家治理理念。国家治理理念是国家对各种治理问题和治理实践的积极探索与理论思考，根植于本国思想文化。它是一个国家具有时代特征的制度安排与政策导向形成的历史文化基础，体现了国家对历史发展与社会变迁的价值诉求、选择和偏好。在内容上，国家治理理念体现在国家治理的方方面面，例如，国家治理的组织原则、国家治理的战略政策、国家治理的根本方法等。因此，国家关于具体领域、特定问题的治理理念也不尽相同。在国家治理模式上，不同国家遵循着不同的治理理念。有的国家的理念和价值观是以人民为中心的，而有的则是为少数人服务的；有的反映了社会发展趋向，而有的则与社会发展规律背道而驰。

然而，在相互依存的全球化时代，国家之间不同治理理念的存在与推广，在国际社会中极易进入竞争状态甚至造成理念冲突，主要原因在于任何国家治理理念和方案都存在着欠缺，并且没有任何一种理念能普遍适应各个国家的发展状况。国家治理理念能为国家治理实践提出思想框架和行动指南，因此这既可以帮助国家达成治理共识，完成身份认同，强化伙伴关系，也可能会引发道义制高点的争论与国际规则制定的领导权之争。事实证明，如果一个国家坚持以人民为中心的治理理念和价值取向，坚持人民是治理现代化的归宿，坚持人民的获得感、幸福感、安全感是衡量国家治理现代化的根本标准，那么这个国家就会动员和激发全社会的积极性、创造性和责任感，从而带来良好的国家治理绩效，在国际竞争中就会形成治理观念和价值观的比较优势，进而产生国家治理的竞争优势。在历史上，很多国家治理水平较低、治理绩效差，在国家治理竞争中缺乏比较优势，很大程度上是其治理理念和价值取向出现了问题。从长期来看，一个国家只有其治理理念和价值取向具有强有力的解释力、说服力、影响力，治理制度安排才能深入人心，才能在国家治理的国际竞争中赢得话语权，赢得主动。

此外，不管采用何种制度体系，都是一个国家在特定时期内治理观念选择的结果，纯粹科学意义上的制度是不存在的，既然是一种价值选择行为，就必须考虑到制度本身的公平、正义，以及制度运行是否有利于公共利益的维护等价值因素。因此，治理理念和价值体系也同样是衡量国家治理体系和国家治理能力的前提性指标。

二、国家治理制度竞争

正如前文述及，国家治理制度是管理国家的一系列制度体系，包括经济、政治、文化、社会、生态文明等各领域的一整套紧密相连、相互协调的国家体制机制、法律法规安排。治理制度为国家治理的系统性和综合性发展奠定了重要制度基础。当今世界各国的发展历史和现实已经证明，一个国家的制度化水平很大程度上决定着这个国家的治理水平，凡是有着稳定成熟制度的国家，其国家治理方向和目标就更加科学化，治理能力就会随之加强；反之，则国家治理就会面临更多风险，国家治理能力也会越来越低。

国家治理的制度竞争主要围绕制度、法律和政策等管理国家的一系列制度体系展开，具体体现为国家间在制度供给能力及其所产生的绩效方面的竞争。制度供应能力强、制度绩效优的国家，自然就在国家治理竞争中占有比较优势。在制度供给能力上，制度竞争方式主要表现在三个层面：从供给与需求的角度看，主要是国家灵敏度即反馈能力的比较；从模仿和创新的角度看，则是国家知识习得能力的比较；从强制与诱致的角度看，比较的则是一国的历史传统和整体环境，比如有限权力和国家理性行为的传统，民主与法治环境等。[1] 在治理制度的绩效方面，正是一个国家所采取的政治制度和经济制度决定了这个国家的经济绩效，进而决定了与其他国家在经济绩效上的差异。[2] 当然，制度绩效的高低很大程度上取决于一个国家的治理制度体系是否科学、是否先进，特别是是否符合国情、是否有效、是否得到人民拥护。只有扎根本国土壤、汲取充沛养分的制度，才是最可靠、最管用、最能产生绩效的制度。就中国而言，中国特色社会主义制度之所以行得通、有生命力、有效率，就是因为它是从中国的社会土壤中生长起来的。

从国家治理的构成要素看，制度体系对国家治理竞争中的比较优势具有基础、核心作用，这在经济领域展现得更加直观和具体。第一，制度竞争力的基础要素是制度体系为降低制度成本，进而为国家生产力的提升以及国

---

[1]　冯辉：《制度、制度竞争与中国经济法的发展——纪念中国经济法三十年》，《华东政法大学学报》2008 年第 6 期。

[2]　李增刚：《包容性制度与长期经济增长——阿西莫格鲁和罗宾逊的国家兴衰理论评析》，《经济社会体制比较》2013 年第 1 期。

家优质高效的发展作出综合贡献的能力。一个国家的制度竞争优势不仅可以通过减少经济运行中的交易费用和政治运行中的摩擦来降低一国的成本水平，促进社会资本积累，刺激物质资本、人力资本、技术等的投资形成；更为重要的是，还可以加强对参与国际竞争的个人、企业或其他组织的创新激励，同时也形成相应的约束体系，规制经济主体的行为，减少经济运行中的摩擦成本，增强其竞争能力。总的来看，制度的综合贡献能力越强，综合贡献率越高，制度质量就越高，制度竞争力也就越强。第二，一个国家在制度竞争中形成的制度优势，不仅有利于促进对全球可流动资源的吸引和利用，促进内部比较优势与外部资源的有效结合，而且还有利于加强自身在建立国际经济交易规则或制度博弈过程中的谈判能力、影响力和适应能力，减少本国在国际竞争中的不确定性因素。

现实表明，处于不同发展阶段的国家，其社会主要矛盾的不同决定了其政治发展与国家建构任务的差异，因而在对制度建设及其质量要求等方面也必然存在较大差异。综合来看，发达国家关注的已不仅仅是技术、产品，更是法律、法规、政策、标准等制度和规则的供给和绩效。反观发展中国家，在制度供给和制度绩效等方面都落后于发达国家，使发展中国家的各种要素难以通过成熟的制度体系特别是市场机制进行有效配置，导致其在国家治理竞争中难以形成比较优势。正是从这种意义上说，一个国家的制度建设带有根本性、全局性、稳定性，要提升国家治理的竞争力，必须首先提升国家的制度竞争力。

三、国家治理能力竞争

国家治理能力是国家治理的基本构成要素，但何为国家治理能力，学界存在不同的观点。概括来看，国家治理能力有广义、狭义之分。广义的国家治理能力等同于国家能力，指的是统治阶级通过国家机关行使国家权力、履行国家职能，有效统治国家、治理社会，实现统治阶级意志、利益以及社会公共目标的能量和力量。①简单地说就是国家将自己意志、目标转化为现实的能力。习近平总书记也从广义上对这一概念进行了界定，认为国家治理能力就是"运用国家制度管理社会各方面事务的能力，包括改革发展稳定、内政外交国防、治党治国治军等各个方面"。②狭义的国家治理能力是指国家宏观上统筹各个领域治理，特别是运用国家制度和法律管理社会各方面事务，使之相互协调、共同发展的能力。③这一意义上的国家治理能力更多地体现为一个国家的制度执行力。本文的国家治理能力概念是在国家治理的框架下与治理理念、治理制度体系相对应的，主要指制度体系的执行及其实现国家治理目标和绩效的能力。

在国家治理制度体系确定的背景下，国家治理能力是衡量一个国家治理水平高低的外在表征，也是检验一个国家治理体系是否科学、合理的重要杠杆。④国家治理的成效很大程度上取决于国家治理能力的强弱。一般而言，国家治理能力强，则国家治理的效率、水平和质量就高；反之则低。再健全的治理体系、再完善的治理机制，最终都将归结在国家的治理能力上。因此，国家治理能力直接影响着国家间的治理竞争。首先，突出的国家治理能力就意味着国家对经济社会运行及公共事务管理具有较强的调节能力，不仅在微观层次上能够较好地规避市场失灵，防止政府越位、缺位和错位，而且在宏观层次上能最大限度地激发社会活力，协调不同行为主体之间的利益矛盾，满足公共服务需求，促进社会整体和谐进步。其次，国家治理能力不仅是国家综合国力的重要构成部分，也是提升综合国力的重要手段。当今世界，国家间综合国力竞争愈加复杂，传统的经济、军事力量已无法取得绝对竞争优势，而政府的合法性与凝聚力等文化的软实力已成为国家综合国力重要组成部分。良好的国家治理能力，对内有助于国

① 黄宝玖：《国家能力：涵义、特征与结构分析》，《政治学研究》2004年第4期。
② 《习近平谈治国理政》第一卷，外文出版社2018年版，第91页。
③ 丁志刚：《论国家治理能力及其现代化》，《上海行政学院学报》2015年第3期。
④ 陈鹏：《决定国家治理能力高低的三要素》，《学习时报》2014年3月10日。

家治理的科学规划和顶层设计，有效推动社会的团结与稳定、提高企业的创新力与竞争力；对外可以有效维护其国家利益，保障国家安全，表达国家意志，塑造国家形象。[①]

鉴于治理能力对国家治理竞争的重要意义，有效提高国家治理能力，既是实现国家治理能力现代化的题中应有之义，更是推进国家治理体系现代化的必然要求。如何优化治理结构、提高国家治理能力、提升治理绩效，是国家治理面临的基本问题。国家治理能力无疑体现在国家治理的全过程中，那究竟如何衡量和评估一个国家的治理能力状况呢？有学者对此作出综合性分析，提出了衡量国家治理能力至少包含政治认知力、体制吸纳力、制度整合力和政策执行力四项指标。其一，政治认知力。政治制度最为集中地体现了各种利益关系的制度化安排，国家决策集团对政治权力关系及政治制度安排的认知程度和理解程度，直接决定了一个国家的政治走向和政治道路以及由此而来的制度建设和能力建设。这是前提性的指标。其二，体制吸纳力。体制吸纳力决定着体制的社会认同度和政治合法性，是影响体制强弱的重要因素，它具体体现为满足民众的民生能力、让知识分子增强对体制自信的能力以及在法律上有效地保障企业家权益的能力。其三，制度整合力。即为保障国家治理能力的统一性，通过一种有效的政体形式把多层次、多维度的权力关系、专业化制度有效地整合起来的能力。其四，政策执行力。即一个国家的中央政府是否有决策的权威、是否有将政策变得可执行的权威，以及政策执行者是否有能力去执行权威意志，是检测国家治理能力强弱的最直观性的指标。[②]

四、国际影响力竞争

国际影响力是国家综合实力和竞争力的显著体现，同时也是国家治理

---

① 丁志刚：《论国家治理能力及其现代化》，《上海行政学院学报》2015 年第 3 期。

② 杨光斌：《衡量国家治理能力的基本指标》，《前线》2019 年第 12 期。

理念竞争、制度竞争和能力竞争的主要依托，是国家治理竞争的着力点和主要战场。国家实力是国际影响力的主要来源，国家治理水平对国际影响力的发挥提供了基础性、支撑性作用，但在当今信息化时代，一个国家国际影响力可发挥作用的空间并非完全按照国家实力大小来分配，而是主要由国家在国际社会中是否拥有话语权以及拥有多大话语权来决定的。换言之，国际影响力的大小及其作用是否得以发挥在很大程度上受到国际话语权分配状况的影响。从这个意义上来说，国际影响力竞争的主要渠道和关键因素就是国际话语权之争。

一般来说，话语具有显著的社会建构功能，通过信息的呈现与传播建构社会现实，而权力在本质上是一种影响力量。由此可见，话语权是以话语为载体来表达思想、传播信息、解释现实的一种权力。具备了话语权就具备了定义社会事实和社会意义的权力，即话语权决定了定义权、解释权和说明权。[①] 在国际社会中，话语权的运用不仅体现在以价值观念为核心的民族文化交流互动中，更体现在主要国际组织与国际制度的安排中，具体表现如国际事件的定义、国际规则的制定和解释、国际议题的选择与设置等等。当今世界，以国际话语权为核心的国际影响力在国际社会的分配处于极不平衡状态，尤其国际舆论格局在总体上呈现出"西强东弱"现象，以中国为代表的广大发展中国家在国际舞台上的话语影响力处于结构性弱势地位。但是随着治理能力和治理水平的提高，发展中国家抓住机遇不断追求国际话语权的构建，致力于提升国际影响力是必然选择。因此，国际话语权业已成为民族国家尤其是大国战略博弈的重点对象，是一个国家在国际影响力竞争的核心要素，同时也是国家综合竞争力的主要内容。拥有国际话语权，能有效保证一个国家在国际社会中表达自己的立场和主张，充分展示一个国家的政治吸引力、理念贡献力及国际影响力。塑造和提升国际话语权是提高国家竞争力和

---

① 孙吉胜：《中国国际话语权的塑造与提升路径——以党的十八大以来的中国外交实践为例》，《世界经济与政治》2019 年第 3 期。

影响力的题中应有之义。

事实上，一个国家在国际社会中争夺话语权不仅仅是维护自身的国家利益，更是为了确立国家政策行动的合法性，以获取国际社会更广泛的认同与支持。从这个意义上看，国际话语权直接决定了一个国家在国际议题设置、国际规则制定等方面的影响力、说服力和动员力。从作用范围上来讲，以话语权为核心的国际影响力竞争不仅体现在一个国家在国际社会中影响力的总体性份额上，还体现在一些具体领域、单一区域甚至是单个事件的影响力状况上，如区域经济、网络安全、疫情防控等等。从具体内容上来看，以话语权为核心的国际影响力竞争议题和内容，随着时代变迁不断发展升级，涉的内容和领域也越来越广泛。此外，部分学者还根据内容性质的不同，将国际话语权划分为结构性话语权和制度性话语权。结构性话语权主要指国家在国际权力结构与观念结构的力量对比中所带来的话语权；制度性话语权指的是国家在主要国际组织与国际制度的安排中所拥有的话语权。[①] 由于制度性话语权具有显著的制度化、机制化倾向，对国际事务的影响具有相对稳定性和可持续性，所以在当代国际社会国家围绕制度性国际话语权的竞争更为激烈。

第三节　中国在国家治理竞争中的比较优势

新时期中国坚持践行"人民至上"的国家治理理念，坚持和发展中国特色社会主义制度，全面推进国家治理体系和治理能力现代化建设，并通过构建特色话语体系增强国际影响力，在国家治理竞争中形成了突出的比较优势。

---

① 张志洲：《国际话语权建设中几大基础性理论问题》，《学习时报》2017 年 2 月 27 日。

一、践行"人民至上"的国家治理理念

2020 年习近平总书记在参加十三届全国人大三次会议内蒙古代表团的审议时强调"必须坚持人民至上、紧紧依靠人民、不断造福人民、牢牢植根人民""党在任何时候都把群众利益放在第一位""人民至上、生命至上，保护人民生命安全和身体健康可以不惜一切代价"。①"人民至上"是习近平新时代中国特色社会主义思想鲜明的理论品格，也是新时期我国国家治理理念的核心要义，是我国始终坚持马克思主义先进治理理念和社会主义核心价值观的深刻总结，这有力地保障了国家治理体系和治理能力现代化的正确政治方向和政治道路，是我国国家治理的根本出发点和落脚点。

"人民至上"理念的提出与践行，相比于资本主义社会奉行的自由民主理念而言，突破了传统意义上的"个人＜集体＜国家"的利益断层，而上升为"个人—集体—国家"的利益一体化衔接，进一步凸显出"社会主义国家人民地位高"的政治理想及其实践的制度优越性。② 历史证明，坚持人民利益至上，始终站在人民群众的立场上完善国家治理制度，制定国家发展战略，是最明智的选择。面对新冠肺炎的严峻形势，中国共产党带领中国人民积极进行抗疫防疫工作，集中群众力量万众一心共抗疫情，为人民群众的生命健康安全提供了根本政治关怀，赢得了中国人民和国际社会的一致认可与赞扬。但与之相比，某些西方发达国家各种"花式"抗疫，不仅不顾国际道义，借机抹黑中国，更是各出"奇招"，消极防疫，置人民生命健康安全于不顾，引发了社会动荡和人道主义危机。事实再次证明，我国"人民至上"治理理念的坚持与践行，用实力向国际社会展示了中国社会主义核心价值观

① 《习近平在参加内蒙古代表团审议时强调　坚持人民至上　不断造福人民　把以人民为中心的发展思想落实到各项决策部署和实际工作之中》，《人民日报》2020 年 5 月 23 日。

② 周长鲜：《践行"人民至上"的国家治理理念》，2020 年 6 月 24 日，见 http://www.cssn.cn/zzx/202006/t20200624_5147539.shtml。

在国家治理中的巨大优势。在国际社会中，我国提出的"人类命运共同体"思想的理念内核也是"人民至上"，坚持以人民为中心，维护全世界人民的共同利益。

长期以来，我国在推进国家治理体系与治理能力现代化的历史进程中，始终坚持培育和践行社会主义核心价值观、坚持国家制度的道德与正义原则，牢固树立并始终践行"人民至上"的国家治理理念，以服务于"人民对美好生活的向往"这一最高原则推进国家治理体系和治理能力现代化的建设。这不仅有利于把各领域的社会力量统筹在国家倡导的主旋律下，保证人民群众在国家治理中的有效参与，促进国家民主化发展，还有助于塑造国家治理共识，提高体制吸纳力和理念贡献力，进而有效提升国家治理的总体竞争力。

二、坚持和发展中国特色社会主义制度

我国基于发展历史和本国国情，坚持和发展中国特色社会主义制度，走出了一条符合本国国情的国家治理体系和治理能力现代化道路。中国特色社会主义制度，根植于我国本土，具有民族精神的支撑和文化传统的根基；中国特色社会主义制度凝聚了全社会的共识与合力，具有强大的生命力，为经济社会持续发展提供了坚强的制度保障，是我们党必须长期坚持和发展的。从这个意义上说，这也是我们党提出坚持中国特色社会主义制度自信的根源所在。坚持和发展中国特色社会主义制度是我国国家治理竞争的最大优势。

坚持党的领导、人民当家作主、依法治国的有机统一，在国家治理体系和治理能力的竞争中显示出强大的制度竞争力。在中国特色社会主义制度的框架下，在推进国家治理体系和治理能力现代化的进程中不断完善社会主义民主和法治，实现党的领导、人民当家作主、依法治国的有机统一。这一制度优势是，一方面，党的领导是实现经济社会持续健康发展的根本政治保

证，具有能够发挥集中力量办大事、推动国家实现超常规跨越式发展的制度优势；另一方面，我们发展社会主义民主政治，体现人民意志、保障人民权益、激发人民创造活力，用制度体系保证人民当家作主。弗朗西斯·福山曾提出，强大的国家、有效的法治和民主问责制是秩序良好社会的三块基石。西方发达国家一般具有较好的法治和问责体系，但政府不够强大。而中国坚持党的领导、人民当家作主、依法治国的有机统一，其优势不仅是国家的能力强、自主性高，而且还有不断健全的社会主义民主和法治，在国家治理竞争中显示出强大的制度竞争力。

坚持和发展民主集中制的组织制度和领导制度，有力地保障了我国国家治理体系和治理能力现代化的制度整合力。民主集中制是中国共产党在革命年代形成的政治组织原则。在新时代背景下，从中国的自我发展和政治体系出发，我们党继续坚持"民主基础上的集中和集中指导下的民主"相结合。这一原则不仅体现了党和国家领导体制的关系特点，而且也是一种决策过程和方式。一方面，这一组织原则可以有效地动员社会的政治参与，保障人民权利；另一方面又保障了国家领导权力特别是决策权的集中，有利于把各领域的社会力量组织起来，实现集中领导与广泛参与的统一、充满效率与富有活力的统一，展现了我国国家治理的制度整合力。[1]

邓小平曾指出，"我们评价一个国家的政治体制、政治结构和政策是否正确，关键看三条：第一是看国家的政局是否稳定；第二是看能否增进人民的团结，改善人民的生活；第三是看生产力能否得到持续发展。"[2]实践证明，中国特色社会主义制度是植根中国大地、具有深厚中华文化根基、深得人民拥护的制度，是我国政治社会稳定、人民团结进步、经济巨大发展的根本保障，其显示出的无比强大的制度生命力和优越性正是我国参与国际治理竞争的优势所在。

---

① 杨光斌：《衡量国家治理能力的基本指标》，《前线》2019 年第 12 期。
② 《邓小平文选》第三卷，人民出版社 1993 年版，第 213 页。

三、全面推进国家治理能力现代化建设

治理观念是国家治理基本方向的保证，治理制度对国家治理具有根本性、全局性和长远性的作用，但是治理观念和治理制度都需要通过国家治理能力来发挥作用。近年来，中国致力于全面推进国家治理能力向现代化方向建设与发展，不断深化改革，彰显制度优势补齐能力短板，努力构建一个科学规范、协同高效的国家治理能力体系，力求将制度优势最大限度地转化为治理效能。准确定位国家治理能力建设的发展方向，是"人民至上"治理理念的内在要求，也是中国特色社会主义制度的基本保证。我国国家治理能力的建设与发展在国家间竞争中逐渐显露一定的比较优势。

一般来说，国家治理能力主要表现为合理配置和科学利用发展资源，并将资源优势转化为发展优势的能力。一方面，我国在国家治理方面具有诸多体制机制优势，这种优势帮助我国具备了较强的资源配置与快速动员的治理能力。如面临新冠肺炎这样的重大突发公共卫生危机，国家能迅速采取彻底严厉的防控措施，调动全体人民的力量开展抗疫工作，构筑起了从中央到地方、从集体到个人的坚固生命防线。另一方面，营商环境业已成为影响国家治理的最重要发展资源，成为国家治理竞争的重要软实力。中国一直致力于打造市场化、法治化、国际化的营商环境，进而提高国家治理的质量和效率。2019 年 10 月国务院发布了《优化营商环境条例》，实现了营商环境改革成果的法治化建设，有利于继续深化改革，巩固发展成果，最大限度地激发社会和市场主体的创造活力。2020 年 7 月，世界银行发布的关于中国优化营商环境的专题报告，肯定了中国营商环境改革的举措和成就，并提出了部分改革建议。由于营商环境既是生产力也是竞争力，因此优化营商环境对中国提高国家治理水平、继续扩大对外开放、提升国际竞争力发挥了巨大作用。

此外，国家治理体系和治理能力现代化要求治理主体多元化，即政府、

市场与社会三方力量的共商共治。① 中国治理主体多元化的基本前提是坚持党的领导。党的十八届三中全会明确提出，市场起决定性作用，更好发挥政府作用。这既保证了政府配置发展资源的能动性，确保了市场配置资源的有限自由，又平衡了政府和市场在国家治理中的相互作用关系。社会是人类一切生产活动的根基，"增强社会活力，提高社会治理水平"，尊重社会各类主体的自主性，充分发挥社会合力，也是党的十八大以来中国国家治理深化现代化改革的重要举措。政府、市场、社会三元主体的协同合作、共商共治，有利于推动建立综合、系统、科学有效的国家治理能力体系。

值得注意的是，为顺利推进国家治理体系和治理能力现代化，我国在国家治理发展进程中不断加强和实现治理手段的制度化、法治化建设，发挥高效稳定的社会主义制度的优越性，持续释放"制度红利"，从而加快推进制度优势转化为治理效能，推动改革开放向纵深发展。

四、积极构建中国特色话语体系

话语体系是时代发展的表达范式，话语体系构建的核心与关键就是话语权的塑造。21 世纪以来，中国经济得到迅速发展，国家实力、国际地位不断提升，塑造和提升中国国际话语权增强国际影响力成为国家治理工作的重中之重。塑造国际话语权，构建中国特色话语体系，一方面可以显著提升中国国家竞争力和影响力，另一方面可以有效把握国际舆论传播规律，切实应对负面评价，讲好中国故事。党的十八大以来，中国对国际话语体系建构的自主意识不断增强，并积极争取在国际社会中的话语主动权，取得了部分成效，竞争优势也逐渐凸显，保障了中国在国家治理竞争中的国际影响力持续稳定上升。

---

① 　吴传毅：《国家治理体系治理能力现代化：目标指向、使命担当、战略举措》，《行政管理改革》2019 年第 11 期。

在新时期，中国特色话语体系的理论内核是习近平新时代中国特色社会主义思想。在话语体系的构建中，这一思想向我们深刻展示了中国梦、中国方案、中国声音等具有中国独特气质的精神力量，这有利于提升我国主动追求国际话语权的自信和勇气。另一方面，在国际社会中，中国特色话语体系具有自己的民族独特性，兼收并蓄，包容开放，既不故步自封、封闭僵化，又不崇洋媚外、全盘西化，因此特别注重中国声音和中国故事与世界发展潮流的深度融合。这充分展示了中国智慧，也为话语体系的构建提供了更加明确的中国方案，既保持独立自主性，又加强交流合作。

其次，中国特色话语体系与话语权的构建离不开中国国家实力和治理水平的提高，离不开中国行动与中国担当。党的十八大以来，中国不断提出完善全球治理的中国智慧和中国方案，如"一带一路"倡议、"人类命运共同体"理念、共商共建共享的全球治理观等，并将其付诸中国参与全球治理的实践活动中，如亚洲基础设施投资银行、金砖国家新开发银行、丝路基金等建立和 G20 杭州峰会、"一带一路"国际合作高峰论坛、金砖国家领导人厦门会晤等外交活动的举办，这些实际行动向世界展示了大国责任和大国担当，为中国弘扬"人类命运共同体"思想奠定了基础，提升了中国国际话语权。当前，世界正处于新冠肺炎重大疫情的困局之中，中国不断呼吁加强国际合作，关注疫情发展，传递中国抗疫经验，主动为他国提供卫生援助，赢得了国际社会的普遍支持，国际影响力得以增强。事实证明，中国贡献与中国担当为国际话语权的塑造提供了国际道义优势，赢得了世界尊重。

当然，中国特色话语体系的构建是一个长期而艰难的工程，任重道远。中国声音的国际传播还不完全符合大国形象，国际影响力与国家地位、国家实力相差甚远，"中国威胁论""中国崩溃论""锐实力"等恶意言论仍然存在并不断传播。因此，中国需要紧扣时代脉搏，找准国际传播的正确思路，加强国际传播能力建设，阐释好中国声音，努力构建符合中国特色顺应时代大势的话语体系，提高国际影响力。

第十二章　国家治理指标论 *

从党的十八届三中全会提出"推进国家治理体系和治理能力现代化"以来，如何理解国家治理、怎样推进国家治理并提升治理效能，成为学界越来越关注的热点和重要论题。治理模式作为国家治理实践过程中形成的常态、稳定的治理形式，是解答上述问题的一个重要切入点。唯有深入理解治理模式，才能更好把握国家制度优势并发挥国家治理效能。

对此，本书第四章"国家治理模式论"进行了较为充分的介绍。然而，我们的探究不应止步于此，还应在进一步阐析国家治理模式的类型及演进论的基础上，引入国家治理评估指标的理念与实践，讨论目前用于测量国家治理绩效的代表性指标体系，并详究其特征、优劣及适用性，以便形成从国家治理模式到治理绩效评价的完整分析框架。是为本章的主要行文逻辑。

第一节　治理模式的国际比较

一、治理模式的概念

治理模式的概念最先是由比较制度分析学派的经济学家青木昌彦提出。

* 本章作者为山东大学当代社会主义研究所（教育部人文社会科学重点研究基地）唐睿教授。

在青木昌彦看来，国家是政府与公民在政治博弈过程中所形成的"多重稳定均衡"，以此构建由政府和公民参与的重复博弈模型。[①] 政府与公民参与公共事务的程度差异形成了不同的治理模式。此后，因学者们研究视角与研究重心的不同，学界关于治理模式的概念并未形成一致性的共识。就现有所提出的概念来看，可以分为三类，主要有侧重于政府与社会在国家治理中相互关系的政治—社会互动论观点，关注国家治理各要素联系和作用的系统论观点，以及从制度和治理绩效关系的角度进行界定的方法论观点。

第一种是政治—社会互动论的观点，将治理模式看作是政府与社会间互动所形成的稳定结果。丹尼尔·考夫曼、青木昌彦等认为，治理模式反映的是政府与公民之间的互动关系，治理模式取决于政府与公民之间相互作用所形成的一种均衡状态。[②] 其中，政治市场的竞争激烈程度，利益集团的实力分布，以及公民维权制度设置的完备与否，这三个条件决定了政府与公民（社会）之间博弈的规则、策略与收益分配，从而形成不同的均衡状态，也即不同的治理模式。

第二种是系统论的观点，治理模式被视为一个包含主体、客体、目标与规则的系统。张慧君和景维民提出，治理模式是由政府、市场与公民在社会事务互动中形成的整体性的制度结构模式，是由不同的组织形态、制度安排和治理机制构成的制度系统。[③] 系统论观点从政府、市场与公民社会的制度特征与关系来界定治理模式概念，将治理模式看作是一种通过正式与非正式制度来规范政治、经济与社会的宏观制度结构。

第三种是方法论的观点，作为方法和途径，治理模式是实现制度通往

---

① ［日］青木昌彦：《比较制度分析》，周黎安译，上海远东出版社 2001 年版，第 155—183 页。

② 张慧君：《转型进程中的国家治理模式重构：比较制度分析——以中欧和俄罗斯为例》，《俄罗斯研究》2006 年第 2 期。

③ 张慧君、景维民：《国家治理模式构建及应注意的若干问题》，《社会科学》2009 年第 10 期。

成效的有效沟通与联系。吴俊明认为，治理包括治理主体、治理客体、治理方式与治理效果，也就是谁来治理、治理什么、怎样治理、何种效果的综合体；在此基础上，将治理模式定义为"依据已有的治理体系通向治理能力的桥梁"，那么，治理模式就属于方法论或手段问题。[①]

将治理模式看成是一种关系、一个系统，抑或是一种手段，这体现了学者们对治理模式概念理解的多个角度，也表明治理模式是一个多层次、综合性的复杂概念。因此，依据上述学者们对治理模式的概念分析，治理模式是包含治理主客体、手段等在内的系统，并由各系统要素互动所形成的规则与关系，最终表现为稳定的结构与制度模式。它主要包含三个方面：

（一）治理模式是一个系统，包含系统要素、规则与关系，与"治理"及"国家治理"的含义相区别。治理是政治主体运用公共权力及相应方式对公共事务的有效管控和推进过程，强调稳定有效的管控过程；国家治理是指一个国家在应对其疆域内民众间或不同领域中各种事务、挑战和危机时，稳定重复的举措和过程，与治理相比，还强调国家的主体性和治理的范围；而治理模式更强调其自身是一个要素互动的系统。

（二）系统要素包含治理主体、治理客体、治理手段（包含治理策略与技术）、治理目标、治理环境、治理效果等，关键要素为治理主体、客体、手段及目标。其中治理主体可以是政府行为主体、市场行为主体与其他社会行为主体；治理客体则涉及国家、社会、经济和文化等领域的各项公共事务；治理手段包括正式制度（比如宪法、普通法等），以及非正式制度（比如惯例、习俗、文化等），正式制度与非正式制度共同调节治理主体行为并作用于治理过程；治理目标从整体上看，则是形成与国家发展目标相契合的经济、政治和社会相互协调的秩序结构与发展状态。

（三）要素间的互动形成了系统内部的关系和规则，并构成稳定的、体

[①]　吴俊明：《论现代中国治理模式的选择——以法治与德治并举为分析视角》，《法学杂志》2017年第5期。

系的以及指导和规范治理实践的制度与结构。这种规则与关系是由治理系统内部与外部要素互动所形成的，规则用来规范要素互动关系，而经常性的、稳定的互动关系就形成了结构与制度模式。

由此，我们将治理模式定义为：治理模式是一个系统，包含治理主体、治理客体、治理手段（包含治理策略与技术）、治理目标、治理环境、治理效果等要素，体现为要素间互动关系所形成的结构与制度模式。

二、治理模式的分类

青木昌彦在提出治理模式概念的同时，也相应地根据政治—社会互动状况提出了不同的治理模式。此外，其他学者按照治理模式的基本要素，也提出了关于治理模式分类的不同观点，其分类标准主要有政治与社会的互动、国家建设过程和治理主体的差别等。目前，国内外学界对治理模式的类型还未形成权威和统一的标准，按照现有研究，我们从政治—社会互动、公共权力分配、国家类型及其阶段、治理主体等四个维度，对当前的治理模式分类进行梳理，主要分为以下四个维度的十二类治理模式：

（一）基于政治—社会互动状况而划分的治理模式："民主型""勾结型"与"掠夺型"

"民主型治理模式""勾结型治理模式"与"掠夺型治理模式"是青木昌彦根据政府与社会的互动状态提出的三种元治理模式，也即三类博弈均衡。

"民主型治理模式"：公民能够协调一致地抵制政府的掠夺行为，因而政府致力于保障公民的财产权利，并以此换取公民缴纳的税收。

"勾结型治理模式"：政府与公民中的某个集团相勾结（向这一集团支付贿赂），共同掠夺其他公民的财产，其他公民只能对此保持沉默。

"掠夺型治理模式"：政府肆意掠夺公民的财产，但公民不能协调一致地抵制政府的掠夺行为，因而对此保持沉默。①

这三种治理模式反映了政府与社会（公民）的互动博弈关系，其互动博弈关系的强弱与否，会导致不同的治理模式，这种关系的持续稳定保持将导致具体的治理模式形成。

（二）基于公共权力分配而划分的治理模式："个人中心主义""国家中心主义"与"社会中心主义"

马德普按照不同国家在现代化初期的特殊环境条件下公共权力的分配状况概括出三种治理模式："个人中心主义模式""国家中心主义模式"与"社会中心主义模式"，其分类标准是国家现代化初期，公共权力在个人、国家与社会之间的不同分配状况。

"个人中心主义模式"：在国家治理过程中，政府的权力被限制到最小，个人的权力尽可能得到自由且充分的运用，并发挥其影响力。这种治理模式的核心是个人，尊重个人自主性，鼓励个人运用权力，并依靠法律界定私人领域边界，规范个人行为，保护个人领域不被侵犯。采用这种模式的国家一般采取自由放任的政策，除必要的安全保障等职能外，其余一切事务尽可能交由社会或个人来解决。这一模式主要出现在第一批进入现代化进程的国家，以自由资本主义时期的英、法、美等国家为代表。

"国家中心主义模式"：国家（广义的政府）的权力扩大到最大限度，社会团体和个人权力被压缩到最小。这一治理模式中，国家正常运转的唯一驱动力是国家权力，主要依靠行政命令而非法律来指导和规范公民的行为；依附于国家权力的民众通过国家动员的方式来参与政治活动，并从属于国家的某种目标。实行这一模式的国家一般是第二批和第三批进入现代化进程的国家，其中，第二批进入现代化的国家以德国、意大利和日本为代表，第三批进入现代化的国家以苏联为代表。

---

① 以上三种分类参见［日］青木昌彦：《比较制度分析》，周黎安译，上海远东出版社2001年版，第155—183页。

"社会中心主义模式"：国家作用有限甚至弱小，社会精英和集团在社会运转中发挥关键作用，社会呈现出权力分散的碎片化状态。在这种治理模式中，中央政府较为软弱，受着强人和强势集团的制约与干预，在重要政策制定中总表现为妥协退让的姿态，国家法律、制度和政策难以在各种利益集团中贯彻施行，而利益集团的特殊规则却成为维持社会秩序的主要准则。这一模式以亚非拉等第三世界国家为代表。①

需要注意的是，这三种模式并非国家治理的常态化和稳定化模式，而是各个国家在现代化进程初期，结合国内外发展情势与实际状况而采取的暂时性治理形式，这也反映出现代化进程中治理模式的多样性与动态发展性。

（三）基于国家类型及其阶段而划分的治理模式："适度分权""高度分权"与"政党体制嵌入式"

丁长艳依据不同类型国家在不同发展阶段所采取的治理路径，将其归纳为"发达国家的内源性的民主转型与适度分权的模式""发展中国家的外源性的民主转型与高度分权的模式"与"中国改革式的发展转型与政党体制嵌入式的模式"等三种治理模式，其标准是权力合法性与治理有效性的来源。

"发达国家的内源性民主转型与适度分权的模式"：以代议制作为权力合法性的基础，以官僚制维系治理的有效性，构筑国家治理的政治基础与行政机构的稳定性与专业化。

"发展中国家的外源性民主转型与高度分权的模式"：根据委托代理合约是否符合激励相容原则，该模式又分为包容型与攫取型两种模式。包容型模式中，公民社会作为代理人，与作为委托人的官员合作，形成了政治正当性与国家治理有效性的支持结构与制度保障；攫取型模式中，社会力量弱小，难以抵挡特殊利益集团对国家权力的侵蚀，利益集团不仅威胁国家治理的正当性，也使得治理有效性难以提升。

---

① 以上三种分类参见马德普：《简析近代以来国家治理模式的变迁——兼论中国国家治理模式的变革》，《行政科学论坛》2014 年第 5 期。

"中国的改革式发展转型与政党体制嵌入式的模式"：执政党通过各级党委与党组、官方的社会组织、国有企业等组织形成与国家的合一或并行关系、与社会的控制和适应关系以及与市场的嵌入和支配关系的三重权力关系结构，并不断调整与优化，从而实现政党科层与国家科层的良好互联与融合，形成以发展与秩序为诉求的、有效且有序的"政党—国家"治理模式。[①]

（四）基于国家治理主体差异而划分的治理模式："政府主导""市场主导"与"社会主导"

"政府主导模式""市场主导模式"与"社会主导模式"是孙洪敏根据国家治理主体的作用和地位差异所提出的三种治理模式，其可在同一国家中同时存在并发挥各自作用。

"政府主导模式"：即"政府主导 × （市场＋社会）"模式，主要是发挥政府在资源配置中的调控性作用。

"市场主导模式"：即"市场主导 × （政府＋社会）"模式，主要是发挥市场在资源配置中的决定性作用。

"社会主导模式"：即"社会主导 × （市场＋政府）"模式，主要是发挥社会在资源配置中的协同性作用。[②]

这种分类方式强调依据不同的治理环境和条件发挥政府、市场与社会不同主体在国家治理各个领域中的独特作用，并因情势变化来调整主体的地位和作用，以适应环境并提高治理绩效。

三、治理模式的比较

因发展阶段上的时间差异与治理领域上的空间差异，世界各国在治理方式、过程和结果上均有较大不同。学者们从政治—社会互动状况、公共

---

① 以上三种分类参见丁长艳：《国家治理类型与中国国家治理模式的现代化转型》，《社会科学论坛》2015 年第 7 期。

② 以上三种分类参见孙洪敏：《三种国家治理主导模式功能差异》，《学术界》2015 年第 3 期。

权力分配、国家类型及其阶段以及国家治理主体等多个维度，归纳出十二种治理模式类型。通过比较不同维度下的治理模式类型，我们发现：

这四种维度对应于不同的理论视角，分别为政治—社会互动、公共权力分配、国家类型和阶段、治理主体，所归纳出的十二种治理模式也就相应地具备了各自维度的特点。其中，"民主型""勾结型"与"掠夺型"的模式，集中体现了治理中的政治与社会的互动关系，反映出政府与社会间互动博弈关系的动态变化；"个人中心""国家中心"与"社会中心"的模式，关注核心是公共权力的分配问题，具体为现代化初期，权力在个人、国家与社会之间的不同分配状况；"适度分权""高度分权"与"政党体制嵌入式"的模式，表明了在不同国家性质和发展阶段下，权力合法性与治理有效性的来源差别；"政府主导""市场主导"与"社会主导"的模式则体现了治理各主体在治理过程中发挥的不同作用。

由此，从治理模型的分类及其特点来看，这 12 种类型有共同之处，亦有一些重要区别。其相同点在于：首先，都关注公共权力在治理主体间的分配。因为公共权力的分配是治理得以展开的前提，权力分配的格局会影响到治理的进程与效果，因而，治理模式的各种类型都需要回答公共权力由谁掌握、治理过程由谁主导的问题。其次，强调治理的形式和有效性之间的联系。前者是治理过程中的具体手段，受到国内外环境和条件的影响，并随环境而发生变化，后者是治理的结果，是治理手段作用于治理客体后所取得的效果。治理形式将治理要素和治理结果即有效性联系起来，权力、资本、人力等要素唯有通过治理形式才能得到预期的治理绩效。

不同点则表现为：第一，从国家历史发展过程来看，治理模式类型具有不同的时间属性，政治—社会互动状况维度中的治理模式出现在国家发展的整个历程；公共权力分配维度中的治理模式都是在国家现代化初期才开始出现，而国家性质和发展阶段维度则指明了治理模式所对应的不同国家发展阶段；治理主体维度中的治理模式则更多出现在 20 世纪 80 年代后的国家中，强调多元治理主体在公共事务治理中的各自作用与协同效应。第二，从国家社会背景来看，治理模式类型的社会和文化属性不同，社会在治理中起主导作用的治理模式多出现在资本主义国家，和崇尚个性以及自由的个人主义文化相匹配，而社会主义国家中，治理过程往往由国家来发挥主要作用，并强调集体主义文化。第三，从国家经济发展水平来看，治理模式类型的经济属性不同，一般而言，经济欠发达国家在治理中不适合采用多元治理主体的治理模式，而更应该考虑秩序稳定和经济起飞等基础性的治理目标。随着经济水平的提高，社会不断成长，才会在公共事务的治理中发挥更多的作用。为更加直观与清晰地展示不同治理模式的异同，我们在表1中列出了治理模式维度和类型的特点、相同点与不同点。

表1 基于不同维度的治理模式的比较分析

维度	模式	特点	相同点	不同点
政治—社会互动	"民主型""勾结型""掠夺型"	反映政府与社会（公民）的互动博弈关系	①关注公共权力在治理主体间的分配 ②强调治理方式与有效性的联系	①治理模式类型具有不同的时间属性 ②治理模式类型具有不同的社会和文化属性 ③治理模式类型具有不同的经济属性
公共权力分配	"个人中心""国家中心""社会中心"	国家现代化初期权力在个人、国家与社会之间的不同分配状况		
国家类型及其阶段	"适度分权""高度分权""政党体制嵌入式"	国家不同发展阶段下权力合法性与治理有效性的来源状况		
治理主体	"政府主导""市场主导""社会主导"	治理主体的不同作用		

第二节 治理模式的历史沿革

现今各国的治理模式有哪些？有怎样的具体表现形式和内容？治理模式经历怎样的发展历程？这些问题涉及治理模式的历史变迁和当代形态，也是国家治理领域研究的重要问题。但综观现有研究，对上述问题的讨论还相对较少，这是由于：一方面，学界对于"治理""国家治理"乃至"治理模式"的概念界定存在分歧，尚未形成对治理模式概念的共识，现有研究主要集中于国内治理模式和绩效，缺乏兼顾国内外治理模式发展的研究；另一方面，从横向上来看，各个国家在意识形态、经济水平、社会发展程度等方面存在很大差别，因此，从纵向上去确定治理模式历史变迁的时间起点和划分不同的发展阶段，会是一个较大的挑战。

即便如此，仍有少数学者对此进行了探索。一些学者运用马克思和恩格斯关于国家发展的科学理论，认为由政府、市场与社会在历史发展中权力的变动，推动了治理模式的历史演化；还有一些学者根据世界各国在现代化进程的不同应对举措指出，治理模式的变迁是由于现代化进程中的个人（市场）、国家（广义的政府）与社会等治理主体在社会事务中的不同作用所导致的。这两种研究虽未明确治理模式的历史起点与关键节点，但为理解治理模式的历史演进提供了帮助。

首先，治理模式是以治理主体为中心而形成的系统的制度与结构。作为治理主体的政府、市场与社会是治理模式的核心要素，因此，政府、市场与社会的力量和作用的变化以及相互间博弈与互动协调的过程，也构成了治理模式的演进过程。同时，三者的互动博弈关系在各个国家表现为不同形态，因而，治理模式呈现出动态演化与多样性的特征。

其次，人们对"治理"一词的认知较晚，经历了"统治—管理—治理"的演变，直到第三部门兴起后，治理理论才得以出现。从理论与实践相结合的角度看，以现代化开端作为治理模式历史变迁的逻辑起点更符合现实状况。当然，也有一些学者把城邦时期、封建时期都纳入治理历史的分析中，但正如 S.N.艾森斯塔德所言："现代化是社会、经济、政治体制向现代类型变迁的过程。"① 对现代化开启后的治理模式的演进研究，更有助于各国在现代化进程中找寻适合本国国情的治理模式，也有利于中国治理模式的优化完善。

在此，我们以政府、市场与社会在国家公共事务中的互动关系和作用为主线，以世界各国的现代化开启、发展进程为时间轴，将现代化以来的治理模式的历史沿革归纳如下。

一、17—19 世纪末：市场主导的治理

市场主导的治理是指在国家治理的过程中，政府权力得到有效限制，市场在公共事务中起主导作用，以市场机制调配资源达成治理目标的模式。这一模式以自由资本主义时期的英国、法国、美国等为代表。

市场主导的治理模式与当时的经济、政治发展密切相关。17 世纪英国资产阶级革命的胜利标志着其进入了自由市场经济时期。此后，美国与法国也相继进行了民主革命，市场经济从欧洲扩展到美洲等世界各地，形成了世界经济体系。现代化的先行国家在资金、技术、知识等方面没有其他的经验可以借鉴，需要市场发挥其能动作用，积极推动国内各项事业的发展。政治上，先发展国家在经济实力、综合国力等方面在国际上居于优势地位，外部挑战的威胁较小，因此不太依赖一个权力集中的大政府。此外，资产阶级革命的胜利使得资产阶级在国内居于领导地位，市场主导符合其资产阶级的利益诉求与发展。自由市场经济与资产阶级领导地位的共同作用，推动市场主导的治理模式在自由资本主义时期的英法美等国产生与发展。

---

① ［以］S.N.艾森斯塔德：《现代化：抗拒与变迁》，张旅平等译，中国人民大学出版社 1988 年版，第 1—2 页。

市场主导的治理中，市场在资源分配中占据绝对地位，就连教育、医疗、卫生等公共领域都交由市场来处理与调配，政府的权力十分有限，仅仅是作为维护基本安全秩序的"守夜人"。[①] 这种治理模式的主体是市场，市场拥有更多的自主性与更大的权力，国家与政府通过法律和制度对其进行约束与权责界定，形成市场主导与政府配合来实现利益有效分配与均衡的治理格局。

二、20世纪初—40年代：政府主导的治理

政府主导的治理模式是指在国家治理中政府发挥主要作用，政府在各项公共事务中占据统领地位，担当公共物品与服务的提供者与组织者的模式。以第二批进入现代化的德国、意大利、日本，以及第三批进入现代化的苏联为代表。

政府主导的治理模式是对市场主导的治理模式的改进与发展。市场主导的治理模式为政治、经济和社会带来了自由、财富与活力的同时，也引发了大量社会弊端与冲突，比如贫富分化的拉大、不平等的政治参与权利、公共需求的扩大与服务的缺失等，这成为市场主导治理模式中无法避免的缺陷和难以解决的矛盾。正是基于对采用市场主导模式的先发展国家发展过程的认识和了解，后发展国家竭力避免市场权力的过度与失灵，更为积极发挥政府作用。政府作为弥补市场失灵的关键角色，即"看得见的手"，在公共调控中的正面作用也越来越明显，政府权力范围的扩大成为治理的必然要求。此外，后发展国家进入现代化的时间较晚，国内市场经济发育不足，资产阶级力量弱小，加上来自先发展国家在政治、经济等方面的压力，后发展国家只能寻求市场之外的政府，通过集中权力和强化政治力量来增加国家发展的动力与空间。有所不同的是，内外交困的形势使得第二批进入现代化的德意

---

① 马德普：《简析近代以来国家治理模式的变迁——兼论中国国家治理模式的变革》，《行政科学论坛》2014年第5期。

日三国选择了专制独裁的法西斯主义，而第三批进入现代化的苏联经由对世界大战和国际上的主要矛盾以及本国国情的认知和反思，选择了社会主义制度。①

政府主导的治理模式的特点是，政府在资源配置、公共事务等方面的权力得到极大扩张，市场、社会作为辅助性主体的权力被压缩。在政府主导的环境下，生产经营等经济活动、个人的日常生活等，都主要由国家和政府来承担或指导，政府负责社会中几乎所有主要事务。

三、20 世纪 50 年代—80 年代：社会主导的治理

社会主导的治理模式是指随着公民社会的发展与成熟，社会成为国家治理中的基础性力量，通过有组织、积极地参与公共政策过程和处理公共事务的模式。这种模式以第二次世界大战后的德国、瑞典、荷兰、法国等欧洲大陆国家为代表，这些国家也被称为"社团主义国家"。

相比于市场主导和政府主导模式，社会主导模式是更为均衡的治理模式，它在一定程度上避免了市场失灵与政府膨胀的弊端。20 世纪 30 年代的全球经济危机以及随后产生的福利国家所带来的滞胀和发展迟缓，促发了人们对于政府与市场作用的再认识，并开始探索更为均衡的治理模式。第二次世界大战后，在发达资本主义国家中，公民社会得到了进一步壮大、成熟与拓展。受此影响，政府尝试改变其行为方式和理念，并约束自身权力与职能领域，寻求与市场、社会的互动、沟通和协商，逐渐向有限权力政府转变，实行有限政府改革，扮演积极守夜人的角色。同时，公民社会的组织规模与程度也愈加扩大和提升，为争取公共事务的善治主动与政府进行更为广泛的协商合作，形成制度化的公共政策参与体系。

---

① 马德普：《简析近代以来国家治理模式的变迁——兼论中国国家治理模式的变革》，《行政科学论坛》2014 年第 5 期。

社会主导的治理模式中，市场经济与公民社会的地位同等重要。在政府、市场与社会的互动关系中，公民社会与市场同属于谈判者的角色，共同对公共事务和社会政策进行博弈，而政府更多是组织者与裁判者的角色。这一时期也是西方国家社会组织快速成长和发展的关键阶段，促进了治理主体的多元化。

四、20 世纪 80 年代至今：政府—市场—社会的多元治理

政府—市场—社会的多元治理模式，是指政府、市场与社会在治理过程中发挥各自作用，共同参与社会事务的治理，是一种更为均衡、科学、有序的治理模式。21 世纪以来，该模式被广泛应用于世界上大多数国家，但也因各自国情差异，使得多元主体的角色和作用会有所区别。

政府、市场、社会是国家治理中的三大主体，在治理过程中不同主体间进行着调整适应与动态博弈。虽然在西方国家，公民社会在前一阶段中得到充分发展，但主体间关系和结构依旧存在一定缺陷。因此，资本主义国家积极进行政府机构改革与调适，产生了以新公共管理学派为理论基础的"市场式政府""参与式国家""弹性化政府"和"解制型政府"等新方案，重在强调政府的放权与职能范围收缩，进一步强化与扩大市场、社会的作用，增强政府调控下的市场活力与社会发展动力，达成政府、市场与社会以及主体间的平稳与高效运作的治理目的。而在国家力量更为强大的社会中，对市场和社会的地位和作用提升更为明显，以 20 世纪八九十年代的东欧剧变和苏联解体为例，原苏东国家在经历了全能主义国家的效能低下后，积极以发展市场经济、培育现代公民社会的方式，推动国家治理的良性发展。①

政府—市场—社会的多元治理模式，是对市场与社会治理主体作用的更深层次的强化，其前提在于理性的市场经济与完善的公民社会，目标是治

---

① 张慧君、景维民：《国家治理模式构建及应注意的若干问题》，《社会科学》2009 年第 10 期。

理能力与治理体系的全面提升与优化，以形成更高效的现代化治理模式。中国在现阶段所提出的国家治理体系与治理能力的现代化，也正是这一进程中治理模式发展特征的重要体现。

综上所述，世界各国以现代化为开端，在治理过程中积极探索政府、市场与社会间的良性互动关系，寻求治理主体间博弈关系的均衡与有序状态，形成了与本国国情和国际环境相适应的具有时代特征的治理模式。从演进脉络来看，其具体表现为：政府权力逐步收缩、规制与合理化，市场经济进一步有序与高效，公民社会得以组织化与成熟化。在这一过程中，特别是在全球化与互联网疾速发展的当代社会，世界各国所遭遇到的治理问题也愈来愈复杂、棘手，比如常态治理与危机治理的转化、问题识别与治理回应的滞后等，但治理问题的涌现也将催生更多的治理形态和手段，而治理模式的实践与探究也将不断延续。

第三节　国家治理指数的国际比较

一、国家治理指数的发展

随着国家治理在全球政治及全球治理领域的话语比重的上升，国家治理已经成为全球政治领域的重要概念，国家治理概念是基于比较与衡量世界各国治理水平的差异而出现的。[①] 比较的基础是可比性，为了使制度、文化和类型各异的世界各国的治理水平具有可比性，需要把国家治理这个抽象的概念转换成可操作化的定量研究指数。因此，国家治理指数是将国家治理的抽象概念转化为可操作、可测量的具体指标，在此基础上形成关于国家治理的比较分析框架，从而进一步将国家治理发展为一种理论、一种范式，最终用

---

① 汪仕凯：《国家治理评估的指标设计与理论含义》，《探索》2016 年第 3 期。

于衡量国家、地区、国际组织的治理水平，为当今世界制度、文化各异的国家之间的国家治理水平比较提供客观、中立、可操作的理论基础和数据支持。

最早对国家治理进行评估与测量是一些国际组织和跨国公司，这些组织对国家治理的评估的目的是为了援助的需要。[①] 为了使治理从一种理念转变为一种可操作和可衡量的实践，学界以及一些西方重要的国际组织纷纷制定了治理评估体系。20 世纪 90 年代，随着治理理论的兴起，对治理评估的理论研究和实际应用也随之受到普遍关注。最早确立完整的治理标准，并对主权国家的治理状况进行整体性评估的是一些著名的国际组织，如联合国开发计划署、经济合作与发展组织、世界银行等。据世界银行有关部门统计，目前经常使用的治理评估指标体系大概有 140 种。[②] 其中影响较大的有世界银行的"世界治理指标"，联合国人类发展中心的"人文治理指标"，联合国奥斯陆治理研究中心的"民主治理测评体系"，以及经济合作与发展组织的"人权与民主治理测评"指标体系。[③] 世界银行的"世界治理指标"研发较早，应用也比较广泛，从 1996 年开始世界银行就以该指标体系对 215 个国家和地区先后进行过 7 次评估。除了联合国等一些国际组织和西方政府间组织的国家治理评估体系之外，一些重要的国际公民社会组织和非政府组织也纷纷根据自己的价值取向发展起各种专项的治理评估指标体系，其中影响较大的有"大赦国际""透明国际""自由之家"等。[④]

二、国际治理指数

（一）世界治理指标

世界银行治理指标体系，首先分为世界治理指标、国家政策与制度评

---

① 俞可平：《论国家治理现代化》，社会科学文献出版社 2014 年版，第 455 页。
② 俞可平：《论国家治理现代化》，社会科学文献出版社 2014 年版，第 457—458 页。
③ 燕继荣：《中国现代国家治理体系的构建》，社会科学文献出版社 2018 年版，第 72 页。
④ 俞可平：《论国家治理现代化》，社会科学文献出版社 2014 年版，第 459—460 页。

估指标以及治理与反腐败诊断调查指标这 3 个大的指标体系，由于国家治理指数需要综合、全面地测量国家治理体系和治理能力，因此这里主要介绍"世界治理指标"（Worldwide Governance Indicators）。该测量指标体系主要包括 6 个方面：1.言论与问责，指一个国家的公民能在何种程度上选举产生自己的政府，享有言论自由、结社自由和媒体自由；2.政治稳定和不存在暴力，也就是，一个国家面临政局动荡、出现政治暴乱或遭受恐怖主义侵袭的可能性大小；3.政府效率，也就是一个国家的政府所能提供给民众的公共行政服务和公共政策支撑的能力和质量，以及政府自身政策的可信度；4.管制质量，即政府制定和实施良好的政策法规以促进市场主体和私人部门有序良性发展的能力；5.法治，即社会中各主体对公共规则的遵守和信赖程度；6.腐败控制，即一国的公共权力在何种程度上被用以谋求私利，公共资源在何种程度上被侵占。[1] 世界银行的"世界治理指标"评估指标体系自 1996 年起开始在全球 215 个国家和地区展开评估，影响力巨大。[2]

（二）联合国开发计划署的治理指标项目

治理指标项目（Governance Indicators Project）让成员国自己评估本国的民主治理并为其提供援助。该项目由设在挪威的联合国奥斯陆治理中心（Oslo Governance Center）负责，通过支持联合国开发计划署驻各国办事处的工作，使这些国家的办事处能够帮助本国的合作伙伴建立一个符合其本国发展计划的有效的评估体系。该项目为实施本国治理评估提供援助的活动主要包括：1.提升包括政府、公民社会组织、媒体以及所有公民社会在内的本国各利益相关方在使用和建构治理指标方面的能力；2.促进建立围绕本国发展计划的指标体系；3.通过关注贫穷和性别两大因素，来加强现有指标和发展新的指标。联合国开发计划署的治理指标通常是以工作报告的形式发布的，这一组织提供的指标数量较多，涵盖了治理的各个方面。

---

[1]　燕继荣：《中国现代国家治理体系的构建》，社会科学文献出版社 2018 年版，第 72—73 页。

[2]　俞可平：《国家治理评估：中国与世界》，中央编译出版社 2009 年版，第 119—121 页。

在联合国的治理指标项目中，他们从强调选择穷人优先和性别敏感指标的角度出发，为项目国提供可供参考的一个原则性的民主治理评估框架。该框架包含三个重要内容：1. 民主治理的基本价值：参与、代表、责任、透明、回应、高效和平等；2. 尤其考虑贫穷和性别因素；3. 将治理指标应用于议会发展选举制度和过程、人权、司法、获取信息和接触媒体、分权和地方治理、公共管理改革和反腐败等七个领域。该指标项目从 2002 年在蒙古、菲律宾、马拉维、中国等项目国开展，其影响力仅限于项目国。①

（三）自由之家的全球自由指数

自由之家的全球自由指数（Freedom House Index）根据选举过程、政治多元化和参与、政府功能、表达与信仰自由、结社与组织权利、法治程度、自主权与个人权利七个指标，基于政治权利与公民自由两个维度，对全球大部分国家的自由度进行测量，从最自由（1 分）到最不自由（7 分）的评级，并区分为自由政体、部分自由政体和不自由政体三类。全球自由评估总体涵盖政治权利和公民自由两个一级指标。两个一级指标下面各有四个二级指标。政治权利包括选举过程、政治多元主义和参与、政府运作过程以及其他一些任意问题；公民自由包括言论和信仰自由、结社和组织权利、法治、个人自治和个体权利。自由之家主要评估世界范围内的主权国家的民主、政治自由和人权。自由之家从 1972 年开始评估，1978 年开始进行年度评估，已经对全球 192 个国家和地区进行了 40 多年的评估，影响力非常广泛。目前使用该评估指标的是一些国际组织、学术研究者、政策制定者、西方的公民社会组织等。②

（四）经济合作与发展组织的 Metagora 项目

这一项目旨在引导南北合作，提升国家能力和领导水平，侧重于评价国家的人权和民主治理状况。这一项目的指标体系主要涉及民主、人权和治

---

① 俞可平：《国家治理评估：中国与世界》，中央编译出版社 2009 年版，第 87—104 页。

② 俞可平：《国家治理评估：中国与世界》，中央编译出版社 2009 年版，第 275—280 页。

理三个主要维度，具体包括自有管理、问责、透明度、腐败、参与、效率、法治、控制检查和监督、信息获得及道德等次级指标。[①] 该项目是"巴黎21"的前导项目，关注民主、人权和治理评估的方法、工具和框架。Metagora 项目开发了一套在线指标目录，提供了人权、治理和民主评估的大量信息和工具。该项目收录了 231 个指标项目体系，从地区来看，既有专门针对某个国家的指标，如澳大利亚的民主审计，又有针对某个地区的指标，如非洲的民主指数；从评估领域来看，既有针对某个单一领域的评估，如蒙古与东亚的民主比较研究，又有针对多个领域的评估，如以色列民主评估包含了民主、治理和人权三方面内容。该项目在发展中国家影响力较大。[②]

三、国内治理指数

近年来，随着党的十八届三中全会提出"完善和发展中国特色社会主义制度，推进国家治理体系和治理能力现代化"的改革目标，"国家治理"逐渐成为我国学术界研究的一个核心概念。因此中国的智库和研究机构为了响应现实政治需要，纷纷尝试建构治理测量指标，并产出了一些较有影响力的测量指标体系。

（一）中国发展指数（RCDI）

该指数是由中国人民大学附属研究机构中国调查与数据中心建构，2007年该指数开始发布，迄今为止已经连续发布超过 10 年，这一指数综合考虑了联合国人类发展指数的若干评估指标，力图全面地测量国家和地区的发展。这一指数旨在测量中国不同地区的社会经济发展状况及地区差异。该指数共分为 4 大类指标：健康指数（由出生预期寿命、婴儿死亡率、每万人病床数等次级指标构成）、生活水平指数（由农村居民年人均纯收入、人均

---

① 燕继荣：《中国现代国家治理体系的构建》，社会科学文献出版社 2018 年版，第 74 页。

② 俞可平：《国家治理评估：中国与世界》，中央编译出版社 2009 年版，第 181—183 页。

GDP、城乡居民年人均消费比、城市居民恩格尔系数等次级指标构成）、教育指数（由成人文盲率、大专以上程度人口比例等次级指标构成）、社会环境指数（由城镇失业登记率、第三产业增加值占 GDP 比例、人均道路面积、城市居民人均居住面积、人均环境污染治理投资总额等次级指标构成）。[①]

（二）中国治理评估

这一测量指数体系是由北京大学俞可平教授研究团队建构，首先对世界上主要的国家治理评估指数体系进行了全面详细的介绍，在综合世界主要治理指数以后，结合中国国情提出了中国治理绩效的 12 个一级治理指数，分别是：公民参与、人权与公民权、党内民主、法治、合法性、社会公正、社会稳定、政务公开、行政效益、政府责任、公共服务、廉政。在此之下，还存在 98 个二级治理指数。以社会稳定为例，这一指标维度之下包括：政府处置突发事件的能力、政策的延续性、公民的社会安全感、社会治安状况、通货膨胀率、民族区域的冲突事件、群体性事件的数量、上访数量及比例、公民的社会危机感、家庭暴力的数量和公共暴力事件等。应该说，这一评估体系在内容上是较为全面的，既可以较为有效地引导中国各层级政府的治理向更好的方向改革和转变，同时也力图打破西方治理评估体系的价值偏向性。[②]

（三）国家治理质量监测指数

该治理指数体系是由南开大学景维民教授及其研究团队建构的，先后对苏联及东亚 18 个经历民主化转型的国家进行治理评估。这一指标评估体系着重监测和评估国家治理的真实绩效。该体系由政府、市场、社会三方面共 9 个指标构成，分别是：政府能力指标（包括经济控制力、腐败程度、国防能力等次级指标）、市场有效性与经济发展指标（包括市场机制、产业发展和宏观经济等次级指标）、社会稳定性和社会发展指标（由社会稳定、社

① 燕继荣：《中国现代国家治理体系的构建》，社会科学文献出版社 2018 年版，第 76—77 页。

② 燕继荣：《中国现代国家治理体系的构建》，社会科学文献出版社 2018 年版，第 77 页。

会发展、社会福利与社会保障等次级指标构成)。[1]

（四）国家参与全球治理指数（National Governance Index，NGI）

该治理指数体系是由华东政法大学比较政治学研究院团队于 2014 年前后研究并发布，主要目的是测量全球主要国家的国家治理质量和状况。该评估体系选取亚非欧共 100 多个国家作为评估对象，评估的主要依据来自这些国家的 GDP 总量、人口数量等可获得的信息和数据资源。该评估体系主要分为基础性指标（包括基础设施、秩序和基本公共服务，具体指标例如交通设施、通信设施、水利设施、民生设施，社会治安、政局稳定、食品供应，健康状况、教育程度、就业水平等）；还设有价值性指标（包括公开、公平、公正，具体指标例如财政公开、立法公开、决策公开、分配公平、保障公平、性别公正、少数群体公正等）；以及持续性指标（包括效率、环保和创新，具体指标例如能源消耗、资源消耗、污染物排放、创新投入、创新产出等）这三个指标维度。[2]

四、国家治理指数的国内外比较

（一）国内外治理指数的相同点

首先，在治理评估的重心上形成了初步的共识。在目前国内外学者给出的关于现代国家治理的一系列衡量指标中，有效性、制度化、民主化、法治化、参与、问责、腐败防治等政府质量的评估始终居于核心地位，也是具有较高认同度的治理现代化指标。说明国内外治理指标在这些层面达成了共识，而这些指标也是国家治理评估的核心和重点。

其次，都提出了统一的度量标准和体系。评估体系最大的难题在于，各个不同的国家在历史背景、政治制度、经济发展水平等方面都存在巨大的

---

① 燕继荣：《中国现代国家治理体系的构建》，社会科学文献出版社 2018 年版，第 77 页。
② 燕继荣：《中国现代国家治理体系的构建》，社会科学文献出版社 2018 年版，第 77—78 页。

差异，但为了能在国际层次上进行国别治理绩效的比较分析，就需要采用统一的标准和指数体系。于是，这些国内外指标体系都试图用一套统一的指标体系来测量所有国家的国家治理状况，试图提供一个不同国家之间衡量治理状况的共同尺度，借此可以对各国的治理水平和民主法治状况进行比较。

（二）国内外治理指数的不同点

首先，不同的评估体系有不同的侧重点。国际评估体系侧重于从政府过程的角度来衡量一个国家的治理现代化程度，比如公民参与程度、政府能力、腐败治理等；有的评估体系侧重于从国家治理的结构性因素来测量国家治理，如是否选举、是否有独立的文官体系、公民社会的发育程度、法治透明度、言论自由度等。这其中具有代表性的比如联合国开发计划署的治理指标项目，以及自由之家主持的全球自由评估等；中国评估体系则侧重于国家治理的实际效果，比如政府绩效、公民满意度等。

其次，国内外治理指标的另一个不同之处，是国外治理指标大都形成了统一的指标体系和一些综合性的指标，因而其实用性更强，如世界治理指标、自由之家的自由指标，且测量目的明确，侧重于政府过程与民主化程度。而国内治理指标往往只报告评估框架，并不细化指标，也不考虑指标实际操作性和数据可得性，重在理论论证，在实用性上较差。

再次，从国内外治理指标的特点来讲，国外治理指标简洁、清晰、重点突出，目标明确，但是其最大的问题是价值导向严重，比如注重对人权、政府竞争性、回应性的评估，而不注重对经济绩效和社会稳定的评估。而国内治理指标体系虽然存在操作性和可行性非常低，相关的数据资料缺乏可靠性，以及大多数评估指标体系的内容十分复杂、核心和要点并不突出、测量目标不清晰等问题，但在价值倾向上都力求做到客观和中立。

最后，从指标的影响力上来说，国外治理指标由于其建构较早、体系较为完整、指标体系简洁明了，且已经进行过多次评估。因此，国际治理指标的影响力普遍大于国内的治理指标。目前，国内治理指标中最有影响力的是北京大学俞可平教授团队开发的"中国治理评估"。

表 2　国家治理指数的国际比较

项目	负责机构	特点	相同点	不同点
世界治理指数	世界银行	侧重政府过程评估	①所有评估项目都涉及政府效率、民主化、法治化、公平、公正、参与、问责、腐败防治等指标。②都提出统一的度量标准和体系。	①国外治理指数更多地侧重从政府过程的角度来衡量一个国家的治理。中国评估体系则侧重国家治理的实际效果。②国外治理指标大都形成了统一的指标体系和一些综合性的指标，实用性较强。而国内治理指标只报告评估框架，并不细化指标，实用性较差。③国外治理指标的最大问题是价值导向严重。国内治理指标体系的价值倾向较为客观中立。④从指标的影响力上看，国外治理指标由于其建构较早、体系较为完整且已经进行过多次评估。其影响力普遍大于国内的治理指标
千年发展目标	联合国开发计划署	侧重公民健康发展评估		
全球自由指数	自由之家	价值导向，侧重人权发展评估		
经合组织	Metagora项目	侧重民主与人权发展评估		
中国发展指数	中国人民大学	侧重社会发展和公民健康评估		
中国治理评估	北京大学	侧重政府治理评估		
国家治理质量监测指数	南开大学	指标全面		
国家参与全球治理指数	华东政法大学	侧重社会发展评估		

　　表 2 列出了治理指数的特点和差异。由于世界各国在资源禀赋、经济发展水平、政治制度、文化价值、历史发展等方面差异较大，国内外的国家治理指标的侧重点各有不同。比如国际指标侧重测量政府的竞争性、回应性以及公民的权利等，国内治理指标则侧重测量国家在社会稳定、经济发展层面的治理，因此很难有一个权威、统一的适用于所有国家的指标体系。我们认为，建构国家治理指标的前提在于确定国家治理的根本目标，而国家治理的根本目标是人民幸福、社会和谐和国家富强，因此，一套好的国家治理指标

体系应该综合全面地考虑国家治理之下公民的满意度、社会的和谐度、国家能力等层面。此外，优良完备的指标体系还应具备简洁、清晰、可靠、具较强操作性等特征。

第十三章　国家治理变迁论 *

　　自国家产生始，围绕国家的"统治""管理"和"治理"等不同话语体系实际上代表了国家发展的不同阶段。纵观世界各国的国家建构历程，尽管在同一历史时段表现出差异化的国家形态，但是从专制统治向现代民主的转型仍然是纵向历史进程上的基本趋势。国家治理话语的转向也具体表现为思想、模式、目标等方面的价值取向，并最终会合为总体国家治理的变迁路径。由此，在国情不同的差异化状态下，各国对国家治理变迁的认知与总结就具有了两个方面的意义：一是通过探索国家治理变迁的普遍路径，来为自身国家治理提供借鉴；二是各国国家治理建设本身又是对人类国家发展理论的充实丰富。

　　20 世纪 80 年代兴起的"治理"理论深刻地影响了当代世界各国的国家治理，但是对于不同类型的国家来说"治理现代化"却具有不同的含义。以英美为代表的西方发达国家率先实现了工业化并发展完善了与工业社会配套的现代治理体系，只是随着工业化的进一步发展，国家治理遭遇复杂化困境，从而出现了"治理现代化"的新需求。对于后发国家来说，所谓"治理现代化"就是实现以工业化为核心的现代化转型。在此意义上，实现中国国家治理体系和治理能力现代化就需要以广阔的历史和国际视野，将中外"国家治理"的考察置于整个现代国家建构与发展的历史进程之中，把握"国家

---

* 本章作者为山东大学人文社会科学青岛研究院院长方雷教授及山东大学政治学与公共管理学院政治学专业博士生黄硕明。

治理"的历史定位和现实意义。党的十八届三中全会提出"全面深化改革的总目标是完善和发展中国特色社会主义制度，推进国家治理体系和治理能力现代化"，[①] 党的十九大报告将实现国家治理体系和治理能力现代化作为建成社会主义现代化强国的一个重要目标，党的十九届四中全会围绕这一目标作出了重大战略部署，实际上也蕴含着既要借鉴国外经验又要避免盲从的基本导向。职是之故，本章尝试从中外国家治理变迁的历史视角，对国家治理的思想变迁、模式变迁和目标变迁进行扼要梳理，在评判与选择的基础上，为我国国家治理体系和治理能力现代化提供借鉴。

第一节　国家治理的思想变迁

国家治理思想是一个国家在特定发展阶段治理实践的集中反映，它一方面指导着治理实践，另一方面也受到治理实践的反向影响而发展变化。中西方国家由于不同的历史传统和具体国情，在现代国家建构中表现出治理思想变迁的不同进路。

一、西方国家治理思想变迁

西方的民族国家建构起始于中世纪末期。在封建领主林立、国王权力软弱不堪、教皇神权笼罩的黑暗时代，逐步壮大的资产阶级为了争取和平稳定的经济发展环境，产生了建立集权国家的需求。以此为起点，西方国家治理思想相继经历了"追求主权与推崇国家""限制国家与重视社会""国家回归与治理多元"的变迁路径。

首先，在现代国家建构的初期阶段"追求主权、推崇国家"是西方国家

---

① 《中共中央关于全面深化改革若干重大问题的决定》，人民出版社 2013 年版，第 3 页。

治理的核心思想。笼统而言，新兴资产阶级对经济发展的迫切需求与封建王权打击贵族势力捍卫自身权威的目标不谋而合，促使"国家""主权"等概念得以产生。马基雅维利与博丹是最早提出"国家"与"主权"概念的思想家。所谓"主权"，在博丹看来就是指"在一个国家中进行指挥的一种绝对的、永恒的权力"，它是"超乎公民和臣民之上，不受法律限制的最高权力"。这一概念与马基雅维利的"国家"相结合使得国家成为一个主权组织，从而与中世纪的相似概念（如 status 和 estate）所内含的个体统治权威、财产、家庭出身以及等级等意义相区别，一定程度上具有了宪政主义加中央集权主义的特点。尽管对于马基雅维利和博丹而言，他们的思想具有为意大利和法国专制制度服务的倾向性，但是客观上仍不能否认其对西方早期国家建构的里程碑式意义。继博丹之后，格劳秀斯、霍布斯、洛克、卢梭等人进一步发展完善了"主权""国家""社会契约""自然权利"等现代西方国家建构的基础思想。并且伴随封建贵族、教会神权的相继崩毁，资产阶级与王权的合作关系也寿终正寝。以反王权为目标的资产阶级革命的进一步推进，使得西方思想家终于完成了现代"主权式国家"建构的思想体系。也正是在上述注重"主权""国家"等传统的思想脉络中，西方国家治理思想一直延续着以国家为中心的价值追求和具体内容：在国家治理中，享有主权的国家能够垄断对共同体的治理；社会各阶级、阶层、利益集团都处在国家之下，受到国家的管理；国家作为社会公共利益的代表能够实现对共同体的有效治理。①

其次，在经过"主权与国家"作为国家治理思想的主题阶段后，"限制国家权力、重视社会自治"逐渐成为西方国家治理思想的重要内容。究其思想转变的根源，原因有二：第一，西方国家的社会自治传统由来已久。西欧早期的城市自治、地中海沿岸的商事自治以及大宪章运动之后的英国自治等丰富的自治实践培育了其早期的社会自治思想。以个人权利、私有财产权、自治组织的独立性等观念为核心的社会自治思想也就蔚然成风。第二，国家

① 参见江必新等：《国家治理现代化比较研究》，中国法制出版社 2016 年版，第 34—42 页。

弱化与社会组织的兴起。进入 20 世纪后，随着全球化的迅猛发展以及各国国内治理的复杂化，"国家"与"主权"遭到了诸多挑战。在国内层面，一系列诸如环境污染、恐怖主义、毒品泛滥、贫穷等全球性治理问题使得各国无法独立应对；而国际层面，跨国公司、非政府组织的兴起又不断展示着国家之外治理主体的潜在治理能力。在这种双向挤压的困境中国家权威被侵蚀、社会力量被强调。自 20 世纪 60 年代以来，西方国家治理领域中的"秩序多元论""国家失败论"可谓甚嚣尘上。概括来说，其主要观点即是在削弱国家的同时，强调社会的治理功能。一方面认为国家并不能完全担负起共同体及社会的治理责任，另一方面由于企业、自组织等社会主体在国家治理领域中的潜在治理能力越来越明显，因此治理主体的多元化越来越被人们所认同。在这个意义上，"国家"主体在治理中的唯一性和至上性就被瓦解了，社会多元主体获得了治理参与的合法性和正当性。"冷战"之后西方国家兴起了主张国家退守边界的新自由主义思潮，经济上的自由市场和政治上的"小政府、大社会"都重获青睐，这在实践上确证了"限制国家权力，重视社会自治"的国家治理思想的现实影响力。

最后，"国家回归与治理多元"是 20 世纪末期西方国家治理思想的新主张。20 世纪后半叶以来国家以外的社会治理主体被寄予了颇多厚望，人们期冀"小政府、大社会"能够为国家带来"善治"。但是在"限制国家、推崇社会"的主导思想中，人们却忽略了市场、社会良性运作的基本秩序和规则是需要由国家来保障的。实际上市场失灵的风险在 20 世纪初期就已经展现，国家也正是在应对市场失灵的过程中得到了肯定。只是随着国家治理的复杂性倍增，以及异军突起的"第三部门"对社会的深刻变革，使得人们更加关注社会而非国家。随着国家治理背景的持续改变，"国家""市场""第三部门"等治理主体的优缺点都得以被全面观察，在彼此对立中人们也逐渐认识到多主体合作治理的必要性与可行性，"重新发现国家与治理多元"也就成为国家治理的普遍共识。在这种新的治理思想看来，国家与社会等多元治理主体在国家治理中分别具有各自的职责和功能。第一，国家能够维持社会秩序、提供社会整合功能。尽管社会具有一定的相对独立性，但是离开了国家的公共权威，仍然无法完成国家整体的良善治理。第二，市场与社会组织等主体力量的增强既能够分担国家治理的压力，也能够在与国家对抗的关系中制衡国家权力。由此，"国家回归与治理多元"的思想获得了对国家治理更为客观和理性的认知，主张国家与社会协同治理成为该思想的核心内容，人们对国家与社会都不再持有曾经那种过度崇拜或极力唱衰的极端心态。

二、中国国家治理思想变迁

按照现代国家建构及其发展历程，我国的国家治理思想变迁也可以从前现代国家建构、现代国家建构、国家治理现代化三个时期进行粗略概括。

在现代民族国家建立之前，我国古代的国家治理思想可以大致划分为夏朝至秦朝建立前的封建时期和秦朝之后的专制君主时期。封建时期的治国思想主要强调以血缘宗法为基础的"礼治"。"祖先崇拜""天子受命于天"等思想为"天子"统治确立了合法性，同时依靠"天子—诸侯—卿大夫—士"这一自上而下的贵族等级制度维持了早期王朝统治的稳定性。秦朝建立之后，中国进入专制主义中央集权的长期历史阶段，国家治理思想主要来源于儒家、法家和道家等学派。儒家崇尚周制，主张"仁政"和"礼治"。孔子的"仁"实际上就是对"礼"的阐释，所谓"以仁释礼"的目的就在于维护和推崇周礼，期望以血缘纽带（孝悌）从纵横两个方面把氏族关系和等级制度重新构造起来，从而维持分封制的国家治理秩序。但是处于周秦之变的过渡时期，儒家这套"仁礼思想"显然不足以成为统治者争霸、治国的唯一支撑。法家主张"严刑峻法"，为君主的争霸和统治提供了一套"法术势"思想体系。其维持统治秩序的效果较为明显，但是单纯的法家统治思想很容易导致严苛暴政，引发民怨乃至"官逼民反"。道家思想的"无为而治"

对于王朝初年的休养生息、获得民众对新王朝的认同具有较好的效果，只是道家"无为"思想中消极避世的悲观态度也不能使其成为主流治国思想。由此，面对王朝统治的复杂性，中国古代统治者在国家治理思想上采取了融合儒家、法家和道家思想的实用主义方式，通过对三家思想的兼收并蓄，塑造并强化了自上而下的等级秩序和有效统治。但是该思想体系一方面增强了帝国统治的稳定性，另一方面严苛的尊卑等级思想也压抑了国家治理的创新性和灵活性。

在王朝统治的思想体系之下，中国君主专制维持了 2000 多年，在创造了灿烂文明的同时也使得中国逐渐落后于世界，进而导致近代中国陷入危亡之际。近代中国的现代国家建构受到了西方民主思想和马克思列宁主义的双重影响。为了实现国民启蒙和救亡图存，近代中国首先学习的是西式民主思想，主张以自由、平等、民主对国民进行启蒙教育，推翻落后的君主专制，建立现代主权国家。然而，彼时的中国处于外国列强入侵的生死存亡之际，以国民启蒙为目的的文化运动显然不具备充足的条件。当时中国的复杂形势和特殊国情，决定了西式民主建国思想并不能帮助中国完成现代国家建构的任务。在此背景下，俄国十月革命的成功，就在关键时刻给予中国知识分子和革命者一种崭新的指导思想。无论在理论的进步性还是在实践的成功性上，马克思列宁主义都显示出对中国的强大吸引力。以李大钊、陈独秀等为代表的早期共产主义者率先引入、宣传马克思主义并筹建中国共产党。马克思主义给予了中国共产党"重建国家"的思想，通过暴力手段打碎旧的国家机器实现"革命建国"，是贯穿于新中国成立之前中国共产党全部理论的主线。在中国共产党的领导下，以马列主义和毛泽东思想为指导，近代中国终于完成了反帝反封建的救亡图存任务，并建设了新中国。

新中国成立之后，国家治理思想也经过了阶段性变迁。简单来说，在改革开放之前中国的国家治理，仍然遵循马克思列宁主义治理思想，认为社会主义建设必须走集体化的计划经济道路。特别是在"以俄为师"的阶段，斯大林在苏联实施的高度集中的计划体制成为我国国家治理的重要借鉴。

主张通过对政治、经济、社会的高度组织化来集中国家资源，从而实现初步的工业化和国民经济发展。但是，这种高度集中的计划体制思想也在很大程度上带来了生产积极性被严重压抑的问题，造成了新中国成立初期落后的生产力与经济发展的困境。因此，改革开放后，中国开始根据自身国情探索中国特色的治国思想。以"实践是检验真理的唯一标准"为引领的思想转变冲破了"两个凡是"的束缚，推动了全国性的马克思主义思想解放运动。新的治理思想主张，国家政治经济体制改革应当成为国家治理新阶段的核心内容。可以说，彼时面对国家治理发展停滞的困境，尽管我们对改革的具体方向并不明晰，在如何改革的问题上也存在诸多争论，但是实行改革是所有人的共识。

以实践为标准、以改革为主导的治国思想，推动我国取得了政治、经济和社会发展的极大进步。直至党的十八届三中全会提出"全面深化改革的总目标是完善和发展中国特色社会主义制度，推进国家治理体系和治理能力现代化"，[①] 成为当前我国国家治理思想的又一新发展。具体来说"国家治理体系"和"治理能力"是指一个国家制度及其制度执行能力的集中体现。在我国，"国家治理体系"是指在党领导下管理国家的制度体系，包括经济、政治、文化、社会、生态文明和党的建设等一整套紧密相连、相互协调的国家制度。"国家治理能力"则是指运用国家制度管理社会各方面事务的能力。包括改革发展稳定、内政外交国防、治党治国治军等各个方面。简言之，"治理"对于我国国家治理来说，其主要内涵是现代化的"治国理政"。

当前，在我国国家经济迅猛发展、国际影响力快速提升的背景下，国家治理形势越来越复杂、挑战愈来愈多。党的十九大报告进一步将实现国家治理体系和治理能力现代化作为建成社会主义现代化强国的一个重要目标，党的十九届四中全会围绕这一目标又作出了重大战略部署。因此，充实完善

---

① 《中共中央关于全面深化改革若干重大问题的决定》，人民出版社 2013 年版，第 3 页。

新时代国家治理思想，是学术界和实践者共同肩负的责任。一方面中国国家治理思想应该重视本国传统的思想资源，另一方面还要与国际层面的普遍"治理"理论相对照，在"国家治理体系和治理能力现代化"的引领下建立具有中国特色的国家治理思想。

第二节　国家治理的模式变迁

国家治理模式是治理思想在实践中的集中体现。与思想变迁相一致，中西方国家治理模式也经历了不同的变迁历程。

一、西方国家治理模式变迁

西方国家治理模式与其思想变迁中对"国家"的肯定、否定、否定之否定的路径相一致，相继经过了"国家中心主义""社会中心主义"和"中间路线"的治理模式。

首先，"国家中心主义"是西方国家在反对中世纪封建神权统治中诞生的治理模式，它强调"国家"在治理实践中的积极作用。从早期西方国家的治理实践来看，对"国家"的重视和强调，本质上是为本国资本主义经济发展创造适宜的环境。在这个意义上，对于英国、法国、德国等先发国家来说，早期国家中心主义的治理模式赋予了国家对内维持秩序和对外进行资本扩张的功能。率先完成现代主权国家建构并实现工业化的英国、法国，基本上都是通过"国家"力量进行海外殖民从而获得了资本的原始积累。这就使得德国、意大利、日本等相对后发的国家，在国际竞争中也必须依靠强大的国家力量与前者抗衡。由此，尽管对"国家"的强调存在不同的目标内涵（或对外掠夺、或维持国际竞争），但是在根本上看，早期西方国家都普遍重视国家的作用并集中表现为"国家中心主义"的治理模式。该模式主张将国家权力扩张到最大，把社会团体和每个人的权力压缩到最小。① 在对外意义上则以本国利益至上，主张对外侵略、殖民和资源掠夺。第二次世界大战之后随着殖民地国家相继独立，西方"国家中心主义"主要在其国内治理中得到进一步发展。特别是在建立法治、制定规则、维持秩序乃至干预经济等方面，"国家中心主义"基本占据了西方国家主流治理模式的位置。但是偏重于"国家"的治理实践也在一定程度上导致社会力量被忽略，并且为国家权力的扩张埋下了隐患，自由市场经济在政府的强力干预下也受到较大压抑而失去活力。在此形势下，对国家的警惕和重新思考也逐渐成为国家治理的重要主题，从而为"社会中心主义"治理模式的兴起奠定了基础。

其次，"社会中心主义"治理模式实际上就是对"国家中心主义"的反思批判。具体来说，该模式的产生具有理论与现实两个方面的原因。一方面西方国家的自由民主传统一直对国家权力怀有深深的警惕，主张对国家予以限制；另一方面现实中自由市场经济的发展在国家干预下受阻，而且20世纪80年代绝大多数西方国家出现了国家机构扩张、财政支出增长以及治理效率下降的困境，这就使得国家的治理功能遭到质疑。于是，以"撒切尔主义"和"里根主义"为代表的新自由主义思潮成为西方国家治理的重要导向，在治理模式上直接表现为西方各国开始强调社会、抑制国家，采取了缩减国家机构和规模的政策。简单来说，社会中心主义模式认为，在国家治理中国家的作用非常弱小，各种强人或强势集团在社会运转中实际上发挥着更为重要的作用，并使得社会控制成为碎片化状态。在这种状态中国家自主性被严重削弱，而社会中的多元主体则被认为是国家治理的重要参与者，公民个体、社会组织、企业、志愿团体之间的合作基本不再依靠政府的法令、规章，代之以非正式的、相对平等的合作体系。然而，强调社会、轻视国家的"社会中心主义"治理模式，是否就能够一劳永逸地解决国家治理复杂化的困境呢？

① 马德普：《简析近代以来国家治理模式的变迁——兼论中国国家治理模式的变革》，《行政科学论坛》2014年第5期。

答案显然不是。伴随现代化进程的进一步推进，社会治理能力的局限也不可避免，对于新的国家治理模式的需求也将继续出现。

最后，在国家与社会都遭遇困境的治理形势下，20世纪末治理的中间路线开始兴起。[①] 以重新肯定国家和重视社会的"中间路线"模式就成为当代西方国家治理的新模式。该模式致力于对国家与社会关系的再平衡，在重新肯定二者地位与作用的基础上，主张国家与社会的合作治理、协同治理。具体来说，该模式认为治理是关系性和双边性的，国家与社会中的个人、组织应该加强合作以共同完成治理目标；与此同时，治理又是体系化、组织化的，它规定了治理主体之间实际上仍然是有等级差序的，国家相对于其他治理主体而言仍然具有特殊地位，肩负着"元治理"的责任。由此，在"中间路线"模式下，各个国家中的多元治理主体需要在特定的制度框架下参与治理。尽管目前该模式与"治理"话语相结合，被致力于实现治理现代化的国家所重视，但是如何在实践中将此模式具体执行，仍然面临着诸多现实挑战。即使是西方发达国家也存在着现代化进程、现实国情等方面的特殊性，因此以"治理"理念为核心的新型治理模式并没有一套现实的制度框架，这需要当前各国从自身出发构建特定的新型治理模式。总而言之，今天的西方国家也正处在治理模式的转变过程中，回应国家治理中日益增长的复杂性和不确定性，同样是其创新治理模式的原因所在。

二、中国国家治理模式变迁

与西方国家相比较，中国国家治理模式变迁具有自身的独特路径。中华文明历史久远且具有连续性，古代帝国统治模式在很大程度上塑造了中华民族的文化心理特征，其影响绵延至今。近代中国在国家建构的模式选择上

---

① Salamon，*The Tools of Government: A Guide to the New Governance*，Oxford University Press，2002，pp.1–2.

历经君主立宪、民主共和一系列艰难的试错尝试后，终于走上了社会主义的国家发展道路。新中国成立后，国家治理模式又相继经历了高度集中的计划体制模式和改革开放后中国特色社会主义国家发展模式。

首先，中国古代国家的治理模式可以笼统地概括为帝国式政治统治模式。自公元前 221 年秦朝建立统一的专制主义中央集权国家开始，以皇帝为尊、自上而下的集权统治模式持续存在了 2000 多年。具体来说该模式的特点可以总结为以下几点：第一，以血缘宗法为基础纽带，将尊卑等级观念融汇于人们的日常生活之中，奠定了制度、道德、文化等规范的基础支撑；第二，以儒家思想为核心和基本架构，吸收汇聚法家、道家等学派的思想体系，形成了维持专制集权统治的思想文化系统；第三，皇帝制度和成熟的等级官僚体制确保了帝国的政治统治能力；第四，经济上以封建土地私有制为基础的小农经济，在"重农抑商"政策的保护下为专制统治提供了稳定的财政收入。在上述专制集权统治模式下，古代中国保持了前现代国家先进的文明成就和长期稳定。但是从现代国家治理视角来看，这种专制体制的统治模式也给近代以来中国的现代国家建构和发展造成了一定程度的阻碍，如官本位、尊卑等级、唯上主义等思想残留较为严重，需要在细致的思辨中继承中华文化的优秀传统，以避免现代国家治理受到传统国家治理模式"路径依赖"的影响。

其次，通过近代革命的多次尝试后，新中国的成立使得我国国家治理进入了新阶段。新中国成立初期的国家治理模式主要采取高度集中的计划体制，可以称之为"计划主导的全能型国家治理模式"。① 该模式的特点主要体现在政治、经济与社会的高度组织化方面。一是在政治领域建立了高度融合的党政体系，特别是中国共产党的领导和党组织的嵌入，使得政府组织的凝聚力和领导力得到极大提升；二是在经济领域实行高度集中的计划经济体制，通过集体化与组织化的形式组织生产活动、分配社会资源，从而解决了

---

① 邵鹏：《国家治理模式演进与国家治理体系构建》，《学习与实践》2014 年第 1 期。

新中国成立初期资源短缺的发展困境问题；三是在社会领域，城市与乡村分别通过建立单位体制和公社体制，实现了对社会组织与社会秩序的创造性转化。在这种重新组织化的社会中，党和国家的权威取代了传统的分散化权威，有效地实现了政治动员与教育，将国家治理的触角扩展到基层社会，古代帝国统治时期"皇权不下县"的治理模式被彻底打破。由此国家也就蜕变为"全能型国家"，担负着国家治理的方方面面，与此同时该治理模式的影响也在国际与国内两个层面得以展现。在冷战格局中，新中国通过国家的高度组织化，确保了国家的主权独立和基本的国际竞争力，甚至完成了初步工业化和国民经济的重建。而在国内，"全能型国家治理模式"一方面推进了现代国家建构，另一方面也压抑了经济社会活力。

最后，改革开放后国家治理转向以"改革主导"的发展型治理模式。总体特征是变革高度集中的计划体制，放松管制，释放政治、经济、文化、社会等方面面的活力。其中建立社会主义市场经济体制是改革开放后国家治理变革的主要内容。企业改制、政企分开、单位制瓦解，在极大程度上代表了经济、社会自由度的空前提高。公社、革委会等象征着由国家全方位管制且提供保护与服务的正式组织逐渐成为历史，国家在一定范围内退场，社会开始担负自我管理、自我发展的更多责任。在政治上，国家改革调整了政府部门体系，为市场经济发展配套了相关制度设施，法制建设也取得重大进步。而在社会组织结构改革方面，单位制和人民公社制最终由基层群众自治制度所替代。"改革主导的国家治理模式"为国家发展奠定了政治、经济、社会全方位的制度基础。从治理成效来看，该治理模式促进了我国在基本政治制度、民主发展、社会发展、经济发展等方面的巨大进步。当前我国现代化进程持续推进，在国际竞争舞台上既要面对先发国家的竞争优势，又要面对后发国家的追赶压力。特别是20世纪末期以来，国内经济的迅猛发展使得国家治理遭遇许多现代化进程困境。面对环境污染、思想多元、贫富差距扩大等问题，国家急需提升回应能力和治理效率。换言之，改革主导的国家治理模式又到了变革完善的关键节点，而"国家治理体系和治理能力现代化"

也的确包含着对现代国家治理模式的现实需求。

党的十九大十分重视国家治理现代化建设，明确将国家治理体系和治理能力的现代化作为强国目标之一。党的十九届四中全会进一步指出："国家治理体系和治理能力是中国特色社会主义制度及其执行能力的集中体现"，并总结了我国国家制度和治理体系多方面的显著优势。在此基础上，国家治理的主要任务就是将制度优势转化为治理效能，而如何实现这一有机转化，关键在于治理模式创新。鉴于当前我国治理模式的具体内涵并未确定，"实现国家治理现代化、充分发挥制度优势"则可理解为现阶段治理模式创新的目标导向，如何切实构建起符合中国特色社会主义制度的治理模式，正是当前治理现代化过渡阶段的主要内容。

第三节　国家治理的目标变迁

国家治理目标是治理思想和治理模式的直接导向。治理现实决定治理思想，治理思想产生治理模式，而思想与模式在国家治理的不同阶段又集中体现为不同的治理目标。因此与前述国家治理思想和治理模式的变迁相对应，中西方国家治理目标也具有不同的变迁历程。需要指出，现实中各个阶段的国家治理目标往往是多元复杂的，涉及国内、国外，政治、经济、社会，安全、稳定等方方面面，但是我们仍然可以通过对某一阶段核心目标的把握来观察其变迁过程。

一、西方国家治理目标变迁

首先，西方国家建立现代主权国家后，国家治理的核心目标是追求"政治民主"。资产阶级与君主的联合是欧洲成功完成反封建、反神权的重要方式，然而革命成功后所建立的主权国家本质上是君主专制国家，这决定了资产阶级与君主之间的根本对立必然会掀起另一场斗争与革命。而斗争的主要内容就是日益壮大的资产阶级向君主争取政治参与权，并建立政治民主制度。以英国资产阶级革命为例，从 1640 年到 1688 年，英国资产阶级与君主专制展开了一系列斗争，终于在"光荣革命"之后步入了现代民主国家的建设之路。1689 年《权利法案》的颁布限制了英国国王的权力，实现了权力由国王向议会和内阁的转移。之后，1832 年的议会改革进一步完善了代议制、扩大了普选权，工业资产阶级也终于实现了政治参与的民主诉求。实际上即使在普选权由贵族扩大到广大资产阶级后，英国在政治民主化方面仍然继续推进，底层民众、少数族群、女性等群体的民主权利也一直在发展进步的过程中。只是由于政治民主目标在基本达成后，国家治理也就相继转到其他更为迫切的目标。英国对政治民主目标的追求，基本代表了西方国家的政治民主化过程，不同之处在于英国以较为和平的斗争达到了目标，而其他西方国家则大多经历了流血牺牲的残酷革命。总体来说，早期西方国家在进入现代主权国家的治理阶段后，国家治理的普遍目标即是追求"政治民主"。

其次，当世界在英国所建立的自由主义秩序中踏入 20 世纪后，追求经济发展、强调经济自由，成为该时期西方国家治理的主要目标。如前所述，在国家治理思想和治理模式上探讨国家的规模与能力，是当时的重要主题，国家与经济关系也为人们所乐道。特别是在西方国家基本建立起现代资产阶级民主制度之后，如何保障资产阶级的个人利益，促进自由市场经济持续稳定发展，就成为其核心目标。实现该目标的路径基本分为两派：一派主张限制国家，确保自由市场的自由运行；另一派则强调国家干预，认为国家是自由市场健康运行的必要支撑。从 20 世纪的现实实践来看，上述两派观点在战争、革命、经济危机轮番上阵的动荡局势中，基本都获得了各自的发展"黄金期"，国家与经济关系也相应地呈现出此消彼长的状态。归根结底，无论是 20 世纪 30 年代后国家作用的迅速提升，还是 20 世纪 80 年代后自由主义的重新复归，本质上都是为了市场经济的有序发展和经济增长。在自由主义民主体制的基本框架下，强调国家干预或主张经济自由，只是资产阶级在自由市场经济发展目标上的适时调整。例如，1933 年经济危机之后，美国从强调亚当·斯密的古典自由主义转向凯恩斯的国家干预主义，实际上就是为了确保自由市场经济的良性运行。20 世纪 60 年代末，西方资本主义国家由于出现经济衰退、大量失业和严重通货膨胀等经济发展困境，而凸显出国家干预的负面效果，进而使新自由主义成为西方国家治理思想的主流，确保了自由市场经济的新发展。所以从总体视角来看，将追求经济发展、强调经济自由作为该时期西方国家的治理目标，是较为合理且恰当的。

最后，20 世纪 90 年代以来发达国家问题凸显，以"治理多元"为目标的国家治理，努力寻求新型治理模式来应对诸多挑战。严格来说，将现阶段西方国家治理的目标描述为追求"治理多元"，在一定程度上具有模糊性，因为无论是强调一元主体还是多元主体，根本目的仍在于提升国家治理的有效性。尽管现阶段的"治理多元"兴起于西方国家在 20 世纪 80 年代的"治理理论"，但是从世界范围来看"治理"这一话语体系已经普遍被各国所重视。从英美发达国家到第三世界的落后国家，"治理"概念都成为流行的话语。问题在于，虽然各类国家都以"治理"一词来指代自己的治理模式，但是各国对"治理"概念的理解和定义却存在差异。对于西方发达国家来说，追求"治理多元"的目标是为了增强国家治理的综合力量从而应对现代性问题。因此，他们对"治理"的定义主要强调主体多元和主体地位的平等性。这一定义的基本假设认为，面对国家治理形势的复杂化和不确定性，增加治理主体的综合力量是提升治理有效性的有效途径。但是需要指出，治理主体多元化与治理有效性之间的关联，并不意味着"治理多元"一定能够导致治理效能的提升。在这个意义上，"治理多元"实际上是现阶段西方国家寻求有效治理模式的过渡性目标。面对日益复杂的现代国家治理，无论是先发国家还是后发国家，都需要对"治理"作出符合自身国情的"定义"，寻找真正具体可行的国家治理目标。

二、中国国家治理目标变迁

首先，在进入近代国家治理之前，古代中国的国家治理目标可以笼统地概括为追求大一统与长治久安。其中，大一统的目标是指君主统治范围内的各族人民都能顺服于王朝的统治，而不出现起义与分裂；长治久安则是指，统治者希望自家王朝能够传之百世万世以至永久。为了达到上述目标，统治者就需要在实际统治中推行一系列具体的治国政策和治理目标。因此，诸如"爱民""重民""轻徭薄赋""政治清明""藏富于民"等关注百姓利益的治理主张，就成为专制统治者具体的行为目标。然而从现代政治理论视角分析，统治者所实施的上述颇具仁政性质的行为目标，在本质上只是一种工具主义目标，其最终目的仍然是为了维持王朝统治的大一统和长治久安。具体来说，在治国理政方面，统治者对于能够为其提供权威、秩序和稳定的思想都十分重视。儒家对"仁政爱民""上下尊卑"的主张，法家对"严刑峻法、纲常法纪"的强调，以及道家对"无为而治"的推崇，都为统治者实现长治久安的目标提供了思想和制度供给。从古代文献中，我们能够找到大量诸如"天视自我民视，天听自我民听"[1]"民为本，社稷次之，君为轻"[2]"爱民""利民"等重民爱民思想。这些思想从各家学派的主观目的来说必然具有真正的"民本"倾向，但是在专制体制下这些思想只能附属于大一统和长治久安这一根本的国家治理目标。

其次，近代中国的国家治理目标复杂多元。救亡图存、现代国家建构、经济发展、社会进步、思想启蒙等一系列目标，都集中在这一动荡的历史时期。如果从总体视角来把握该时期的国家治理目标，大致可以表述为"探索现代国家建构的可行路径"。晚清政府的闭关锁国政策，致使近代中国落后于西方国家，由于列强侵略，"救亡图存"成为近代中国国家治理的首要

---

[1] 《尚书·泰誓》。
[2] 《孟子·尽心下》。

目标。保守派寄希望于"中体西用"而主张"师夷长技";改良派推崇英国、日本的君主立宪制度,主张在中国发起制度改良;革命派则极力伸张"民主共和",希望用共和民主制度代替封建落后的专制制度。总体而言,这三条探索国家救亡的路径,尽管在现代国家建构的具体方式上差异巨大,但是在本质上都是以国家富强为目标。只是在具体实践中,三条救国路线都相继失败。辛亥革命的胜利果实被袁世凯窃取之后,中国知识分子"救亡图存"的目标变得渺茫。在国家建构不知何去何从的关口,以"思想启蒙"为目标的新文化运动开始致力于国民的思想启蒙和社会进步,期望能够为将来的革命奠定民众基础。实际上,作为一场思想启蒙运动的新文化运动,在一定意义上也是对前述革命救亡道路失败的反思运动。少数先进知识分子和有识之士所领导的救亡运动之所以失败,关键原因在于没有广泛的群众基础。所以,当新文化运动主张的"思想启蒙"与马克思列宁主义相联合后,近代中国终于找到了现代国家建构的可行路径。马克思列宁主义指导下,走社会主义的革命救国道路成为我国国家治理的新目标。

最后,新中国成立后我国的国家治理目标转变为"国家现代化建设"。具体包括建立基本的国家政治、经济、社会制度,促进经济发展以及实现国家治理体系和治理能力现代化。在新中国的建设发展过程中,上述目标也相继在不同阶段成为国家治理的具体目标。改革开放前,新中国的主要治理目标是建设和完善基本的国家制度体系,以奠定现代化的发展基础。经过多年革命与战争,重建国家对于刚刚从革命党转变为执政党的中国共产党来说,是一个具有挑战性的治理目标。1949 年在党的七届二中全会上,毛泽东同志提出了"迅速地恢复和发展生产,使中国稳步地从农业国转变为工业国"的现代化任务。之后在 1964 年的第三次全国人民代表大会的政府工作报告中,我国又进一步提出了分两步走、在 20 世纪末实现"四个现代化"的目标。然而,在具体实践过程中,现代化的初始阶段由于偏重经济层面的工业化、忽视了制度与文化方面的建设,使得国家治理的发展进程出现了反复并付出了代价。改革开放以后,国家治理目标转移到以经济建设为中心的发展轨道，通过政治制度改革、市场经济建设以及社会体制变革，我国取得了经济、制度、思想、文化等方面的巨大进步，在现代化建设目标上迈进了一大步。但是总体来说我国目前仍处于现代化进程之中，推进国家治理体系和治理能力现代化是我国现阶段国家治理的核心目标。

党的十八届三中全会提出，"全面深化改革的总目标是完善和发展中国特色社会主义制度，推进国家治理体系和治理能力现代化"，党的十九大报告将实现国家治理体系和治理能力现代化作为建成社会主义现代化强国的重要目标之一。这实际上将国家发展的长期规划与国家治理的具体目标相结合，完成了指导思想的顶层设计。党的十九届四中全会在总结国家治理体系制度优势的基础上，进一步规划设计了实现治理现代化的总体方略。但是这些思想与方略要真正转化为现实的可操作实践，仍需学术界和实务界的进一步探索。

第十四章　国家治理创新论 *

　　自党的十八届三中全会将"推进国家治理体系和治理能力现代化"作为全面深化改革的总目标后，治理便成了中国政治的热门话语[1][2]。党的十九届四中全会更是要求"构建系统完备、科学规范、运行有效的制度体系，加强系统治理、依法治理、综合治理、源头治理，把我国的制度优势更好转化为国家治理效能"[2][3]。当前中国推进国家治理体系和治理能力现代化任务极具紧迫性，国内公共事务日益复杂，充满挑战，国家治理水平和能力尚不能完全适应当前社会发展需要，而推动以国家为整体的治理创新，是提升国家治理能力的重要路径。

第一节　创新理论

　　中国自改革开放以来，取得了举世瞩目的经济社会发展成果。但"中国改革带来的社会变革并非线性的，而是具有强烈的时空重叠性，传统性、现代性和后现代性，本土性、全球性与混杂性等交织在一起"[3]。这也让政府

　　*　本章作者为山东大学公共治理研究院副院长刘琳教授。
① 俞可平等：《中国的治理变迁（1978—2018）》，社会科学文献出版社 2018 年版，第 2 页。
② 《中共中央关于坚持和完善中国特色社会主义制度、推进国家治理体系和治理能力现代化若干重大问题的决定》，《人民日报》2019 年 11 月 6 日。
③ 杨雪冬：《国家治理的逻辑》，社会科学文献出版社 2017 年版，第 28 页。

在社会利益与价值逐渐多元、社会矛盾与冲突不断加剧的时代背景下，亟须将单一的管控思维向治理思维转变，谋求治理革新，从而应对国内国际的风险和挑战。而这一时代背景，也赋予治理理论在中国社会进行转化、实践以及应用的土壤。

一、治理理论的兴起及内涵

20世纪70年代末至80年代，伴随着全球化、信息化、市场化的到来，福利国家和全能政府均面临着严峻的危机考验，西方社会乃至整个世界都迎来一场新的全球化浪潮。随着公共服务的要求变得越来越多元化，科学技术的发展以及经济结构的调整对传统的以政府为中心的治理模式冲击十分巨大。与此同时，以层级控制为基础的科层制，也愈发不能适应社会的变迁，其赖以建立的两大理论基础——威尔逊和古德诺的政治行政相分离的行政理念以及马克斯·韦伯的官僚等级制理论，都无法回避政府所面临的财政危机、管理危机、信任危机等困境[1]。在此契机下，西方国家开始通过特许、委托、外包等多种社会化、市场化途径，拓展渠道吸纳和鼓励社会成员积极参与公共事务，从而开始重塑政府的改革运动，以应对日趋增多的社会问题[2]。治理理论便也由此开始兴起。在同一时期，一些中国学者出于对中国发展变革的关心，迅速将治理理论译介进入国内，在早期研究里，斯托克、罗兹、库伊曼和罗西瑙等学者关于治理的概念影响较大[3]，但治理概念最初的模糊性，让研究者容易误把公民社会和自由市场等因素完全抽象化为政治发展的进步性力量，且一定程度上回避了国家仍然处于主导性地位的现实。

---

[1]　刘银喜：《政府治理理论的兴起及其中国化》，《内蒙古大学学报（人文社会科学版）》2004年第4期。

[2]　许韬：《国家治理视域下我国新型行政模式的型塑》，《云南社会科学》2015年第5期。

[3]　任勇：《治理理论在中国政治学研究中的应用与拓展》，《东南学术》2020年第3期。

关于治理的概念，在西方语境下，罗西瑙认为，"治理是指有共同目标的人们去共同完成一种活动，完成活动的主体不全是政府，也无须国家强制执行"①；英国学者格里·斯托克更是从五个维度系统地阐释了"治理的意涵"②；而在中国学界，俞可平则认为"治理一词是指官方与民间的公共管理组织在一定限定的范围内运用公共权威维护秩序，迎合民众需求，治理的目的是在各种权力关系中最大限度地实现公众的利益"③；杨雪冬认为"治理"有广义和狭义之分，"狭义上的'治理'把重点集中在国家和政府身上，关注的是政治权力的使用方式和效果，广义定义上的'治理'则是超出了政治领域，涉及的是政治权力和社会权力、经济权力的互动关系"④。而当前国内较为常见的观点，则认为"治理是围绕着国家（政府）、社会、市场的关系而展开的，以社会秩序可持续和公共利益最大化为目标，重点关注公共权力及其相关主体的参与及协调的互动过程"⑤。由此可知，国内对治理概念的理解是有别于"统治"与"管理"的，主张多个主体之间的有序互动、共同参与治理。而在关于治理的概念界定中，全球治理委员会的定义可能更具有代表性和权威性。它界定"治理是各种公共的或私人的机构管理其共同事务的诸多方式的总和⑥。它是使相互冲突的或不同的利益得以调和并且采取联合行动的持续的过程"⑦。总之，尽管目前学界还没有对治理给出一致认可的定义，但对治理的特性，还是形成了许多共识，主要包括治理主体多元、实现公共利益、倡导公共精神、崇尚民主、科学理念等。

① 詹姆斯·N.罗西瑙：《没有政府的治理——世界政治中的秩序与变革》，张胜军等译，江西人民出版社2001年版，第5页。

② 熊光清：《治理理论在中国的发展与创新》，《江苏行政学院学报》2018年第3期。

③ 俞可平：《全球治理引论》，《政治学（中国人民大学复印资料）》2002年第3期。

④ 杨雪冬：《国家治理的逻辑》，社会科学文献出版社2017年版，第265页。

⑤ 任勇：《治理理论在中国政治学研究中的应用与拓展》，《东南学术》2020年第3期。

⑥ 姚瑶：《国家治理体系下的公司治理：从资本民主到社会民主》，《理论月刊》2015年第12期。

⑦ 史伟锋：《政府治理理论的研究综述》，《江西行政学院学报》2008年第2期。

二、中国国家治理创新理论的发展

治理理论引介进入中国，很快成为社会科学研究的高频词汇。但由于学者们对治理内涵关注的侧重点不同，衍生出三种不同的倾向。第一种倾向认为治理主要是关注社会管理力量多元化格局，重视社会组织群体的力量，主张通过发展和培育非政府组织、第三部门以及公民社会来增强对公共事务的治理；第二种倾向则认为政府的角色需要重新定位，于是主张通过政府内部诸如沟通机制、层级结构的改革来实现治理，凸显政府参与治理的重要地位；第三种则对治理的网络管理体系作出了重要阐释，认为在明确政府角色后，必须同时进行政府内外两个方面的改革，通过具有紧张关系的多方主体的互动才能实现治理[1]。

从西方治理理论谱系研究的视角来说，分别是把市场、网络、国家作为治理的中心环节。其一，市场视角主张以市场及其结构作为理解国家与政府治理的原型，把企业或经济领域的管理中有效的方法和技术应用到公共管理领域，并且明确政府职能边界——是"掌舵"而非"划桨"，但市场视角将公共领域的权力结构简化为市场意义上的资源分配，难以充分解释特定环境下权力运作的具体逻辑和规律，同时也忽视了公共价值的倡导。其二，网络视角则要求在网络化的政策环境中，国家与社会领域内多元主体之间的双向互动，并必须通过与其他社会团体进行合作才能达到治理的目标，但其容易片面地将政府的角色界定在国家—社会的两元互动关系，且夸大其他外界因素的作用。其三，国家视角则认为"治理就是指政府做事的方式，因此将国家作为中心才是探讨治理问题的最佳途径"[2]，该视角还认为以国家为中心的治理是在变动环境中稳定的治理结构和有规则的政策过程的主要维系者，构成了治理理论逻辑的核心内容，也是达到有效治理目标的关键因素。

---

[1] 郁建兴、王诗宗：《治理理论的中国适用性》，《哲学研究》2010 年第 11 期。

[2] Donnald Kettl，*The Transformation of Governance: Public Administration for Twenty-first Century America*，Baltimore，Md: Johns Hopkins University Press，2002，pp. 1–10.

进入 21 世纪以来，治理概念和治理理论在中国迅速被普及。随着中国现代化进程加快，社会主义法治体系、民主制度不断健全，政治文化也发生了较大的改变。再加之党和政府对于治理理论的认识不断深化，使得治理逐步上升为国家战略，并成为中国共产党治国理政的重要理论来源。中国作为单一制的国家，治理理论在中国本土化的过程中，进行了重大创新，形成了不同于西方由市场主导的国家治理逻辑。中国国家治理内涵丰富，不仅汲取古代传统治理的政治智慧，中国共产党领导中国革命、建设和改革以来的实践智慧以及马克思主义的理论智慧，又从西方治理理论中汲取了治理的"公共性"特质。

从中国的治理理论来看，其一，虽然在治理理论中，政党没有特殊的地位和作用，是多元主体之一，[①] 但中国共产党的领导权威是历史赋予的，不容动摇，且党是国家治理体系和治理能力现代化的发起者和推动者；其二，政府作为决策的执行机构，国家治理的重要环节，在治理过程中不断加强内外部改革，调适与社会的关系，主要包括简政放权、深化经济体制改革，发挥市场在资源配置中的决定性作用、坚持以人民为中心，致力于打造"服务型政府"，使政府在治理中处于"不缺位""不越位"的状态；其三，社会治理方面，从传统社会主义模式下的"社会管控"到规范化、组织化的"社会管理"，再到创新社会治理的价值理念进行转变，逐步实现了从国家的单一治理向多元社会主体共建共治共享转变，构建起在党的领导下政府、社会、市场、公众多元主体共建共治共享的社会治理格局。

中国国家治理致力于增进治理理论本土化的实践，并且发掘本土的治理资源，以期总结出更多具有中国特色的治理创新经验，从而促成中国治理"强国家—强社会"最优目标模式[②]，构建起国家与社会共生共存关系，形成"党委领导，政府主导，社会协同，公众参与、法治保障、科技支撑"[③]的治

① 郭定平：《政党中心的国家治理：中国的经验》，《政治学研究》2019 年第 3 期。

② 燕继荣：《中国社会治理的理论探索与实践创新》，《教学与研究》2017 年第 9 期。

③ 周福莲：《努力打造社会治理新格局》，《唯实》2020 年第 4 期。

理体系。

第二节　创新主体

党的十八大产生的新一届中央领导集体上任伊始，便正式提出建设"创新型政府"的目标[1]，党的十八届三中全会更是直接提出"创新社会治理体制"[2]。这些目标的提出为治理创新指明了方向，也提供了话语性的支撑。治理创新必然是实现善治的关键，其核心在于创新主体如何发挥主导作用，实现创新性治理。

"创新"一词则较早应用于经济领域，熊彼特认为"创新"是"现有资源的重新组合"，依照他的经典性概括，创新包括"新产品（和服务）、新工艺、新供应源和供应链、新市场和新组织模式"[3]。基于他的这一逻辑，其他学者如阿舒勒指出，"创新就是'崭新的行为'，是由新观念及其实践表现两个要素组成"；波斯比指出，"创新由三个要素组成：大规模和可见性、摆脱了以前的习惯以及持续的影响"；斯宾克则指出，"创新首先是能够取得成效的行动"[4]。而在中国，创新已经从技术层面的理解上升为意识形态的高度，"创新"成为政府变革的方式、手段，乃至价值目标。其一，创新是相对旧的生产关系而言，是一种新的事物；其二，创新是一种实践活动；其三，创新有价值导向，在中国语境里，创新的目的在于实现公共利益的最大化。在本文中，所谓创新主体，就是指能够相对自主地参与到治理过程中，通过创新条件、形

---

[1] 黎永红、范明英：《论中国政府治理创新的维度和路径》，《新视野》2014 年第 5 期。

[2] 江必新、李沫：《论社会治理创新》，《新疆师范大学学报（哲学社会科学版）》2014 年第 2 期。

[3] 顾昕：《治理嵌入性与创新政策的多样性：国家—市场—社会关系的再认识》，《公共行政评论》2017 年第 6 期。

[4] 转引自杨雪冬：《过去 10 年的中国地方政府改革——基于中国地方政府创新奖的评价》，《公共管理学报》2011 年第 1 期。

式、制度等对治理客体进行治理，并能取得一定的治理效果和影响的公共部门、私人部门以及公民自愿性团体或组织。

基于中国的特殊国情，从治理结构上来看，中国共产党作为执政党以及由此形成的领导方式，形成了"以党领政"[①]的局面，掌握国家核心的政治权力和决策权威，党的各级组织在国家治理过程中起着主导作用，是引领治理创新的组织。而政府作为党的决策执行机构，直面具体化的社会议题，其垂直的各级政府机构、政府内部平行的职能部门都是政府治理创新的重要组成部分。从马克思主义基本原理的视角和方法来看，"所谓国家治理就是在一定经济基础上，政府、市场和公民社会彼此耦合互动形成一整套完整的制度体系"，要从政府、市场和社会三大主体出发，建立一个三位一体的以党主导的多元共治或协同治理的现代国家治理模式。这里，将从政府、市场、社会这三个创新主体的维度来阐释国家治理创新。

一、治理主体

国家治理涉及一个宏大的治理范围。从纵向来看，它分为中央治理和地方治理；从横向看，它表现为政府治理、市场治理和社会治理；从治理体系上看，它又分为政府治理体系、市场治理体系和社会治理体系[②]。总的来说，都涉及了政府、市场、社会三个主体。俞可平认为，"有效的国家治理涉及三个基本问题：谁治理、如何治理、治理得怎样。这三个问题实际上也就是国家治理体系的三大要素，即治理主体、治理机制和治理效果"[③]。其中，治理主体便是这一实践活动的核心。政府治理作为传统治理模式的单一治理主体，随着市场的不断壮大和社会自主性的获取，治理主体便表现为政府、市场、社会组织三位一体的局面，在构建国家治理体系和治理能力现代

---

① 俞可平等：《中国的治理变迁（1978—2018）》，社会科学文献出版社 2018 年版，第 20 页。

② 朱士华：《中国国家治理的现代化路径探析》，南京大学 2015 年博士学位论文。

③ 俞可平：《推进国家治理体系和治理能力现代化》，《理论参考》2014 年第 2 期。

化的时代要求下，则需要党和政府进一步放权和分权，增强市场和社会在参与治理过程中的自主性和积极性。

首先，政府治理。中国不论是经济总量、人口规模，还是领土面积，都是当今世界的一个大国。同样，国家规模巨大也意味着管理国家公共事务十分复杂、困难重重，这也必然要求中国的各级政府在处理各项公共事务中发挥着强有力的主导作用，如维护市场运行秩序、优化宏观经济结构、促进社会公平正义、保障社会和谐稳定等。政府这一主体在传统治理模式中发挥主导作用，在较长的时间里表现为一元治理，但它通过利用公共权威和丰富的社会资源回应公众的需求，维护整个社会的秩序，在长期的国家建设发展中起到了至关重要的作用。政府治理的行为逻辑是党的意志的集中体现，中国共产党作为一个没有自身特殊利益的执政党，它的宗旨便是全心全意为人民服务，从而使得政府治理能够很大程度上兼顾公共利益或公共价值。随着政府公务人员素质和专业能力的不断提高，法治化建设不断深入，在一定程度上，既规范了政府人员权力的行使空间，职能部门内部的相互关系，还制定了政府的权责清单，避免了以往"人治"传统中的许多弊病，使其能够"打造阳光、廉洁、高效、透明政府，更为切实地发挥政府治理的整体效能"①。

其次，市场治理。自20世纪90年代社会主义市场经济体制创建以来，政府包揽一切的模式逐步瓦解，市场配置资源的效率得到了较大的提升，同时也很大程度上降低了政府管理的成本。由于政府力量与市场力量的双重作用的发挥，既强调市场在资源配置中的基础性作用，又发挥政府在宏观经济领域中的调控作用，通过二者的互动，实现了政府与市场对经济工作的分工，达到了政府与市场共治的局面。这也让部分企业逐步摆脱了政府机构的控制，逐步成为自主经营、自负盈亏、自我发展和自我约束的市

---

① 贾义保：《推进政府治理现代化需要正确认识和处理的若干关系》，《中州学刊》2019年第12期。

场竞争主体。[①] 伴随着市场这一竞争机制的不断完善，针对市场建设的法治化程度不断提高，政府不再扮演公共服务唯一提供者的角色，使市场在资源配置过程中起决定性作用。[②] 党的十八大提出更大程度更广范围发挥市场在资源配置中的基础性作用，党的十八届三中全会更是明确了市场已经在资源配置中发挥着决定性的作用。随着自主性不断增强，权力空间也得到了扩充，市场治理在经济发展中发挥着政府操控所不具备的体制优势和资源优势。

第三，社会治理。社会治理作为一个综合性的系统，相较于国家治理、政府治理、市场治理，分别表现出层级属性、非政府属性、社会属性。[③]自新中国成立以来，长期处于强国家、弱社会的状态，社会主体在行政的架构下运行，国家和社会表现为一种中心—边缘的关系。随着改革开放的深入推进，社会力量开始增强，在调和社会矛盾，处理日益复杂化的社会现实问题上，能够承担一定的治理责任。当前社会组织主要包括非政府组织、基层自治组织以及公民自愿性团体，在特定时期，它能够弥补市场失灵和政府缺位的问题，在解决一些具体问题上能够展现出其灵活性和便捷性。党的十九大进一步提出了"打造共建共治共享的社会治理格局"和"健全自治、法治、德治相结合的乡村治理体系"，这表明国家对于社会力量参与治理的支持和鼓励，这一举措对于社会治理组织的培育和自治能力的提升具有重大意义。但从目前社会组织的发展态势来看，进程较为缓慢，组织力量薄弱，参与治理的能力不足。因而，这需要政府营造一个更具包容性的社会环境，对如何嵌入社会组织或加强同社会组织的合作要进行更多的思考。

---

① 吴传毅：《改革开放以来国家治理模式的演进：从"管"走向"治"》，《中国党政干部论坛》2019 年第 12 期。

② 胡鞍钢、张新：《"习近平经济学"的理论创见》，《人民论坛》2017 年第 16 期。

③ 燕继荣：《社会变迁与社会治理——社会治理的理论解释》，《北京大学学报（哲学社会科学版）》2017 年第 5 期。

二、创新主体面临的机遇和挑战

2013 年，党的十八届三中全会召开以来，国家治理体系和治理能力现代化成为国家全面深化改革的一个大目标，但中国国家治理的起步较晚，治理经验较为有限，国情与社会环境较为复杂，机遇与挑战并存，只有加强治理主体的创新能力，处理好各种复杂的治理问题，才能助推国家治理体系和治理能力现代化，创新性地解决转型期的国家治理问题。

政府创新方面。所谓政府创新，就是指公共权力机关为了提高工作效率和增进公共利益而进行的创造性改革，这是一个持续的改革和完善的过程[①]。政府作为国家意志的执行者，应致力于治理创新，充当表率。俞可平对政府创新提出八个目标，分别是"民主政府、法治政府、责任政府、服务政府、效益政府、专业政府、透明政府、廉洁政府"[②]。首先，从政府的组织结构来看，政府在组织结构上形成了条块结合的治理格局[③]，政府创新治理要受到垂直和平行的权力系统的约束，既要层层集中、层层下达，又要处理内部平行的各职能部门之间的关系。其次，从治理创新的认知来看，政府公共部门管理至上的思维依然存在，强调国家和社会的一体化，未能从统治性思维向服务性思维进行大的转变，在管理至上的行为逻辑里，政府存在"行政傲慢"[④]，不能平视和认可与其他治理主体的协商治理关系，忽视了治理的本质追求和目标导向。再次，政府治理创新难以全面评估治理对象的复杂性和特殊性。互联网时代虽然数字治理能够为治理主体与治理对象提供一套新的治理知识图景，便于治理主体与治理对象照章办事，提高治理效率，但数字化治理也存在着标准化与简单化的缺点，它无法描述并解决复杂的、不确定性的治理问题。最后，政府职能部门科层化治理导向，

---

① 俞可平：《论政府创新的主要趋势》，《学习与探索》2005 年第 4 期。

② 俞可平等：《政府创新的理论与实践》，浙江人民出版社 2005 年版。

③ 俞可平等：《中国的治理变迁（1978—2018）》，社会科学文献出版社 2018 年版，第 22 页。

④ 张康之：《社会治理创新与服务型政府建设》，《中国人民大学学报》2014 年第 2 期。

缺乏多元化意识，不利于协同创新。职能部门虽然适应了专业分工的需要，体现了现代国家治理的理性精神，满足了政府管理科学化的诉求，提升了自身公共行政效率，但技术化导向的治理方法缺乏战略眼光与整体意识，也缺乏结构优化与协调机制，使得治理未能统一规划、协作机制不足、职责权限模糊，造成"政出多门"以及"无部门负责"等治理怪象，使政府陷入碎片化的治理困境①。除此之外，政府治理创新还容易把创新"口号化（形式主义）、意识形态化（创新绝对化）、盆景化"②。

市场创新方面。党的十八届三中全会确立了市场在资源配置中发挥决定性的作用，这是社会主义市场经济发展的又一次关键性突破。市场作为经济创新的主体，从产业发展、技术升级乃至创新拓展，都发挥着不可替代的作用。随着互联网、大数据和云计算等数字技术的发展运用，市场机制在介入社会经济时更加敏锐，在解决问题时更加灵活，市场主体对消费人群的需求和变化能有更准确的把握，通过科学利用大数据就有可能更好地发挥市场经济中"看不见的手"的功能，因而在决策过程中信息收集和处理上更完备，能够较好地发挥其效能，在许多问题的解决上比诉诸权力思维的政府更具运作的高效性。但市场经济自身存在局限性，市场过程侧重于经济价值而忽视公共利益。由于市场本身侧重于提供私人物品，而非公共物品，同时难以避免市场失灵的出现，这也要求市场在参与国家的治理中，需要进一步完善制度基础和市场秩序。

社会创新方面起步较晚，整体力量还较为薄弱，需要有序引导其发展。当前社会治理创新所面临的实践困局，主要表现为"孤岛、翻烧饼、人走政息、政治秀、内卷化、无变革的改革、行政有效治理无效、悬浮式采纳、动力不足等"③。随着当前如何满足人民日益增长的美好生活需要，如何破解不

---

① 霍建国：《现代国家治理中的管理主义反思》，《领导科学》2019 年 12 月（下）。

② 杨雪冬：《简论中国地方政府创新研究的十个问题》，《公共管理学报》2008 年第 1 期。

③ 转引付建军：《当代中国社会治理创新的发生机制与内在张力——兼论社会治理创新的技术治理逻辑》，《当代世界与社会主义》2018 年第 6 期。

平衡不充分发展的严重问题，以及如何回应利益分化与错综复杂的社会矛盾现实，这些都对改革传统的治理模式，回应社会需求、创新社会治理模式提出了严峻挑战[①]。党在十九大报告中提出要加强和创新社会治理，[②]强调要提高社会治理的社会化、法治化、智能化、专业化水平。从治理的社会化导向来看，是由行政色彩较浓的政府管理转向社会多元主体"共建共治共享"的格局。但从当前的创新现状来看，第一，社会治理的组织赋能依旧不足，社会组织在应对突发问题时对政府的依赖性较强，且政府在处理与社会组织的关系时，权力边界并不明确，权力下放的力度依旧不够。第二，当前社会不稳定的因素逐渐增多，尤其社会基层治理人员队伍建设较为薄弱，治理理念落后，治理方法陈旧，这也使得社会治理形势更加严峻和困难。第三，社会治理作为国家治理的重要组成部分，治理过程中受制于制度创新，并且当前部门、系统、地域之间存在壁垒，治理水平存在差距，无法实现治理目标的共识叠加，导致了社会治理不能科学地进行统筹、部署、协调，容易陷入碎片化治理的困境。

三、构建国家治理创新关系

国家治理创新不等于多元主体治理、分散化治理、合作治理。关于中国的国家治理，有学者概括为"治理模式既不是单中心，也不是多中心，而是'1+N'中心，政治集中和行政分权结合、党的领导与人民民主结合、社会主义优势与市场经济结合、民族共同体与民族多样性结合、共同价值与多元观念结合"[③]。这阐明了中国国家治理创新的前提，必须坚持中国共产党的领导，坚持人民主体地位，坚持中国特色社会主义道路，不断完善和发展中

---

① 李永胜：《推进国家治理体系和治理能力现代化需要把握的重点》，《国家治理周刊》2019 年 10 月。

② 李建伟：《新时代社会治理：由来与未来》，《上海法学研究集刊》2019 年第 10 卷。

③ 鄢一龙：《互联网时代的中国之治》，《经济导刊》2019 年第 12 期。

国特色社会主义制度①。因而各治理主体创新都不能背离这个前提。在当前国家治理体系尚未成熟定型的情况下，各治理主体在参与治理中都有各自的优势和局限性，这就需要调适好各主体之间的关系。从中国国家治理的实际出发，党作为"责任主体"主导构建治理主体的体制机制，而在治理的实际操作中，则需要政府、市场、社会通过互嵌的方式来实现治理体系的多元化。

政府参与治理主要是解决各治理主体内部矛盾，构建协调与其他治理主体关系的体制机制②。从政府自身而言，对内外部进行改造是关键所在。从政府内部职能来看，政府创新主要分为政治改革、行政改革和公共服务这三类，而要有效地推进政府创新就必须处理好四重关系，即政府管理体制改革与提高公务员素质的关系，政府机构改革与政府职能转变的关系，提高行政效率与改善政府服务质量的关系，保持政府政策连续性与推进政府管理体制创新的关系③。从现实层面来看，政府治理创新主要体现在理念的更新，政府治理能力的重塑，治理工具的创新应用，从而有效达成治理目标的过程④。从发展趋势来看，其一，政府必须重新认识解放思想的跨时代价值，立足现实，突破旧观念、思想的束缚，直面国家发展的新常态，自觉引领创新思潮。其二，政府要营造良好的制度环境。通过以民主的政治、法律机制作为后盾，重视创新组织和个人在治理创新中的演进过程，以及通过机制保障使创新成为社会生活的重要内容。其三，政府需要对治理创新实行激励机制。创新这一实践活动既存在风险，又可能潜藏着巨大的社会效益。因而，必须给创新者各方面条件的保证，形成足够强大的激励力量。其四，政府创

---

① 李永胜：《推进国家治理体系和治理能力现代化需要把握的重点》，《国家治理》2019年第39期。

② 杜力：《嵌入型治理：中国社会组织参与国家治理的路径探究》，《甘肃理论学刊》2019年第4期。

③ 俞可平：《论政府创新的若干基本问题》，《文史哲》2005年第4期。

④ 王浦劬、雷雨若：《我国城市治理现代化的范式选择与路径构想》，《深圳大学学报（人文社会科学版）》2018年第2期。

新作为社会创新的核心，要引领其他治理主体探索自主创新，政府要加强创新价值的弘扬。

熊彼特的经济理论认为创新是"把一种从来没有过的生产要素和生产条件实行新的组合，从而建立一种新的生产函数"[1]。市场治理实质上运作的主体是企业，唯有加快"创造性破坏"，[2] 用新产品替代旧产品，用新企业组织替代旧企业，努力实现从生产要素投入驱动型向创新驱动型增长模式的转型，方能实现市场参与治理的创新。政府要支持企业加快自身产业的"腾笼换鸟"，帮助企业度过"阵痛期"，同时企业要注重科技研发、生产能力的提升，提高自身公共产品的生产和供给水平，积极响应社会公共服务均等化的时代诉求，提高效率，注重公平，积极参与政府主导的技术性治理，加强相关领域的合作对话，科学制定市场权责清单，在政府的引导下，做好供给侧结构性改革，更好落实自身的公共责任、发挥市场分配优势。

随着政社分开，日益复杂化的社会矛盾交织，政府与社会表现为一种依赖关系。社会创新本质上就是社会治理体制的改革。党的十九大报告提出"推动社会治理重心向基层下移"，"加强和创新社会治理，关键在于体制创新，重点在基层，关键在基层，难点也在基层"。因而社会治理的创新，有赖于机制创新，需要政府对社会秩序进行再造，并保障社会的自主性，同时避免社会治理创新的"运动式宿命"[3]。充分发挥群众参与社会治理的基础性作用。人民群众是社会活力的源泉所在，因此需要保障公民参与社会治理的效能感和主人翁意识，这也要求基层政府引导建构常态化的政治吸纳机制和反馈机制，提供多样性参与治理的渠道，激发起民众参与社会治理的热情，要让基层社会摆脱科层制中的"唯上不唯下""对上负责"等制度惯例[4]。政

---

① 侯彬、邝小文：《熊彼特的创新理论及其意义》，《科学社会主义》2005 年第 2 期。

② 李学林等：《熊彼特创新与创新驱动型经济增长方式的运行机制研究》，《商业经济研究》2017 年第 21 期。

③ 姜晓萍：《国家治理现代化进程中的社会治理体制创新》，《中国行政管理》2014 年第 2 期。

④ 侯利文：《压力型体制、控制权分配与居委会行政化的生成》，《深圳大学学报（人文社会科学版）》2020 年第 3 期。

府要加强社会性组织培育的探索，通过构建专业社工制度，制定科学的社会化招募、培训、服务、评价等一系列流程，促使社会性组织治理走向专业化和常态化，并能够适时摆脱对政府力量和财政的依赖，使其能够尽快成长起来去承担它们的责任，为社会自治创造活力。

"政府—市场—社会"三要素构成创新治理主体结构，是推进国家治理体系和治理能力现代化的重要路径。而国家治理现代化的最终目标是为了实现"善治"，既能保障民众的安全、公平正义、公共参与的效能感，也能够消解社会矛盾，实现公共价值。加强治理创新，其核心要务就是使"全能型政府"向"服务型政府"转化，政府在下放权力的同时，要动态平衡与市场、社会之间的关系，正视自身职能范围，使市场和社会能够自行其道。同时，要凝聚共识，利用好技术工具，创新治理手段和治理过程，更加高效地实现创新目标。

第三节　创新机制

所谓机制，一般是指"可以借助其得以运行或发挥作用的东西"[①]，但其不等同于制度或工具。机制的独特性在于关注动态的作用过程和方式，可以对社会变化过程中相关要素间的联系以及相互作用的因果模型进行解释。对治理机制的理解有两方面："一是从治理机制构成的特定关系来看，主要反映组织治理行为主体的主观愿望，选择与组织运行的客观要求或规则的有机契合；二是从机制表现的作用性质来看，主要用来描述一定的治理组织在其运行过程中起支配作用的内在的特定关系。"[②]有学者认为，国家治理机制是

[①] 竺乾威:《国家治理的三种机制及挑战》，《中共福建省委党校（福建行政学院）学报》2020年6月。

[②] 段忠贤、刘强强:《从管理到治理：十八大以来我国政府治理的理论与实践（上）》，《秘书》2018年第1期。

由组织机制、制度机制和价值机制这三部分构成[①]。而创新机制，就是指创新的构成要素、主体功能和运行机理[②]。有研究将国家治理机制创新的逻辑概括为协同机制、协作机制、协商机制和协力机制等[③]。本节主要阐释中国国家治理的创新构成要素，及其背后都存在运行逻辑。

一、国家层面的顶层设计

首先，国家治理现代化的发展要有整体视角，需通过顶层设计来进行总体规划，并且依托于完善的层级架构而深入社会。顶层设计的决策机制通常针对的是国家发展中的"大问题"。当前中国治理正面临转型，国家的深化改革也正处于攻坚期，做好顶层设计对国家未来发展的谋篇布局极为关键，这也要求中国共产党在推进国家治理体系和治理能力现代化时，要遵循中国特色发展的逻辑。既要与时俱进，抓住时代发展特征，有战略眼光，兼顾科学性和长远性；同时不回避短板和矛盾，在贯彻中保持契合性和一致性，为国家治理相关领域的具体实践提供理论启示与科学指导。

其次，从国家治理现代化发展的实践来看，需要在主体力量、重点领域以及运行机制等关键问题上进行顶层设计。第一，要对国家治理现代化过程中各主体力量的角色、地位与功能进行顶层设计，明确中国共产党作为国家治理现代化领导者、组织者的地位，这是顶层设计的政治前提所在。中国共产党是中国特色社会主义事业的领导核心，只有把党放在国家治理体系中最核心的位置，才能够确保国家治理现代化建设的正确方向；同时发挥中国共产党的领导优势、组织优势，最大限度地调动全社会的资源、力量为推进

---

① 竺乾威：《国家治理的三种机制及挑战》，《中共福建省委党校（福建行政学院）学报》2020 年 6 月。

② 臧雷振、张振宇：《治理创新的分布、要素与发生机制——以中国"地方政府创新奖"为例》，《上海行政学院学报》2019 年第 6 期。

③ 时和兴：《创新国家治理机制切实提升治理效能》，《经济日报》2019 年 12 月 10 日。

国家治理现代化服务。第二是规范政府在国家治理现代化中的主导作用。政府在国家治理现代化过程中承担"主导性"的角色与功能。这也要求政府必须切实转变职能，深化行政体制改革，创新行政管理方式，增强政府公信力和执行力，使政府由管控型向服务型转变，从而规范政府在国家治理现代化中的主导作用。第三是重塑市场在国家治理现代化中的地位与作用。国家治理现代化的顶层设计，不仅承认市场作为国家治理主体的重要地位，而且还对其地位与作用进行了重塑与优化。推进国家治理现代化，必须发挥市场在资源配置中的决定性作用。在这个过程中，国家治理现代化的顶层设计，还必须通过深化经济体制改革、完善基本经济制度、优化现代市场体系，来优化市场在资源配置领域的运行机制。第四，要激发社会组织在国家治理现代化中的活力与作用。国家治理现代化的顶层设计立足于创新社会治理体制，在改进社会治理方式、激发社会组织活力、创新有效预防和化解社会矛盾体制以及健全公共安全体系等方面，进行总体规划与科学统筹。

二、政府层面的改革创新

戴维·奥斯本曾在《摒弃官僚制：政府再造的五项战略》一书中提出，"政府再造就是对公共体制和公共组织进行根本性转型，以大幅提高组织效能、效率、适应性和创新的能力，并通过变革组织目标、组织激励、责任机制、权力结构以及组织文化等来完成转型过程"①。改革开放至今，中国各级政府机构在快速的经济社会转型形势下，亟待改革创新。这场治理改革要解决政府中不同机构组织的权力分配和组织整合、职能整合、简政放权、目标设定和效果评估以及整合后的协调约束与监督的问题，要关注政府组织内外部行政状况以及组织间关系协调，要通过治理体系不断优化促进政府的整合

---

① ［美］戴维·奥斯本等：《摒弃官僚制：政府再造的五项战略》，谭功荣等译，中国人民大学出版社 2002 年版，第 12 页。

治理能力提升。要以行政体系架构的一体化建设推动政府机构及机构组合方式由低级向高级的渐进变革和转型，逐步走向整合治理、简约治理、协作治理、网络治理和共享治理，实现从渐进改革到整体治理建构的逻辑演进。现代公共行政组织的理性化建构与再建构，主要是为了破解行政组织官僚制的现代性困境和合法性危机，从而推动国家治理体系和治理能力现代化的目标落实①。

首先，新时代政府治理的目标正在发生重要变革，政府治理改革的战略和策略必须适应新时代的新挑战。新发展理念，即创新、协调、绿色、开放、共享，为新时代中国政府治理转型提供了一个系统的、科学的施政导向。众所周知，创新发展是政府治理转型的第一动力。协同创新、绿色创新、开放创新、共享整合创新是未来改革的主要方向。兼顾整体发展效能需要现代政府机构改革具有全局意识，政府组织作为一个关键有力的治理系统，一方面要合理界定部门权责，理顺部门职能分工；另一方面要优化组织机构设置，完善行政运行机制。这也就要求政府机构改革需重点处理组织结构和职能体系两个层面的关系，强化政府间整合创新治理的组织基础、法治基础。

其次，着力推动行政组织改革、市场激活、社会创新三者的有机结合，始终坚持把行政组织改革的力度、市场改革的速度和社会创新建设的效度有机统一起来。此外，为了适应信息时代、知识经济和大数据时代公共事务的复杂性、多样性、关联性和渗透性的发展形势，政府组织机构需要打破科层制理性的严格界限，要以开放治理、协作创新思维，从"政府—市场—社会"三个宏观层面推进跨边界、跨部门、跨层级的组织间协作治理，通过冲破狭隘的部门壁垒，培育跨部门合作能力，构建精准供给、多元参与、民主协作的公共服务模式。

---

① 吕志奎、曾荣：《改革开放以来中国政府机构改革的创新路径》，《社会主义研究》2018 年第 5 期。

最后，推进简政放权、放管结合、优化服务、改革评估，整合治理框架，建立政府治理改革成效评估制度，将评估结果与改革战略的调整、改革目标的优化和改革任务的问责有机结合，用法律制度保障和巩固机构改革取得的成果①。

三、社会层面的治理创新

当前，社会治理之所以要创新，一方面因为社会治理仍然延续着行政主导的社会管制模式，另一方面是"当下社会发展'问题倒逼'的结果"，需要将治理创新下沉到基层②。具体来说，管制的主体是行政力量，其手段主要为命令、强制和控制，它是基于一种科层制理性的运行方式，而治理则往往是基于一个共同目标，参与主体既包括政府机制，同时也包含非正式、非政府的机制，主体包括政府、市场和社会三者，治理的过程一般表现为协同治理，并加快其法治化、民主化、制度化进程。同时这也要求国家处理好治理过程中自身的主导性和社会的自主性，要消除两者之间的对立，谋求积极的互动合作。中国的社会治理创新逻辑，在很大程度上可以总结为从社会管制转变为社会治理。

关于社会治理的创新，以创新内容为标准可以"把社会治理创新分为管理创新、技术创新、合作创新、服务创新和治理创新五种类型"③。"从创新的内容角度看，社会治理创新主要有三种路径。第一种路径是对行政力量本身的改造，例如减少政府的层级，优化政府治理的方式。第二种路径是把市场逻辑引入社会治理中，重点对公共产品的生产、提供和反馈进行改造，例

---

① 吕志奎、曾荣：《改革开放以来中国政府机构改革的创新路径》，《社会主义研究》2018年第5期。

② 唐爱军：《社会治理体制创新路径探析》，《开放导报》2014年第1期。

③ 王滢淇、翁鸣：《协商治理：当前中国社会治理创新的方向与路径》，《社会主义研究》2016年第1期。

如公共服务外包，国有企业转变为民营企业等。第三种路径则是把公民力量引入社会治理中，即公民参与"[1]。要从民主路径进行创新。"要用以人为本引领、用公平正义推动、用民主法治促进，才能有效推进社会治理创新，要实现精英主义思维向理性妥协思维转变、从管理管控到服务治理的转变、从控制维稳到协商维稳的转变"[2]。

从社会管制走向社会治理是国家治理创新的必然结果，社会治理创新的逻辑内核就是要打破行政逻辑主宰社会治理的既有格局，通过治理机制增进市场和激活社会。社会治理创新强调治理主体的多元共治，主张各治理主体平等协作，互补嵌入，摒弃单边主义行为，在尊重协商共识结果的基础上进行创新，避免单向的治理缺陷。社会治理创新既要强调激发社会活力，又要注重公民的有序参与。

第四节　创新驱动

国家治理创新的落实，需要强有力的推动力和资源作为支撑。从当前的中国治理来看，中国作为单一制国家，具有较强的中央集权优势，国家能够主动承担起治理目标设立的任务，治理创新的实现方式和实施动力往往也是以党中央和中央政府事先的改革设计为前提的。随着国家对于社会治理的复杂性和自身的局限性形成了较为深入的认知，国家通过推动社会治理主体的参与，积极促进治理互动，并应给予社会治理自主性的合法性基础。

---

[1]　王滢淇、翁鸣：《协商治理：当前中国社会治理创新的方向与路径》，《社会主义研究》2016 年第 1 期。

[2]　张雪梅：《新时期社会治理创新的制约因素与民主路径解析》，《社会主义研究》2014 年第 1 期。

一、国家层面的创新目标驱动

国家层面的创新目标驱动从根源上讲来自党的指导方针和指导精神。从党的十八届三中全会提出"推进国家治理体系和治理能力现代化"后，这一全面深化改革的总目标，便成为举国上下最为热门的政治话语。在党的十九大报告中，习近平总书记指出："必须坚持和完善中国特色社会主义制度，不断推进国家治理体系和治理能力现代化，坚决破除一切不合时宜的思想观念和体制机制弊端。"[①] 在党的十九届四中全会报告中，习近平总书记强调："突出坚持和完善支撑中国特色社会主义制度的根本制度、基本制度、重要制度，着力固根基、扬优势、补短板、强弱项，构建系统完备、科学规范、运行有效的制度体系，加强系统治理、依法治理、综合治理、源头治理，把我国制度优势更好转化为国家治理效能，为实现'两个一百年'奋斗目标、实现中华民族伟大复兴的中国梦提供有力保证。"[②] 习近平总书记上述重要讲话，充分阐释了推进国家治理体系和治理能力现代化的总体规划和战略意义，既明确了国家与社会的互动关系，也体现了国家作用于社会的特定力量，更突出了实现社会转型和制度创新目标的紧迫性。中国作为一个历史传承悠久的大国，需要通过革新去适应经济社会发展的需要，从新中国成立至今，中国取得了举世瞩目的成就，这都归功于党对总体目标的设定。党的十六大提出要加强和创新社会管理，其后更是将治理能力现代化写入党的十九大报告中，党对国家治理目标的设定是实现国家治理现代化和国家治理创新的根本保证。

---

① 习近平：《决胜全面建成小康社会　夺取新时代中国特色社会主义伟大胜利——在中国共产党第十九次全国代表大会上的报告》，人民出版社 2017 年版，第 21—29 页。

② 《中共中央关于坚持和完善中国特色社会主义制度　推进国家治理体系和治理能力现代化若干重大问题的决定》，新华社 2019 年 11 月 5 日。

二、社会层面的治理需求驱动

党的十八届三中全会《决定》，从"社会管理"向"社会治理"转变，党的十九大更是进一步提出"打造共建共治共享的社会治理格局"。[①] 这样重大的理念转变，是存在现实动因的。一方面，随着高流动性社会的到来，中国原有的单位社会逐步走向松散衰落，这严重削弱了基层社会自组织、自我解决问题的能力。这也就导致了各种社会矛盾冲突直接转向国家及其代理机构寻求解答，并表现出高度依赖，使地方性有效治理充满困难和挑战。而另一方面，各种新兴力量的兴起及自主发展，又大大增强了社会自组织能力，主要是在城市生活中，这些自组织力量与各级政府及代理机构发生了各种互动[②]。而且，信息化时代的高速发展让社会媒介的舆论效应和传递功能大大增强，基层或者地方发展的相关事件可以迅速地、非官方地传递到上层级的政府机构甚至中央政府，这种网络时代带来的"扁平化"使得各层级政府之间或者央地之间变得高度关联起来，而民众的参与能力、组织能力以及解决问题的能力，却让政府应对显得有些被动，对政府的权威产生一定的冲击。但这些现实因素的存在也使得社会治理成为可能。此外，非营利组织参与第三方治理的专业功能也能得到发挥。非营利组织往往是指独立于政府、有意愿且有能力参与到公共事务治理中来的企业、社会组织。非营利组织参与第三方治理是提高公共治理效率和公共服务质量的重要途径，也是解决恶性市场竞争和规范市场行为的必要方式。由于市场失灵、政府失效的特点，公共产品和公共服务的提供为第三方治理的介入提供了条件和可能。它不仅能打破了政府固有的话语权垄断，推进开放性发展和开放式治理，而且给公民个人和社会组织参与公共治理创造了可能的机会和必要的平台[③]。随着党

---

① 习近平：《决胜全面建成小康社会 夺取新时代中国特色社会主义伟大胜利——在中国共产党第十九次全国代表大会上的报告》，人民出版社 2017 年版，第 49 页。

② 周雪光：《中国国家治理及其模式：一个整体性视角》，《学术月刊》2014 年第 10 期。

③ 陈潭：《第三方治理：理论范式与实践逻辑》，《政治学研究》2017 年第 1 期。

组织建设的加强，在城乡发展中发挥的引领作用日益明显，有效地协调了国家治理中的利益关系，促进了社会的发展。

三、公众层面的创新参与驱动

不论是哪种治理手段、哪种治理范式，其最终的目的都是增进人民的幸福。从公民治理理论来看，"公民是积极的'参与者'和'治理者'而不是传统的被动接受者，基层公共事务的治理应以公民为中心，公民积极主动参与基层公共事务；政府应该充当'协调者'而不是发号施令者，他们放权于公民，让公民主导和管理公共事务活动；公务员应当充当公民参与公共事务的'促进者'和'帮助者'而不是执行者和控制者。"[①] 从参与式治理理论来看，它是"一种运用民主方式使公共决策更加审慎、参与、透明和责任的努力"，[②] 主要强调了主体在治理过程中包括决策在内全程参与，其次，需要把排除在决策范围外，但与利益输出关系密切的公民纳入治理过程，唯有此，信息足够充分，决策结果输出才会更加科学。

公民参与国家治理，主要是促成影响决策到参与决策再到参与治理的渐进深入的过程。同时这也意味着重视人民主体地位，可以促使他们积极参与决策制定，并获得相应的政治效能感。在中国，一切权力属于人民，人民更是历史的创造者，要保障民众参与治理的空间。民众参与有助于推进民主行政的发展，实现公共事务的合作共治、增进公民对政府的信任，提升政府执行力。从政治文化理论来看，公民存在政治冷漠、身份弱势、能力有限的特征。但随着现代社会到来，政府的单向型管控、"一刀切"的方式已经逐渐失灵，"新信息技术促进了个体之间的高频互动与相互影响，为既有制

[①]　曾莉：《公共治理中公民参与的理性审视——基于公民治理理论的视角》，《甘肃社会科学》2011 年第 1 期。

[②]　International Institute of Labor Studies Work-shop, *Participatory Governance: A New Regulatory Framework*? 9–10 December，2005.IILS，Geneva.

度的抽离和治理边界的消解提供了新的'去中心化'场域"①，这也就使得行政组织结构走向扁平化、弹性化、网络化，让政府传统的治理逐步适应虚拟的、全球性的、以知识信息为基础的现代治理模式。政府在这一过程中，应主动赋权，鼓励民众积极政治参与。支持信息化的发展，鼓励政府网站、微博、微信等多种互动媒体的蓬勃发展，为民众参与公共决策提供了利益表达和讨论的公共舆论场与平台。

加强同公众之间的联系，同时建立好良性的反馈机制。最大限度地汇聚民智，有助于提升国家治理决策的民主性。努力做到集思广益、群策群力，有助于提高公共决策的民主化水平，最大限度地避免决策失误，同时了解民众的切实偏好。此外，建立公民参与治理的机制，可以及时了解社情民意和思潮动态，有助于增强国家治理的主动性，从容应对各种风险与挑战。在互联网崛起的大背景下，每个公民都成为信息的发布者、传播者，他们集中的舆论表达反映了大量社会民众的心态，这也让政府能够从侧面分析这些数据和信息，从而掌握社会心态变化的现状、动态与趋势②。这也给政府及时发现社会问题，掌握社情民意，进而作出有针对性、快速灵活的政策回应，提供了直接、真实的依据。这也可以让政府及时处理社会矛盾，保障自身的权威。除此之外，利用数字赋能，降低社会沟通与服务成本，提升治理的科学性。提高行政服务效率、降低成本，也是国家治理创新的重要路径。

国家治理创新当前仍处于探索阶段，首先需要明确的是"治理创新而不是西方式民主化"，或者说是"功能的提升而不是根本结构的改变"，③ 国家治理创新作为中国共产党的自觉行动，其权威性和合法性是当前治理创新的动力源泉所在，因而，在中国治理创新过程中，坚持党的领导是大前提。

---

① 张康之、向玉琼：《网络空间中的政策问题建构》，《中国社会科学》2015 年第 2 期。
② 陶希东：《信息化时代的国家治理》，《学习时报》2015 年 7 月 13 日。
③ 谢志岿：《转型期社会问题与国家治理创新——兼论中国政治体制改革的核心内涵与路径选择》，《理论与改革》2011 年第 4 期。

其次，在国家治理创新中，要克服"一管就死，一放就乱"的困境，处理好治理理论的"公共性"和中国传统行政思维的关系，平衡好国家权力嵌入其他社会组织网络治理的关系，建立反馈回应机制、共享治理资源、摆脱趋同性治理思维。再次，随着技术治理和网络治理不断兴起，政府的角色定位就显得尤为重要，要处理好与市场、社会的职能边界问题，摒弃落后的行政思维，注重以人为本，增强服务性，提高效率。最后，国家治理创新，如何增强社会自主性，培育社会组织，增强公民群体的效能感，同时降低他们对政府的依赖，是未来需要从根源上解决的问题。总之，国家治理创新是需要在党的领导下，推动多元主体参与，需要创新思维和创新路径，需要理论研究，更需要实践探索。

第十五章　中国国家治理历史演进论 *

　　中国拥有悠久的国家治理传统，而此种传统中饱含着足资当代社会主义中国治国理政汲取的宝贵思想、组织与制度资源。习近平总书记高度强调从历史中汲取治国理政智慧，他曾多次指出，"历史是最好的教科书"[①]，"历史研究是一切社会科学的基础"[②]，"一个民族的历史是一个民族安身立命的基础"[③]，"设计和发展国家政治制度，必须注重历史和现实、理论和实践、形势和内容有机统一……不能割断历史，不能想象突然就搬来一座政治制度上的'飞来峰'。"[④] 他还曾在《纪念毛泽东同志诞辰 120 周年的讲话》中强调："不论发生过什么波折和曲折，不论出现过什么苦难和困难，中华民族 5000 多年的文明史，中国人民近代以来 170 多年的斗争史，中国共产党 90 多年的奋斗史，中华人民共和国 60 多年的发展史，都是人民书写的历史。历史总是向前发展的，我们总结和吸取历史教训，目的是以史为鉴、更好前进。"本章的目的，正是放宽历史的视野，系统梳理和回顾当代中国国家治理现代化的因革流变与发展大势。

＊　本章作者为山东大学国家治理研究院副院长孔新峰教授。

①　习近平：《在中央党校建校 80 周年庆祝大会暨 2013 年春季学期开学典礼上的讲话》，人民出版社 2013 年版，第 8 页。

②　《习近平致第二十二届国际历史科学大会的贺信》，《人民日报》2015 年 8 月 24 日。

③　习近平：《在纪念毛泽东同志诞辰一百二十周年座谈会上的讲话》，《十八大以来重要文献选编》（上），中央文献出版社 2014 年版，第 694 页。

④　习近平：《在庆祝全国人民代表大会成立六十周年大会上的讲话》，《十八大以来重要文献选编》（中），中央文献出版社 2016 年版，第 59 页。

第一节　传统中国国家治理的历史脉络及当代价值

一、传统中国国家治理的历史发展脉络

探讨新时代中国特色社会主义的国家治理，断不能丢弃5000年的文明累积。由冯友兰先生撰稿、闻一多先生题字的《国立西南联合大学纪念碑铭》曰："我国家以世界之古国，居东亚之天府，本应绍汉、唐之遗烈，作并世之先进。将来建国完成，必于世界历史，居独特之地位。盖并世列强，虽新而不古；希腊、罗马，有古而无今。惟我国家，亘古亘今，亦新亦旧，斯所谓'周虽旧邦，其命维新'者也。"中国文明是自发生以来从未中断的文明，具有强劲的连续性。[1] 习近平总书记也曾深刻指出，文化没有断过流的，始终传承下来的只有中国。应该看到，所谓"亘古亘今、亦新亦旧"的"从未中断""始终传承""具有强劲的连续性"的"中国之谜"，其重要谜底之一，恰在于古代中国在国家治理方面积累下来的深厚智慧。一方面，"在国家形成的过程中，古代中国在历史演化中走出了一条和欧洲经验迥异的发展道路"；另一方面，"无论是古典时代的夏商周，还是剧变时代的春秋战国，无论是开天辟地的秦汉帝国，还是辉煌盛世的唐宋帝国，都创造了别具一格的国家治理模式，为人类留下了宝贵的经验。"[2]

我们常说中华历史"上下五千年"。此说虽屡受质疑，但20世纪以来的考古学新发现已然表明，从新石器时代开始，无论从物质、制度抑或精神维度观之，具有独立自主且多元一体的中华文明已蔚为大观。国家是人类历史发展演进到一定阶段、告别蒙昧的原始社会的产物，至少从距今4000多年之前开始，中华传统国家已然出现。夏商周所谓"三代"时期，氏族时代解体，

---

[1]　赵汀阳：《惠此中国：作为一个神性概念的中国》，中信出版集团2016年版，第13页。

[2]　燕继荣等：《中国治理：东方大国的复兴之道》，中国人民大学出版社2017年版，第4页。

中华历史走出原始群和氏族公社阶段，进入早期国家时代。其实行"普天之下莫非王土，率土之滨莫非王臣"的国王"家天下"制度、"封诸侯、建藩卫""世卿世禄"的宗法贵族分封制度，并呈现出萌芽状态的多族裔国家特征①。总的说来，夏、商、西周（约前2100—前771年），为中国古代国家制度的早期阶段；春秋战国（前770—前221年），为中国古代国家制度的转型时期；秦汉至明清（前221—1840年），为中国古代国家制度的发展阶段。②

在传统中国人的思维方式中，"家"与"国"这两个词，构成了一个新词"国家"。无论是强调自然与人文风物的"国土"（country），强调法律与政治制度的"国制"（state），抑或是强调血脉、文化及政治共同体的"国族"（nation），上述种种意象尽收"国家"这个新词之中。古希腊城邦与周天子封邦，分别奠定了深刻影响中西政治文明走向的"城国"（City-State）与"家国"（Family-State）基础。前者假定，"人是城邦（'政治'）动物"；后者主张，"人是家的（'伦理'）生灵"。周初封建，周天子富有"天下"（"四海为家"）而建"国"，诸侯有其"国"（"以国为家"）而立"家"，卿大夫有其"家"而为次级卿大夫置"侧室"，如是者层层"封建"，实则构成了基于宗法血缘的一层层的"大家"与"小家"。《大学》首章，被朱晦庵尊奉为"经"，被王船山称为"圣经"，明确说道："古之欲明明德于天下者，先治其国；欲治其国者，先齐其家；欲齐其家者，先修其身。"而"自天子以至于庶民，一是皆以修身为本"，唯有"修己"方可渐次"安人"和"安百姓"。《孟子·离娄上》则说："天下之本在国，国之本在家，家之本在身。"农耕社会的"齐家"是历史中国制度形成的一个重要维度。"家"是儒家学说的逻辑起点，也是传统中国人"修身"的物理与心理的栖息所，人性、伦理和德行的养育场。爱有差等，施自亲始，从"亲亲"亲子利他、亲缘利他，到"尊尊""贤贤"

---

① 张传玺：《中国古代国家的历史特征》，国家教委高校社会科学发展研究中心组织编写：《中外历史问题八人谈》，中共中央党校出版社1998年版，第343—353页。

② 张传玺：《中国古代国家的历史特征》，国家教委高校社会科学发展研究中心组织编写：《中外历史问题八人谈》，中共中央党校出版社1998年版，第336—337页。

超越亲缘之爱的衍生处，也在"家"。"家"与"国"并非截然两分，小"家"是大"国"的缩影，"国"政是"家"政的扩大化，"家"是"国"的根本，"家国"秩序的维系以"家"为圆心。此乃中国古代宪制"家国同构"的基本模式。"齐家"进而"治国""平天下"，体现出传统中国国家治理打通"心理""伦理"与"治理"的鲜明特质。[①] 与此种特质相应，殷周时期兴起的"天命"与"德"的观念逐渐成为儒学思想渊源乃至中国传统国家治理的观念要素。而在殷周分封制和宗法制大背景下，形成了独具特色的中华礼乐文明。《易》《书》《诗》《礼》《春秋》连同已亡佚的《乐》构成了作为中华礼乐文明元典的"六经"，奠定了中华国家的政教秩序，塑造了中华民族的核心价值。[②]

春秋战国是一个社会转型、文化冲突、价值失范、认同危机的时代。王室衰微，诸侯称大，各诸侯国在日益残酷的战争背景下不断提升治理效能，削弱分封制度、推行郡县制度，中央集权制度逐渐强化，多族裔的统一的诸侯国日渐形成。[③] 在思想界，为应对"礼崩乐坏"之局，孔孟荀为代表的儒家应运而生。孔子思想核心为"仁"，外在表现为"礼"；以道仁义、明人伦、重教化为基本思想纲领。孟子发挥孔子"仁"的思想，强调"性善"，认为"仁义礼智"与宗法社会中最基本的人伦关系密切相关，并提出颇具革命性的放逐暴君论。荀子则发挥孔子"礼"的思想，强调"性恶"，主张化性起伪隆礼重法。总体而言，儒家提出回到周文的复古主张。墨家同样主张复古，却主张回到比周更久远的夏政，重实利，倡导节用节葬非乐兼爱，其救世方略与儒家形成互补关系。道家和法家思想对宗周礼法制度进行了最为激进的否定。道家重个人、轻社会、尚自然、主无为。《老子》认为人类社会管理应符合自然的天道运行方式，所谓无为、贵柔。庄子强调远离社会的

---

① 孔新峰：《"家国同构"的家国之理》，《人民论坛》2020 年第 17 期。

② 复旦大学思想史研究中心、修远基金会研究中心编写：《中华文明通论（精编版）》，中央社会主义学院、上海科技大学中华文明教育项目专用讲义（内部文稿），2016 年 12 月未刊版，第 35 页。

③ 张传玺：《中国古代国家的历史特征》，国家教委高校社会科学发展研究中心组织编写：《中外历史问题八人谈》，中共中央党校出版社 1998 年版，第 353—365 页。

个人精神逍遥自适之"天乐",复认为善治天下者在顺应民性,并试图从根本上取消政治,呈绝对的放任主义和彻底的无治主义。相对道家的形而上风格,法家出发点更为政治化,基于对贵族世卿世禄制和封建宗法制败坏的深刻认识,以增强国家能力为目的,主张变法革新,向下创造了作为国家客观政治单位的郡县,向上创造了客观超然的君主。法家的"利害之道",既提供了法术势相结合的政治治理方略,也滋生了专制主义弊端。①

秦汉之际,春秋战国时代列国纷争的局面,以大战和动荡之后的统一为终结。这种统一,标志着作为中华文明典型特征的大一统秩序的建基成型。秦汉之际的大一统秩序,集中体现在:政治制度上,是建立在编户齐民体制基础上皇帝—官僚体系及郡县制结构,其作为传统中国国家治理体系的基本特点绵亘长达 21 个世纪;思想观念上,是将"身—家—国—天下"融为一体的儒家大一统价值观;国家治理和伦理教化上,是以儒家价值涵摄法家制度的处事原则;文化和生活方式上,则塑造出了具有相同属性和认同的"汉民族",创造了恢宏大度的汉家气象。这些都构成了中华国家维系 2000 余年的大一统秩序结构的基本内涵,其深刻影响直至今日。②

与建基时代相比,隋唐恢复和重建的大一统国家秩序有了很多新的特点,其背后的历史时势也有极大变化。第一,其是容纳和吸收更多民族基础上缔造的大一统政权;第二,其具有更为广阔的中外文化交流;第三,其更具包容性的社会经济与文化氛围;第四,其更具合理性的大一统国家治理制度(特别是三省六部及科举取士制度)。在深度和广度上,隋唐实现了对秦汉奠定的大一统秩序格局的拓展,体现出更多的"世界主义"面向,也为后世中华文明在不断消化融合外来文明的基础上实现自身的升级演化,提供了

① 复旦大学思想史研究中心、修远基金会研究中心编写:《中华文明通论(精编版)》,中央社会主义学院、上海科技大学中华文明教育项目专用讲义(内部文稿),2016 年 12 月未刊版,第 60、84 页。

② 参见复旦大学思想史研究中心、修远基金会研究中心编写:《中华文明通论(精编版)》,中央社会主义学院、上海科技大学中华文明教育项目专用讲义(内部文稿),2016 年 12 月未刊版,第 109 页。

丰富的历史经验。[①]

唐宋之际是中国历史上又一大变革时期。宋代在物质文明上达到了前所未有的成就，经济影响力居世界之冠。同时，宋代大兴文治，科举士大夫阶层蔚然兴起，这一阶层有着强烈的主体意识，以"共治天下"为基本原则，于庙堂之高厉行变法，于江湖之远重建基层宗族社会。因应中唐以来佛道两家的挑战，以及知识分子试图制约革鼎官制背景下的君主集权强化趋势、教化规约庶民社会，作为"新儒学"的宋代理学兴起，使中华民族的文化血脉别开生机、赓续至今。[②]

元代是中国少数民族第一次统治全中国的时期，不仅疆域空前辽阔，民族空前众多，而且是一统天下，在制度方面亦因应新的需要而有诸多新的创建，如行省制及宣政院制度等。[③]明代是中华文明圈形成的重要时期，一方面体现在明代对北方游牧民族的归化和治理，另一方面也体现在对周边政治体的朝贡治理和文化传播。同样在明代，专制皇权日益炽盛，贯穿帝制中国始终的君相矛盾至此有君权独大之势，特务政治颇为发达。随着从自然经济向货币经济的迈进，庶民社会这一新的社会形态逐渐兴起。如何将碎片化的庶民个体安顿在一种基于儒家基本价值原理的新型伦理秩序之中，既是王阳明心学的历史任务，又代表了一条中国近现代化的重要路径。[④]

清代中国，已成为一个多民族、多文化、贯通内陆腹地与海洋的庞大

① 复旦大学思想史研究中心、修远基金会研究中心编写：《中华文明通论（精编版）》，中央社会主义学院、上海科技大学中华文明教育项目专用讲义（内部文稿），2016年12月未刊版，第134页。
② 参见复旦大学思想史研究中心、修远基金会研究中心编写：《中华文明通论（精编版）》，中央社会主义学院、上海科技大学中华文明教育项目专用讲义（内部文稿），2016年12月未刊版，第181页。
③ 张传玺：《中国古代国家的历史特征》，国家教委高校社会科学发展研究中心组织编写：《中外历史问题八人谈》，中共中央党校出版社1998年版，第398—400页。
④ 复旦大学思想史研究中心、修远基金会研究中心编写：《中华文明通论（精编版）》，中央社会主义学院、上海科技大学中华文明教育项目专用讲义（内部文稿），2016年12月未刊版，第204页。

帝国。其对于中国历史与中华文明具有极其重大的贡献，不仅真正实现了"塞外一统"，为南北方融合性发展创造了历史条件，更重要的是面对辽阔的疆域，创造了一套异用同体、多元一体的大一统的意识形态和治理模式，有效克服了多元治理的内在困难，建立了一个大一统国家的新形态。但与此同时，宗法制家天下王朝的诸多消极因素逐渐积累和爆发，由"开明专制"开启的帝制中国最后盛世走向尾声。①

二、传统中国国家治理蕴含的当代资源

在上述历史概览的基础上，笔者将侧重从思想、组织与制度三个维度，盘点古代中国国家治理的当代遗产。

（一）思想资源

就国家治理的思想资源而言，或可将古代中国国家治理的基本观念概括为如下六大方面。一是"奉天承运，多难兴邦"。中国古代国家的产生，及至数千年历史中的理性演化，莫不是为了平息战乱、应对天灾、定纷止争、纾解时艰；而中国古代国家极其重视政治正当性（political legitimacy）问题，自所谓"殷周变革"开始，便自觉地将统治的终极理由和一朝一代的优劣判准，寄托在"天命"之上。"皇天靡亲，惟德是辅"，人们普遍相信：因应天道乃是特定政权最大的"政德"，顺之者昌，逆之者亡。二是"政者正也，民惟邦本"。《尚书·泰誓》曰："天视自我民视，天听自我民听"，《尚书·五子之歌》曰："民惟邦本，本固邦宁"，《礼记·大学》曰："国不以利为利，以义为利"，国家治理并不是纯粹技术性、工具性的事务，国家对于国民负有不可推卸的伦理责任；天下非一人之天下，政权乃天下之公器，须谋天下之公利，必须做到以民为本、使民以时、"亲民"惠民、义利并举。

① 参见复旦大学思想史研究中心、修远基金会研究中心编写：《中华文明通论（精编版）》，中央社会主义学院、上海科技大学中华文明教育项目专用讲义（内部文稿），2016 年 12 月未刊版，第 227 页。

同时也应看到，儒家的民本主义所言的"民主"，主要指的是"（作）民之主"，而并非"民（自）主之"，在强调执政者政治义务的同时，较为缺乏"民治"（by the people）的成分。三是"家国之理，普天之下"。后来成为"四书"之一的《礼记·大学》明确指出了"格致诚正修齐治平"的"八条目"，强调在"自天子以至于庶人，一是皆以修身为本"的基础上，政治主体必须渐次履行对于家、国、天下的义务，而不应汲汲于一己私利，甚至只为一家、一国狭隘利益而行动，也被视为丢掉了更为宏阔的"天下"担当；而此种"天下观"，实际上为传统中国国家治理赋予了文明本位与和平主义的性格。四是"礼法合治，德主刑辅"。传统中国国家治理既看重"礼乐"在人际关系、社会关系、政治关系中的协调作用，看重"德治"在涤荡心灵、完善人性过程中的积极功效，也经由秦汉以后儒法官僚制国家的"以法治国"（rule by law）施政实践，实现日常国家治理过程中的制度化管辖。值得今人重视的是，"礼用于未然之先，法施之已然之后"。礼的作用是在教育，法的作用是在防范。礼是提振社会向上的引绳，法是维护社会安定的底线。但是，不能用底线来替代人格标准。五是"选贤与能，讲信修睦"。《周礼》曰："惟王建国，辨方正位，体国经野，设官分职，以为民极。"《礼记·礼运》曰："大道之行，天下为公。选贤与能，讲信修睦。"唐代杜佑所撰《通典·选举六》指出："夫人生有欲，无君乃乱。君不独理，故建庶官。"《旧唐书·食货志上》讲："设官分职，选贤任能，得其人则有益于国家，非其才则贻患于黎庶，此以不可不知也。"选贤任能、广纳贤才、不拘一格、五湖四海逐渐成为中国政治思想、制度实践乃至"内圣外王"之"修身—经世"（Soulcraft-Statecraft）思维的题中应有之义和鲜明深厚特质，构成了中国政治传统的光辉遗产和当下亮色。六是"其命维新，长治久安"。《吕氏春秋·有始览·谨听》："乱莫大于无天子，无天子则强者胜弱，众者暴寡，以兵相残，不得休息。"传统中国国家治理极其看重政治稳定，如何确保国祚永续，如何不断因应内外挑战避免神州飘摇、兵连祸结，成为传统政治思维的重要特征；同时颇为重视以改革维新消解政治社会革命，如《周易·系辞上》所讲："形而上者谓之道，形而下者谓之器，化而裁之谓之变，推而行之谓之通，举而措之天下之民谓之事业。""中国精神世界的元规则是方法而不是教义。如众所见，历史上各代不同法，地不同俗，历来移风易俗，古今变化更新。"①

上述古代中国国家治理方面的经久智慧，得到了当代中国党和国家领导人的高度重视。习近平总书记指出："民惟邦本、政得其民，礼法合治、德主刑辅，为政之要莫先于得人、治国先治吏，为政以德、正己修身，居安思危、改易更化，等等，这些都能给人们以重要启示。"②此外，包括儒家思想在内的中国传统思想文化中的优秀成分，对中华文明形成并延续发展几千年而从未中断，对形成和维护中国团结统一的政治局面，对形成和巩固中国多民族和合一体的大家庭，对形成和丰富中华民族精神，对激励中华儿女维护民族独立、反抗外来侵略，对推动中国社会发展进步、促进中国社会利益和社会关系平衡，都发挥了十分重要的作用。2019 年 9 月，在纪念孔子诞辰 2570 周年国际学术研讨会暨国际儒学联合会第六届会员大会上，王岐山同志指出，"小康""大同""天下为公"，与中国特色社会主义事业息息相通；"重民""安民"等民本思想，与"以人民为中心""全心全意为人民服务"一脉相承；"仁义礼智信"，与家国情怀、责任担当乃至社会主义核心价值观交相辉映；"和而不同""协和万邦"，与开放合作、推动构建人类命运共同体的理念思致相因。

（二）组织资源

传统中国国家治理最为重要的组织资源有二：一是"大一统"的一元主义政治传统与"集中力量办大事"的整体性社会动员方式；二是具有先进理念和组织能力的领导核心集团在国家生活中的"领头羊"与"压舱石"地位。

"大一统"可谓传统中国国家治理体系的鲜明和持久特质。其法权内涵是国家完整，正道内涵是天下为公，政体意涵是中央集权，治理内涵是礼

---

① 赵汀阳：《惠此中国：作为一个神性概念的中国》，中信出版集团 2016 年版，第 144 页。
② 《牢记历史经验历史教训历史警示为国家治理能力现代化提供有益借鉴》，《人民日报》2014 年 10 月 14 日。

法合治，道义内涵是文化本位。"大一统"不等于"大统一"，不仅强调权力之"一"，更强调思想之"统"。集权高度借重道德教化体系，要求中央政权必须具备政治正当性，要求执政者必须要有伦理的先进性，要求中国必须要有相对于周边地区的文明感召力和辐射力。《公羊传·隐公元年》曰："何言乎王正月？大一统也。"《孟子》针对梁襄王"天下恶乎定？"的发问，对曰："定于一。"而"定于一"的方式则是以不忍人之心行不忍人之政，"不嗜杀人者"能够使万民归附，获得"沛然谁能御之"的统一伟力。荀子提出"一天下"理念。韩非子则指出："政在四方，要在中央。圣人执要，四方来效。"周代奠定了"大一统"的伦理基础，解决了革命与执政的矛盾，借助"以德配天"的革命理论、"亲亲尊尊"的宗法制度、"有教无类"的执政者培养体系，确保革命有道、执政有序、后继有人。秦汉帝国架构了"大一统"的政治体制，解决了封建与郡县的矛盾。秦代开创了郡县制、皇帝制；汉代则开辟了"独尊儒术""霸王道杂之"之开明专制，政治上从郡国制走向郡县制，经济上以盐铁政策保障中央集权，意识形态上从"改易更化"到"白虎通义"，确定了儒家学说官方意识形态的地位。唐宋王朝完善了"大一统"的官僚体制，解决了精英与平民的矛盾。唐代实行三省六部制，继承和光大了隋代开创的科举制，使文官制趋于成熟；宋代则在全民开展平民化的儒学教育，彻底开放科举制，实现文治政府。明清帝国实现了"大一统"的民族整合，解决了中原和边陲的矛盾。特别是清帝国恢复汉文科举、尊奉程朱理学、继承明朝法律、自证道统担当；有效地将蒙古八旗制度、西藏噶厦制度、西南土司制度、清帝兼满族族长制度整合进国家治理架构，促进边疆建省，促成国家整合；"崇儒重道、黜邪崇正"，采取度牒方式管理佛、道、回、正教，严厉打击邪教，对藏传佛教施行金瓶掣签制度。总之，"大一统"具有兼收并蓄、互利共赢、同化入侵异族、融通异质文明的包容性，确保金瓯永固海内归一的统一性，追求同根同种同文同教的亘古至今的连续性，泽润政治、道洽生民的不离人伦日用的贯通性，以及国强不霸、近悦远来的内敛性。

传统中国国家治理的另一重要组织资源是具有先进理念和组织能力的

领导核心集团在国家生活中的"领头羊"与"压舱石"地位。著名汉学家史华慈曾经提出"中国政治思想的深层结构"①，这一贯穿中国政治思想史的"深层结构"不仅为儒家所特有，而应该说是先秦许多思想家（像墨家、法家、道家等）所共有的特质；而且，中国历史上始终不曾出现过一个与此深层机构相异的替代品（alternative）。此种"深层机构"包括两方面：其一，"在社会的最顶点，有一个'神圣的位置'（sacred space），那些控制这个位置的人，具有超越性力量，足以改变社会。从这个角度说，位置本身比是谁占据那个位置更为重要"。其二，"反过来说，在那高点有一特殊机关，由某一特定人物所代表（通常是王权）。因为结构本身并无动力足以改变自己，故必须仰仗这个占据最高神圣位置的君王的个人品质来改变整个社会结构"。史华慈将上述两个方面"密相结合"后的状况称之为所谓"政教合一"，并认为"这样一个理想结构对社会的每一个方面都有管辖权（jurisdiction）"。钱穆先生亦曾撰有《选举与考试》一文，从孙中山五权宪法"'考试''选举'相辅为用之意见"谈起，中肯地指出：就"选举"制度而言，中国传统政制与西方可谓大异其趣。其荦荦大者有如下三端：一是"直接民权"与"间接民权"之异。"西方选举议员，代表民众，监督政府；而中国则直接选举官吏，组织政府，行使政权"，"西方民权乃'间接民权'，而中国民权则为'直接民权'"。二是"政民一体"与"政民敌立"之异。"西方选举由民众，而中国选举由官吏"，"此种异点，亦因双方政治观念不同，西方以政府与民众为敌体，故民众代表必由民众自选。中国则认为政府与民众为一体，故官吏自身即为民众之代表，则选举由官吏任之，自亦不见其违理。夫政府亦社会之一机构，官吏亦民众之一分子"。三是"重被选人"与"重选举人"之异。"中国传统政制中之选举制度，又有与今日西方选举制更大不同之一点，即西方注意在选举人，而中国则注意在'被选举人'。"详究原因，"盖西方民

① ［美］史华慈：《中国政治思想的深层结构》，许纪霖、宋宏编：《史华慈论中国》，新星出版社 2006 年版，第 25 页。

主政治，起于小国寡民，又为人口集中之都市，故可于选举中尽量表达民意，并主选举权之尽量普及。中国则既为广土众民，而又为散漫分布之农村，故主于选举中尽量拔取贤才，又主被选举者之尽量限制与尽量严格"①。钱先生进一步发问，"东西双方之选举制度，果谁是而谁非，又孰优而孰劣乎？"鉴于"政治为人群最现实之活动"，"只可辨异同，不当论是非"。而判断政制高下的标准，端赖其是否适应于"民族哲学文化传统"及"社会背景历史沿革"。尽管有某种相对主义之嫌，但钱先生还是就选举制度提出了"古今中外""一切政制所不能背"的"两大义"：一是在求如何使贤能登进；二是在使贤能既踞高位，不致滥用权力以假公而济私。使能达此二境，此即为一种好政制。② 如果一味遵从西方自由主义民主的选举制度标准，则当前中国中央与地方执政者的产生在其"正当性"上似有缺憾。然而，就西方代表制（representation）理论自身的演进而言，基于自由民主选举的代表制恐非唯一的代表形式。诚如美国政治学家亨廷顿（Samuel Huntington）早在1968 年即曾指出的那样，"各国之间最重要的政治分野，不在于他们政府的形式，而在于他们的政府有效程度"，就此而言，很难说中国各级执政者缺乏实质上的代表性。而德裔美籍政治哲学家沃格林（Eric Voegelin）则将代表制问题视为"政治理论的核心问题"，认为英美等国"基本类型的代表制"（elemental representative）无法将代表制的本质纳为一己之专美③，那种傲慢地将"基本类型的代表制"等同于代表制本身的做法是一种"政治的与文明的地方主义的症候"，将会导致巨大的国际动荡——"我们的外交政策是导致国际秩序混乱的因素之一。我们真诚而天真地努力将基本类型的代表制传播到那些不具备其运作的存在条件的地区，以便消灭这个世界的罪恶。……我们不能将西方民主强权持续不断发动战争的怪异政策归之于政治家个人的

---

① 钱穆：《选举与考试》，《政学私言》，九州出版社 2010 年版，第 16—21 页。

② 钱穆：《选举与考试》，《政学私言》，九州出版社 2010 年版，第 21—22 页。

③ Eric Voegelin，*New Science of Politics*，*The Collected Works Of Eric Voegelin*，Vol.5，University of Missouri Press，2000，p.113.

缺点——尽管存在这些缺点的强烈证据。相反，这些政策深深植根于我们当代西方社会大众的情感与意见之中，是大众拒绝面对现实的症候。正因为它们是大众现象的症候，我们才有理由讲到西方文明的危机。"苏联的制度实际上亦具有一种"存在意义上的代表制"（existential representative）。① 就此而言，无论作为实然描述（descriptive）抑或作为应然取向（normative）的贤能政治，并将其与中国共产党的先锋队政党理论及群众路线联系起来，足以为我们理解当下及未来中国国家治理发展提供崭新而有效的视角。

（三）制度资源

传统中国国家治理还积累了大量曾经在历史进程中行之有效、足以维系一个广土众民跨体系大国的基本制度，如皇帝制度、宰辅制度、台谏制度、选举制度、考绩制度、史官制度、司法制度、军事制度等，进而有效地处理了传统中国国家治理的基本关系，如分裂与统一、集权与分权、中央与边疆、庙堂与江湖、因袭与鼎革、逆取与顺守、官府与经济、中国与外邦，等等。例如，皇帝制度作为传统中国国家的制度中枢，衍生出君相体制及官僚体制，进而演绎出选贤体制和乡绅传统；郡县制度取代封建制度，牢固树立了统一的单一制中央集权国家，建立了地方直接受控于中央政府的官僚政治体制；三省六部制则是帝制中国全盛时期中枢政治体制的基本运行架构，高度强调决策的内部过程性与功能性分权；科举制度提倡分科取士，构成了有效促进社会纵向流动、提升精英录用与政治吸纳能力的延绵 13 个世纪的中国特色"选举"；监察制度强调从中央到地方各级监察机构单线垂直的管理，而对监察官员的派遣则贯彻"以小驭大"原则；史官制度则体现了中国政治评判独具一格的历史感，可以说历史就是中国的宗教，史书即是帝王的判官。由上述种种国家治理制度引申出家国同构与差序格局，引申出作为基层治理主体力量的乡绅制度，引申出由循吏制度、乡老制度、宗族制度、乡约制度、民间宗教等共同构成的教化制度。

---

① 孔新峰：《贤能政治视野下的"公仆"与"公民"》，《文史哲》2014 年第 8 期。

从治理体系观之，赵鼎新教授认为帝制中国呈现出如下七项主要政治制度特征：举世无双的连贯性，科层制政府与贤能选拔体制，强国家传统，文官政府，柔性"帝国"，宗教政治无涉与政府宗教宽容，商人阶层的低政治地位。[①] 无独有偶，英国当代政治学家芬纳亦曾指出，中华帝国（秦、汉）"是国家建构方面的巨大成就。从秦统一到汉武帝统治的短时间内，这个面积相当于今天美国三分之二的庞大地区，从互相纷争、自我分裂的战国变成了一个中央化的、文化同质的国民国家。令人注目的是，它开始有了统一的机构，规范且对称的地方政府，精细而完善的行政机构，稳定的中央政府和文官严格掌握下的军队"[②]。从治理绩效看，直到西方入侵前夜，中国仍处在"一个和平繁荣的时期。国家财政收入呈上升趋势，人口增加了两倍。……如果通过和同时代政权的对比来评估一个政权的表现，我们必须承认无论是从外部和平与内部稳定，还是从人们的生活水平和文学艺术的发展，清王朝早期的确是中国的黄金世纪"。"清代中国人……即使不比同一时期世界上所有其他国家的人民更加幸福，至少也和他们一样幸福。"[③]

第二节　近现代中国国家治理变迁

一、从传统国家走向现代国家

然而，尽管传统中国理性"早启"，政治"早慧"，制度"早熟"，但也

---

① 赵鼎新：《东周战争与儒法国家的诞生》，夏江旗译，华东师范大学出版社 2011 年版，第 1—2 页。

② ［英］芬纳：《统治史·卷一：古代的王权和帝国——从苏美尔到罗马》，王震、马百亮译，华东师范大学出版社 2014 年版，第 552 页。原文为"……文化同质的民族国家（nation-state）"，笔者将其更改为更为尊重历史真实的"国民国家"。

③ ［英］芬纳：《统治史·卷三：早期现代政府和西方的突破——从民族国家到工业革命》，马百亮译，华东师范大学出版社 2014 年版，第 103 页。

发展"早滞"。正如习近平总书记所言,秦统一中国后的 2000 多年间,无论发生多少朝代更替,但"普天之下,莫非王土;率土之滨,莫非王臣"的社会观念始终没变;从鸦片战争到 19 世纪末,在列强入侵、国内矛盾尖锐的情况下,这一在中国绵延了几千年的政治制度遇到了严重危机。谁可担当"旧邦新命"的大国治理重任?直至历史和人民选择了中国共产党,中国国家治理现代化和中华民族伟大复兴才展现出前所未有的光明前景。

从托马斯·莫尔的《乌托邦》算起,世界社会主义有着 500 余年的发展历史。2013 年 1 月 5 日,习近平总书记在新进中央委员会的委员、候补委员学习贯彻党的十八大精神研讨班上,曾从思想源头和实践历程上深刻阐明了世界社会主义 500 年发展的曲折历史,从 6 个时间段分析了社会主义思想从提出到现在的历史过程,内容包括空想社会主义产生和发展,马克思、恩格斯创立科学社会主义理论体系,列宁领导十月革命胜利并实践社会主义,苏联模式逐步形成,新中国成立后我们党对社会主义的探索和实践,我们党作出进行改革开放的历史性决策、开创和发展中国特色社会主义。实践证明,科学社会主义或马克思主义的命运早已同中国共产党的命运、中国人民的命运、中华民族的命运紧紧连在一起,其科学性和真理性在中国得到了充分检验,其人民性和实践性在中国得到了充分贯彻,其开放性和时代性在中国得到了充分彰显。然而,从各社会主义国家发展历程看,怎样治理社会主义社会这样的全新社会,在以往世界社会主义实践中没有解决得很好[①]。马克思、恩格斯未经历全面治理一个社会主义国家的实践,其关于未来社会的设想很多是预测性的;其深刻论述的巴黎公社的实践毕竟范围小、时间短,未遇到后来社会主义国家所面临的大范围、全局性、长时间的矛盾和问题。列宁在十月革命后不久就逝世了,尽管他生前已看到社会主义实践进程中产生的问题超出了预计,也创造性地提出了

---

① 中共中央宣传部:《习近平新时代中国特色社会主义思想三十讲》,学习出版社 2018 年版,第 98 页。

一些政策举措，但未来得及深入探索和实践。之后，苏联在这个问题上也进行了探索，取得了一些成功经验，但也犯下了严重错误，卒致国亡政息。东欧剧变、苏联解体有多方面原因，没有形成有效的国家治理体系与治理能力是其中一个重要原因[①]。治理好"中国这样具有超长时间历史纵深、超大幅员国土面积、超大数量人口规模、超常复杂民族宗教结构乃至越来越超大规模经济体量的社会主义发展中国家"[②]，可以说具有社会主义发展史的深远意义。

正如人民英雄纪念碑碑文所言，"由此上溯到一千八百四十年"。鸦片战争以降，西方殖民帝国的坚船利炮将"老大帝国"从昏睡中扣醒，横遭"三千年未有之变"的中国逐渐沦为一个半殖民地半封建国家。习近平同志强调："中国遭受如此欺凌，陷入如此境况，其根本原因就是毛泽东同志所深刻指出的：'一是社会制度腐败，二是经济技术落后'。"[③]从世界历史看，现代国家（State）是近代西方崛起的政治基础，成为民族认同和市场经济发展的有力保障。而古往今来的大多数社会动荡、政权更迭，原因最终都可归结为没有形成有效的国家治理体系与治理能力，使各种社会矛盾和问题日积月累、积重难返，带来严重政治后果。事实上，滥觞于西欧的现代国家治理在历史中大致呈现出如下基本特质：（1）现代国家治理强调理性化，认为国家应该自主规划战略布局，理性计算利益得失，主张政治和宗教分离、政治和家族分离、政治和种族分离，保障国家相对于宗教派别、意识形态、王室血缘、道德情感等的自主性。（2）现代国家治理通过革命、建国、立宪、确立执政党等方式，打造出稳定的、有高度凝聚力和共识的精英集团，保障了国家决策的科学化与决策实施的执行力。（3）现代

---

① 参见刘世军：《中国政治学研究新时代的到来》，《文汇报》2014 年 6 月 30 日。

② 何毅亭：《中国特色社会主义制度和国家治理体系形成的历程和成就》，本书编写组：《〈中共中央关于坚持和完善中国特色社会主义制度、推进国家治理体系和治理能力现代化若干重大问题的决定〉辅导读本》，人民出版社 2019 年版，第 157 页。

③ 习近平：《领导干部要读点历史》，《学习时报》2011 年 9 月 5 日。

国家治理有广泛的代表性与包容性，能够敏捷、顺畅地反映民意，破除精英执政群体封闭化与既得利益集团板结化，疏通社会流动与公众参与，在保障经济社会发展活力基础上维持政局稳定。（4）现代国家治理有鲜明的法治品格，通过确立奠基于个体基础之上的法权结构，为其公民建立起公正、平等、可预期的政治秩序，保障现代经济发展、社会良序与科技进步。（5）财政是现代国家治理的生命线，关乎国家资源汲取和自我存续；财政制度是国家治理现代化极其重要的内容。现代国家治理依赖于税赋，呈现出典型的"税收型"特征。（6）现代国家治理高度重视观念濡化，将价值认同视为一项重要的基本公共产品，供应给本国国民与国际社群，务期将国家价值体系予以内化。[1] 现代社会科学特别是政治学中关于国家（State）的一系列理论认知，应该说构成了近现代中国国家建设与国家治理现代化的重要理论背景。

有学者曾经指出："作为促进经济发展的工具，中国政府（按：指清政府）的羸弱几乎令人难以置信。"[2] 而中国落后挨打的真正根源在于国家治理组织化程度低于西方，正如毛泽东《论持久战》所言："日本敢于欺负我们，主要的原因在于中国民众的无组织状态。"同时，"人类历史上，没有一个民族、没有一个国家可以通过依赖外部力量、跟在他人后面亦步亦趋实现强大和振兴。那样做的结果，不是必然遭遇失败，就是必然成为他人的附庸"[3]。由于中西方文明的深刻差异和历史道路的不同，中国现代国家建构必须依据中华文明和中国实际走出一条自己的道路，特别是依靠现代政党完成社会统合和政治统一，将"一团散沙"的人民"组织起来"，争取独立，并在和平中塑造一体多元的中华民族共同体。这条道路，乃是以中

---

[1] 孔新峰：《习近平关于推进国家治理体系和治理能力现代化重要论述的历史逻辑与科学内涵》，《当代世界社会主义问题》2019 年第 1 期。

[2] Dwight H. Perkins, "Government as an obstacle to industrialization: the case of nineteenth century China", *The Journal of Economic History*, 27（1967），pp.478–492.

[3] 习近平：《在纪念毛泽东同志诞辰一百二十周年座谈会上的讲话》，《十八大以来重要文献选编》（上），中央文献出版社 2014 年版，第 699 页。

华文明为根基、以民族先锋队为主导、以"组织起来"为目标的独特道路。但是，从政治社会革命走向国家治理现代化不可能一蹴而就，需要付出艰苦卓绝的努力。正如习近平总书记所言，从世界历史角度看，经过长期剧烈的社会变革之后，一个政权要稳定下来，一个社会要稳定下来，必须加强制度建设，而形成比较完备的一套制度往往需要较长甚至很长的历史时期。……英国从 1640 年发生资产阶级革命到 1688 年"光荣革命"形成君主立宪制度，用了几十年的时间，而这套制度成熟起来时间就更长了。美国从 1775 年开始独立战争到 1865 年南北战争结束，新的体制才大体稳定下来，用了将近 90 年的时间。法国从 1789 年发生资产阶级革命到 1870 年第二帝国倒台、第三共和国成立，其间经历了多次复辟和反复辟的较量，用了 80 多年时间。就算是日本，1868 年开始了明治维新，但直到第二次世界大战结束后才形成了现在这样的体制。近三个甲子以来的国史，正是上述看法极佳的证明。

二、中华人民共和国的国家治理发展脉络

建立中国共产党、成立中华人民共和国、推进改革开放和中国特色社会主义事业，是五四运动以来我国发生的三大历史性事件，是近代以来实现中华民族伟大复兴的三大里程碑。1921 年中国共产党的诞生是开天辟地的大事变，深刻改变了近代以后中华民族发展的方向和进程、中国人民和中华民族的前途和命运，乃至世界发展的趋势和格局。中国共产党人的初心和使命，就是为中国人民谋幸福，为中华民族谋复兴。而建立什么样的国家制度和治理体系，则是一代代共产党人念兹在兹的问题。习近平总书记曾指出，十月革命一声炮响，给中国送来了马克思列宁主义，同时也送来了一种全新的国家治理理念。我党通过对中国社会的深刻分析，认为只有社会主义才能解决中国的问题。在领导中国革命进程中，我党不断思考未来建立什么样的国家治理体系的问题，并且在全国执政后继续探索这个问题。改革开放前，

尽管在建设社会主义上取得了重要的理论和实践成果，为开辟新路打下了重要基础、提供了重要启示，但在国家治理体系上还未找到一种完全符合我国实际的模式。改革开放以来，我党开始以全新角度思考国家治理问题。党的十九大报告指出，"党是最高领导力量"，"中国特色社会主义最本质的特征是中国共产党领导，中国特色社会主义制度的最大优势是中国共产党领导"。党的十九届四中全会《决定》指出，我国国家制度和国家治理体系具有多方面显著优势，其中首要的是坚持党的集中统一领导，保持政治稳定，确保国家始终沿着社会主义方向前进。坚持和完善中国特色社会主义制度、推进国家治理体系和治理能力现代化，是全党的一项重大战略任务，必须在党中央统一领导下进行。

中华人民共和国的成立是中国乃至世界历史上的划时代事件。中国人民从此站起来了，近代以后100多年中国积贫积弱、受人欺凌的悲惨命运从此改变了，中华民族实现伟大复兴的壮阔道路从此开启了。党的十九届四中全会在新中国成立70周年华诞之际召开，其重要主题涉及的"中国特色社会主义制度和国家治理体系"，也要放到建国70年历史视野中审视。中国特色社会主义制度和国家治理体系，是中国共产党团结带领中国人民在推翻帝国主义、封建主义和官僚资本主义反动统治后，创造性运用马克思主义国家学说，深刻总结国内外正反两方面经验，在不断探索实践、不断改革创新中建立起来的保证亿万人民当家作主的全新国家制度和国家治理体系，是人类制度文明史上的伟大创造。从新中国成立到党的十一届三中全会前，我们党确立了人民当家作主的国家制度，建立起社会主义基本制度，不断探索适合国情的社会主义建设道路，为当代中国一切发展进步奠定了根本政治前提和制度基础。从党的十一届三中全会到党的十八大前，我们党鲜明提出走自己的路、建设有中国特色的社会主义，积极推进经济体制及其他体制改革，形成中国特色社会主义制度，不断完善国家治理，为改革开放和现代化建设提供了坚实制度保障。应当清醒地认识到，党的十九届四中全会全面梳理和概括的一整套中国特色社会主义制度和国家治理体系，如果离开了上述前提和基础，其构成与优势都将是不完整的。

习近平总书记曾经指出，我们党作出实行改革开放的历史性决策，是基于对党和国家前途命运的深刻把握，是基于对社会主义革命和建设实践的深刻总结，是基于对时代潮流的深刻洞察，是基于对人民群众期盼和需要的深刻体悟。改革开放是我们党的一次伟大觉醒，正是这个伟大觉醒孕育了我们党从理论到实践的伟大创造。改革开放是中国人民和中华民族发展史上一次伟大革命，正是这个伟大革命推动了中国特色社会主义事业的伟大飞跃。1992 年，中国改革开放的总设计师邓小平同志在南方谈话中说，"恐怕再有三十年的时间，我们才会在各方面形成一整套更加成熟、更加定型的制度。在这个制度下的方针、政策，也将更加定型化"[①]。而今，相对曾经讲过的很多现代化特别是"四化"而言，"国家治理现代化"亦即"制度现代化"已然成为中国全面开展的"第五个现代化"，成为极其珍贵的改革共识。改革开放 40 多年的实践启示我们：制度是关系党和国家事业发展的根本性、全局性、稳定性、长期性问题。必须扭住完善和发展中国特色社会主义制度这个关键，为解放和发展社会生产力、解放和增强社会活力、永葆党和国家生机活力提供有力保证，为保持社会大局稳定、保证人民安居乐业、保障国家安全提供有力保证，为放手让一切劳动、知识、技术、管理、资本等要素的活力竞相迸发，让一切创造社会财富的源泉充分涌流而不断建立充满活力的体制机制。在进一步推进国家治理现代化过程中，"惟改革者进，惟创新者强，惟改革创新者胜"，要坚决破除一切妨碍发展的体制机制障碍和利益固化藩篱，着力固根基、扬优势、补短板、强弱项，加快构建系统完备、科学规范、运行有效的制度体系，推动中国特色社会主义制度更加成熟更加定型。

---

① 《邓小平文选》第三卷，人民出版社 1993 年版，第 372 页。

第三节　新时代中国特色社会主义国家治理实践

一、新时代中国特色社会主义国家治理的基本制度、体系与能力 ①

党的十八大以来，以习近平同志为核心的党中央，面对复杂多变的国内外情势，以巨大的政治勇气和强烈的责任担当，推动党和国家事业取得历史性成就、发生历史性变革，使中国特色社会主义进入了新时代，使中华民族迎来了从站起来、富起来到强起来的伟大飞跃。党的十八大以来，我们党提出一系列新理念新思想新战略，出台一系列重大方针政策，推出一系列重大举措，推进一系列重大工作，解决了许多长期想解决而没有解决的难题，办成了许多过去想办而没有办成的大事，推动党和国家事业发生历史性变革。这些历史性变革，对党和国家事业发展具有重大而深远的影响。同时，党的十九大报告指出的"社会矛盾和问题交织叠加，全面依法治国任务依然繁重，国家治理体系和治理能力有待加强"等问题，仍有待克服。推进国家治理体系和治理能力现代化，是党的十八届三中全会首次提出并经党的十九大进一步确立的全面深化改革的总目标之一。党的十九大报告提出的十四条新时代坚持和发展中国特色社会主义的基本方略中的第三条"坚持全面深化改革"，对此予以重申。党中央通过领导人民统筹推进"五位一体"总体布局、协调推进"四个全面"战略布局，推动中国特色社会主义制度更加完善、国家治理体系和治理能力现代化水平明显提高；并在 8 年来的全面深化改革实践中，坚持问题导向和目标导向相结合，为政治稳定、经济发展、文化繁荣、民族团结、人民幸福、社会安宁、国家统一提供了有力保障。党的十九

---

① 本部分有关论述，主要参考了孔新峰：《习近平总书记关于推进国家治理体系和治理能力现代化重要论述的历史逻辑与科学内涵》，《当代世界社会主义问题》2019 年第 2 期。《人大复印报刊资料·中国特色社会主义理论》2019 年第 8 期全文转载。

届四中全会《决定》实际上构成了对中国共产党治国理政伟大实践的系统总结、经验集成乃至理论升华。

中国特色社会主义制度是党和人民在长期实践探索中形成的科学制度体系，我国国家治理一切工作和活动都依照中国特色社会主义制度展开，我国国家治理体系和治理能力是中国特色社会主义制度及其执行能力的集中体现。当代中国国家治理体系是在中国共产党的领导下治理国家的制度体系，是一整套紧密相连、相互协调的国家制度。这包括根本政治制度、基本政治制度、基本经济制度、中国特色社会主义法律体系，以及经济、政治、文化、社会、生态文明建设和党的建设等各领域的体制机制，是一系列国家治理制度的集成和总和。当代中国国家治理能力则是运用国家制度管理社会各方面事务的能力，是中国特色社会主义制度的执行能力。国家治理体系和治理能力两者相辅相成，单靠哪一个治理国家都不行①。治理国家，制度是起根本性、全局性、长远性作用的。然而，没有有效的治理能力，再好的制度也难以发挥作用。国家治理体系和治理能力是一个国家制度和制度执行能力的集中体现。

中国是世界上最大的社会主义国家，奉行的是社会主义制度。就国家治理体系而言，我们自新中国成立以来不断探索，发展出中国特色社会主义的国家政权理论、执政党理论、政治代表理论、人民民主理论等。这些理论既是对世界政治科学的巨大贡献，也是中国特色社会主义理论体系的有机组成部分。更重要的是，中国国家治理体系有着鲜明的价值指向，即坚持社会主义方向。同时，中国国家治理体系具有"三位一体"的鲜明特质，即党的领导、人民当家作主与依法治国有机统一。党的领导是人民当家作主和依法治国的根本保证，人民当家作主是社会主义民主政治的本质特征，依法治国

---

① 国家治理体系和治理能力虽有紧密联系，但又不是一码事，不是国家治理体系越完善，国家治理能力自然而然就越强。综观世界，各国各有其治理体系，而各国治理能力由于客观情况和主观努力的差异又有或大或小的差距，甚至同一国家在同一治理体系下不同历史时期的治理能力也有很大差距。

是党领导人民治理国家的基本方式，三者统一于我国社会主义民主政治伟大实践之中。这种制度安排既保证了人民参与对社会一切事务治理的统一性和稳定性，也保证了人民意愿实现的广泛性和真实性，还保证了国家治理体系的有序性和规范性。

中国共产党的领导是中国特色社会主义最本质的特征，是中国特色社会主义制度的最大优势，也是中国国家治理现代化最根本的保证。国家治理体系是由众多子系统构成的复杂系统，这个系统的核心是中国共产党。人大、政府、政协、法院、检察院、军队，各民主党派和无党派人士，各企事业单位，工会、共青团、妇联等群团组织，都要坚持中国共产党领导。对于中国共产党而言，推进国家治理体系和治理能力现代化，就是要使各方面制度更加科学、更加完善，实现党、国家、社会各项事务治理制度化、规范化、程序化，善于运用制度和法律等手段治理国家，提高党科学执政、民主执政、依法执政水平。从历史上看，中国落后挨打的真正根源在于国家组织化程度低于西方。必须依靠现代先锋队政党完成社会统合和政治统一，将人民"组织起来"，争取独立，并在和平中塑造一体多元的中华民族共同体。作为马克思主义政党，中国共产党突显了"组织起来"的行动特质和强大组织力，并在不同历史境遇中不断调适其组织方式和领导方式。因应改革开放以来体制层面局部"去组织化"，党的十八大之后我党进行了"再组织化"的战略调适，在多元分化的时代背景下锻造组织权威，维护巩固党的全面领导地位。"再组织化"战略抉择具有鲜明的制度化导向，不仅是组织体自身治道变革的前提，更是完善和发展中国特色社会主义制度的行动先导。

中国国家治理体系致力于健全人民当家作主的制度体系，发展社会主义民主政治。我国社会主义民主是维护人民根本利益的最广泛、最真实、最管用的民主。最广泛就是要让全体人民都能参与，最真实就是必须能真正体现人民的意愿，最管用就是途径畅通、合理高效，而这一切的实现都有赖于健全的制度体系。同时，在选举民主外，还有社会主义协商民主及一系列相关制度安排。有事好商量，众人的事情由众人商量，是人民民主的真谛。协商民主是实现党的领导的重要方式，是我国社会主义民主政治的特有形式和独特优势，正得到广泛、多层、制度化发展，政党协商、人大协商、政府协商、政协协商、人民团体协商、基层协商及社会组织协商统筹推进，以日渐完整的制度程序和参与实践保证人民在日常政治生活中有广泛持续深入参与的权利。民主不是用来摆设的装饰品，而是要用来解决人民要解决的问题。中国共产党的一切执政活动，中华人民共和国的一切治理活动，都要尊重人民主体地位，尊重人民首创精神，拜人民为师，把政治智慧的增长、治国理政本领的增强深深扎根于人民的创造性实践之中，使各方面提出的真知灼见都能运用于治国理政。无论党内民主抑或人民民主，都需践行民主集中制原则。其既是中国共产党的根本组织制度和领导制度，也是中华人民共和国的根本组织制度和领导制度，作为科学、合理、有效率的制度，构成了党和国家鲜明的制度优势。

依法治国是坚持和发展中国特色社会主义的本质要求和重要保障，是实现国家治理体系和治理能力现代化的必然要求。全面推进依法治国是完善和发展中国特色社会主义制度、推进国家治理体系和治理能力现代化的重要方面。人类社会发展的事实证明，依法治理是最可靠、最稳定的治理。法律是治国理政最大最重要的规矩。推进国家治理体系和治理能力现代化，必须坚持依法治国，为党和国家事业发展提供根本性、全局性、长期性的制度保障。法治体系是国家治理体系的骨干工程，必须加快形成完备的法律规范体系、高效的法治实施体系、严密的法制监督体系、有力的法治保障体系，形成完善的党内法规体系。依法治国是治理国家的基本方略。而能否做到依法治国，关键在于党能否依法执政，各级政府能否依法行政。党和法的关系是政治和法治关系的集中反映。法治当中有政治，没有脱离政治的法治。"党大还是法大"是伪命题，但对各级党政组织、各级领导干部来说，权大还是法大则是真命题。

在中国国家治理体系中，人民代表大会制度至关重要，是保证人民当家做主的根本政治制度。全国人民代表大会是最高国家权力机关，人民代表大会制度是中国特色社会主义制度的重要组成部分，也是支撑中国国家治理体系和治理能力的根本政治制度。此外，还有作为国家基本政治制度的中国共产党领导的多党合作和政治协商制度、民族区域自治制度以及基层群众自治制度。人民政协是国家治理体系的重要组成部分，是人民民主得以实现的重要形式。要适应全面深化改革的要求，以改革思维、创新理念、务实举措大力推进履职能力建设，努力在推进国家治理体系和治理能力现代化中发挥更大作用。民族区域自治制度很好地处理了"多元"与"一体"的关系，既有利于少数族群的权益保障，也有利于民族国家的主权捍卫与共同体认同。基层民主制度遍及不同区域与不同属性的基层组织，是人民依法直接行使民主权利的日常和重要方式。

深化党和国家机构改革是推进国家治理体系和治理能力现代化的一场深刻变革。《深化党和国家机构改革方案》提出了机构改革目标，即构建系统完备、科学规范、运行高效的党和国家机构职能体系，这也是国家治理体系的机构载体和组织基础。国家监察体制改革则是当代中国国家治理体系的重大创新，作为事关全局的重大政治体制改革，国家监察体制改革不仅是推进全面从严治党向纵深发展的重大战略举措，也是全面依法治国的重要组成部分。

随着中国国家治理体系在因时改易中的坚定前行，中国特色社会主义制度的优势、韧性、活力、潜能不断彰显，中国倡导的政治价值观念、社会发展模式、对外政策在国际社会正在产生越来越大的影响力和共鸣，而这不仅意味着我国走出了一条不同于西方国家的成功发展道路，而且形成了一套不同于西方国家的成功制度体系。

政治学研究界一度较少使用"国家治理体系"的提法，但在"国家治理能力"方面，却以"国家能力"为名有着丰厚的理论积累和热烈的学术争论。学者们普遍认为，国家能力是指国家将自己的意志、目标转化为现实的能力。政治社会学家迈克尔·曼区分过两个层面的国家权力。其一是国家的专制权力，即国家精英可以在不必与市民社会各集团进行例行化、制度化讨价还价的前提下自行行动的范围。其二是国家的基础性权力，即国家能力。它指的是国家事实上渗透市民社会，在其统治的领域内有效贯彻其政治决策的能力。根据这两种权力强弱的状况，迈克尔·曼对历史及现实中的国家作了分类，归纳出四种理想类型：一、两种权力均弱型，如西欧中世纪的封建国家；二、强专制权力弱基础性权力型，如中华帝国、罗马帝国等传统帝国；三、弱专制权力强基础性权力型，如西方近代以来的官僚制国家；四、两种权力均强型，20 世纪的一些集权型国家即属于此类[①]。迈克尔·曼的两分法证成了一种自由主义式的国家理论，亦即国家权力过大将会削弱国家能力，而自由主义式的有限国家、宪政国家、民主国家会增加国家能力。经验证明，国家管制范围与国家能力的确存在一种此消彼长的负相关关系。抛却自由主义民主的意识形态偏见，应当说迈克尔·曼的"国家基础性权力＝国家能力"论断颇具启迪意义。王绍光和胡鞍钢在《中国国家能力报告》一书中，将国家能力概括为四种能力，即汲取能力、调控能力、合法化能力与强制能力。在后继研究中，王绍光将迈克尔·曼所言的现代国家的基础性国家权力称为"基础性国家能力"，并进一步细化为八大类，即强制能力、汲取能力、濡化能力、国家认证能力、规管能力、统领能力、再分配能力以及吸纳和整合能力。上述国家能力分析框架，为当代中国国家治理能力现代化提供了理论灵感和智力支持。

从学理上看，穷国之所以贫穷，不是由于命定的地理因素，也不是因为传统文化作祟。糟糕的政策很可能不是因为执政者愚笨无知，而是特权精英以整体社会利益为代价谋取私利。一个社会若能将经济机会与经济利益开放给更多人分享、致力于保护公民及其经济社会组织的权益，从制度设计和运行上建立高度包容性的国家，就会迈向繁荣富裕。反之，经济利益与政治权力若只由少数特权精英把持，则会板结化为榨取性的国家，则必然走向衰

---

① Michael Mann, *States*, *War and Capitalism*, Oxford: Blackwell, 1988, pp.5–9. 转引自李强：《国家能力与国家权力的悖论》，张静主编：《国家与社会》，浙江人民出版社 1998 年版，第 18 页。

败，即使短期之内出现经济成长，却必定无法持续。数千年全球史说明，制度可往更具广纳性的方向移动，也可能倒退回榨取性的状态，浅层的民主也可能被绑架成为实质的权贵政治。中国国家建设的历史早熟和强国家权力的路径依赖，构成国家"镶嵌自主性"，成为当代中国经济成功发展的一大关键。但强国家传统既有其"明"面，又有其"暗"面，务必保持清醒，避免陷入极化意识形态陷阱，以务实的态度来推动发展。而在中国国家治理能力中，上述学理认知集中呈现为党的十八届三中全会所指出的"使市场在资源配置中起决定性作用和更好发挥政府作用"，也体现着在对于市场经济条件下"集中力量办大事"的能力之中。"集中力量办大事"是法宝，不能丢，但也不可滥用。一定要对何谓"大事"、如何"办事"、哪一层级的政府可"办事"有清晰的厘定，探索建立尊重市场、崇尚法治、以制度和技术创新激发经济社会潜能的"新型举国体制"。

习近平总书记指出：相比国家长治久安、经济社会发展与人民群众的要求，在当今世界日趋激烈的国际竞争下，我国国家治理体系和治理能力还有很多亟待改进之处。而与国家治理体系相比，在提高国家治理能力上要下更大气力。制度执行力、治理能力已经成为影响我国社会主义制度优势充分发挥、党和国家事业顺利发展的重要因素。党的十八届三中全会通过的《中共中央关于全面深化改革若干重大问题的决定》，从"进一步形成公平竞争的发展环境，进一步增强经济社会发展活力，进一步提高政府效率和效能，进一步实现社会公平正义，进一步促进社会和谐稳定，进一步提高党的领导水平和执政能力"等方面，统筹推进政治、经济、文化、社会、生态文明等各领域体制机制改革，对扎实提升我国国家治理能力做出了全面擘画。例如，财政是"国家治理的基础和重要支柱"，科学的财税体制是优化资源配置、维护市场统一、促进社会公平、实现国家长治久安的制度保障；必须完善立法、明确事权、改革税制、稳定税负、透明预算、提高效率，建立现代财政制度，发挥中央和地方两个积极性；要改进预算管理制度，完善税收制度，建立事权和支出责任相适应的制度。而从"关键少数"的视角观之，应当以提高党的执政能力为重点，尽快把各级干部、各方面管理者的思想政治素质、科学文化素质、工作本领都提高起来，尽快把党和国家机关、企事业单位、人民团体、社会组织等的工作能力都提高起来，国家治理体系才能更加有效地运转。

最后还应指出的是：举凡作为执政党的中国共产党的核心领导与驱动作用（特别是执政党的思想建设、作风建设对于国家治理现代化的领导与驱动作用），执政党建设与国家建设的相互嵌入与同向运行，独具特色与效能的决策规则及信息机制、宣传机制等，莫不构成了新时代中国特色社会主义国家治理的运行方式，也构成了当代中国国家能力的重要来源。限于篇幅，这里不再赘述。

二、新时代中国特色社会主义国家治理的显著优势

我国国家制度和国家治理体系的显著优势究竟体现在哪些方面？这一问题堪称事关社会主义中国改革发展稳定和长治久安亟待解答的"大哉问"，全党同志、全国人民乃至世界各国民众，对这一问题的权威性解答无不翘首以盼。党的十九届四中全会是中国共产党人以"中国之制"实现"中国之治"的郑重政治宣示，坚持和完善"中国之制"是实现富强民主文明和谐美丽的"中国之治"的坚强、可靠和长远保障。在这次全会上，以习近平同志为核心的党中央以强烈的政治担当、巨大的政治勇气、宏阔的政治视野、高超的政治智慧，旗帜鲜明地将中国特色社会主义制度作为当代中国发展进步的根本保证，史无前例地将我国国家制度和国家治理体系的显著优势提炼概括为 13 个主要方面，亦即：（1）坚持党的集中统一领导，坚持党的科学理论，保持政治稳定，确保国家始终沿着社会主义方向前进的显著优势；（2）坚持人民当家作主，发展人民民主，密切联系群众，紧紧依靠人民推动国家发展的显著优势；（3）坚持全面依法治国，建设社会主义法治国家，切实保障社会公平正义和人民权利的显著优势；（4）坚

持全国一盘棋，调动各方面积极性，集中力量办大事的显著优势；（5）坚持各民族一律平等，铸牢中华民族共同体意识，实现共同团结奋斗、共同繁荣发展的显著优势；（6）坚持公有制为主体、多种所有制经济共同发展和按劳分配为主体、多种分配方式并存，把社会主义制度和市场经济有机结合起来，不断解放和发展社会生产力的显著优势；（7）坚持共同的理想信念、价值理念、道德观念，弘扬中华优秀传统文化、革命文化、社会主义先进文化，促进全体人民在思想上精神上紧紧团结在一起的显著优势；（8）坚持以人民为中心的发展思想，不断保障和改善民生、增进人民福祉，走共同富裕道路的显著优势；（9）坚持改革创新、与时俱进，善于自我完善、自我发展，使社会始终充满生机活力的显著优势；（10）坚持德才兼备、选贤任能，聚天下英才而用之，培养造就更多更优秀人才的显著优势；（11）坚持党指挥枪，确保人民军队绝对忠诚于党和人民，有力保障国家主权、安全、发展利益的显著优势；（12）坚持"一国两制"，保持香港、澳门长期繁荣稳定，促进祖国和平统一的显著优势；（13）坚持独立自主和对外开放相统一，积极参与全球治理，为构建人类命运共同体不断作出贡献的显著优势。这些显著优势，是我们坚定中国特色社会主义道路自信、理论自信、制度自信、文化自信的基本依据。①

下面，笔者将以新冠肺炎疫情防控治理为例，从治理理论和国际比较中阐发新时代中国特色社会主义国家治理的显著优势。

2020年春，在新冠肺炎疫情防控治理中，党和国家充分发挥制度与治理体系优势，动员组织全国之力，进行了一场可歌可泣的人民战争、总体战和阻击战。吾国吾民展现出空前的团结和坚忍，付出了巨大的心力和代价，使得这场战"疫"卓具成效。战"疫"之际，恰逢全面建成小康社会之时。根据2020年2月28日国家统计局发布的《2019年国民经济和社会发展统

---

① 《中共中央关于坚持和完善中国特色社会主义制度　推进国家治理体系和治理能力现代化若干重大问题的决定》，人民出版社2019年版。

计公报》，我国经济总量接近 100 万亿元大关、人均 GDP 首次突破 1 万美元、农村贫困人口减少 1109 万。同时，党的十九届四中全会宣示的中国国家制度与国家治理体系"坚持全国一盘棋，调动各方面积极性，集中力量办大事""坚持以人民为中心的发展思想、不断保障和发展民生""坚持全面依法治国，建设社会主义法治国家，切实保障社会公平正义和人民权利"等显著优势，也在此次战"疫"大考中得到了有效而生动的发挥。而上述中国国家治理体系与治理能力的优越性，无疑在重大危机应对中得到进一步试炼和彰显，为战"疫"胜利奠定了雄厚的制度支撑和物质基础。

1973 年，两位管理学者霍斯特·里特尔和梅尔文·韦博尔（Horst Rittel & Melvin Webber）提出了"棘手"问题（Wicked Problems）和"温驯"问题（Tame Problems）的区别[①]。他们认为：后者的特点是利益攸关方就问题的原因和可能的解决办法能够达成广泛共识，适合采用标准的线性决策，亦即首先明确定义问题、之后收集分析相关数据、最终做出最佳决策，当代社会在解决此类"温驯"问题上已经颇为熟稔了。臭氧层破坏及 1987 年蒙特利尔议定书的签订，正是此类"温驯"全球问题治理的典型案例。然而，"棘手"问题却很难解决，因为其具有如下七大特点：（1）每个"棘手"问题都是独特的和不可比较的；（2）其涉及许多人、许多组织以及社会和自然领域；（3）其原因的范围大且不确定；（4）解决方案组合同样大且不确定；（5）每一个解决方案都涉及大量的时间、精力和金钱投入，并且将导致人类行为、生态系统、基础设施和技术的大规模变化；（6）实施任何解决方案都会产生新的问题；（7）由于"棘手"问题往往是难以定义、多方面和长期的，在绝对意义上说"正确"的解决方案是不合适的——最好使用相对术语，例如"更好的""更有帮助的"和"更广泛接受的"。同时，里特尔和韦博尔还指出，很多伤害来自试图用解决"温驯"问题的方法，来解决当今复杂社会

[①] Horst Rittel & Melvin M. Webber, "Dilemmas in a General Theory of Planning", *Policy Sciences*, 1973（4）, pp.155–169.

中存在的"棘手"问题。① 毫无疑问，当前的新冠肺炎疫情全球大流行，正属于此类"棘手"问题之列，对其进行"跨国治理的一个紧迫挑战是如何确定解决棘手跨界问题的程序、工具和方法"②。

借助近年来一些人类学家及政治学家提出的"文化理论"(cultural theory，也称"多元理性理论")，洞察利益相关者之间相互作用的模式，马尔科·维尔吉（Marco Verweij）曾在多个场合提出和论证解决"棘手"问题之"笨拙解决方案"(Clumsy Solutions)，乃是四种理想类型（Ideal-type）相互作用模式的灵活与创造性的混合。③"每当利益相关者开始解决或讨论一个棘手问题时，在如何界定和解决方面，会出现四种相反的观点"④，同时亦是四种"组织、感知和证明社会关系"的模式：平等主义模式（Egalitarianism）、层级化模式（Hierarchy）、个体主义模式（Individualism）及宿命论模式（Fatalism）。借鉴更为经典时期社会思想家（包括涂尔干、滕尼斯、梅因、韦伯等人）的术语，这四种理想类型的社会组织模式一般也可被称为"生活方式"或"社会团结"（"ways of life" or "social solidarities"）⑤。另外，这

① 马尔科·维尔吉：《跨国治理中的棘手问题、复杂笨拙的解决方案和杂乱的制度机构》，[英] 马丁·洛奇、凯·韦格里奇编著：《现代国家解决问题的能力：治理挑战与行政能力》，徐兰飞、王志慧译，中国发展出版社 2019 年版，第 206—207 页。

② 马尔科·维尔吉：《跨国治理中的棘手问题、复杂笨拙的解决方案和杂乱的制度机构》，[英] 马丁·洛奇、凯·韦格里奇编著：《现代国家解决问题的能力：治理挑战与行政能力》，徐兰飞、王志慧译，中国发展出版社 2019 年版，第 208 页。

③ 马尔科·维尔吉：《跨国治理中的棘手问题、复杂笨拙的解决方案和杂乱的制度机构》，[英] 马丁·洛奇、凯·韦格里奇编著：《现代国家解决问题的能力：治理挑战与行政能力》，徐兰飞、王志慧译，中国发展出版社 2019 年版，第 205—221 页；Marco Verweij, *Clumsy Solutions for a Wicked World: How to Improve Global Governance*，Basingstoke: Palgrave MacMillan，2011；Marco Verweij & Michael Thompson, *Clumsy Solutions for a Complex World: Governance*，*Politics and Plural Perceptions*，New York: Palgrave Macmillan，2006。

④ 马尔科·维尔吉：《跨国治理中的棘手问题、复杂笨拙的解决方案和杂乱的制度机构》，[英] 马丁·洛奇、凯·韦格里奇编著：《现代国家解决问题的能力：治理挑战与行政能力》，徐兰飞、王志慧译，中国发展出版社 2019 年版，第 208 页。

⑤ Marco Verweij & Michael Thompson, *Clumsy Solutions for a Complex World*，*Governance*，*Politics and Plural Perceptions*，New York: Palgrave Macmillan，2006，pp.2—3.

四种理想模式的提出，是基于"社会性"（sociality）的两大基本维度："网"（Grid）与"群"（Group）。实际上，这两大基本维度直接来自人类学家玛丽·道格拉斯（Mary Douglas，1921—2007），而这又源于道格拉斯对于社会学大师涂尔干（Emile Durkheim，1858—1917）关于社会组织制度性变化的两个维度——社会规制（social regulation）和社会整合（social integration）的娴熟运用，"这些方式在任何环境里都使得组织和思想方式具体化，无关乎技术成熟与否或者在某一领域里努力的程度"。①"平等主义模式"属于低"网"高"群"，"层级化模式"属于高"网"高"群"，"个体主义模式"属于低"网"低"群"，"宿命论模式"则属于高"网"低"群"。②"如果不是基于所有这些生活方式的充分考虑和灵活组合，解决棘手社会问题的集体努力就会失败。……相比之下，更管用、更高效和更公平地解决问题，都是创造性地和灵活地结合了所有四个相反的方面。"马尔科·维尔吉所谓的"笨拙"（Clumsy）解决方案，实际上只是指其兼采了所有四种相互矛盾的视角，看似"笨拙"（复杂费力）实则有用，亦被称为"聚合理性"。③"文化理论"或"多元理性理论"关于治理成功或失败的假设，迄今已经在20多个棘手问题的案例研究中得到了验证。④

　　总之，在当前各国新冠肺炎治理实践的比较分析中，除了老生常谈且

① 范可：《玛丽·道格拉斯与她的〈洁净与危险〉（代译序）》，https://www.sohu.com/a/214960764_737767。

② Marco Verweij & Michael Thompson, *Clumsy Solutions for a Complex World: Governance, Politics and Plural Perceptions*, New York: Palgrave Macmillan，2006，p.4.

③ 马尔科·维尔吉：《跨国治理中的棘手问题、复杂笨拙的解决方案和杂乱的制度机构》，[英] 马丁·洛奇、凯·韦格里奇编著：《现代国家解决问题的能力：治理挑战与行政能力》，徐兰飞、王志慧译，中国发展出版社2019年版，第208页。按：中译本错误很多，引用时有所修正。

④ 马尔科·维尔吉：《跨国治理中的棘手问题、复杂笨拙的解决方案和杂乱的制度机构》，[英] 马丁·洛奇、凯·韦格里奇编著：《现代国家解决问题的能力：治理挑战与行政能力》，徐兰飞、王志慧译，中国发展出版社2019年版，第210页；参见 Marco Verweij & Michael Thompson, *Clumsy Solutions for a Complex World: Governance, Politics and Plural Perceptions*, New York: Palgrave Macmillan，2006。

依然多见的"政体"（polity）因素，人们似乎正日益关注"文化"（culture）因素在疫情治理中扮演的重要角色和发挥的重要作用。中国、韩国乃至具有众多华裔的新加坡"大中华儒家文化区"的出色表现，以其相对其他文化区域的突出绩效和鲜明的内在治理模式多元性，已经有力打击并超越了简单的"政体决定论"甚至"政体优劣论"框架，凸显了"文化"因素在重大公共危机解决条件中的权重。但是，一国选择什么样的治理体系，是由其历史传承、文化传统、经济社会发展水平决定的，是由其人民决定的。我国今天的国家治理体系，是在我国历史传承、文化传统、经济社会发展的基础上长期发展、渐进改进、内生性演化的结果，是一套不同于西方国家的成功制度体系。"我国的实践向世界说明了一个道理：治理一个国家，推动一个国家实现现代化，并不只有西方模式这一条道，各国完全可以走出自己的道路来。可以说，我们用事实宣告了'历史终结论'的破产，宣告了各国最终都要以西方政治模式为归宿的单线式历史观的破产。"[1] 在此次疫情治理中，诸如"作为自由反题的自律""作为民主反题的协作""作为个人主义文化反题的集体主义文化"，甚至中央与地方、政府与民间的"统分结合、一体多元"，以及国家力量在重大危机与常态中的"收放自如、进退裕如"，无一不体现出强韧的传统国家治理思想、制度与组织基因。而放眼全球，无论是主权国家之内的疫情治理抑或是跨越国界的全球疫情治理，莫不深陷科技供给乏力、治理工具缺失甚至社会局势紊乱、政治偏见横行的次生危机之中，施治无方与泄愤有术齐飞，国内失控与全球失序共色。此时，中国应该以更强的国家治理自信，在做好本国国家治理的同时恪尽全球治理责任，为人类命运共同体的全球治理观贡献敬天爱民、正德厚生、中和位育、博施济众等智慧。

总之，今天的中国正经历着历史上最为广泛而深刻的变革，这是一个

---

① 《习近平：治国理政，必须"立治有体，施治有序"》，人民网，http://theory.people.com.cn/n1/2017/1012/c40531-29583383.html。

需要理论而且一定能够产生理论的时代，这是一个需要思想而且一定能够产生思想的时代。系统总结以习近平同志为核心的党中央关于国家治理的重要论述，从思想、制度、组织的角度对古今中外治国理政思想和实践进行梳理，是构建国家治理知识体系的题中应有之义。实践已经证明并将进一步证明：治理国家，最可靠也最管用的是制度；而只有扎根本国土壤、汲取充沛养分、发挥强大效能的制度，才最可靠，也最管用。人心向背、力量对比是决定党和人民事业成败的关键，是最大的政治。制度的"可靠""管用""行得通、有生命力、有效率"，归根结底有赖实践的证实，但也亟待将此种被实践证明了和证明着的制度优势，切实内化为全体国民的主观接受与集体共识，构筑起真正强韧、深厚而长远的国家治理自信。

第十六章　中国与全球治理 *

　　随着全球化的深入和发展，国与国相互依赖的程度持续加深，全球性问题随之涌现，单个国家的力量已经不足以应对层出不穷的全球性问题，全球治理的概念应运而生。全球治理是国家外在治理能力的体现，与国家治理休戚相关。良好的国家治理是全球治理的起点和保障，积极参与全球治理则有助于提高国家治理的能力和成效。可以说，国家治理与全球治理已经成为当代中国的两大重要战略考量。

　　本章主要探讨了全球化、国家治理与全球治理的内涵与互动关系，梳理了全球治理制度的沿革与体系演变，阐述了全球治理目前所面临的主要困境与挑战，分析了全球治理的格局变迁、发展趋势和必然路径，最后着重总结了中国参与全球治理的责任、目标与"一带一路"倡议的伟大实践。

第一节　全球化、国家治理与全球治理

一、全球化与全球治理

　　自 20 世纪 80 年代以来，全球化浪潮在全球范围内持续推进，已经成为

---

* 本章作者为山东大学驻国务院参事室科研助理、山东大学政治学与公共管理学院在读博士、山东青年政治学院外国语学院蒋弘讲师。

当今时代最重要的标志之一。1985年，提奥多尔·拉维特（Theodre Levitt）在《市场全球化》一文中首次提出"全球化"这一概念。[①] 全球化的含义有狭义和广义之分：狭义上的全球化是指从孤立的地域国家走向国际社会的过程，广义的全球化则是指在全球经济、文化日益发展的情况下，世界各国之间的影响、合作、互助日益加强，使其具有共性的政治、经济、文化式样逐渐普及推广成全球通行标准的状态和趋势。[②] 因此，全球化不仅包含经济全球化，还包括政治全球化、军事全球化、文化全球化、环境全球化等多个维度。

在过去的几十年里，全球化极大地推动了全球经济的繁荣和人类社会的交流融合，但也导致了工业文明和人的异化，引发了资源与环境危机，最终催生了围绕着人、社会与自然形成诸多全球性问题。全球性问题是指世界发展过程中无法忽视且客观存在、涉及全人类利益和命运、需要各国协同合作来解决的系统性问题，具有跨国性、持久性、交互性，无法由一国政府和市场的力量解决。全球性问题涉及人类生产生活的各个方面，具体包括发展问题、气候变化问题、世界贸易问题、公共卫生问题、水资源问题、生物多样性问题、能源开发利用问题、粮食问题、灾害防治问题、极地开发问题、生态保护问题、核能开发利用问题、金融稳定问题、打击毒品犯罪问题、反恐问题、走私问题、反核扩散问题、军控问题、反化学武器问题、难民问题、太空开发利用问题、海洋开发利用问题、网络安全问题、航空器飞行安全问题、科学探索伦理问题、人类遗产保护问题、知识产权保护问题、人工智能应用问题、反兴奋剂问题、反贫困问题、儿童权益保障问题、妇女权益保障问题、残疾和智障者保障问题、老年人权益保障问题、反宗教压迫问题、劳工权益保障问题、通信安全及保障问题、打击跨国犯罪等。全球性问题是在全球化进程中产生的，是全球化负面影响的集中体现，必须依靠各国

---

① 黄炼：《全球化学术探讨》，《社会科学动态》1999年第12期。

② 孙国强：《全球学》，人民出版社2014年版，第78—79页。

在国际层面上的合作和协商才能解决。同时，随着全球化的不断发展和推进，世界各国相互依存程度也在持续加强，国家主权的地位和作用在一定程度上被削弱，民族国家在处理全球性问题上的能力在减弱，全球治理的概念应运而生。

全球治理是指通过具有约束力的国际规制和行为规范、通过国家、国际组织、跨国公司、私人企业、公民社会自治组织的共同参与和协商行动，解决具有全球性和共同性的现实问题，以维持正常的国际政治经济秩序。为了更好地理解全球治理的内涵，必须明确全球治理的主体、客体、价值、规制、效果。全球治理的主体包括国家、国际组织、非政府组织、个人、全球公民社会等。目前，民族国家仍然是全球治理的主要行为体。民族国家通过协同合作来解决国际冲突，通过国际组织来建构国际关系。全球治理的客体主要包括一系列影响全人类、具有重大意义的全球性问题，如全球安全、环境保护、经济发展、跨国犯罪、基本人权等。全球治理的价值是全球治理倡导者所设定的理想目标，全球治理的价值不断超越国家、种族、宗教、意识形态的全人类普世价值，是全球治理的思想基础，更是全球治理多元主题相互协调、开展合作的前提。全球治理的规制是维护国际社会正常秩序，实现人类普世价值的规则体系，包括旨在调节国际关系、规范国际秩序的所有跨国性原则、标准、规范、协议、政策、程序等。全球治理的成效主要涉及对全球治理绩效的评估，集中体现在国际规则制度运行所产生的效果，是全球治理制度建设的推动力和全球治理体系改革的主要关注点。

全球化与全球治理这两个概念兼具对立性与统一性：一方面，全球化与全球治理具有因果逻辑关系，全球化是因，全球治理为果，全球化的负面影响和全球性问题的涌现，导致世界各国对全球治理的呼声越来越高；另一方面，全球治理的成效也制约着全球化的发展进程，如果全球治理的成效不足，全球化的发展就会受阻，甚至出现逆转趋势。

中国是参与全球治理的重要行为体，在当前特殊的时代背景下，面对全球化与逆全球化两股思潮的交互，中国始终坚持多边主义立场，维护经济全球化，支持全球贸易，继续推动全球治理体系的完善和改革，在参与过程中不断提升中国参与全球治理的能力。

二、国家治理与全球治理

尽管全球治理的主体日趋多元化，但民族国家仍然是全球治理的关键主体。国家治理则是全球治理的起点和基础，国家治理的现代化水平与程度是决定全球治理水平与程度的直接因素。当前全球治理面临的困境尽管有众多原因，但最关键的恐怕还是国家治理的状况与水平远不尽如人意。[1]良好的国家治理保障了民族国家积极参与全球治理的能力，以及民族国家在全球治理中的地位；失效的国家治理则会让民族国家陷于多重国内政治经济危机中，无法与他国开展良好合作，无暇参与全球治理体系建设。当今世界的许多国家正面临着国家治理的困境和危机，发达国家出现了经济衰退、失业率上升、社会撕裂等严峻问题，发展中国家需要应对国家治理体系不完善、治理水平仍待提高的问题，最不发达国家则面临着无政府状态和失败政府的危机。当前民族国家国内治理的不完善催生了全球治理赤字，致使贸易保护主义和单边主义盛行。因此，民族国家需要进一步完善和优化国家治理体系、提升国家治理能力，更好地适应全球治理的要求。

虽然国家治理是全球治理的基础和起点，但全球治理对国家治理同样起到了反向制约的作用。国家治理模式深受全球治理格局和国际规制的影响，遵守全球治理价值观和国际规制的民族国家内部治理往往向着良好的态势发展，反之，民族国家内部治理面临的压力和困难会迅速增加。全球治理对国家治理的制约作用主要表现在以下方面。

第一，全球治理框定了国家治理的议题。国家治理中所涉及的诸多议题，如生物安全、网络安全、核安全、金融监管、贸易政策透明化等问题，

---

[1]　蔡拓：《全球治理与国家治理：当代中国两大战略考量》，《中国社会科学》2016年第6期。

往往都必须与全球治理的相应机制协调，依赖全球治理来实现。全球治理的前沿议题和理念也对国家治理议题的设定起到了引领作用。

第二，全球治理限定了国家治理的格局。一个国家与全球治理的协同程度往往限定了该国家国内治理的格局和高度。凡是全球治理协同良好的国家，其丰富的全球治理经验往往可以为国家治理提供补充和借鉴。一个国家对全球治理规制的协同能力和程度，是其国家治理外部正当性、合法性、道义性、正义性的评价标识。

第三，全球治理锁定了国家治理的模式。全球治理领域广泛存在着各种国际公约和规制，这些公约和规制将每个国家的治理模式被界定和约束在国际社会公认的、共同遵守的框架之内。国家治理必须要注重和处理好国际公约和国家宪法的关系，在动物保护、生物安全、主权与人权领域更是如此。随着全球化的不断深入，国际公约和规制对国家治理的反向作用逐渐加强。在进行内部治理时，民族国家必须考虑到上述因素，不能随心所欲地盲目治理。

第四，全球治理的成效为国家治理提供了借鉴。全球治理的诸多制度和工具在实际操作中都取得了良好的效果，为国家治理提供了宝贵经验，如公共产品的全球协议、多边双边公约、国际组织和国际机构的章程与决议、国际会议的协调等。国家治理还可借鉴全球治理正反面工具的使用，如奖励、援助、优惠、军事保护等正面工具，以及谴责、制裁、强制、隔离、驱逐、军事打击等反面工具。全球论坛、全球问题研究机构所达成的共识和取得的成果也可被运用到国家治理中。

第五，全球治理的规则为国家治理提供了制度供给。在应对一系列复杂多样的全球性问题(如公共卫生治理、生物多样性保护、打击有组织犯罪、知识产权保护等)的过程中，全球治理已经树立起一系列成熟、可操作、具有一定效果的规则和制度，这些现成的规则和制度都可以在某一国家应对本国内全球性问题时为己所用，为国家治理提供了充足的制度供给。

第六，全球治理的合作为国家治理增添了外部力量。在应对本国范围内的全球性问题时，单一民族国家依靠自身的力量往往会力不从心、捉襟见肘，尤其是在一些亟须与其他国家展开广泛国际合作的问题上，例如金融稳定、反恐、难民等，缺乏足够的国际合作往往会增加民族国家国内治理的风险和难度，有效的全球合作可以为国家治理提供外部支持，补齐国家治理中的短板。

第七，全球治理的缺位和失败为国家治理带来了外部风险。在某些突发、蔓延速度快、危害范围广的全球性问题爆发后（如新冠肺炎疫情、难民危机等），如果缺乏足够的全球合作和治理机制，全球合作和治理缺位甚至失败时，国家治理就面临着外部风险的严重威胁和严峻挑战。全球治理与国家治理早就形成了休戚与共的关系。

第八，全球治理的协议和约定为国家治理规定了国际责任。全球治理机制中的全球协定、多边和双边协议、国际公约是全球治理的重要工具，也厘清了国家在应对和处理相关全球性问题、开展国内治理时所要肩负的责任，任何国家都不能自行其是，无视或绕开全球治理的协议和约定采取行动。

第九，全球治理的评估与标准为国家治理提供了参照。迄今为止，全球治理机制在一些领域已经建立起了清晰明确的评估程序和评估标准，如营商环境、金融安全、流行病风险等，这些全球治理中的评估程序和评估标准无疑为相关领域的国家治理评估系统和标准建设提供了参照和借鉴，也为保持相关领域高水平、与全球治理高度协同互动的国家治理提供了保障。

第十，全球治理的议题更新为国家治理拓展了新的内容。随着全球性问题的不断涌现，全球治理的议题也在持续更新。而全球治理议题覆盖范围的不断扩大，也拓展了国家治理所覆盖的议题边界。极地开发、太空开发等近年来的全球治理热门议题，同时成为国家治理中关注的焦点议题。因此，全球治理中新兴议题的不断涌现，也推动了国家治理中崭新议题的出现。

因此，国家治理和全球治理有着休戚相关、命运与共的关系，民族国家内部治理很难忽略和回避全球治理的影响，必须积极主动地参与到全球治理中，实现国家治理和全球治理的协同发展，这种协同可以分为很多种类型，如平等协商协同、威胁性协同、利益性协同、完全对立性协同、共享共存性协同、制约性协同、利益交融性协同等。不同的协同类型，最终决定国家治理与全球治理是否能相互促进、共同发展。民族国家融入全球化的程度，则决定了一个国家的治理模式是主动让渡给国际规则公约、主动与全球治理协同互动，还是被迫受到全球治理的限制和影响。越是发展程度高、开放性强、与全球治理利益密切相关的国家，往往越重视将全球治理与国家治理紧密融合和协同互动。不顾及全球利益协同的国家治理往往是低效，甚至无效的。

如今，中国的国家实力持续上升、国际影响力与日俱增，中国对世界的影响达到了史无前例的高度，世界对中国的关注和重视也是前所未有。致力于推动全球体系变革、构建人类命运共同体的中国，更加需要重视国家治理与全球治理的良性协同互动，在积极的全球效应和世界效应影响下，努力完善国家治理体系，提升国家治理能力现代化水平，从而更好地参与全球治理。

第二节　全球治理的制度与体系

一、全球治理的制度沿革

全球治理制度是指针对全球政治、经济、社会、环境、安全、气候等议题设计的一系列程序、规则和制度安排，是全球治理的工具和手段，往往通过具体和正式的国际机构来实施和维护。全球治理制度的创设，是为了保证全球治理的效率和进一步规范全球治理。[1] 全球治理制度是一个复杂和动

---

① 乔卫兵：《全球治理及其制度化》，《欧洲》2002 年第 6 期。

态的系统结构，也是一个不断发展完善的过程。① 多伦多大学二十国集团研究中心教授约翰·柯顿认为，全球治理制度主要经历了四个发展阶段：国际联盟治理阶段、联合国和布雷顿森林体系治理阶段、七国集团峰会治理阶段和二十国集团峰会治理阶段。治理中心已从普遍多边主义的理想和现实转向限制成员资格的多边主义，从正式国际组织转向非正式国际机构，从选择性的、仓促的覆盖面转向协同的全面覆盖面，从部长级转变为首脑级管理，从把崛起的大国排挤出局转变为把他们纳入一个更平等的位置，全球治理的中心从一个威斯特伐利亚主权国家体系转换成一个拥有共同的脆弱性以及共同责任性的全球社会。②

现行的全球治理制度主要建立在第二次世界大战后美国主导的"霸权稳定体系"之上，主要全球治理机制的运作和行为也主要反映了美国的利益。③随着近年来世界政治格局的演变、新型治理问题的涌现、全球治理边疆的扩大、逆全球化潮流的兴起，以及新型技术对全球治理所带来的冲击，现行的全球治理制度开始暴露出种种弊端，全球治理制度呈现出碎片化趋势，缺乏公正性和代表性，全球治理效率明显滞后，世界各国要求全球治理制度改革的需求也变得前所未有地强烈。

中国加入全球治理制度经历了一个漫长的过程，可以将其归结为四个阶段。第一阶段是从新中国成立到1971年中国恢复联合国合法席位的这段时期，在冷战的特殊背景下，中国对当时由西方国家主导的国际治理制度持警惕态度，没有选择主动加入；第二阶段是从1971年联合国合法席位恢复到改革开放的这段时期，中国开始融入全球治理制度，对全球治理制度的态度也发生了重大转变，逐渐从各个领域国际机制的"局外人"转变成"局内人"，从疏离抵制转变为认可支持；第三阶段是从改革开放到2001年中国正

---

① 石晨霞：《全球治理机制的发展与中国的参与》，《太平洋学报》2014年第1期。
② 约翰·柯顿：《全球治理与世界秩序的百年演变》，《国际观察》2019年第1期。
③ 何帆、冯维江、徐进：《全球治理机制面临的挑战及中国的对策》，《世界经济与政治》2013年第4期。

式加入世界贸易组织的这段时期，中国逐渐参与到了经济、环境、安全、文化等多个领域的国际制度，开始在全球治理制度中拥有了一定的影响；第四阶段是从 2001 年加入世界贸易组织至今，中国开始全面融入全球治理制度，深度参与各领域全球治理制度建设和国际规则制定。2008 年全球金融危机爆发后，中国开始更加积极主动地融入全球治理制度建设、推动全球治理机制改革。

在参与全球治理制度的过程中，中国在全球治理制度中所扮演的角色和产生的影响力发生了巨大变化。随着中国参与全球治理深度和广度的不断拓展，以及中国自身实力的增强，作为全球治理的参与者、贡献者和引领者，中国会以更加客观和主动的立场，积极倡导对现行全球治理机制进行渐进式改革，为全球治理提供中国方案和中国智慧。

二、全球治理的体系演变

全球治理体系是由主权国家所组成的多元无政府社会，是国内政治与国际政治各种力量互动交锋的产物。事实上，现行全球治理体系在很大程度上是由西方主导的，在经济上因生产体系分工差异形成了以"中心—外围"为主要特征的依附关系，政治上则形成了西方发达国家和发展中国家的分层控制机制，从一开始就具有鲜明的西方特质和等级特征。现行全球治理体系具有不稳定性，其建立和维系主要依赖西方发达国家的推动，最终目的是优先维系体系主导国的利益。

尽管全球治理体系概念出现的时间并不长，但建立全球治理体系的相关实践却始于几百年前，主要经历了以下几个发展阶段。

一是威斯特伐利亚体系。威斯特伐利亚体系由三十年战争结束前后一系列和谈达成的条约缔结而成，确立了国家主权之上、国家间平等关系的现代国际关系基本准则，是当代国际秩序的开端，还开创了以国际会议的方式解决国际争端的先例，有效地解决了欧洲领土划分、战争赔款和宗教纷争等复杂问题，为和平解决国际争端提供了先例。

二是维也纳体系。维也纳体系是欧洲大国为维护封建统治、在战胜国剥削战败国和弱小民族国家基础上形成的统治秩序，体现了大国的强权政治，具有掠夺性和历史的倒退性。但维也纳体系也有亮点，它探索和建立了"欧洲协调"机制，使欧洲出现了以协调来维持和平稳定的可能性，是当今国际协调手段的雏形。

三是凡尔赛—华盛顿体系。凡尔赛—华盛顿体系将西方强国的统治秩序扩展到欧洲以外的亚洲、非洲和太平洋地区，推动了国际联盟的形成。但凡尔赛—华盛顿体系具有致命缺陷，它是大国强权和掠夺的产物，是宗主国对殖民地半殖民地人民的奴役，并没有改变世界的基本格局，为大国冲突埋下更大的隐患。

四是雅尔塔体系。雅尔塔体系建立于第二次世界大战后，是大国实力对比和相互妥协的产物，提倡和平、民主原则，以实现全人类发展的和平、安全、自由和幸福为宗旨；将不同社会制度的国家纳入国际关系体系；建立起协调国际争端、维护世界和平的联合国机构。但是，雅尔塔体系仍然具有很强的大国政治烙印，很快将世界分裂为以美国、苏联为首的两大对立阵营，导致全球进入冷战时代。

五是后冷战时代体系。冷战结束后，以美国和苏联为代表的两极体系瓦解，美国成为全球治理体系的实际掌控者，通过操纵各种国际和地区组织为其利益服务，以强迫和片面的方式统治和领导世界，努力实现所谓"美利坚治下的和平"，使大多数发展中国家处于服从和受制状态，强行推行西方价值观、民主体系和资本主义发展模式。

自 20 世纪末开始，科技创新和生产力的加速推动了经济全球化的繁荣，全球化开始取代传统战争手段成为推动全球治理体系演变的主要推动力，推动世界进入了一种以广泛参与和共同治理为核心的新型治理体系，主要表现在以下三个方面。

一是以美国为首的西方发达国家所控制的单一治理体系，正在面临着全球化催生的多元体系所带来的挑战。新兴国家和新兴经济体的崛起和美国经济霸权的衰落，改变了世界权力格局，多元而具有差异性的价值体系和发展模式不断涌现，挑战了美国对全球治理体系的主导权。

二是全球化趋势使民族国家和国际社会的相互依存度越来越高。一方面，全球化降低了民族国家边界的排他效应和管辖权力；另一方面，全球化催生了诸多跨越国界的公共性问题，如气候变暖、跨国犯罪、网络安全等。全球性问题的解决亟须各国平等和广泛的参与治理。

三是全球化加速发展令民族国家间的关系更加趋于复杂多元，以往的"零和博弈"和"冷战思维"已经落后于全球治理体系的发展需要，各国利益相互交织，全球治理出现了"合作中有矛盾，对立中有需要"的复合特征。复杂多元的国际关系呼吁全球治理的制度、工具、手段更具创新性和时代性。

总之，在全球化速度不断加快的背景下，现行全球治理体系面临严峻挑战，其覆盖范围和覆盖议题需要进一步扩大，不公正、不合理的现行制度需要按照民主化原则来改造，等级性的体系需要逐渐变革为平行的全球体系。全球治理体系的变化也为中国提供了新的机遇，但中国并不寻求主导或替代当前的全球治理体系，而是继续坚持多边主义原则，积极参与全球治理，努力为全球治理体系注入新的活力。

第三节　全球治理的困境与挑战

一、全球治理的主要困境

冷战结束后，以美国为首的西方国家塑造了现行的全球治理制度，对缓解层出不穷的全球性问题起到了一定作用。2008 年金融危机爆发后，由于合法性、代表性和有效性不足等固有缺陷，现行的全球治理制度面临着严峻挑战。总体来说，全球治理所面临的主要问题和困境可以概括为以下四个方面：全球治理问题复杂多样、全球治理赤字亟待破解、全球治理制度短板凸显、全球治理意愿能力不足。

当前全球治理面临的主要困境之一，首先是治理问题的复杂化和多样化。全球治理的行为体呈现出多样化、多层次的特征，由于全球问题往往具备跨国性特征，不同层次和类型的行为体（如民族国家、国际组织、国际非政府组织、跨国公司和个人等）需要在全球治理过程中密切合作，这就在很大程度上加重了全球治理的冲突性；全球治理问题的内容及范围的外延不断扩张，极地问题、太空问题、人工智能发展方向等新问题层出不穷，新旧问题相互交织，在旧问题尚未解决的情况下，新问题不断涌现，威胁了全球治理的有效性；全球治理问题"地方性"与"全球性"兼具的特征凸显，即使是最具地方性的问题也有其全球维度，绝非单个国家或地区仅凭一己之力能够解决，任何全球治理问题都有可能从某个国家和地方扩展到全球范围，而任何地方性的治理问题都需要寻求全球性的解决方案，提升了全球治理的挑战性。全球治理问题的复杂多样必然导致其存在的长期性和解决的艰巨性，对全球治理体系变革持续提出新的要求和挑战。

其次，全球治理也面临着治理赤字亟待破解的困境。全球治理赤字是指目前诸多全球问题对全球治理的需求持续上升，但全球问题解决过程中治理供给和成效不足的现象。在中法全球治理论坛闭幕式上的重要讲话《为建设更加美好的地球家园贡献智慧和力量》中，习近平主席指出了目前全球治理面临着四大赤字：治理赤字、信任赤字、和平赤字、发展赤字①。

一是治理赤字。当前全球性挑战日益突出，旧的全球问题反复出现，新的全球问题层出不穷。单边主义、保护主义的抬头和逆全球化浪潮的兴起，更是强烈冲击了现行全球治理体系和多边机制。第二次世界大战后发达

---

① 习近平：《为建设更加美好的地球家园贡献智慧和力量——在中法全球治理论坛闭幕式上的讲话》，《人民日报》2019 年 3 月 27 日。

国家所塑造的全球治理体系已经难以适应全球治理中出现的新问题，全球治理体系的失衡进一步加剧，广大新兴经济体和发展中国家在全球治理中话语权不足。现行全球治理制度、手段和工具亟须变革，以适应全球治理格局的新变化和新要求。

二是信任赤字。当前国际竞争和冲突呈现上升趋势，地缘博弈色彩明显加重，冷战思维和工具被重新拾起，国际社会信任和合作的根基受到侵蚀。信任是解决全球治理诸多难题的首要条件，是解决治理赤字、和平赤字与发展赤字的方向和基础，只有坚持以义为先、义利兼顾的正确义利观，才能破除全球治理中的"集体行动困境"，摆脱民族国家利己主义的束缚，提高全球治理的成效。

三是和平赤字。尽管和平、发展、合作、共赢的理念已经深入人心，但当今世界仍然很不安宁，地区冲突、局部战争频繁发生，恐怖主义蔓延肆掠，零和博弈的冷战思维有所抬头，和平赤字阻碍了全球治理体系改革和完善的进程，增加了全球治理的成本和难度，加剧了国际政治中的"安全困境"。只有秉持共同、综合、合作、可持续的新安全观，以合作谋和平、以合作促安全，才能实现世界的长久和平，为解决全球治理中的其他赤字问题奠定坚实基础。

四是发展赤字。作为推动世界经济增长引擎的经济全球化，一方面极大地促进了世界经济繁荣，另一方面也加剧了收入分配和发展空间失衡等问题，引发以"保护主义回归、民粹主义崛起、民族主义复兴"为特征的逆全球化思潮，为全球治理增添了新的障碍，引发一系列负面效应。只有坚持创新驱动、协同联动、公平包容，才能变革当前的增长、合作和发展模式，让全世界共享经济全球化的发展成果。

再次，全球治理制度短板的凸显也是全球治理目前面临的主要困境之一。2008 年金融危机爆发以来，国际社会就强化全球治理、改革和创新全球治理机制的共识和诉求不断增加。现有的全球治理体系与模式，已经滞后于变化中复杂多样的新形势，凸显了全球治理的三大制度短板。

一是制度供给不足。当前，全球化、信息化与网络化的快速发展正重塑全球经济、社会结构，世界经济、政治、社会和文化均经历全面转型，而国际权力格局的深刻变化，又使得世界各种力量之间的竞争、博弈和较量愈加激烈。[①] 旧的全球问题不断加剧，新的全球问题持续衍生，网络安全、太空治理、极地治理、人工智能等新兴问题层出不穷，但上述问题在全球治理中并没有得到足够的重视和体现，显示出全球治理制度供给的缺陷。

二是制度代表性弱。全球治理旨在解决全球性问题，应该是各治理主体的共同责任，而非少数国家主导下的"西方治理"。然而，现行全球治理体系凸显了大国权力主导下的"中心—外围"结构，缺乏足够的代表性、包容性、普遍性，无法体现出新兴经济体和发展中国家参与全球治理的权利和话语权，落后于世界权力格局的最新变化。

三是制度呈碎片化。全球治理体系结构中存在着广泛的机制碎片化，构成了国际关系领域新的制度现象及结构特征。[②] 随着全球治理制度的扩散、国际组织和国际非政府组织数量的上升，全球治理制度碎片化趋势进一步加强，挑战了全球治理中各国开展合作的一致性和有效性。国际权力政治的博弈更是加速了这一进程，当大国因强调民族国家利益而合作受阻时，它们往往倾向于选择"另起炉灶"，建立新的全球治理机制，令全球治理陷入制度困境。

最后，全球治理正在面临着治理意愿和能力不足的困境。一直以来，发达国家发挥着推动全球化和全球治理的领导作用，但自 2008 年金融危机爆发后，发达国家内部问题层出不穷，保护主义和民粹主义势力有所抬头，发展状况不尽如人意，参与全球治理和提供全球公共产品的意愿和能力都在下降，全球化和全球经济、政治发展都出现了领导力不足的问题，行动力也

---

① 卢静：《当前全球治理的制度困境及其改革》，《外交评论（外交学院学报）》2014 年第 1 期。

② 王明国：《机制碎片化及其对全球治理的影响》，《太平洋学报》2014 年第 1 期。

被削弱。虽然在全球治理的过程中，需要多元主体为实现共同目标进行平等协商和谈判，但全球治理的过程同样需要引领者。领导意愿和能力的缺乏不仅会影响全球性问题的解决，也会削弱政策的执行和落实效果，加剧全球治理所面临的困境。

二、逆全球化对全球治理的冲击

当前全球化进程有两个显著特征，一是逆全球化风潮有愈演愈烈之势，二是全球化转型发展已变得愈发紧迫，势在必行，两种趋势内在关联密切。[1] 逆全球化已经成为当前国际政治中的一大热点问题，在西方发达国家表现得尤其突出。英国脱欧、特朗普当选美国总统、民粹主义势力在欧洲国家的崛起都是逆全球化的外在体现。逆全球化反映出全球化存在的诸多问题，代表了一种与全球化发展背道而驰的力量和趋势，是经济全球化进程中一种暂时性、阶段性的特殊现象，是实现"全球化 4.0"的必经阶段。

长久以来，经济全球化主要由以美国为主的西方发达国家主导，为西方发达国家带来了经济繁荣。近年来，在世界经济发展缓慢的背景下，伴随着经济全球化进程产生的诸多问题开始逐渐显现，部分欧美国家将全球化进程中出现的发展失衡和治理困境归咎于全球化，狭隘地认为全球化是导致上述困境的根本原因。逆全球化逐渐从一种民间思潮上升到各国政府政策层面，甚至演变成明确的政府行为，在发达国家中掀起民族主义、保护主义和民粹主义等浪潮，加剧国际社会的进一步分化，加速世界政治的持续碎片化趋势，引发人们对世界秩序崩溃的担忧。逆全球化具有显著的"双面性"特征：一方面，逆全球化为世界各国国家治理和全球治理体系提出了新挑战，反映出国家治理与全球治理的失调，需要各国引起足够重视并设法解决；另

---

[1]　徐坚：《逆全球化风潮与全球化的转型发展》，《国际问题研究》2017 年第 3 期。

一方面，逆全球化也为各国提高国家治理能力、重构全球治理体系提供了新的契机和动力。总体来看，逆全球化不会阻碍全球化的整体进程，因此需要用理性、客观的态度去认识。

逆全球化背后反映出的是全球治理中存在的突出问题，全球治理主体间权力分配失衡、全球治理过程中收益分配不均等问题导致了逆全球化的出现。现行的全球治理体制是建立在实力基础上的，其主导权由不同层次、不同范围的权力结构所决定。[1]民族国家仍然是当今国际社会中最重要的行为体，而实力较强的大国比广大中小国家拥有更多的话语权。全球治理主体间权力分配的不平衡，导致国际体系中的核心大国掌握着全球治理体系的主导权，但全球化进程中产生的问题和负面效应则由所有行为体，尤其是中小国家和民族国家内部的普通民众来承担。全球化的发展促进了国际贸易的繁荣，但也导致了国家间以及国家内部各阶层间的贫富差距持续拉大。现行全球治理体系未能很好地关注和解决全球化进程中的公平问题。新兴经济体与发达经济体在全球化进程中的发展势头出现失衡，新型经济体实现了较快的经济发展，发达经济体的发展速度却不断变缓。在发达国家内部，普通民众和精英阶层在全球化中获得的收益差异持续拉大，那些没有在全球化中得到好处的"输家"往往将责任归咎于全球化，导致了逆全球化现象的产生。

虽然逆全球化现象反映出全球治理面临的诸多问题和制度性困境，但它无法阻挡全球化的潮流。毕竟，经济全球化是社会生产力发展的客观要求和技术进步的必然结果，是不可逆转的发展趋势。全球化当前面临的挫折和调整，是以新兴信息科技和第四次工业革命为发展机遇、新一轮全球化（"全球化4.0"）跃迁的蓄势。逆全球化也是全球治理调整的良机，让世界各国能够对现行的全球治理制度和政策进行反省，探索出更新更好的全球治理模式，保留那些适应新一轮全球化发展趋势要求的机制，淘汰那些

---

[1]　卢静：《"逆全球化"凸显全球治理赤字》，《人民论坛》2018年第19期。

不能反映新一轮全球化发展趋势的机制。冷战思维、零和博弈、妄自尊大、独善其身等错误观念和做法做法，不仅无法从根本上扭转逆全球化的趋势，甚至会加剧逆全球化。只有坚持和平发展、携手合作才能实现共赢。面对逆全球化带来的风险和不确定性，中国要继续推进以共同发展为导向的经济全球化和以"共商共建共享"为基础的全球经济治理，以更加积极、开放的态度参与全球治理，推动全球治理体系变革，增强全球治理制度的普惠性，从构建人类命运共同体的战略高度，提出破解全球治理难题、推动世界发展的"中国方案"。

三、技术进步对全球治理的挑战

在全球化的各个历史阶段，技术进步在创造机遇和制造风险方面都发挥了决定性作用。以蒸汽机为代表的第一次工业革命开创了蒸汽时代；以电力大规模应用为代表的第二次工业革命开创了电力时代；以计算机技术为代表的第三次工业革命开创了信息时代；而今以人工智能为代表的第四次工业革命已经到来，推动着全球化进入一个崭新阶段——"全球化4.0"。世界经济论坛创始人兼执行主席克劳斯·施瓦布说："我们正在进入全球化的一个新时期，我们称之为全球化4.0。而第四次工业革命将重新塑造未来的全球合作。"历史上发生的三次工业革命均极大地推动了跨国分工、贸易和投资，但也导致了就业和贫富差距等问题。

第四次工业革命以人工智能、机器人技术、虚拟现实、量子信息技术、可控核聚变、清洁能源、生物工程等技术为主要突破口，将不可避免地从以下四个方面对"全球化4.0"产生深远影响。

一是双向影响全球化进程。一方面，第四次工业革命和任何一次工业革命一样，都是从科技重大突破开始的，而所有的科学技术进步都将极大地提升生产率，带动生产力的新增长，从而让各国产业联系变得更加紧密，继续推动了全球产品和服务的形成，加速了全球化进程；另一方面，第四次工业革命也可能会起到分割全球化的作用，因为大数据和物联网等技术进步将世界经济分割为不同的区块链，可能会导致商品贸易增长减弱和服务贸易持续上升，区域贸易协定的数量也会随之增加。

二是深刻变革世界贸易规则。随着第四次工业革命的到来，传统的关税和非关税壁垒等物质性市场准入和待遇虽然将会继续存在，但它们的重要性将会逐渐减弱，知识产权和劳工保护等非物质性市场准入的重要性将会进一步提高，"三零"原则（零关税、零壁垒、零补贴）也会被进一步纳入世界贸易体系，世界贸易规则会随之发生重大变化。

三是直接冲击就业市场。技术进步的主要目标是提高生产力，人工智能、机器人和无人驾驶等技术进步的广泛应用可能会带来失业问题。具有高度灵活性、创造力、解决问题和人际交往能力较强的高技能工人，将会继续受益于人工智能等技术进步，但中低技能工作人员可能将会面临来自机器和人工智能软件的进一步压力。但技术进步往往也会创造出全新的就业机会，技术进步对就业市场的破坏作用将会被其积极作用抵消。

四是持续助长不平等现象。近十几年来，技术进步促成了发达国家内部就业结构的重大变化，以及资本和劳动在不同类型工人之间的重新分配，管理型、专业性和技术性强的专家往往处在收入顶端，而服务行业工作者等则收入较低，发达国家经济体的国民收入不平等现象持续加剧。第四次工业革命将会导致国家之间和国内群体之间的收益差距进一步拉大，社会问题也将进一步增加，因此要积极推动"包容性全球化"，尽量减轻技术进步对全球发展不平等、不平衡现象的影响。

以第四次工业革命为代表的技术进步将会继续推动经济全球化发展，但技术进步所带来的诸多挑战与全球治理的许多问题同时发生、错综交织，"全球化4.0"的构建需要世界各国广泛参与、普遍合作、包容发展，探索协同合作的新理念，通过建立起新的规则和制度框架，来减轻发展不平衡、经济不平等可能会带来的全球动荡和冲突。

第四节　全球治理的格局与路径

一、全球治理的格局变迁

当前全球治理格局是在冷战两极格局瓦解的基础上形成的，冷战结束后的全球治理格局经历了两个主要演变阶段。

第一阶段是从 1989 年苏联解体到 2008 年国际金融危机，全球治理格局的单极化趋势明显，以美国为主的西方发达国家是全球治理的主要参与者和建设者，其在全球治理中的绝对主导地位并未遭遇实质性的挑战，甚至还得以进一步强化，全球治理机制运行呈现出显著的单边主义色彩。美国在海湾战争、科索沃战争、阿富汗战争、伊拉克战争的大国外交竞争中处于绝对主导地位，彰显出美国在全球治理中的霸权主义意志和色彩。此外，美国也牢牢把握住世界贸易组织等国际组织规则制定的绝对权力，为中国加入世贸组织设置了诸多要求和重重障碍。

第二个阶段是从 2008 年国际金融危机爆发后延续至今，以西方发达国家为主导的国际体系与国际秩序发生了结构性变化，在全球治理中的霸主地位受到挑战，全球治理格局多极化趋势凸显。与此同时，新兴经济体和发展中国家的实力和影响力不断上升，实现了群体性崛起，开始提出在国际事务中提升话语权和决策权的明确意愿，全球治理发生了历史性的权力结构转型，全球治理格局开始出现新趋势。

二、全球治理格局的发展趋势

2008 年国际金融危机引发了国际治理体系与国际治理格局前所未有的大变局，导致了全球治理格局出现了新的发展趋势，主要表现在三个方面。

首先，发达国家在全球治理中的主导地位开始动摇。作为现行全球治理体系的缔造者的西方发达国家，2008年国际金融危机爆发后实力严重受损，在全球治理体系中的全面主导地位开始动摇。美国经济在震荡中持续低迷，经济霸权地位受到严峻挑战，欧洲国家也纷纷陷入欧债危机自身难保，"华盛顿共识"不仅没能有效应对金融危机，而且还对金融危机的爆发起到了推波助澜的作用。发达国家在全球治理体系中的地位作用严重衰弱，开始利用第四次工业革命推动"再工业化"进程，尽力谋求制定新的经济规则主导权。全球治理中的主导权竞争进一步加剧。

其次，发展中国家在全球治理中的影响持续上升。2008年国际金融危机爆发后，以中国为首的发展中国家和新兴经济体保持着较高的经济增长速度，出现了发展中国家群体性崛起的局面。以经济为例，发展中国家和新兴市场国家对世界经济增长的贡献率已经高达80％。发达国家与发展中国家的经济力量差距在逐渐缩小，全球发展的版图更加全面均衡。发展中国家更加积极主动地参与全球治理，普遍要求增加其在全球治理体系中的话语权和代表权，努力推动全球治理体系向更加公正、合理、透明的方向发展。

最后，中国在全球治理体系中扮演着越来越重要的角色。2008年的国际金融危机爆发后，中国仍然保持了较快的经济增长，成为拉动世界经济增长的关键引擎。中国的经济总量和综合国力持续增强，在全球治理体系中的地位和作用迅速上升，正在成为全球治理体系的重要参与者、全球治理体系变革的积极推动者。一方面，基于自身利益和全球共同利益，中国开始谋求国际事务中的更多话语权（尤其是制度性话语权）和提出合理诉求；另一方面，国际社会也期待中国在全球治理中承担更多责任，作出更大贡献。

三、全球治理格局的必然路径：共商、共建、共享

在当今世界中，国家之间联系紧密、相互依存，各国人民命运与共、休戚相关，各国利益相互交织、紧密相连。随着全球性问题的不断涌现，没有哪个国家能够独自应对人类面临的各种挑战。当前的全球治理体系仍然存

在诸多不合理之处，西方发达国家主导的全球治理体系逐渐落后于全球治理体系格局的新变化；广大发展中国家实现了"群体性崛起"，但是仍然在全球治理体系中享有较少的话语权；贸易保护主义、单边主义和逆全球化思潮的抬头也在不断冲击着全球治理体系。只有顺应时代发展潮流，坚持共商、共建、共享的原则，才能在全球治理体系中凝聚各方共识、形成一致行动。

作为负责任的大国，中国始终是世界和平的建设者、全球发展的贡献者和国际秩序的维护者。积极参与全球治理，为全球治理作出中国贡献、提出中国方案，是义不容辞的历史责任和时代要求。党的十八大以来，中国始终坚持共建共商共享的全球治理观，积极参与全球治理体系的变革和建设，主动推动公正合理的国际新秩序的形成。共商共建共享的全球治理理念符合全球治理的本质，是全球治理的必由之路。共商共建共享全球治理观的贯彻必须坚持以下原则：

一是坚持充分沟通、共同协商。全球治理是人类的共同事业，需要各国凝聚共识、通力合作。不同国家对于全球治理的内容、目标、议题、机构设置、实施原则可能会存在难以避免的分歧。全球治理必须致力于将关于全球体系变革的主张转化为各方共识，各个国家需要在充分沟通的基础上建立互信，克服意识形态和文化差异带来的阻碍。共商的过程要遵循全球治理规则民主化、法治化的要求，确保共商的结果能够充分体现大多数国家的意愿和利益。

二是坚持广泛参与、共同建设。在参与全球治理的过程中，世界各国应该尊重以《联合国宪章》为核心的国际关系基本准则，即国家无论大小、贫富、强弱一律平等，这是全球治理体系的基础和前提。全球治理体系和制度安排应该充分保障国家平等参与全球治理的权利，尊重发展中国家独立自主选择发展道路的自由，逐步扩大发展中国家在世界银行、国际货币基金组织、亚洲发展银行等全球治理机制中的话语权，积极推动发展中国家参与全球治理体系改革，共同增进人类福祉。

三是坚持利益兼顾、共同分享。在全球治理过程中，各国应当共享经济全球化带来的红利和发展成果。近几十年来，不断加快的经济全球化极大地促进了全球范围内的物质繁荣，但是各国并没有共享发展成果，贫富分化程度持续加深，不平等发展已经成为导致全球治理赤字产生的关键因素。因此，必须继续推动贸易和投资自由化、便利化，坚决反对贸易保护主义，坚决维护以世贸组织为核心的多边贸易体制，让各国人民都能充分享受开放型经济和自由贸易所带来的福祉。

共商、共建、共享的全球治理观，是中国针对全球治理问题提出的全新解决思路，将对构建新型国际关系产生积极而深远的影响，符合新时代国际关系潮流。共商、共建、共享观必将推动各国通力合作，共同应对全球性挑战，为构建一个更加美好的世界而携手努力。在新型全球治理观的指引下，作为负责任的大国和最大的发展中国家，中国将一如既往地积极参与全球治理体系改革和建设，努力为完善全球治理贡献中国方案和中国智慧，继续推动国际秩序朝着更加公正合理的方向发展，为建设持久和平、普遍安全、共同繁荣、开放包容、清洁美丽的世界作出更大贡献。

第五节　全球治理的中国实践

一、中国参与全球治理的责任与目标

当今全球力量格局正在发生前所未有的深刻转变，新兴市场国家和发展中国家势头强劲，国际影响力不断增强，它们希望全球治理体系能够进一步完善，更加符合世界各国的共同利益。与此同时，现行全球治理体系却面临着多重困境，大国合作趋势减弱，单边主义和狭隘民族主义势头卷土重来，各种全球性议题的治理面临着严峻的挑战。面临着上述机遇和挑战，作为世界第二大经济体和联合国安理会常任理事国的中国，正前所未有地走近世界政治舞台中心，国际地位和影响力与日俱增。发展起来的中国深知自身肩负的责任，力所能及地为人类提供全球治理的公共产品，在追求国家利益的同时，也强调发展人类的共同利益，努力构建起广泛的利益共同体，让世界共享中国的发展红利。

首先，中国要做发展的贡献者。作为世界第二大经济体，中国在过去几年始终保持了自身经济的较高增速，对世界经济增长的平均贡献率超过30％，是世界经济增长的主要推动力量。实现了经济快速发展的中国深知自身肩负的责任，始终力所能及地为国际社会提供全球治理的公共产品，通过实施"一带一路"倡议构建广泛的利益共同体，让世界共享中国的发展红利。

其次，中国要做秩序的维护者。改革开放以来，中国从战后自由主义国际制度的反对者和被排斥者，逐渐成为现行国际秩序的维护者、建设者和受益者。在融入自由主义国际经济体系的过程中，中国从经济全球化浪潮中获取了发展所需的资金和技术，充分受益于以 WTO 机制为代表的自由贸易规范。中国也坚定维护国际政治秩序中主权平等、民族自决和集体安全等原则，坚决反对单边主义和强权政治。由此可见，对于现行国际经济和政治秩序中合理的部分，中国将坚决维护和捍卫，而对于现行国际经济和政治秩序中有失公平、有损发展的部分，中国也将积极扮演好全球治理体系变革者和责任承担者的角色。中国不是现行国际秩序的"修正主义者"或"挑战者"，而是国际秩序的维护者与改进者。

最后，中国要做和平的捍卫者。作为联合国安理会常任理事国，中国在维护世界和平稳定方面肩负着义不容辞的责任，必须承担起大国义务。在全球安全的层面上，中国提出构建"不冲突、不对抗"的新型大国关系，主张开展"平等互信、包容互鉴、合作共赢"的大国合作，探索出全球安全治理的新模式。在区域安全的层面上，中国提出和积极践行以"共同安全、综合安全、合作安全、可持续安全"为特征的亚洲新安全观，致力于构建亚太区域的和平与稳定。未来中国将继续坚持独立自主、着眼共同利益、扩大安全合作和互利共赢的原则，积极参与联合国维和和国际反恐合作，充分担负一个负责任的大国应有的义务。

二、中国参与全球治理的伟大实践:"一带一路"倡议

随着全球化的深入发展,世界政治经济形势出现剧烈变动,贸易保护主义、单边主义挑战着传统的全球治理体系,全球治理变革势在必行。在新的全球化背景下,为应对严峻的全球治理赤字问题、推动全球治理体系改革,中国根据自身经验,提出了"一带一路"倡议,将中国发展与世界发展紧密地结合起来,以实现"五通"(政策沟通、设施联通、贸易畅通、资金融通、民心相通)为目标,通过推动沿线国家合作,共同打造政治互信、经济融合、文化互容的责任共同体、利益共同体和命运共同体。"一带一路"的建设与发展,将有助于中国携手世界其他国家更加公平地配置全球市场资源,促进全球化的均衡发展、完善全球治理规则、健全全球治理制度。"一带一路"倡议是中国积极参加全球治理、主动融入全球治理体系的重要尝试,更是中国推动全球治理变革的宏伟方略。具体来说,"一带一路"倡议从以下四个方面推动了全球治理变革:

一是扩大了全球治理的主体范围。自第二次世界大战结束以后,主要国际组织和全球治理体系一直被西方发达国家主导,它们掌控着全球治理的主要资源和话语权。发展中国家推动建立国际政治经济新秩序的尝试,无法在国际社会内部得到积极回应,全球治理体系变革迟迟没有得到西方发达国家的足够重视。在这种背景下,中国提出的"一带一路"倡议对沿线发展中国家和地区具有强烈吸引力,有利于推进相关发展中国家基础设施的高质量发展,也为发达国家和发展中国家共同参与全球治理搭起桥梁。

二是优化了全球治理的议题设置。现有全球治理体系受西方发达国家价值偏好影响,人权、环境、气候变化等议题往往被放在更为关键和突出的位置,发展中国家和新兴经济体更为看重的发展议题通常不受重视,亚欧非广大发展中国家基础设施落后和严重不足的问题长期没有得到关注,已经成为制约地区一体化的瓶颈。"一带一路"倡议则将基础设施建设作为重要的议题设置,以发展战略对接的方式共同推动经济一体化合作,可以更好地解

决全球区域发展不平衡的问题。

三是引领了全球治理的全新价值。现行全球治理价值主要由美国等西方发达国家倡导，西方倡导的"华盛顿共识"和"普世价值"等理念逐渐不能满足当前全球治理的实践需要。"一带一路"倡议奉行"相互尊重、平等互利、合作共赢"的新型国际关系理念，遵循"共建、共商、共享"的全球治理新理念，尽可能消除全球化所带来的负面影响，得到了联合国和多数沿线国家和地区的热烈欢迎。这种以"合作共赢"为核心的新型国际关系从根本上符合全球治理精神，可以避免零和博弈、对抗和冲突的发生，为全球治理变革提供了新思路。

四是构建了全球治理的有效机制。现行金融、贸易等领域的国际合作机制主要由以美国为首的西方发达国家建立，在逆全球化趋势的影响下，很难有效应对当前广泛的全球性问题，集体行动困境导致发达国家供应全球治理所需公共产品的意愿持续下降，治理赤字问题不断出现。伴随着"一带一路"倡议的实施，以亚投行、丝路基金为代表的合作机制逐步建立，双边机制和合作论坛均取得不错成效，体现出开放包容和合作共赢的全新理念，有助于推动全球治理机制的进一步创新和变革。

虽然"一带一路"倡议目前仍停留在跨地区国际合作阶段，但其重要作用已经得到了国际社会的认可，展现出中国推动全球治理体系变革的意志和决心。"一带一路"倡议能够有效提升中国在全球治理体系中的话语权、动员更多力量参与全球治理，推动全球治理机制完善，拓展中国参与全球治理的议题和领域，从而不断提高中国参与全球治理的能力和全球影响力。

第十七章　国家治理前景展望 [*]

第一节　治理主体

一、跨国家机构的治理意义

冷战结束后，世界形势发生了很大变化，人类经历了各个国家和地区相互依存度不断上升的经济全球化历史进程。尽管仍有争议，大致共识是此轮全球化的起始时点应追溯至 30 多年前柏林墙的倒塌，以及随之而来的真正意义上的世界市场的形成。经济全球化一直是靠"两条腿"的交替移动前行，其中"一条腿"是多边机制的创立或升级完善，"另一条腿"是诸边机制的形成与发展。近年来，西方保守主义势头上升，但是区域一体化并未因一些国家的"退群"而遭遇严重阻碍，反而在有些地区得到强化，当依靠多边努力推动经济全球化阻力加大、不再顺畅时，诸边努力便自然成为经济全球化前行的主要动力。区域的跨国家机构在国际治理和国家治理中扮演着越来越重要的作用。

各国所面临的重大治理风险的挑战，加剧了国家间合作与跨国家的中间机构的功能和作用。包括恐怖主义威胁上升、重大灾害事件的频发、重大疫情和传染病的蔓延、移民和难民问题、新保守主义的抬头、第四次工业技

---

[*]　本章作者为中国社会科学院政治学研究所当代中国政治研究室樊鹏研究员。

术革命的到来以及国家间竞争态势的加剧等，正在重塑国家治理的环境。尤其是一系列重大风险挑战相互交织叠加，形成了某种具有整体性特征的风险类型，几乎超过任何一个单一民族国家治理体系所能承载的极限。这里的整体性风险，是相对于某领域局部风险或地区局部风险而言的。在现有的以国家机构为主的组织结构、技术环境和舆论生态中，个别领域或个别地区的管治风险往往加速外溢，形成具有总体性影响的风险挑战。

总体性风险挑战不仅在于它所触发的影响范围更广、程度更深，而且各领域风险的联动性更强，对国家治理产生了总体性和系统性的影响。一些重大的风险，由于信息的高度不对称、指数级的复杂性问题以及留给国家决策者有限的时间与空间限制，往往造成单一制度体系根本无力应对的局面。更有甚者，整体性风险往往发展成为超出政治体系及其制度承载能力的挑战，或挑战制度极限，演化为某种"超负荷危机"，即超出单一国家体系或单个国家的能力的危机。这些危机的处置，除了亟须依靠国家间的合作，往往需要更多具有跨国家行政的中间机构的参与和协同。

当下国家治理，不仅仅受到国际、地方、机构等更广泛意义上的多中心权力结构的制约，而且随着治理环境的持续变化，导致国家适应快速变化的治理环境，加深对治理对象了解的成本越来越高，时间越来越短，对国家治理形成了极大挑战。正如加拿大麦吉尔大学泰勒·欧文（Taylor Owen）在他的著作《颠覆性的力量：数字时代的国家危机》中所声称的那样，第四次工业革命的时代，塑造了"数字网络"（digital network）分散、协作和灵活的治理功能，更多国家间行为主体正在承担更多使命和功能，这意味着"国家垄断的时代已经结束"。①

然而，新冠肺炎疫情在全球范围内的蔓延，对传统的民族国家体系构成了一次空前挑战，在危机处置中那些因深度"嵌入"全球化进程同时自身

① Taylor Owen，*Disruptive Power*: *The Crisis of the State in the Digital Age*，Oxford: Oxford University Press，2015，p.191.

工业化体系和国家能力又不够健全的国家，遭遇了严重的治理危机，在抗击疫情中包括欧盟在内的地区政治组织和部分国际组织，并没有为一些深陷危机中的国家提供足够的帮助，没有为深陷公共疫情"丛林状态"的国际社会提供约束性规制，正如一些媒体所形容的那样，重大危机真正考验了地区政治合作的真诚和效能，"退潮后才知道谁没穿内裤"。事实上，危机强化了自利、"脱嵌"等更趋保守的价值和趋势，同国家间应加强协作的应然价值形成了强烈的紧张关系。

英国当代政治哲学家约翰·格雷于2020年4月在《新政治家》周刊发表《新冠危机缘何是一个历史转折点》（*Why this crisis is a turning point in history*）一文，提出突如其来的新冠疫情打破了人们想象中的平衡，加速了已经持续多年的"去全球化"进程。甚至质疑，试图寄希望于通过前所未有的国际合作来解决类似危机的想法，是最纯粹的异想天开。他甚至以欧盟为例提出全球化地区合作中存在的根本缺陷和谎言特征，质疑它无法履行一个国家所具有的保护职能。为了躲避危险保持健康，人们愿意接受政府干预所导致的不自由。在可预见的未来，后自由主义政府或将成为一种常态。[1]

二、"软件"系统的深度参与

20世纪的国家治理体系是建立在前三次工业革命积累形成的大工业体系和基础上，政治学世界中常使用同国家治理体系有关的一系列概念，包括民族国家、利益集团、法团主义、结构功能主义、监管型国家等概念，反映的是大工业时代国家同市场社会主体的关系和主要处置工具，是国家权力"硬件"，即：硬权力、硬监管的创设与使用。然而在第四次技术革命环境下，原有国家理论的基础以及国家权力运行的系统特征被彻底颠覆。

有研究提出，新技术革命的发生很可能釜底抽薪、彻底颠覆现有的国

---

[1]　John Gray, "Why this crisis is a turning point in history", *New Statesman*, April 1，2020.

家理论，在新技术革命条件下，传统国家理论的支柱性概念，包括暴力、战争、疆域等将会发生根本性变化。① 不唯如此，新技术革命对现实的国家治理和政治生活已经带来了重大的影响。对此，有人认为随着"大机器工业体系"向"大数据物联网"范式的转换，社会主义生产关系与制度优势会更加显著，新技术革命为构建全新的社会主义生产方式提供了重大战略机遇。② 这样的重大战略机遇是否真正存在，可能是一个需要留给实践来回答的问题，但是事实上已经有大量经验证明，新技术的广泛应用可能会在多个维度上挑战原有的国家能力，国家权力运行的"硬件"系统正在遭遇功能挑战。这是由于，新技术革命不但改变了传统国家行政主体权力运行的环境，而且重塑了公共行政和国家治理的条件和资源，国家在监管能力、公共行政、国家与社会关系以及政治发展等方面所具备的垄断性优势正在加速丧失，国家正步入一个由新技术应用深度塑造的崭新环境。③

以政府监管能力为例，日新月异的新技术加速改变了政府监管权力行使的环境，国家原有的治理框架，包括监管机构和监管工具的实用性及其权力的极限，受到了持续挑战。在互联网基础下，更多市场主体获得行动能力，衍生出更多的信息不对称，极大地增加了政府监管成本。市场和社会出现更多微观交易行动的同时，作为监管方的政府则失去了更多"微观权力"，政策制定者难以对变革施加影响。为此，需要更多具有"软性"权力特征的治理系统的参与，国家治理的"软件"系统支撑的问题成为国家治理的核心任务。"软件"系统的核心是去中心化或弱中心化管理，是对资源的智能化配置与分布式管理，原有国家硬权力系统的管理层被压缩是未来趋势。

---

① 王绍光：《新技术革命与国家理论》，《中央社会主义学院学报》2019 年第 5 期。
② 刘方喜：《"大机器工业体系"向"大数据物联网"范式转换：社会主义"全民共建共享"生产方式建构的重大战略机遇》，《毛泽东邓小平理论研究》2017 年第 10 期。
③ 樊鹏：《利维坦遭遇独角兽：新技术的政治影响》，《文化纵横》2018 年第 4 期。

第二节　治理特征

一、未来社会是高度风险化、模糊化的社会

过去 40 多年，在建设社会主义市场经济过程中，中国的社会景观发生极大改变，如从农民到市民、从居民到网民、从实体社区到虚拟社区，社会力量和公共空间不断壮大、裂变。原有国家治理体系识别和管治不同空间的能力受到一定程度的挑战。一个重要的原因是相对稳定的社会组织结构的解体，高度风险化和模糊化将成为未来社会组织形态的主要特征。大都市治理就是今天中国的国家治理高度风险化、模糊化特征的集中体现，是中国的国家治理面临一系列新兴社会组织形式挑战的缩影。

截至 2019 年底，全国人口规模突破千万的城市已经达到 16 个，中国拥有了世界级的超级大都市集群。伴随着市场经济的深度发展以及社会结构的深刻调整，大都市地区的要素和权力多样性的构成，社会组织系统的裂变聚合，以及市民精神秩序的变化等，对于城市社会的治理有着深刻的影响。随时冒出来"陌生"问题，隐匿社会组织的运行，政治商谈甚至对抗的日常性，这些是实现了较充分工业化的大都市地区治理的普遍特征。中国大都市群落加速崛起，伴随而来的是社会结构的裂变。由于社会组织特征的深刻变革，大都市地区的治理将成为国家治理的重要任务和挑战。

从要素构成多样性来审视大都市，今天大都市治理所面对的对象，不是改革初期"陌生人"的问题，而是陌生的社会形态和陌生的政治事务，是治理的陌生性问题。陌生这个词汇在今天的上海相对有比较丰富的内容：最密集的新建小区，纵横交错的治理系统，国际贸易带来的部分域外权力特征，改革开放几十年来积累的商业利益和集团特征等，都使得治理面临一个高度复杂的要素综合体和权力结构。仅就社区的要素构成而言，就已经足够形成一系列治理的难题。在深圳某些街道，形成了由来自数十个国家的数以

万计的外籍人口组成的国际化社区；在另外一些街道，形成了多达数万韩国人口构成的单一国际聚居区。面对这样的社区类型，传统的基层治理体系常常会感到"陌生"，不得不加速寻找恰当的治理工具，并迫使自己同更多专业力量合作解决管治能力不足的问题，这是原有的治理体系所不可想象的。① 如果考虑到城市利益团体以及由此构成的社会关系和政商关系的新变化，今天大都市地区的多样性，已经不再是传统意义上的产业多样性、阶级阶层多样性抑或社区类型的多样，更多还有政治和治理意义上的多样性。②

二、"混合态、中间态"将成为治理常态

国家治理高度风险化、模糊化的特征，说明未来国家治理的任务和工具将要发生根本性变化。原有的以相对稳定的结构为主体、强调功能分殊的治理体系，将难以适应动态的、变化的、模糊化的各类社会风险。社会风险源自某种社会组织特征，从城市地区的治理来看，"混合态、中间态"已经成为社会组织的核心特征。未来能否精准把握社会结构变动中的全新的组织特征，能否找到同这些组织特征相互适配的社会稳定机制，而不完全依赖于传统结构单元和功能主体，遂成为中国国家治理不得不面对的重大挑战。

大都市地区的社会组织系统也在加速演变。面对相对集中的经济系统和政治功能结构遭遇的挑战，国家通过强化新兴组织管理能力和各类社区的网格化治理，一定程度上保持了对社会的绝对控制能力。但是伴随着大都市群落的崛起，又恰逢新技术革命的发生，这些因素为社会交互网络的成长提供了全新的发展空间和必要的技术支撑，大都市地区的社会组织系统呈现出显著的"去结构化"蔓延态势，社会的组织特征和权力运行呈现出某种非组

---

① 樊鹏：《国际化社区治理：优化基层党政权力运行的试验场》，《新视野》2018 年第 2 期。

② 樊鹏：《"陌生大城市"考验国家治理能力》，《环球时报》2020 年 1 月 21 日。

织性，即社会力量的横向蔓延，不能被结构化而成为传统意义上"支部建在连上"的物理空间和身份群体的一致性，城市治理面对的是一个不能被简化的乐谱。

大众观念体系和精神秩序的变化，也是国家治理对象高度模糊化、风险化的一个重要方面。过去 40 多年，中国在高速工业化过程中，尽管社会组织系统加速演变，但总体上没有演化成为西方相对成熟的工业化国家常常出现的包括意识形态失序在内的一系列"后工业化"问题，中国总体上没有被超越发展阶段的意识形态所左右，尤其没有让极端价值观牵着鼻子走，这是中国的制度优势和发展优势。但仍应留意，随着一系列条件的变化，中国的社会观念形态尤其是大都市地区的精神秩序，正在发生显著变化。

大都市孕育了复杂的观念形态的构成。大城市地区是后现代因素比较集中的地方，环保主义、绿色运动、少数民族群体、宗教、移民都更为常见。极端观念在大都市地区有组织化聚集，不仅制造价值对立，而且将对发展型政府的议程设置、资源配置和重大决策形成无形但巨大的掣肘。在这样的环境下，政府原先依赖的一套管制理念、工具、策略已经与大城市的现行社会形态、结构、微观细胞机理甚至观念精神秩序出现了不对接的情况。

第三节　治理本质

一、治理的本质任务是处理高度复杂性问题

国家治理的核心任务是处理日益变迁的社会复杂性问题。极端情况下看国家治理，就是维护国家的治理体系的效能和制度体系的安全，也可以理解为针对治理的权力效能和制度安全问题关涉制度安全的国家治理，其主要处理对象是社会快速变迁带来的复杂性问题及其重大风险考验。当下国家治

理，需要的是"国家治理"与"社会共治"的相互兼容，要把握好社会结构变动中的社会组织特征，持续更新"社会稳定器"，维护好制度稳定和政治安全。

相对稳定的社会结构是国家治理得以实施的约束条件，也为国家治理模式的创新提供了相对低成本的组织资源。然而社会结构的深刻变动往往蕴含着全新的社会风险，对既有的国家治理体系和效能会形成严峻挑战。通常情况下，社会风险的产生源于某种新的社会结构与组织特征的变革，治理能力的提升必须同变革中的社会组织特征相互适配。如果说传统国家治理依靠的组织基础是家庭，那么新中国成立后很长一段时期，中国国家治理的组织基础实际上是城乡分割体制和相对稳定的农村公社与城市单位制度。中国的国家治理体系和治理能力在社会领域的挑战，就在于是否能够跟得上社会结构的聚合裂变，是否能够革新或构建同崭新的社会组织特征与政治空间特征相适配的治理系统与治理工具。①

二、治理的本质属性是避免权力透支

政治学上讲到现代国家权力的基础，往往是指泰勒主义意义上的控制体系和管理能力。如果说处理社会的高度复杂性问题是国家治理的本质任务，那么保持国家权力在各种场景和各类形势下必要的适应能力和足够的治理效能，避免国家权力或行政权力出现透支，则是治理的本质属性和内在要求。

当国家权力难以覆盖新的政治空间、社会场景，或难以监测和管理相应的市场和社会活动，就意味着会产生相应的政策真空或权力真空，这种情况有别于行政权力有意或无意的"不作为"，它的本质在于现有国家和行政权力运行的极限受到挑战，使传统行政管治的覆盖和政治权力、规则的运行

---

① 樊鹏：《新技术环境下的政治安全》，《东方学刊》2019 年 3 月刊。

瞬间失效。

从世界范围看，国家权力之外的新空间、新场景和新的市场和社会权力的运行方式正在不断扩展、蔓延。以新一轮技术革命的爆发为例，因技术因素诞生的政治空间，或因技术赋权产生的复杂的市场和社会交易，往往使许多领域的问题突破了传统行政权力的极限。"互联网＋"等新技术运用在颠覆了传统社会组织形态，产生复杂政治空间的同时，还培育了无数个能动的创新性行动主体。以商业活动为例，在特定政治空间下，假设任何商业活动都具有不可逾越的行政边界，但是"互联网＋"等新技术运用，在一定程度上代表了一种无形、无组织或有组织但组织效能低于传统组织的权力形态，尽管目前有一定监管，但是在某些领域仍然被视为无边界的政治空间，公权力和传统管治无法覆盖，从而形成了对公共政策、政府管治乃至政治安全的某种威胁。

新技术因素推动社会创造出更多的自主空间，而这些空间的"领土"属性正在因新技术因素而得到强化。在极端情形下，国家规范社会的能力和机制也将因新技术因素而受到削弱甚至彻底颠覆。例如，区块链技术的发展以及随之而来的"去中心化"的信息储存方式，可能颠覆政府垄断和操控舆论信息的能力，即使国家可能拥有先进的算法，但也无法抵抗庞大的机构和社会力量所形成的复杂算法能力，以及其可能出现的联合。在这个意义上，新技术增加的是国家机构的统治成本，挑战的是传统权力的极限。

面对这些新的挑战，政府投入了巨量的资源，但是在某些领域注定是低效率的行政运行。与此同时，新技术公司和新技术手段正在替代政府介入这个新型政治空间，当政府无法找到恰当的依据或工具处理这些新问题时，政策真空立即演变为政策暴力，造成政府同市场社会力量的对立。在这个意义上，政治安全也可以从权力极限的视角来加以审视，它是新的社会形势和政治空间下，国家权力和行政管治边界受到挑战的政治现象，而政治安全的防范和治理，则是国家权力同它的治理对象进行复杂博弈的动态过程。

第四节　治理技术

一、通过广泛技术合作构建多中心或弱中心管理体系

在国家治理的各领域，因新技术革命的发生，政府将不得不受到国际、地方、市场、社会和技术领域中更加广泛的多中心权力结构的牵制。为持续适应快速变化的新技术、新环境，包括加深对治理对象的了解，适应新兴的社会组织特征，克服广泛的信息不对称等，未来国家治理将加速从封闭逐步过渡到有效开放，完全中心化决策和资源配置将逐步释放给多中心或弱中心管理体系。与此同时，国家治理将更加需要科学的理论视角和分析工具，需要依靠更为可靠的观测、预估、干预的治理能力、技术路线和政策工具。

新技术应用于公共管理已经是不争的事实。在中国，商汤科技等新技术公司已经接管了中国数以千万计的治安摄像头的结构化分析，并已介入中国公安系统的天网工程；滴滴已经成为上海城市交通法规的联合拟定组织，腾讯与公安部刑侦局达成了全国打击伪基站违法犯罪活动的战略合作协议，公安机关同新技术公司的合作，还促进了公安警务服务从一般的犯罪问题延展到更加广泛的社会服务功能和政治预警功能。

在 2020 年新冠病毒疫情防控期间，国内新技术企业群体利用大数据管理、科技算法、远程呈现等技术优势，在线索收集、远程诊疗、分布式管理、保障物资供应链良好运转、对接国际救援资源等方面，发挥了极为重要的作用。此次事件，是我国应对突发性公共卫生事件的现象级事件，标志着新技术企业已经成为危机管理和公共治理的重要主体，未来更多政府公共行为将同新技术企业的运营和支持密不可分。

技术公司和组织分割政府的管理权限，已经成为不争的事实。这一个重要的趋势是先有减法，社会型企业部分取代了行政的部分职能，然后是政

府吸纳技术，改变自己的管理规则和程序，混搭出某种新规则、新程序。在一个长时期内来看，这个过程可能是政治文明的狂飙突进。

二、通过保持权力弹性提高治理体系预测预警能力

高效能的国家治理，不仅要求国家体系内部建立高效协同的信息化反馈机制，还要求充分利用政治—技术的合作，建立一个巨大的社会合作网络，增强治理体系"预测预警预防"的能力，保持权力系统必要的弹性。

在许多情境下，国家权力的运行同新型政治空间的复杂构造之间，同新兴市场和社会权力的复杂运行之间，往往存在较大落差，这是由于国家治理体系安排和权力运行，往往在关键场景和关键时刻缺乏必要的应对"意外"的能力，在面对"深度不确定性"的危机挑战时，往往会出现治理体系的某种暂时"懵圈"或"休克"。[①] 打仗要留预备队的功能在于应付意外，但面对集合性突发可能，除了被动应对意外，还要有实验室模拟，还要有智能水平的预备队，要对可能出现的情况预留出决策和周旋的空间。

行政资源不应仅仅盯着已经发生的事情，不能在一个可能性问题上持续超负荷运转，还要在一定程度上消耗在"不可能"的地方，而后者对于治理的有效性更为关键。今天的政府系统已经难以维系大规模快速应对的能力，从这点上看，好的和坏的政策都是很小部分被执行，除了通过广泛的技术合作和开展智力实验预警外，唯一可能的传统手段就是保持权力的弹性。让弹性吸收消化、维护和提高国家治理的有效性，最应该思考但现实中往往被忽视的问题是，如何进一步加强风险的虚构与假设能力。至少要有这样的思维投入，提出一些基础性假设，并清晰指出，依据这样的假设，有几类事情绝对不能依靠传统手段和工具加以处置，有几个信号一旦出现，必须迅速

---

① "深度不确定性"的概念参见王绍光：《深度不确定条件下的决策：以新冠肺炎疫情为例》，《东方学刊》2020 年第 8 期。

回应，或者召开临时会议，用已有的预案测试性加以回应。

第五节　治理方向

一、良善文明，万众民心

立足当下，放眼未来，治理必须确定自身的定位和方向。在国家治理的宏大叙事中，任何国家、任何社会都在寻求实现良善公共生活的最优解，也在不断吸收人类文明的优秀成果，为国家治理的纵深发展提供理念、价值、思想的支撑。治理最终要落脚于人类，国家治理应被理解为每个社会成员构成的共同体的治理，在于思想、精神与灵魂，使其更加善良、文明。治理的方向是人心所向、所喜、所盼，"国家治理、万众民心"。

如果说上述目标是具有某种超越性的价值理性和价值追寻，那么落实到具体的国家治理的制度器物和制度实践层面，则更加需要的是一个能够促成核心价值目标得以实现的工具理性和工具系统，这里的工具系统包含了支撑顶层价值理念得以实现的一系列战略安排，也包括能够将制度体系和治理体系转化为治理效能的一系列内涵丰富的政策工具和治理工具，当然还包括能够将战略安排和工具系统加以黏合、实施的一系列政治主体，执政集团的决策者们、国家系统内部的权力代理人，以及在广泛的市场和社会领域的合作伙伴们，他们共同构成了一个支撑性的能动机制，他们驾驭治理体系，规定治理方向，决定治理成败。

综合国家治理面临的新环境和新任务，我们可以想象，无论是处理一系列社会复杂性问题，抑或应对一系列重大风险挑战，似乎都难以单纯依靠单一性方案加以解决，需要从治理主体、治理理念、治理模式、治理工具、治理资源等各方面、全方位，提升国家治理体系的开放性和包容性。考虑到第四次工业革命背景下加速变革的技术因素，国家治理亟须将新兴技术作为协同、融合的一个重要对象。党的十九大报告指出,当前中国迫切需要推动互联网、大数据、人工智能和实体经济深度融合,借以提高保障和改善民生水平,加强和创新社会治理。这一判断的目的,在于增强治理体系的新兴技术支撑,实现技术同治理的深度融合与包容。

二、开放包容,协和万邦

展望国家治理的前景,未来国家治理的形态将在很大程度上决定治理的质量。未来社会将是高度风险化、模糊化的社会,传统官僚体系架构支撑的国家治理的任务和目标的实现,如果说快速变革、复杂性问题以及"混合态、中间态"的动态发展将成为社会的主导形态,那么国家权力的快速灵动的调适变革,以及国家权力同广泛多元的权力的深度融合,将成为未来国家治理的方向。

对此,我们必须意识到,作为国家治理主体的传统国家组织,它们在这种瞬息万变的治理环境中,也仅仅属于一个分散的权力系统的一部分,需要在相互交往、互动中加强同社会部门的广泛协作,才能完成国家治理的任务。在全新的"混合态、中间态"治理环境下,国家权力的巩固和政府治理的有效性,需要政府具备针对各类不确定性风险的灵活应变的能力。一个拥有抗风险能力的权力主体和治理结构,除了需要一个广泛的利益分享机制之外,还需要更加广阔的决策空间,以便于在面临不确定性考验时,有更多利益收益相互一致的参与者共同参与风险的研判,从而共同制定规则并建立一个高效的预警机制。

立足当下,放眼长远,实现中华民族的伟大复兴、满足人民对美好生活的需要,已经不仅仅是一个政治目标和价值层面的遵循,而是需要在先进的执政党的坚强领导下,把制度体系的优势在治国理政的各领域加以具体化、实体化。除了坚持以问题为导向,推动在中国特色社会主义体制内"党政军群"的横穿纵贯的协同联动,形成制度合力和治理合力外,还要坚持以开放、包容、融合、适应为导向，推动国家治理体系同更加广泛的社会主体、市场主体、新兴的技术主体以及各类新兴的人才智力资源开展广泛协同、合作，推动国家治理体系同国际领域各个国家、各类机构和各类新兴组织的深度合作，推动国家治理形态的持续探索与创新，使制度威力力拔千钧，使社会活力竞相迸发。未来，必将最终形成"国家治理、万众民心"的宏大治理格局。

参考文献

一、中文部分

（一）著作类：

《十八大以来重要文献选编》（上），中央文献出版社 2014 年版。

《十八大以来重要文献选编》（中），中央文献出版社 2016 年版。

《十八大以来重要文献选编》（下），中央文献出版社 2018 年版。

《十九大以来重要文献选编》（上），中央文献出版社 2019 年版。

《习近平关于全面深化改革论述摘编》，中央文献出版社 2014 年版。

《习近平谈治国理政》第一卷，外文出版社 2018 年版。

《习近平谈治国理政》第二卷，外文出版社 2017 年版。

《习近平谈治国理政》第三卷，外文出版社 2020 年版。

《习近平新时代中国特色社会主义思想三十讲》，学习出版社 2018 年版。

《习近平新时代中国特色社会主义思想学习纲要》，学习出版社 2019 年版。

《优化营商环境条例》，法律出版社 2019 年版。

《中共中央关于全面深化改革若干重大问题的决定》，人民出版社 2013 年版。

《中国共产党第十九次全国代表大会文件汇编》，人民出版社 2017 年版。

《〈中共中央关于坚持和完善中国特色社会主义制度、推进国家治理体系和治理能力现代化若干重大问题的决定〉辅导读本》，人民出版社 2019 年版。

《邓小平文选》第三卷，人民出版社 1993 年版。

《马克思恩格斯选集》第 1 卷，人民出版社 2012 年版。

《社会学概论》编写组主编：《社会学概论》，新华出版社 1993 年版。

陈洪泉：《民生需要论》，人民出版社 2013 年版。

陈潭：《大数据时代的国家治理》，中国社会科学出版社 2015 年版。

郭忠华、郭台辉主编：《当代国家理论：基础与前沿》，广东人民出版社 2017 年版。

江必新、鞠成伟：《国家治理现代化比较研究》，中国法制出版社 2016 年版。

科学社会主义概论编写组主编：《科学社会主义概论》，人民出版社 2011 年版。

马锦卫：《中国少数民族文化概说》，电子科技大学出版社 2010 年版。

欧树军：《国家基础能力的基础》，中国社会科学出版社 2013 年版。

钱穆：《政学私言》，九州出版社 2010 年版。

邱欣：《中国基础设施建设与发展实践》，辽宁教育出版社 2016 年版。

孙国强：《全球学》，人民出版社 2014 年版。

孙星衍：《尚书今古文注疏》，中华书局 1986 年版。

习近平：《决胜全面建成小康社会　夺取新时代中国特色社会主义伟大胜利——在中国共产党第十九次全国代表大会上的报告》，人民出版社 2017 年版。

许纪霖、宋宏主编：《史华慈论中国》，新星出版社 2006 年版。

燕继荣：《中国现代国家治理体系的构建》，社会科学文献出版社 2018 年版。

燕继荣等：《中国治理：东方大国的复兴之道》，中国人民大学出版社 2017 年版。

杨伯峻：《孟子译注》（下册），中华书局 1960 年版。

杨光斌：《政治变迁中的国家与制度》，中央编译出版社 2011 年版。

杨雪冬：《国家治理的逻辑》，社会科学文献出版社 2017 年版。

俞可平：《国家治理评估：中国与世界》，中央编译出版社 2009 年版。

俞可平：《论国家治理现代化》，社会科学文献出版社 2014 年版。

俞可平等：《政府创新的理论与实践》，浙江人民出版社 2005 年版。

俞可平等：《中国的治理变迁（1978—2018）》，社会科学文献出版社 2018 年版。

张静主编：《国家与社会》，浙江人民出版社 1998 年版。

张克敏：《中外历史问题八人谈》，中共中央党校出版社 1998 年版。

张小梅等主编：《产业经济学》，电子科技大学出版社 2017 年版。

赵鼎新：《东周战争与儒法国家的诞生》，夏江旗译，华东师范大学出版社 2011 年版。

赵汀阳：《惠此中国：作为一个神性概念的中国》，中信出版集团 2016 年版。

郑杭生主编：《社会学概论新修（第 4 版）》，中国人民大学出版社 2013 年版。

郑永年：《技术赋权：中国的互联网、国家与社会》，邱道隆译，东方出版社 2013 年版。

中国社会科学院民族研究所"少数民族语言政策比较研究"课题组等主编：《国家、民族与语言——语言政策国别研究》，语文出版社 2003 年版。

[法]孟德斯鸠：《论法的精神》（上），张雁深译，商务印书馆 1959 年版。

[法] 米歇尔·福柯：《安全、领土与人口》，钱翰等译，上海人民出版社 2010 年版。

[美] 埃文斯等主编：《找回国家》，方力维等译，生活·读书·新知三联书店 2009 年版。

[美] 班纳吉等主编：《贫穷的本质：我们为什么摆脱不了贫穷》，景芳

译，中信出版社 2013 年版。

[美] 博克斯：《公民治理：引领 21 世纪的美国社区》，孙柏瑛等译，中国人民大学出版社 2005 年版。

[美] 戴维·奥斯本：《摒弃官僚制：政府再造的五项战略》，中国人民大学出版社 2002 年版。

[美] 亨廷顿：《变化社会中的政治秩序》，王冠华等译，生活·读书·新知三联书店 1998 年版。

[美] 帕特南：《使民主运转起来：现代意大利的公民传统》，王列等译，江西人民出版社 2001 年版。

[美] 钱德勒等主编：《信息改变了美国：驱动国家转型的力量》，万岩等译，上海远东出版社 2008 年版。

[美] 乔尔·S. 米格代尔：《强社会与弱国家：第三世界的国家与社会关系及国家能力》，张长东等译，江苏人民出版社 2012 年版。

[美] 乔尔·S. 米格代尔：《社会中的国家：国家与社会如何相互改变与相互构成》，李杨等译，江苏人民出版社 2013 年版。

[美] 斯考切波：《找回国家——当前研究的战略分析》，方力维等译，生活·读书·新知三联书店 2009 年版。

[美] 斯特雷耶：《现代国家的兴起》，华佳等译，上海人民出版社 2011 年版。

[美] 索尔·科恩：《地缘政治学：国际关系的地理学》，上海社会科学院出版社 2011 年版。

[美] 威廉森：《治理机制》，王健等译，中国科学社会出版社 2001 年版。

[美] 辛德曼：《数字民主的迷思》，唐杰译，中国政法大学出版社 2016 年版。

[美] 詹姆斯·N. 罗西瑙主编：《没有政府的治理》，张胜军等译，江西人民出版社 2001 年版。

[日] 青木昌彦：《比较制度分析》，周黎安译，上海远东出版社 2001

年版。

[以] S. N. 艾森斯塔德:《现代化:抗拒与变迁》,张旅平等译,中国人民大学出版社 1988 年版。

[英] 弗里德里希·奥古斯特·哈耶克:《自由宪章》,杨玉生等译,中国社会科学出版社 1999 年版。

[英] 马丁·洛奇等主编:《现代国家解决问题的能力:治理挑战与行政能力》,徐兰飞等译,中国发展出版社 2019 年版。

[英] 迈克尔·曼:《社会权力的来源·第 1 卷,从开端到 1760 年的权力史》,刘北城等译,上海人民出版社 2016 年版。

[英] 迈克尔·曼:《社会权力的来源·第 2 卷,阶级和民族国家的兴起:1760—1914》,陈海宏等译,上海人民出版社 2016 年版。

[英] 迈克尔·曼:《社会权力的来源·第 4 卷,全球化:1945—2011》,郭忠华等译,上海人民出版社 2016 年版。

[英] 萨缪尔·E. 芬纳:《统治史·卷三:早期现代政府和西方的突破——从民族国家到工业革命》,马百亮译,华东师范大学出版社 2014 年版。

[英] 萨缪尔·E. 芬纳:《统治史·卷一:古代的王权和帝国——从苏美尔到罗马》,王震、马百亮译,华东师范大学出版社 2014 年版。

(二)论文类

《2019 中央经济工作会议公报(摘录)》,《金融会计》2020 年第 1 期。

《党的十九届四中全会公报关键词解读》,《政策》2019 年第 12 期。

《关于培育和践行社会主义核心价值观的意见》,《党建》2014 年第 1 期。

《积极推进应急管理体系和能力现代化》,《瞭望》2019 年第 49 期。

《坚持总体国家安全观》,《当代贵州》2018 年第 23 期。

《建设世界科技强国的行动指南——解读习近平总书记科技创新思想》,《巴州科技》2017 第 4 期。

《确保如期完成军队建设发展"十三五"规划目标任务 为实现强军目标、建设世界一流军队打下扎实基础》,《网信军民融合》2019 年第 3 期。

《习近平主持召开中央全面深化改革委员会第十二次会议强调：完善重大疫情防控体制机制健全国家公共卫生应急管理体系》，《党的建设》2020年第3期。

《优化营商环境条例》，《中华人民共和国公安部公报》2019年第6期。

《中央经济工作会议有哪些"干货"？》，《中国经济周刊》2019年第23期。

白彦锋、罗庆：《财税改革40年：回顾、经验与展望》，《河北大学学报（哲学社会科学版）》2018年第2期。

包心鉴：《关于社会主义国家职能的转变》，《齐鲁学刊》1988年第4期。

鲍勃·杰索普、漆燕：《治理的兴起及其失败的风险：以经济发展为例的论述》，《国际社会科学杂志（中文版）》，1999年第1期。

蔡晶晶、李德国：《当代西方政府信任危机透析》，《公共管理学报》2006年第4期。

蔡拓：《全球治理与国家治理：当代中国两大战略考量》，《中国社会科学》2016年第6期。

蔡武进：《我国文化治理现代化70年：历程和走向》，《深圳大学学报（人文社会科学版）》2020年第3期。

曾莉：《公共治理中公民参与的理性审视——基于公民治理理论的视角》，《甘肃社会科学》2011年第1期。

陈套：《从科技管理到创新治理的嬗变：内涵、模式和路径选择》，《西北工业大学学报（社会科学版）》2015年第3期。

陈一新：《"五治"是推进国家治理现代化的基本方式》，《求是》2020年第3期。

陈元：《国家治理体系现代化视阈下的基层干部激励机制构建》，《长白学刊》2018年第3期。

程同顺、邢西敬：《从政治系统论认识国家治理现代化》，《行政论坛》2017年第3期。

初青松、杨光：《略论美国社会服务经验与启示》，《人民论坛》2014年第 29 期。

崔铮：《俄罗斯国家治理中的价值观构建与认同引导》，《国外理论动态》2017 年第 11 期。

戴长征、程盈琪：《国家失效的逻辑——基于苏联—俄罗斯第一共和国案例的分析》，《江苏行政学院学报》2017 年第 2 期。

丁元竹：《社会动员机制：国家治理体系的重要构成》，《国家治理》2015 年第 31 期。

丁长艳：《国家治理类型与中国国家治理模式的现代化转型》，《社会科学论坛》2015 年第 7 期。

丁志刚：《论国家治理能力及其现代化》，《上海行政学院学报》2015 年第 3 期。

董幼鸿：《论公民参与地方政府政策评估制度建设——以政策网络理论为视角》，《上海行政学院学报》2009 年第 4 期。

杜强强：《议行合一与我国国家权力配置的原则》，《法学家》2019 年第 1 期。

段忠贤、刘强强：《从管理到治理：十八大以来我国政府治理的理论与实践（上）》，《秘书》2018 年第 1 期。

樊鹏：《"陌生大城市"考验国家治理能力》，《环球时报》2020 年 1 月 21 日。

樊鹏：《国际化社区治理：优化基层党政权力运行的试验场》，《新视野》2018 年 2 期。

樊鹏：《利维坦遭遇独角兽：新技术的政治影响》，《文化纵横》2018 年第 4 期。

樊鹏：《新技术环境下的政治安全》，《东方学刊》2019 年 3 月刊。

樊鹏：《新技术时代国家治理的新方向》，《人民论坛》2020 年 1 月中期。

樊鹏：《在战"疫"中看国家治理体系运行得失》，《人民论坛》2020 年 2 月下。

冯辉：《制度、制度竞争与中国经济法的发展——纪念中国经济法三十年》，《华东政法大学学报》2008 年第 6 期。

冯健鹏：《我国司法判决中的宪法援引及其功能——基于已公开判决文书的实证研究》，《法学研究》2017 年第 3 期。

付建军：《当代中国社会治理创新的发生机制与内在张力——兼论社会治理创新的技术治理逻辑》，《当代世界与社会主义》2018 年第 6 期。

傅菊辉：《外交资源与构建和谐社会的外部环境》，《新视野》2007 年第 3 期。

傅政华：《全面深化司法行政科技信息化建设，以"数字法治　智慧司法"助推国家治理体系和治理能力现代化》，《中国司法》2019 年第 12 期。

高奇琦：《智能革命与国家治理现代化初探》，《中国社会科学》2020 年第 7 期。

高小平：《借助大数据科技力量寻求国家治理变革创新》，《中国行政管理》2015 年第 10 期。

龚一萍：《三种幸福形态的比较与中国式幸福的构建》，《湖北社会科学》2015 年第 8 期。

古洪能：《论政党治国的体制和困境——政党政治时代国家治理的一个考察角度》，《理论与改革》2017 年第 3 期。

顾昕：《治理嵌入性与创新政策的多样性：国家—市场—社会关系的再认识》，《公共行政评论》2017 年第 6 期。

关锋：《新中国成立以来我国国家形象建构》，《北京行政学院学报》2020 年第 2 期。

郭定平：《政党中心的国家治理：中国的经验》，《政治学研究》2019 年第 3 期。

郭宇娟、杨尚洪、董卫华等：《我国海外利益综合保障体系建设需求与举措研究》，《管理观察》2019 年第 33 期。

何帆、冯维江、徐进：《全球治理机制面临的挑战及中国的对策》，《世界经济与政治》2013 年第 4 期。

何良：《提升新时代中国国际话语权》，《世界社会主义研究》2019 年第 11 期。

侯彬、邝小文：《熊彼特的创新理论及其意义》，《科学社会主义》2005 年第 2 期。

侯健：《国家治理的人权思维和方式》，《法学》2017 年第 6 期。

侯利文：《压力型体制、控制权分配与居委会行政化的生成》，《深圳大学学报（人文社会科学版）》2020 年第 3 期。

胡鞍钢：《中国国家治理现代化的特征与方向》，《国家行政学院报》2014 年第 3 期。

胡祖才：《充分发挥重大工程项目牵引作用推动"十三五"规划〈纲要〉全面实施》，《中国经贸导刊》2016 年第 17 期。

黄宝玖：《国家能力：涵义、特征与结构分析》，《政治学研究》2004 年第 4 期。

黄炼：《全球化学术探讨》，《社会科学动态》1999 年第 12 期。

黄其松、许强：《论政府治理技术》，《江汉论坛》2018 第 12 期。

黄孝武、程敏：《习近平关于金融工作的重要论述》，《中南财经政法大学学报》2019 年第 1 期。

霍建国：《现代国家治理中的管理主义反思》，《领导科学》2019 年第 24 期。

贾开、张会平、汤志伟：《智慧社会的概念演进、内涵构建与制度框架创新》，《电子政务》2019 年第 4 期。

贾义保：《推进政府治理现代化需要正确认识和处理的若干关系》，《中州学刊》2019 年第 12 期。

江必新、李沫：《论社会治理创新》，《新疆师范大学学报（哲学社会科学版）》2014 年第 2 期。

姜秉曦：《我国宪法中公民基本义务的规范分析》，《法学评论》2018 年第 2 期。

姜晓萍：《国家治理现代化进程中的社会治理体制创新》，《中国行政管理》2014 年第 2 期。

孔新峰：《"家国同构"的家国之理》，《人民论坛》2020 年第 17 期。

孔新峰：《习近平关于推进国家治理体系和治理能力现代化重要论述的历史逻辑与科学内涵》，《当代世界社会主义问题》2019 年第 1 期。

孔新峰：《贤能政治视野下的"公仆"与"公民"》，《文史哲》2014 年第 8 期。

雷磊、刘雪利：《国家监察机关的设置模式：基于"独立性"的比较研究》，《北京行政学院学报》2017 年第 6 期。

黎永红、范明英：《论中国政府治理创新的维度和路径》，《新视野》2014 年第 5 期。

李恩毕：《国际话语权视域下的国家形象塑造与传播》，《文化与传播》2019 年第 5 期。

李建伟：《新时代社会治理：由来与未来》，《上海法学研究集刊》2019 年第 10 卷。

李学林等：《熊比特创新与创新驱动型经济增长方式的运行机制研究》，《商业经济研究》2017 第 21 期。

李瑛：《多极化时代的安全观：从国家安全到世界安全》，《世界经济与政治》1998 年第 5 期。

李永胜：《推进国家治理体系和治理能力现代化需要把握的重点》，《国家治理》2019 年第 39 期。

李增刚：《包容性制度与长期经济增长——阿西莫格鲁和罗宾逊的国家兴衰理论评析》，《经济社会体制比较》2013 年第 1 期。

李忠夏：《合宪性审查制度的中国道路与功能展开》，《法学研究》2019 年第 6 期。

李佐军：《十八届三中全会的国家治理思想》，《华中科技大学学报（社会科学版）》2014 年第 3 期。

梁芷铭：《大数据治理：国家治理能力现代化的应有之义》，《吉首大学学报（社会科学版）》2015 年第 2 期。

廖春勇、高文胜：《当前我国海外利益面临的主要风险及对策研究》，《广西社会科学》2018 年第 6 期。

林彦：《国家权力的横向配置结构》，《法学家》2018 年第 5 期。

刘方喜：《"大机器工业体系"向"大数据物联网"范式转换：社会主义"全民共建共享"生产方式建构的重大战略机遇》，《毛泽东邓小平理论研究》2017 年第 10 期。

刘红芹、汤志伟等：《中国建设智慧社会的国外经验借鉴》，《电子政务》2019 年第 4 期。

刘莲莲：《论国家海外利益保护机制的国际合法性：意义与路径》，《太平洋学报》2018 年第 26 期。

刘银喜：《政府治理理论的兴起及其中国化》，《内蒙古大学学报（人文社会科学版）》2004 年第 4 期。

刘莹：《新中国核心价值观教育的发展历程与基本特征》，《北京航空航天大学学报（社会科学版）》2019 年第 5 期。

刘铮：《"硬技术"与"软技术"：论米歇尔·福柯的技术哲学》，《自然辩证法研究》2016 第 5 期。

柳新元：《国家的治理方式、治理成本与治理绩效》，《江海学刊》2000 年第 4 期。

龙倩：《"仁义礼智信"的现代转换》，《理论导刊》2017 年第 2 期。

卢静：《"逆全球化"凸显全球治理赤字》，《人民论坛》2018 年第 19 期。

卢静：《当前全球治理的制度困境及其改革》，《外交评论（外交学院学报）》2014 年第 1 期。

路璐：《新媒体语境下的国家形象传播话语博弈研究》，《南京社会科学》2016 年第 3 期。

马德普:《简析近代以来国家治理模式的变迁——兼论中国国家治理模式的变革》,《行政科学论坛》2014 年第 5 期。

马丁·琼斯、王爱松:《治理的大力推进与失败的实际情况:以 20 年来的经济发展为例》,《国际社会科学杂志(中文版)》2019 年第 3 期。

梅宏:《夯实智慧社会的基石》,《中国科技奖励》2018 年第 11 期。

倪咸林:《十八大以来的社会组织治理:政策演化与内在逻辑》,《当代世界与社会主义》2017 年第 5 期。

彭莹莹,燕继荣:《从治理到国家治理:治理研究的中国化》,《治理研究》2018 年第 2 期。

乔卫兵:《全球治理及其制度化》,《欧洲》2002 年第 6 期。

任剑涛:《现代化国家治理体系的建构:基于近期顶层设计的评述》,《中国人民大学学报》2015 年第 2 期。

任胜洪、段丽红:《大数据背景下区域教育治理现代化的机遇、挑战及路径》,《教育理论与实践》2020 年第 10 期。

任卫东:《传统国家安全观:界限、设定及其体系》,中央社会主义学院学报 2004 年第 4 期。

任勇:《治理理论在中国政治学研究中的应用与拓展》,《东南学术》2020 年第 3 期。

邵鹏:《国家治理模式演进与国家治理体系构建》,《学习与实践》2014 年第 1 期。

石晨霞:《全球治理机制的发展与中国的参与》,《太平洋学报》2014 年第 1 期。

史伟锋:《政府治理理论的研究综述》,《江西行政学院学报》2008 年第 2 期。

舒梦:《中国外交资源的差序式管理探析》,《国际展望》2014 年第 5 期。

宋辰熙、刘铮:《从"治理技术"到"技术治理":社会治理的范式转换与路径选择》,《宁夏社会科学》2019 年第 6 期。

苏海、向德平：《贫困治理现代化：理论特质与建设路径》，《南京农业大学学报（社会科学版）》2020年第4期。

孙洪敏：《三种国家治理主导模式功能差异》，《学术界》2015年第3期。

孙吉胜：《中国国际话语权的塑造与提升路径——以党的十八大以来的中国外交实践为例》，《世界经济与政治》2019年第3期。

孙立平：《走向积极的社会管理》，《社会学研究》2011年第4期。

孙亮：《习近平强军思想的理论及实践探析》，《邓小平研究》2020年第1期。

孙梦琼：《新中国成立70年来中国国际话语权的变迁》，《延边党校学报》2019年第6期。

孙璞：《波澜壮阔70年　砥砺奋进再出发　向着网络强国阔步前行》，《网信军民融合》2019年第10期。

孙子怡：《"国家治理"概念的文献综述》，《改革与开放》2015年第7期。

唐爱军：《社会治理体制创新路径探析》，《开放导报》2014年第1期。

陶秀丽：《"国家在场"的社会治理：理念反思与现实观照》，《学习与实践》2019年第9期。

田蕴祥：《国家治理现代化进程中公务员体系人力资源管理改革路径探析——OECD国家的经验与启示》，《暨南学报（哲学社会科学版）》2018年第3期。

汪仕凯：《国家治理评估的指标设计与理论含义》，《探索》2016年第3期。

汪仕凯：《论政治体制的能力与国家治理》，《社会主义研究》2016年第2期。

汪玉凯：《智慧社会与国家治理现代化》，《中共天津市委党校学报》2018年第2期。

王佃利：《城市管理转型与城市治理分析框架》，《中国行政管理》2006年第12期。

王明国：《机制碎片化及其对全球治理的影响》，《太平洋学报》2014年第 1 期。

王明国：《网络空间治理的制度困境与新兴国家的突破路径》，《国际展望》2015 年第 6 期。

王浦劬：《国家治理、政府治理和社会治理的含义及其相互关系》，《国家行政学院学报》2014 年第 3 期。

王浦劬：《全面准确深入把握全面深化改革的总目标》，《中国高校社会科学》2014 年第 1 期。

王绍光：《国家治理与国家能力——中国的治国理念与制度选择（上）》，《经济导刊》2014 年第 6 期。

王绍光：《中国的治国理念与制度选择(下)》，《经济导刊》2014 年第 7 期。

王绍光：《"公民社会" VS."人民社会""公民社会"：新自由主义编造的粗糙神话》，《人民论坛》2013 年第 22 期。

王绍光：《深度不确定条件下的决策：以新冠肺炎疫情为例》，《东方学刊》2020 年第 8 期。

王绍光：《新技术革命与国家理论》，《中央社会主义学院学报》2019 年第 5 期。

王绍光：《学习机制与适应能力：中国农村合作医疗体制变迁的启示》，《中国社会科学》2008 年第 6 期。

王绍光：《有效的政府与民主》，《战略与管理》2002 年第 6 期。

王绍光：《治理研究：正本清源》，《开放时代》2018 年第 2 期。

王廷惠：《开放发展视角下的公共风险与公共卫生治理研究》，《广东社会科学》2020 年第 3 期。

王晓伟：《中国特色大国外交的新发展及其特点》，《贵州社会科学》2019 年第 11 期。

王滢淇、翁鸣：《协商治理：当前中国社会治理创新的方向与路径》，《社会主义研究》2016 年第 1 期。

王智慧、刘莉：《国家创新能力评价指标比较分析》，《科研管理》2015

年第 1 期。

魏崇辉：《当代中国国家治理现代化的理论指导、基本理解与困境应对》，《理论与改革》2014 年第 2 期。

魏礼群：《如何认识社会治理现代化》，《前线》2020 年第 1 期。

吴传毅：《改革开放以来国家治理模式的演进：从"管"走向"治"》，《中国党政干部论坛》2019 年第 12 期。

吴传毅：《国家治理体系治理能力现代化：目标指向、使命担当、战略举措》，《行政管理改革》2019 年第 11 期。

吴俊明：《论现代中国治理模式的选择——以法治与德治并举为分析视角》，《法学杂志》2017 年第 5 期。

吴潜涛：《〈新时代公民道德建设实施纲要〉的鲜明特征》，《伦理学研究》2020 年第 1 期。

吴晓林：《"社会治理社会化"论纲——超越技术逻辑的政治发展战略》，《行政论坛》2018 年第 6 期。

吴志成、吴宇、吴宗敏：《当今资本主义国家治理危机剖析》，《当代世界与社会主义》2016 年第 6 期。

习近平：《不断开创国家创新发展新局面》，《科技中国》2013 年第 2 期。

肖湘雄、曾芳：《国家治理成本研究综述》，《当代经济管理》2015 年第 1 期。

谢志岿：《转型期社会问题与国家治理创新———兼论中国政治体制改革的核心内涵与路径选择》，《理论与改革》2011 年第 4 期。

欣华：《重大工程：全面建成小康社会的关键支撑》，《小康》2017 年第 23 期。

熊光清：《治理理论在中国的发展与创新》，《江苏行政学院学报》2018 年第 3 期。

徐坚：《逆全球化风潮与全球化的转型发展》，《国际问题研究》2017 年第 3 期。

徐湘林：《转型危机与国家治理：中国的经验》，《经济社会体制比较》2010 年第 5 期。

薛福岐：《当代俄罗斯国家治理的困境及其原因》，《国外理论动态》2019 年第 4 期。

薛澜、张帆、武沐瑶：《国家治理体系与治理能力研究：回顾与前瞻》，《公共管理学报》2015 年第 12 期。

鄢一龙：《互联网时代的中国之治》，《经济导刊》2019 年第 12 期。

燕继荣：《社会变迁与社会治理——社会治理的理论解释》，《北京大学学报（哲学社会科学版）》2017 年第 5 期。

燕继荣：《中国社会治理的理论探索与实践创新》，《教学与研究》2017 年第 9 期。

杨斌：《从占领华尔街抗议运动看美国民主模式的弊端》，《国外理论动态》2011 年第 12 期。

杨冠琼、刘雯雯：《国家治理的博弈论研究途径与理论洞见》，《中国行政管理》2017 年第 6 期。

杨光斌、郑伟铭：《国家形态与国家治理——苏联—俄罗斯转型经验研究》，《中国社会科学》2007 年第 4 期。

杨光斌：《衡量国家治理能力的基本指标》，《前线》2019 年第 12 期。

杨雪冬：《过去 10 年的中国地方政府改革——基于中国地方政府创新奖的评价》，《公共管理学报》2011 年第 1 期。

杨雪冬：《简论中国地方政府创新研究的十个问题》，《公共管理学报》2008 年第 1 期。

叶青、王小光：《域外监察制度发展评述》，《法律科学（西北政法大学学报）》2017 年第 6 期。

于文豪：《"五四宪法"基本权利的国家建构功能》，《环球法律评论》2015 年第 2 期。

俞可平：《论政府创新的若干基本问题》，《文史哲》2005 年第 4 期。

俞可平：《论政府创新的主要趋势》，《学习与探索》2005 年第 4 期。

俞可平：《全球治理引论》，《马克思主义与现实》2002 年第 1 期。

俞可平：《推进国家治理体系和治理能力现代化》，《理论参考》2014 年第 2 期。

郁建兴、王诗宗：《治理理论的中国适用性》，《哲学研究》2010 年第 11 期。

袁金辉、乔彦斌：《自治到共治：中国乡村治理改革 40 年回顾与展望》，《行政论坛》2018 年第 6 期。

袁维海：《深化党和国家机构改革的理论逻辑和实践创新》，《行政管理改革》2019 年第 9 期。

约翰·柯顿：《全球治理与世界秩序的百年演变》，《国际观察》2019 年第 1 期。

臧雷振、张振宇：《治理创新的分布、要素与发生机制——以中国"地方政府创新奖"为例》，《上海行政学院学报》2019 年第 6 期。

臧雷振：《政府治理效能如何促进国家创新能力：全球面板数据的实证分析》，《中国行政管理》2019 年第 1 期。

臧乃康：《政府治理范式的成本分析》，《理论探讨》2005 年第 1 期。

张成岗：《新技术演进中的多重逻辑悖逆》，《探索与争鸣》2018 年第 5 期。

张慧君、景维民：《国家治理模式构建及应注意的若干问题》，《社会科学》2009 年第 10 期。

张慧君：《转型进程中的国家治理模式重构：比较制度分析——以中欧和俄罗斯为例》，《俄罗斯研究》2006 年第 2 期。

张紧跟：《从反应式治理到参与式治理：地方政府危机治理转型的趋向》，《中国人民大学学报》2016 年第 5 期。

张康之、向玉琼：《网络空间中的政策问题建构》，《中国社会科学》2015 年第 2 期。

张康之：《社会治理创新与服务型政府建设》，《中国人民大学学报》

2014 年第 2 期。

张敏：《协商治理及其当前实践：内容、形式与未来展望》，《南京社会科学》2012 年第 12 期。

张雪梅：《新时期社会治理创新的制约因素与民主路径解析》，《社会主义研究》2014 年第 1 期。

张长东：《国家治理能力现代化研究——基于国家能力理论视角》，《法学评论》2014 年第 3 期。

章志远：《迈向公私合作型行政法》，《法学研究》2019 年第 2 期。

赵光辉、李长健：《交通强国战略视野下交通治理问题探析》，《管理世界》2018 年第 2 期。

赵建军：《技术本质特性的批判性阐释》，《自然辩证法研究》2001 年第 3 期。

赵迅：《充分认识互联网对国家治理的优化作用》，《红旗文稿》2015 第 24 期。

郑毅：《论我国宪法文本中的"中央"和"地方"——基于我国〈宪法〉第 3 条第 4 款的考察》，《政治与法律》2020 年第 6 期。

周福莲：《努力打造社会治理新格局》，《唯实》2020 年第 4 期。

朱葆伟：《技术哲学研究综述》，《哲学动态》2001 年第 6 期。

竺乾威：《国家治理的三种机制及挑战》，《中共福建省委党校（福建行政学院）学报》2020 年第 3 期。

邹东升：《科技支撑赋能新时代社会治理》，《国家治理》2019 年第 41 期。

（三）报纸文章类

习近平：《领导干部要读点历史》，《学习时报》2011 年 9 月 5 日。

习近平：《为建设更加美好的地球家园贡献智慧和力量——在中法全球治理论坛闭幕式上的讲话》，《人民日报》2019 年 3 月 27 日。

习近平：《在中央国家安全委员会第一次会议上的讲话》，《人民日报》2014 年 4 月 16 日。

《牢记历史经验历史教训历史警示 为国家治理能力现代化提供有益借鉴》,《人民日报》2014 年 10 月 14 日。

《习近平在参加内蒙古代表团审议时强调:坚持人民至上 不断造福人民 把以人民为中心的发展思想落实到各项决策部署和实际工作之中》,《人民日报》2020 年 5 月 23 日。

《习近平致第二十二届国际历史科学大会的贺信》,《人民日报》2015 年 8 月 24 日。

《中共中央关于坚持和完善中国特色社会主义制度 推进国家治理体系和治理能力现代化若干重大问题的决定》,《人民日报》2019 年 11 月 6 日。

陈鹏:《决定国家治理能力高低的三要素》,《学习时报》2014 年 3 月 10 日。

樊鹏:《新技术成塑造社会运动的重要变量》,《环球时报》2020 年 1 月 10 日。

韩鑫:《去年我国产业数字化增加值规模达 28.8 万亿元》,《人民日报》2020 年 7 月 13 日。

郝海波:《社会变迁中基层社会治理体制机制创新》,《中国社会科学报》2020 年 4 月 29 日。

贾康:《新供给:经济学理论的中国创新》,《中国证券报》2013 年 12 月 16 日。

姜明安:《现代国家治理有五大特征》,《经济参考报》2014 年 11 月 4 日。

刘世军:《中国政治学研究新时代的到来》,《文汇报》2014 年 6 月 30 日。

毛泽东:《关于正确处理人民内部矛盾的问题》,《人民日报》1957 年 6 月 19 日。

桑玉成:《培育人民群众的国家治理主体意识》,《人民日报》2018 年 1 月 15 日。

时和兴:《创新国家治理机制切实提升治理效能》,《经济日报》2019 年

12 月 10 日。

王雅琴：《瑞典的议会监察专员》，《学习时报》2014 年 11 月 17 日。

闻言：《坚定不移推进全面深化改革，在新时代创造中华民族新的更大奇迹——学习习近平〈论坚持全面深化改革〉》，《人民日报》2019 年 1 月 18 日。

夏锦文：《国家治理体系和治理能力现代化的中国探索》，《光明日报》2020 年 11 月 19 日。

杨承训：《努力实现更平衡更充分的发展》，《人民日报》2019 年 9 月 5 日。

张志洲：《国际话语权建设中几大基础性理论问题》，《学习时报》2017 年 2 月 27 日。

二、外文部分

（一）著作类

Andrews Matt, L. Pritchett & M. Woolcock, *The Challenge of Building (Real) State Capability*, New York: Social Science Electronic Publishing, 2015.

Andy Pike, Andrés Rodríguez-Pose & John Tomaney, *Handbook of Local and Regional Development*, London: Routledge, 2011.

Donald F. Kettl, *The Transformation of Governance: Public Administration for Twenty-first Century America*, Baltimore Md: Johns Hopkins University Press, 2002.

Douglass CecilNorth, *Institutions, Institutional Change and Economic Performance*, Cambridge: Cambridge University Press.

Eric Voegelin, *The Collected Works of Eric Voegelin, Volume 5, Modernity without Restraint, The Political Religions; The New Science of Politics; and Science, Politics, and Gnosticism*, Columbia: University of Missouri Press, 2000.

Gerry Stoker, *Governance as Theory: Five Propositions*, Oxford: Blackwell, 1998.

Jack Knight & Itai Sened (eds.), *Explaining Social Institutions, Ann Arbor: University of Michigan Press*, 1995.

John Fabian Witt, *The Accidental Republic: Crippled Workingmen*, Destitute Press, 2004.

Lawrence K. Grossman, *The Electronic Republic: Reshaping Democracy in the Information Age*, New York: Viking, 1995.

Lester M. Salamon (eds), *The Tools of Government: A Guide to the New Governance*, Oxford：Oxford University Press, 2002.

Marco Verweij & Michael Thompson, *Clumsy Solutions for a Complex World, Governance, Politics and Plural Perceptions*, New York: Palgrave Macmillan, 2006.

Mark Bevir, *The SAGE Handbook of Governance*, London: SAGE Publications Ltd, 2011.

Michael Mann, *States, War and Capitalism*, Oxford: Blackwell, 1988.

Michael Mann, *The Sources of Social Power: The Rise of Classes and Nation-States, 1760-1914*, Cambridge: Cambridge University Press, 1993.

Richard Michael Cyert & James G. March, *A Behavioral Theory of the Firm*, New Jersey: Englewood Cliffs, N.J.: Prentice Hall, 1963.

Taylor Owen, Disruptive Power: *The Crisis of the State in the Digital Age*, Oxford: Oxford University Press, 2015.

Walter W. Powell & Paul DiMaggio (eds.), *The New Institutionalism in Organizational Analysis*, Chicago: University of Chicago Press, 1991.

（二）论文类

Armen A. Alchian, "Uncertainty, Evolution, and Economic Theory", *Journal of Political Economy*, Vol. 58, No.3 (June 1950).

Charles F. Sabel & Jonathan Zeitlin, "Learning from Difference: The New Architecture of Experimentalist Governance in the EU", *European Law Journal*,

Vol. 14, No. 3 (March 2008).

Christopher Pollitt, "Technological Change: A Central yet Neglected Feature of Public Administration", *NISPAcee Journal of Public Administration and Policy*, Vol. 3, No. 2 (December 2010).

Craig Volden, "States as Policy Laboratories: Emulating Success in the Children's Health Insurance Program," *American Journal of Political Science*, Vol. 50, No. 2 (April 2006).

Dwight H. Perkins, "Government as an obstacle to industrialization: the case of nineteenth century China", *The Journal of Economic History*, Vol. 27, No. 4 (December 1967).

Frederick K. Beutel, "An Outline of the Nature and Methods of Experimental Jurisprudence", *Columbia Law Review*, Vol. 51, No. 4 (April 1951).

Frederick K. Beutel, "Relationship of Natural Law to Experimental Jurisprudence", *Ohio State Law Journal*, Vol. 13, No. 2 (January 1952).

Francis Fukuyama, "What Is Governance?", *Governance*, Vol.26, No.3 (January 2013).

Gary King et al., "Public Policy for the Poor? A Randomised Assessment of the Mexican Universal Health Insurance Program", *Lancet*, Vol. 373, No. 9673 (May 2009).

Horst Rittel & Melvin M.Webber, "Dilemmas in a General Theory of Planning", *Policy Sciences*, Vol. 4, No. 2 (January 1973).

Jerome Frank, "Realism in Jurisprudence", *American Law School Review*, Vol. 7 (1934).

John ErikFossum, "Reflections on Experimentalist Governance", *Regulation & Governance*, Vol. 6, No. 3 (September 2012).

Kurt Weyland, "Toward a New Theory of Institutional Change", *World Politics*, Vol. 60, No. 2 (January2008).

Malcolm Campbell-Verduyn & Tony Porter, "Experimentalist in European Union and Global Financial Governance: Interactions, Contrasts, and Implications", *Journal of European Public Policy*, Vol. 21, No. 3, (March 2014).

Orla O' Donnell et al., "Transformational Aspects of E-Government in Ireland: Issues to Be Addressed", *Electronic Journal of E-Government*, Vol. 1, No.1 (January 2003).

Quinton Mayne, Jorrit De Jong, Fernando Fernandez-Monge, State Capabilities for Problem-Oriented Governance, *Perspectives on Public Management and Governance*, Vol.3, No.1(March 2020).

Ramona S. McNeal, et al., "Innovating in Digital Government in the American States", *Social Science Quarterly*, Vol. 84, No. 1 (March 2003).

ResulCesur et al., "The Value of Socialized Medicine: The Impact of Universal Primary Healthcare Provision on Mortality Rates in Turkey", *Journal of Public Economics*, Vol. 150, No. Supplement C (April 2017).

Rhodes RAW, "The New Governance: Governing without Government", *Political Studies*, Vol.44, No.4 (September 1996).

Tobin Im, "Information Technology and Organizational Morphology: The Case of the Korean Central Government", *Public Administration Review*, Vol. 71, No. 3 (May 2011).

后　记

　　习近平总书记指出："当代中国正经历着我国历史上最为广泛而深刻的社会变革，也正进行着人类历史上最为宏大而独特的实践创新。这种前无古人的伟大实践，必将给理论创造、学术繁荣提供强大动力和广阔空间。这是一个需要理论而且一定能够产生理论的时代，这是一个需要思想而且一定能够产生思想的时代。"欣逢盛世，有担当的哲学社会科学工作者义不容辞，理当汇集"中国之智"和培植"中国之志"，进而为厚植"中国之制"和实现"中国之治"作出无愧于人民和时代的贡献。

　　"凡将立国，制度不可不察也。"将国家制度优势更好地转化为治理效能，需要完善的治理体系和过硬的治理能力提供动力支撑。对于国家治理及其现代化这一重大政治命题与时代课题，应予认真研究；对于我国国家制度和治理体系的发展成就和显著优势，应予深入总结。2019 年 9 月，国务院参事室国家治理研究中心与山东大学国家治理研究院将编著《国家治理研究论纲》作为重要职志，组织双方专家学者通力合作，历时一年半撰成，凡十七章、逾三十万字。

　　本书从发愿立意、谋篇布局、研究撰写、审校付梓的全过程，得到了国务院参事室主任王仲伟、副主任张彦通及山东大学党委书记郭新立等领导同志的亲切关怀和有力指导，得到了人民出版社领导与编辑团队的高度重视。我们在此谨致谢忱！

　　本书着眼于国家治理的总体战略和整体部署，立足理论探究，兼顾实践之需，既希望搭建国家治理理论研究的"四梁八柱"，也力图呈现对于中国国家治理相关领域实务的理解。由于我们现有知识水平和认识能力的局限，本书还远远谈不上尽善尽美。但我们由衷期待和相信，充分体现中国特色、中国风格、中国气派的国家治理研究方兴未艾，而不尽完善的本书或可在此历史洪流之中贡献涓滴之功。

《国家治理研究论纲》编委会　谨识

2021 年 3 月 12 日

责任编辑：余　平
封面设计：王欢欢
版式设计：汪　莹
责任校对：余　佳

图书在版编目（CIP）数据

国家治理研究论纲／国务院参事室国家治理研究中心，山东大学国家治理
　研究院 组织编写；曹现强，孔新峰 主编 . —北京：人民出版社，2021.7
ISBN 978－7－01－023468－7

I.①国…　 II.①国…②山…③曹…④孔…　 III.①国家－行政管理－研究－
　中国　 IV.① D630.1

中国版本图书馆 CIP 数据核字（2021）第 103038 号

国家治理研究论纲

GUOJIA ZHILI YANJIU LUNGANG

国务院参事室国家治理研究中心
　　　　　　　　　　　　　　　　　　组织编写
山 东 大 学 国 家 治 理 研 究 院

人民出版社 出版发行

（100706　北京市东城区隆福寺街 99 号）

北京汇林印务有限公司印刷　新华书店经销

2021 年 7 月第 1 版　2021 年 7 月北京第 1 次印刷
开本：710 毫米 × 1000 毫米 1/16　印张：27.5
字数：390 千字

ISBN 978－7－01－023468－7　定价：78.00 元

邮购地址 100706　北京市东城区隆福寺街 99 号
人民东方图书销售中心　电话（010）65250042　65289539